中国方志史

刘纬毅 诸葛计 高生记 董剑云 著

郭建平 审校

山西出版集团

三晋出版社

缘起

　　60多年前我读初中时，一次随意翻阅父亲藏书《饮冰室全集》，意外读到一段十分感人的文字。梁启超谓："立于五洲中之最大洲，而为其洲中之最大国，谁乎？我中华也。人口居全地球三分之一者，谁乎？我中华也。四千余年之历史未尝一日中断者，谁乎？我中华也。我中华有四百兆人公用之语言文字，世界莫能及。我中华有三十世纪前传来之古书，世界莫能及……於戏，美哉，我国；於戏，伟大哉，我国民。"（《论中国学术思想变迁之大势》）这段箴言，使我觉得作为一个中国人无比自豪，同时也引起我对中华悠久历史的向往和对传统文化的热爱。

　　上世纪50年代后期，我有幸参加山西省图书馆的筹建，开始接触较多的地方志和古籍文献。在多年的检阅和整理中，深为地方志特有的丰富内容、独具的编撰风格和悠久的历史传统所吸引。

　　1980年山西省历史学会召开学术年会时，我向会议提交了1万余字的论文《中国方志史初探》，得到与会者的好评。此文由《文献》刊物当年第4期全文发表。现在看来这篇论文还很粗疏，也不够成熟，却引起了社会上的关注。1981年中国地方史志协会与吉林省图书馆学会合编的《中国地方志总论》，将全文收载，有些报刊作了摘介。1983年台湾明文书局出版的《中国图书文献学论集》亦予转载。

　　1984年春，我调至山西省地方志编委会办公室工作，分管山西省志的编修。同时，被中国地方志指导小组确定为旧志整理委员会委员。汉代王充尝言，"知今而不知古，谓之盲瞽"；"知古而不知今，谓之陆沉"。因而在繁忙的编纂新志的同时，我充分利用一切可以利用的业余时间，陆续写出一些有关方志史的文章，在《文献》《社会科学战线》《中国地方志》等刊物发表。

1991 年《神州文化集成丛书》编委会约我撰写一本全面介绍地方志的书，限定 10 万字，半年内脱稿。书稿原名《中国方志简史》，后按《丛书》统一规划定名为《中国地方志》，经著名学者、方志学界前辈傅振伦先生审定后，由新华出版社出版，两次印行 2 万册。傅老认为，时至当代尚无一部方志史问世，终为憾事，《中国地方志》既然是方志史的构架，鼓励我日后应写成方志史。

我国方志历史悠远，经久不衰。汉唐方志当时均系稿本或传抄本；宋元方志虽有刊行，但为数极少，主要还是极为有限的手写本。由于历代的战乱与保管不善，致使明代以前的方志绝大多数亡佚，存世者不及什一。如不反映亡佚方志，作为方志史来说将是不全面、不完整的。所幸一些史注、地志、类书中偶有片段只言的征引，为后人留下部分佚志的踪影。据此，我尽最大的努力，像沙砾淘金一样，悉心对散佚古方志进行钩沉。1997年拙著《汉唐方志辑佚》交由北京图书馆出版社出版。其时省地方志编委会副主任霍泛同志对此事亦极关注，建议宋元部分也应继续完成。

2006 年冬，山西古籍出版社总编辑张继红先生亲临寒舍，研究三晋文化研究会会长李玉明同志委托我执行主编的《山西古今地名词典》具体事宜，得知我一直酝酿编著方志史的设想时，继红当即表示支持，不久即将《中国方志史》列入该社 2007 年选题计划。

正当我篇目已定、动笔之际，收到了结识多年的诸葛计先生惠赠其大著《中国方志五十年史事录》。该书全面系统记述了 1949 年至 2000 年社会主义新方志的发展历程和辉煌成就。诸葛先生系《中国地方志》刊物原主编。学术造诣、理论水平、占有资料均为我所不及，由其撰写社会主义新方志部分，当为最佳人选。随即致函邀请，承蒙先生慨然应允。既为合著，我也就请我院热心方志研究、学术水平较高的高生记和董剑云二同志参与此事。高系《沧桑》杂志主编。该刊物连续数年被评为中国方志理论核心期刊、中国学术期刊(光盘版)入编期刊。他在上世纪 80 年代读硕士研究生时，攻南北朝史，遂承担两晋南北朝部分。董系山西大学原校长程人乾教授的研究生，主攻中外关系史。调来山西省史志研究院后认真钻研地方史志，治学严谨，成绩斐然，编著出版《平遥古城文化史韵》等近10部著作。他愿撰写清代部分。之所以这样做，在于发挥各自优势，集思广益，携手共同完成此项课题。

构思本书时有以下几点思考：

一、方志是官方文献，其隆替显晦，与历代统治阶级关系至为密切。故本书仍以朝代更替为序，并以方志之主体模式或发展大势为标目，以向读者交待清晰的历史脉络。

二、方志领域是否仅限于通常所谓的地方志，或称方域志，全国总志是否包括在内？当前方志界似乎没有明确，有关方志学论著也大都不述及总志。我们对总志进行研究并参考前贤有关论述，认为：总志采撷于方域志，是方域志的高度浓缩和升华；方域志是总志得以深层挖掘的宝藏，又从总志中得到借鉴和提高，二者互为依存，相得益彰。作为方志史研究来说，理应包括总志。

三、既然明代以前方志传世者不及什一，方志史就应该将前人对佚志的辑佚、考录和补苴罅漏所得予以反映，使这些藏于他处的零圭碎璧得以重现。

四、宏观论述要与微观剖析相结合，因此每个时期应有若干种志书的简介，择要揭示其史料价值，力图抽象与具象并重。

书稿完成后，我们特别征求著名学者、方志学家来新夏先生意见。先生在充分肯定书稿的同时，也提出一些宝贵的修改意见。在此谨向来先生致以崇高的敬意和衷心的感谢。山西省图书馆王开学、郑梅玲，山西大学图书馆王欣欣等同志和侄儿刘铁积极帮助查阅、收集资料，在此一并致谢！

最后需要说明的是，撰写方志史虽是我的宿愿，但真正做起来，问题和困难还很多。随着史学研究领域的拓宽、方志学研究的深入与繁荣，相信不久的将来定会有质量更高的方志史问世。本书的缺点和错误，我们衷心希望阅者不吝指正。

刘 纬 毅

2008 年 7 月 21 日

目 录

第一章 通论

中国幅员辽阔，地貌复杂。在960万平方公里国土上，山地、高原和丘陵占三分之二，平原和盆地只占三分之一。由于山川阻隔，地理环境不同，各地在生产方式、生活习俗、语言文字、风土人情、文化传承诸多方面皆有所差异，从而构成绚丽多彩的地域文化。在当今构建和谐社会、繁荣社会主义新文化中，作为地域文化的重要表征——方志文化，必定能放射出更为夺目的光彩。

方志文化源远流长，灿烂辉煌，是中国传统文化的一个重要组成部分。它以自身特有的方式，传承文明，服务社会。长期积累的方志文化，是地域文化的宝库，凝聚着各地区各民族奋发向上、自强不息的民族精神。但它也和其他传统文化一样，不可避免地带有阶级的烙印和时代的局限。这就要求我们以马克思主义的历史唯物主义观点，具体分析，区别对待，吸收精华，去除糟粕，批判地继承、发扬。本书试图阐明我国方志的产生、演变和发展过程，探索其规律，肯定其历史价值，并挖掘被遗忘和被掩埋的遗珍，为发展社会主义新方志提供借鉴和参考。

方志，通称地方志，亦有称地志者。据《中国地方志联合目录》统计，保存至今的1949年前的方志有8264种、111万多卷，约占我国现存古籍的十分之一。它记载一定地域的自然与社会、历史与现状、政治与经济、人物与艺文等等，被誉为"博物之书"（宋代司马光语）、"一方之全史"（清代章学诚语），地方人士更奉为"不刊之典"（近人刘霁卿语），是中华民族文化宝库中的瑰宝，历来受到统治阶级、学人雅士的重视与钟爱。汉武帝刘彻、汉光武帝刘秀、隋炀帝杨广、唐太宗李世民、宋太祖赵匡胤、明太祖朱元璋、明成祖朱棣、清圣祖爱新觉罗·玄烨等，都曾下令编纂、收集方志。唐代韩愈、李吉甫，宋代乐史、司马光、范成大，明代王世贞、谢肇淛，清代章学诚、戴震、钱大昕、孙星衍等众多硕学大儒，民国时期梁启超、王国维、鲁迅、郭沫若、胡适、顾颉刚、钱穆等学术巨擘，或编纂、或倡导、或点校、或辑佚，均对中国方志事业作出卓越的建树。

中华人民共和国开国领袖毛泽东同志，无论在过去战争年代还是和平建设时期,都对方志特别关注。民国 29 年(1930)红军打下江西兴国县城后,时任少共兴国县委书记的萧华来向毛泽东汇报工作时,就见他正在聚精会神地阅读《兴国县志》。后来毛泽东到了瑞金,又请瞿秋白给找来《瑞金县志》,挑灯夜读。遵义会议前后,他阅读了《遵义府志》《仁怀厅志》和《赤水县志》。毛泽东认为:打胜仗贵在知情势,如果把这个地方的山川气候、物产资源、风土民情掌握好,就可能取得胜利;而这些情况在地方志中都有详细记载①。"文化大革命"前曾担任中共中央办公厅主任的杨尚昆说:"毛主席外出到哪个省,总要预先对那个省的省志及某些县志都翻阅一下②。"周恩来 1958 年 8 月 9 日同北京大学图书馆学系邓衍林教授谈话中指出:"我国是一个文化悠久的大国,各县都编有县志。县志中就存了不少关于各地经济建设的有用资料。我们除编印全国所载方志目录外,还要系统地整理县志中和其它书籍中的有关科学技术资料,做到古为今用。"董必武认为方志是"中国历史的有机构成部分,是中华民族的一个切片、一个因子或元素",寄予极大的关注。

　　国外对中国方志也格外重视。鸦片战争以后,中国方志大量流失国外,日本国会图书馆 1968 年编的《日本主要图书馆、研究所所藏中国地方志总合目录》载,14 个藏书单位收藏中国方志达万种。美国所藏中国方志尤为可观,其国会图书馆藏 3750 种,哈佛大学哈佛燕京图书馆藏 3525 种,芝加哥大学远乐图书馆藏 2700 种。法国、英国、德国、意大利、比利时、荷兰等国著名藏书单位亦收藏有大量中国方志③。其中不乏中国缺藏者。据台湾学者宋晞《地方志与历史学》一文,国内失传和残缺而在日本保存的完整原刻方志达 207 种④。方志在国外图书馆并非束之高阁、无人问津。曾在美国国会图书馆东方部工作多年的朱士嘉先生,1981 年对刘纬毅

---

① 黄友风:《毛主席喜欢地方志》。引自赵庚奇《志鉴论稿》。
② 杨尚昆:《对毛主席的几点回忆》,载《中共党史风云录》,人民出版社 1990 年版。
③ 详朱士嘉《现藏方志的收藏分布和管理利用》(载《朱士嘉方志文集》)、吴德明《欧洲各国图书馆所藏中国地方志目录》(1957 年版),巴兆祥《日本大学图书馆中国地方志调查记》(《中国地方志》2002 年第 4 期)。
④ 载《浙江方志》1989 年第 4 期。

说:外国学者以为方志是"中国的特产",他们研究中国历史文化都查阅大量方志,索书率不低。1995年9月荷兰莱顿大学汉学研究院开办中国地方志讲座班,学员来自英、瑞、德、法、荷等国①。我们可以毫不夸张地说,中国方志在国际文化交流方面,起了重要的作用。英国汉学家伟烈亚力对方志有很高的评价,认为"在中国出现的一系列地方志,无论从它们的广度来看,还是从它们的有系统的全面性方面来看,都是任何国家的同类文献所不能比拟的"②。英国李约瑟博士更说:"要研究人类文明,必须研究中国地方志。"

英国历史学家汤因比在上世纪70年代断言:中国文化将是21世纪人类走向全球一体化、文化多元化的凝聚力和融合器,21世纪将是中国文化的时代。方志作为中国文化的一颗璀璨明珠,必将在世界上更加耀眼夺目。

第一节　方志有广义、狭义之分

方志之名,始见于《周礼》。《周礼·春官》载:"外史掌四方之志。"东汉郑玄注:"志,记也。谓若鲁之《春秋》、晋之《乘》、楚之《梼杌》。"《周礼·地官》又载:"诵训掌道方志,以诏观事。"清孙诒让注疏:"方志,即外史四方之志,所以识记久远掌故,外史掌其书,此官则为王说之,告王使博观古事。"《后汉书·西域传》亦谓:"至于佛道神化兴自身(yuán)毒(今印度),而二汉方志莫有称焉。"晋左思《吴都赋》云:"方志所辨,中州所羡。"唐张铣注:"方志,谓四方物土所记录者。"自此方志一名即广泛使用,以至于今。

方志有广义、狭义之分。多年来有关方志目录和方志学论著,所著录、所研究者,多限于省、府、州、县志书,给人以错觉,似乎方域志③就等同于方志。实际不然,它只是方志中的主体,本书姑称为狭义方志。广义的方志,除狭义

---

① 杨军昌:《读志用志试论》,载《中国地方志》1998年第2期。
② 〔英〕李约瑟:《中国科学技术史》第五卷第一分册"地方志"。
③ 唐有《方域图》,宋有《皇朝方域志》等,本书不妨称狭义方志为方域志。

方志外，还包括全国性的总志和各门类的专志。清儒储元升最早将总志列为方志之首位，他在《平望镇志·序》中说："地志有四，曰一统志、曰通志、曰府志、曰县志①。"梁启超亦谓："现存之古地理书，如唐代之《元和郡县志》、宋代之《太平寰宇记》《元丰九域志》，其性质可谓方志之集合体。盖以当时郡县为骨干，而分列境界、风俗、户口、姓氏、人物、土产等。"他同时还将人物传、风土记、古迹、文征之类的专志，也纳入方志的范畴，并指出，"体例较为自由，故良著往往间出"，"或竟出正式方志之上"②。历史学家、方志学家李泰棻明确指出，方志包括全国性的总志、一般所谓的方志和各种门类的专志③。张国淦的《中国古方志考》、张舜徽的《中国历史要籍介绍》、张三夕的《中国古典文献学》均将总志列为方志首位。之所以如此界定，在于总志是方域志的高度浓缩和升华；方域志是总志得以深层挖掘的宝藏。二者相辅相成，密不可分。社会主义新方志中还包括地方的综合性年鉴。

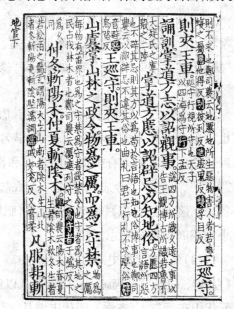

"方志"一词最早出现在《周礼》中

第二节　志书的名称

方志是地方志书的总称。至于各个历史时期各种方志的名称，则不相同。这也从另一方面反映出方志形成、发展的进程，及其内容、结构、体例

---

① 转引自陈光贻：《中国方志学史》，福建人民出版社1998年版。
② 梁启超：《中国近三百年学术史》十五《清代学者整理旧学之总成绩》"方志学"。
③ 详李泰棻《方志学》第一章通论。

之渐趋完善。这里简略介绍使用较多的一些地方志名称。

（1）图经。汉唐时期多称方志为图经，以后渐少使用。《玉海》卷十四《祥符州县图经》条称："图则作绘之名，经则载言之别。"即舆图与文字说明相结合。如东汉《巴郡图经》、唐《沙州图经》、宋《吴郡图经续记》、清《扬州府图经》等。除图经外，宋代以后亦有作"图记"、"图说"或简称为"图"的。如明《嘉兴府图记》、民国《青海图说》等。

（2）记。中国古代有"左史记言，右史记事"①之说，故后人编修方志亦常称记。如魏晋《上党记》《冀州记》等。除一般称记者外，亦有称"地记"、"统记"、"大记"、"札记"者。如宋《吴兴统记》、清《新疆大记》和《台州札记》等。

（3）志。古人称记事之书为志。唐颜师古曾云："志，记也，积记其事也。"因此大多方志均称之为志。较早名志者，如晋《陈留志》、宋《河南志》。以后使用最广。亦有根据不同规模和性质冠以"大志"、"备志"、"续志"、"补志"、"新志"、"今志"、"小志"、"私志"者。如明《江西省大志》，清《乍浦备志》《隆德县续志》《梅李补志》及《肥城县新志》，民国《汲县今志》《南京小志》和《常熟县私志》等。

（4）乘。古代有史乘之语。《孟子·离娄下》："晋之《乘》、楚之《梼杌》、鲁之《春秋》，一也。"孙奭疏云："以其所载以田赋、乘马之事，故以名为乘也。"如元代山东行省志《齐乘》、明代丰城县志《丰乘》等。此外，亦有称"别乘"、"稗乘"、"拟乘"、"备乘"者。如明《海虞别乘》、清《江浦稗乘》和《贞丰拟乘》等。

（5）录。录系收集记载之意。《公羊传》："《春秋》录内而略外。"因而不少志书亦名为录。如宋《剡录》、清《濮录》等。

（6）谱。以事物类别、系统成书者称谱。如宋代永嘉县志名《永嘉谱》，泸州方志名《江阳谱》（按，泸州本汉晋江阳郡，此处沿用古名）。

（7）编。西周古书以竹简、木简为编。《史记·孔子世家》称："孔子晚而

---

① 《汉书·艺文志》："古之王者，世有史官，君举必书，所以慎言行、昭法式也。左史记言，右史记事。事为《春秋》，言为《尚书》。"

喜《易》，读《易》韦编三绝。"故后人亦以"编"为志名。如宋永嘉县志即名《永宁编》（按，永嘉县隋前曾名永宁县），明代震泽县志亦名《震泽编》。

（8）簿。簿即书写之册记。志书称簿者如晋《河南十二县境簿》、隋《州郡县簿》等。

（9）传。传是记载、书传之意，故古人亦称方志为传，如唐《越地传》《江汉传》等。

（10）略。记其大要称略，亦有撷选或谦称之意，如明《滇略》和清《荣成记略》《广陵事略》等。

（11）鉴。鉴系镜鉴之意。《正字通》称："考观古今成败为法戒者，皆曰鉴。"故有些志书亦称为鉴，如民国《蒙古鉴》《平南县鉴》。

（12）书。书系记述之意，如明代福建省志称《闽书》，铅山县志名《铅书》。

（13）系。系是系事之意。晋杜预《春秋左氏传序》称："记事者，以事系日，以日系月，以月系时，以时系年。所以纪远近、别同异也。"故后人亦有称志书为系者，如云南省志即名《滇系》。

（14）典。堪为典范之籍曰典，内容较精确完备。方志名典者有清《蜀典》《广陵通典》等。

（15）掌故。有关一域典章制度、人物事件的故事，俗称掌故，故亦有称方志为掌故者，如明《吴兴掌故集》。

（16）文献。文献是指有价值的历史资料。《论语·八佾》曰："夏礼吾能言之，杞不足征也；殷礼吾能言之，宋不足征也。文献不足故也。"宋朱熹注："文，典籍也；献，贤者也。"故后人以具有历史价值的典籍称作文献。方志以文献为名者，有清《乌青文献》等。

（17）采访册。编修方志必先搜集资料，是曰采访，而后始能编撰成书。采访时所作的记录曰采访册，如清《歙县采访册》。亦有称"访稿"的，如清《郎岱县访稿》。

第三节　方志的种类

方志按其记述内容,可分综合性、专类性两大类。

一、综合性方志

1.总志。亦称地理总志,记载全国各级行政区划的沿革、地理、人文状况。如《元和郡县志》《太平寰宇记》,及元、明、清的一统志。

2.郡志。秦始皇建立郡县制,至宋始废除郡。秦汉时,郡为地方最高行政区划,下辖若干县。东汉后,郡降为二级行政区划。如东汉《巴郡图经》、隋《东郡记》等,即是郡志之类。

3.州志。州作为地方最高行政区划,始于东汉。唐宋以后降为二级。清代又分直隶州和散州。直隶州仍为二级,直属于省,其志书冠以直隶二字,如《直隶绛州志》;散州则为三级,属府管辖,志书直写州,如《保德州志》等。

4.府志。府的建制始于唐,止于辛亥革命,为二级地方行政区划。其志书通称“府志”。如明《怀庆府志》。偶有称“总志”和沿称“郡志”的,如清《郴州总志》、明《宁波郡志》。

5.路志。路为宋元行政区划。宋代的路是地方最高行政区划。志书如《江南路图经》《河东路图经》等。元时路降为二级,隶属行省,其志书如《永州路志》《南雄路志》等。

6.军志。军系宋代设置的上隶于路、下辖数县的行政区划,志书如《南康军志》《临江军志》等。

7.监志。宋代曾在产盐、坑冶、铸铁之地置监,与府州同级,隶于路。志书如《大宁监图经》《陵井监图经》等。

8.省志。行省之制始于元代,为地方最高行政区划。明清简称为省,沿用至今。其志书多称"通志",如明嘉靖《山西通志》。章学诚诠释:"通志,所以通府、州、县、卫之各不相通也。"明代亦有称省志为"总志"的,如《河南总志》《湖广总志》。有些文章常称二省合纂的志书为"总志"。其实历代未尝有过二省合纂之志。明代《湖广总志》本为湖广行省之志。至于分置湖北、湖南二省,则系清康熙六年(1667)之事。

9.道志。道为明清两代省以下设置的监察区,监察若干府。如湖北下荆南道监察安陵、襄阳、郧阳三府,其志即为清《湖北荆南道志》。民国时期亦曾置道,监察若干县,志书如《朔方道志》。

10.县志。县系秦汉以后沿用至今的基本行政区划。县志在志书中为数最多。一般均称县志,亦有称"资治图志"者,如清《桂平县资治图志》。毗邻二县合修的称"合志",如清常熟、昭文二县合修的《常昭合志》。清代一些大县在边远地区还设有分县,由县丞兼管其政务,因而又出现"分县志",如《陇县分县武阳志》《羊场分县采访册》等。

11.卫志。卫原系明初军队编制单位,驻于某地即称某卫。后逐渐演变为区划名,其志称卫志。如清《天津卫志》。

12.所志。所亦系明初军队编制单位,属卫管辖,后称其驻地为某所,其志书称所志。如清《宁武守御所志》《碾伯所志》。

13.厅志。清代在新开发的地域设厅,亦为地方行政区划。分直隶厅、散厅。直隶厅与府平行,隶于省;散厅与县平行,隶于府。其志则为"厅志",如清《和林格尔厅志》、广西《百色厅志》。

14.旗志。清政府统治蒙古实行盟旗制,旗相当县。其志书为"旗志",如清《土默特旗志》。

15.土司志。宋代开始在边远少数民族地区实行土司制,明清置土司所,其首领称土司(即头人)。志书即名"土司志"。如清广西《白山司志》,四川《沙坝司志》。

16.盐井志。四川、云南一带多盐井。盐井设官始于元代,称"提举"。明清时提举为同知衔,既管盐务,又监政务,亦为特殊的小行政区划。其志为

"盐井志",如清云南《琅盐井志》《黑盐井志》。

17.关志。明代为抵御鞑靼、瓦剌侵扰,在北方一些关隘屯驻重兵。随之便出现了记载关隘地势、兵防、生产、贸易的关志,如《山海关志》《三关志》(三关即雁门关、宁武关、偏头关)。

18.岛志。中国沿海岛屿亦曾修有志书,如民国年间的《海南岛志》《西沙群岛小志》。

19.县以下农村基层政权镇、乡以及村、里亦曾有志。如魏崔玄之《濑乡记》(在今河南鹿邑县境),宋代常棠《澉水志》(即浙江海盐县的镇志)。明清两代镇志尤多。此后,条件较好的名村巨里,亦兴修志书。如安徽池州贵池县杏花村,清代、民国曾两次修纂《杏花村志》。里志如嘉定县《真如里志》等。

20. 市志。古无市志,《史通·杂述》篇以都邑簿近似之。民国16年(1927)始在经济、文化、政治中心设市。之后出现市志,如《首都志》《昆明市志》。

二、专类性方志

1.记述名山的称"山志"。如唐李归山《王屋山志》、明裘仲儒《武夷山志》、清金棨《泰山志》。

2.记述河流的称"河志"。如《水经注》、清《直隶河渠志》《永定河志》。

3.记述湖泊的称"湖志"。如清《洞庭湖志》《莫愁湖志》《西湖志》。

4.记述泉眼的称"泉志"。如明《东泉志》、清《云南温泉志》。

5.记述物产的为"方物志"。如汉《交州异物志》、清《湖南方物志》。

6.记述风土人情的为"风土志"。如明《青州风土记》、清《太仓风俗记》。

7.记载名寺古刹的为"寺观志"。如北魏《洛阳伽蓝记》、明《金陵梵刹志》。

8.记载金石碑刻的为"金石志"。如清《山右金石记》《山左金石志》。

9.记载风景名胜的为"名胜志"。如明《西湖游览志》、民国《海昌胜迹志》《晋祠志》等。

10.记载园林花木的为"园林志"、"花木志"。如宋《洛阳名园记》、明《亳州牡丹志》、清黄凯钧《圆明园记》等。

11.记载第宅、民居的为"第宅志"。如清《武林第宅志》《云间第宅志》。

12.记载历史人物的为"人物志"。如三国谢承《会稽先贤传》、晋华峤《广陵列士传》、晋习凿齿《襄阳耆旧传》。

13.记载历史文献、邑人著述的为"艺文志"或"经籍志"。如明《全蜀艺文志》《四明文献志》《台州经籍志》。

14.记述书院的为"书院志",如明《河东书院志》《白鹿洞书院志》、清《东林书院志》《紫阳书院志》。

15.记载墓葬的为"陵墓志"。如南朝《苏州冢墓志》、明祁光宗《吴中陵墓志》《明孝陵志》。

16.记载硕儒故里的为"阙里志"。如明《程朱阙里志》。

第四节　方志的性质与特征

一、方志的性质

方志究竟性质为何,这个问题历来说法颇多。主要有七种。

第一种说法,认为方志系地理书,属地理学科。《隋书·经籍志》《崇文总目》《直斋书录解题》《文献通考》《国史经籍志》《四库全书总目提要》等目录学专著,均将地方志归入史部地理类。清代一些考据学家亦持此见,认为方志主要记述当地地理状况,因而特别注重于地理沿革、疆域、山川等方面的考订。戴震认为,"夫志以考地理,但悉心于地理沿革,则志事已竟。侈言文献,岂所谓急务哉"①。近代一些地理学者,也视方志为地理学科的支流。西方学者曾将方志译作"Gaztteer",按英文今译,即为"地理辞书"。

① 清章学诚:《记与戴东原论修志》。

第二种说法，认为方志系地方的历史，属历史学范畴。宋代郑兴裔《广陵志·序》称："郡之有志，犹国之有史。所以察民风、验土俗，使前有所稽，后有所鉴。"明代目录学家朱睦㮮在其所编《万卷堂书目》中，首次以"方州之志"为名，将方志列为史部的一个独立类目。其后，祁承爜《澹生堂藏书目》、徐乾学《传是楼书目》、汪宪《振绮堂书目》亦均在史部为方志设立一目。力主方志为史者，首推清代方志学家章学诚。章氏谓："有天下之史，有一国之史，有一家之史，有一人之史。传、状、志、述，一人之史也；家乘、谱牒，一家之史也；郡、府、州、县志，一国之史也；综纪一朝，天下之史也[1]。"李泰棻在其《方志学》一书中指出："在中央者谓之史，在地方者谓之志，故志即史。"当代史学家亦多同意这种论点。如白寿彝主编的《史学概论》称："方志是地方之史。"李宗邺《中国历史要籍介绍》亦云："地方志就是地方史。"

第三种说法，认为方志属于史的范畴，但又不完全是史，史志二者有明显的区别。明代朱衣在其所撰《汉阳府志·序》中指出："志者，史之积也；史者，志之成也。"清代学者纪昀阐述史志异同时曾说："今之志书，实史之支流也。志以史为根柢，而不能全用史；与史相出入，而不离乎史[2]。"俞世铨(同治)《榆次县志·跋》中亦说："志仿于史而异于史。"当代方志界亦有类似看法。

第四种说法，认为方志是史地兼备的边缘学科。近人朱希祖《新河县志·序》称："作县志之法，能兼得今世历史、地理二学之所长，乃得为善志。"其后，黎锦熙提出"两标"的论点，谓方志"史地两性，兼而有之。惟是兼而未合，混而未融。今立两标，实明一义。即方志者，一、地志之历史化；二、历史之地志化[3]。"于乃仁《方志学述略》一文，亦阐明类似见解，谓："方志者，以地方为单位之历史与地理也[4]。"今人持"亦地亦史"论点者亦不少。

---

① 清章学诚：《文史通义》外篇一《州县请立志科议》。
② (嘉庆)《安阳县志·序》。
③ 黎锦熙：《方志今议》，商务印书馆民国30年版。
④ 见《建国学术》创刊号(民国29年)。

第五种说法,认为方志是综合学科。20世纪30年代江恒《复潜夫书,论志书性质》中曾提出:"惟方志之综合性,似为任何学术所未有。如以科学目之,或称为综合科学可也,或称其为近代社会学之鼻祖亦可也[①]。"现今方志界亦有持是说者。

第六种说法,认为方志就是一门独立的学科。仓修良教授认为:"时至今日,地方志已经有了自己完整的理论和体系,并已独立成为一门学科——方志学。因此,它尽管具有'亦地亦史'的性质,但它已经既不从属于地理,也不从属于历史。"台湾方志学家毛新波在其《方志新论》中也认为所谓"'地志之历史论'、'历史之地志论'已经远远不够了"。这种新说,得到众多人士的赞同。

第七种说法,是胡乔木代表中共中央和国务院在第一次全国地方志工作会议上,针对社会主义新方志所说的:"地方志应该是一部朴实的、严谨的、科学的资料汇集,让它能够经受历史的考验。"

以上各说,见仁见智,代表不同时期、不同角度对方志的认识。相信随着方志事业的继续发展,方志学研究的更加深入,人们对方志属性,一定会得出更全面、更科学的结论。

二、方志的特征

在现代方志学的论著中,对方志的特征,有概括为四性者,也有归纳为六性、八性甚至十性者,但最主要的特征可归纳为五性。

1.空间的地域性。顾名思义,方志均以一定区划或一定地域为其记事范围。因而地方特色十分突出。中国幅员辽阔,各地自然、社会、人文等均有自己的特殊性和个性,仅凭全国性的史地典籍,很难包容各地的差异和特色。而方志却有自己独特的优势,并在长期发展中,形成了鲜明的地方特色。

2.资料的可靠性。资料是方志的生命所在。方志之所以历时两千余

① 载《学风》第一卷第四期(民国20年1月)。

载，一直延续不衰，根本原因在于它保存了大量珍贵难得的资料。历来方志皆述而不作、记而不论，寓褒贬于记事之中。其记述多采自档册、书札、谱牒、碑碣、文书、文献和踏查、访问，甚至是亲历、亲见、亲写者，资料丰富而可靠。章学诚谓"地近则易核，时近则迹真"[①]。顾颉刚先生民国24年(1935)为《中国地方志综录》所作序言中说："夫以方志保存史料之繁富……以较正史，则正史显其粗疏；以较报纸，则报纸表其散乱。"资料价值极高。

3. 内容的广泛性。地方志系一方之全书，内容极其广泛。无论自然与社会，历史与现状，经济基础与上层建筑，各个领域、各个方面的大事和要况，均一一载入志书。正如顾颉刚所说的，"纪地理则有沿革、疆域、面积、分野；纪政治则有建置、职官、兵备、大事记；纪经济则有户口、田赋、物产、关税；纪社会则有风俗、方言、寺观、祥异；纪文献则有人物、艺文、金石、古迹"。方志内容之广博，确非其他书籍所能代替。因此人们称方志为"一方之百科全书"，是有道理的。

4. 体裁的类编性。宋代定型后的方志，其构架无论是纲目体、并列体、宝塔体或三宝体，无不分门别类编纂。有人概括为横纳百科、纵写史实是符合实际的。这亦是志书内容性质所决定的。既然方志包罗万象，也就不得不按事物的性质，分其异、类其同，以谋篇设目。说方志是"类纂之书"。"类编之书"，是地方的类书，也不无道理。

5. 修纂的连绵性。随着历史发展和社会不断变化，地方志每隔一个时期或若干年均需重修、续修、新修或鼎修，而且每修必有新异，以适应发展变化中的时代需要。如《成都志》仅在宋代就修了5次，江苏《常熟县志》在明清修13次，浙江杭州现存宋代至民国时期志书多达12种。这个传统一直延续至今。连绵不断的修纂和累积，亦非其他文献所可比拟。

---

① 清章学诚：《章氏遗书·方志略例二·修志十议》。

第五节　方志的功用

方志的功用是多方面的。晋代常璩在其《华阳国志·序志》中总结有五善，即"达道义，章法戒，通古今，表功勋，而后旌贤能"。明代张天骐概括为"备观省，昭劝戒，励风教"①。明张沛对志书各门类的功用作了具体分析，他说："视舆地，宁不思捍守欤？视山川，宁不思奠安欤？视建置，宁不思沿革欤？视食货，宁不思储蓄欤？视官守，宁不思鉴戒欤？视礼制，宁不思遵崇欤？视人物，宁不思化理欤②？"瞿宣颖在20世纪30年代《方志考稿·序》中揭橥方志六大功用是："社会制度之委曲隐微不见于正史者，往往于方志中得其梗概，一也；前代人物不能登名于正史者，往往于方志中存其姓氏，二也；遗文佚事散在集部者，赖方志然后以地为纲，有所统摄，三也；方志多详物产、税额、物价等类事实，可以窥见经济状态之变迁，四也；方志多详建置兴废，可以窥见文化升降之迹，五也；方志多详族姓之分合、门第之隆衰，往往可与其他史事互证，六也。凡此六端，皆为治近代史者所亟欲寻究，而方志皆往往足供焉。广哉其所苞举，富哉其所沾溉也。"20世纪80年代以来，方志界多以"资治、存史、教育"表述。现分以下几方面加以阐述。

一、资治功能

在封建社会中，从中朝到地方官员，常以阅览方志作为理政之辅翼。唐代宰相李吉甫在呈进《元和郡县图志序》中，肯定方志可"成当今之务，树将来之势"。宋代朱熹上任南康军(治所在今江西星子县)守时，"下轿伊始，即问志书"，先了解当地历史后再问政。明代杨宗气在(嘉靖)《山西通志》序中即称："治天下者，以史为鉴；治郡国者，以志为鉴。"清《吏治悬镜》

---

① (嘉靖)《皇明天长志·重修天长县志后序》。
② (嘉靖)《寿州志·序》。

规定,新任官吏就任,必须奉行二十三条中的第三条,即"览志书"。"使长民者,有以斟酌故训,行其所利,去其所弊[①]。"主政者只有了解其地之优劣,其史之盛衰,其风之淳浇,始能因地制宜,有的放矢,理好政务,树立政声。这种资治功能在今天交通发达、信息灵通、媒体多元情况下,似有减弱,其实不然,仍有其他载体无法代替的辅治功能。

如黄苇、夏林根编著的《近代上海地区方志经济史料选辑》,全书26万字。辑录的资料全部选自上海地区10县方志。其内容包括商埠开辟、商品经济、手工业和农副业的变化、近代资本主义企业、新式交通和邮电事业、市镇的兴衰、户口的增减、经济人物的活动、社会经济生活的变革、人民的负担等十大类。这本《选辑》成为上海市制订经济文化发展规划的重要参考书。

地质学家章鸿钊从上千种方志中,辑录汉至民国期间有关的矿产资料,"凡有产地可详者,无问遐迩,靡纤靡巨,无不备举",终于编著成被誉为"中国矿业文献经典之作"的《古矿录》。中华人民共和国成立后,地质部又从大量方志中辑成《祖国两千年铁矿开采和锻冶》《中国古今铜矿录》等大型资料书,直接服务于社会主义经济建设。

中国科学院地震工作委员会据5000余种方志,编出中国第一部《中国地震资料年表》,使地震工作者系统掌握两千多年中国各地地震灾情与抗震救灾的历史。

中央气象台从数千数方志中辑成《五百年来我国旱涝史料》,北京天文台根据方志记载编成《中国天象记录总表》,为中国气象工作的发展提供了可资借鉴的历史资料。

北京历史上就属缺水城市。元、明、清三朝为解决京都水源,均命重臣(如元脱脱和郭守敬、明左光斗、清李鸿章等)负责京畿水利。其成功与失败的经验教训,亦均载入《畿辅通志》《顺天府志》及《永定河志》。中华人民共和国成立后,水利部门利用方志资料,借鉴郭守敬"白浮堰"引水工程的

①（嘉庆）《怀远县志·序》。

路线,成功地修建了永定河和长河引水工程①。

安徽繁昌县,在清道光年编纂的《县志》中载:"赭圻出紫玉一段,改为器,献于太庙。"县政府请地质队勘查,查明墨玉石(紫玉)储量在一亿立方米以上。经技术鉴定,品质优良。该县遂建立墨玉厂,经济效益颇佳。

浙江建德县的党政领导,利用县地方志办公室从(光绪)《严州府志》、(民国)《寿昌县志》查到的湮没600多年的"灵栖洞"有关记载,经有关部门实地考察发掘,终于使"灵栖洞"重见天日,和同一山上的"清风洞"、"霭云洞",构成闻名中外的建德溶洞群,中外游客量日渐增多,为建德县取得非常可观的经济效益。

云南个旧系中国著名锡都。(民国)《个旧县志》专设"实业部",详尽反映了当地锡矿的历史、种类、细目、位置、交通、采矿法,以及大锡成色鉴别、矿砂买卖、矿工生活等。解放后个旧县人民政府以此为鉴,大力发展了锡矿生产,其锡制工艺品行销海内外。

凡此种种,表明旧方志对当代经济建设依然有资治功能。

二、存史功能

方志是方域的一面镜子,丰富而珍贵的资料,向为研究国史所摄取。正如章学诚说的那样,可"补史之缺,参史之错,详史之略,续史之无"②。

南朝刘宋时裴骃作《史记集解》,唐代司马贞作《史记索隐》,张守节作《史记正义》,引用《三秦记》《上党记》《陈留风俗传》《益州记》《十三州志》《括地志》《九江图》《广州记》《荆州记》《陈留志》等30多种方志。北宋时刻书家将《集解》《索隐》《正义》分列原文之下,使三家注与司马迁原著肩随,成为史籍之经典。

晋代常璩的《华阳国志》,记四川、云南、贵州诸省之历史、地理,为唐代以后之正史及现代诸多《中国通史》所吸纳。唐代方志《蛮书》,记载了西

---

① 于希贤:《地方志与软科学》,载《地方志与现代科学》。
② 清章学诚:《修湖北通志驳陈熷议》。

南边隆南诏国的基本情况，此后宋祁撰《新唐书·南蛮传》，司马光著《资治通鉴》，其中关于南诏事，均据《蛮书》所载。至今研究云南地方史者，无不使用《蛮书》。

元代胡三省为《资治通鉴》作音注时，引用了《三辅黄图》《交州记》《荆州记》《临海记》《西京记》《聚米图经》《汴京图》等数十种汉至宋的方志，使音注与原著相辉映。

清顾炎武查阅千余种方志，撰写了《天下郡国利病书》。钱大昕《辽史拾遗》、陆心源《宋史翼》、朱彝尊《日下旧闻》等所据资料，也是从大量地方志中得来的。

胡适的《红楼梦考证》就引用其高足顾颉刚在《江南通志》中查到的清康熙、雍正年间江宁织造和苏州织造的职官表，由此推断曹雪芹的家世、生平与籍贯，在红学研究中取得引人瞩目的成就。罗尔纲主持太平天国资料编辑委员会，汇辑了120万言的《太平天国史资料》，其中即征引730种方志。赵景深、张增元合著的《方志著录元明清戏曲家传略》，即从1004种方志中辑出三朝戏曲作者和戏曲理论家658人、罕见曲目100余种，为中国戏剧史填补了空白。

中国史学会主编的《中国近代史资料丛刊》，即大量选辑地方志的资料，如第1种《鸦片战争》第6部分《英国对中国的军事侵略》，汇辑广东、福建、浙江、江苏诸省的(光绪)《广州府志》、(光绪)《定海直隶厅志》、(光绪)《余姚县志》、(同治)《上海县志》等16种方志有关资料。其第5种《中日战争》第4册中，汇辑辽宁的(民国)《宽甸县志略》、(民国)《安东县志》、(民国)《凤城县志》、(民国)《庄河县志》、(民国)《盖平县志》等志书中的相关资料，成为近代史研究者不可或缺的资料书。

日本学者藤田丰八在《宋代之市舶司与市的条例》一文，依据《宋史》《宋会要》，否定《大明一统志》中"宋即其地(松江青龙镇)立市舶提举司"之说，认为此语出于明人传说。但(弘治)《上海县志》所载宋人董楷在咸淳五年(1269)写的《古修堂记》《受福亭记》二文都明确记载了董楷管理"市舶司"的事情。《中国外贸史》《上海地方史志》均对此作了肯定:上海早在南宋咸淳(1265-1274)年间即设置市舶司,管理外贸事务了。

以上数例足以说明方志对存史是何等的重要。

三、教育功能

方志是时代道德精神的体现。儒家的仁、义、礼、智、信道德规范以及"富贵不能淫、贫贱不能移、威武不能屈"的民族精神,洋溢在志书里。修纂者无不大树"立德、立功、立言"者为社会楷模,以彰善瘅恶、褒正抑邪,导引后人"见贤思齐,见不贤而自省"。章学诚谓:"史志之书有裨风教者,原因传述忠孝节义,懔懔烈烈,有声有色,使百世而下,怯者勇生,贪者廉立①。"梁启超亦称:"热爱乡土之观念实亦人群团结进展之一要素。利用其恭敬桑梓的心理,示之以乡邦先辈之人格及其学艺,其鼓舞浚发往往视逖远者为更有力②。"寿鹏飞的《方志通义》亦强调方志可"正人心,敦风尚,明正谊,垂治规"。因而历代杰出精英及有影响、有作为的人物在方志中多占显著地位。人们自然就会崇敬贤良、景仰英杰、热爱桑梓。一人为方志褒扬,不仅家族为之骄傲,乡里也为之荣耀;不仅是当世人仰慕,而且后世子孙多不背逆。以至清代于成龙之孙于准示其后人"谋身不能辱先,做事当以垂后"的箴言。足见三立者的辐射作用和传承作用,极为明显。今天我们编修新志,在继承中华民族传统美德时,更以社会主义道德规范,向人们进行革命传统和社会主义思想教育。志中汇集各个领域为人民作出卓越贡献的英雄模范和杰出人物,以及为革命英勇牺牲的先烈。其感人事迹和优良品德,必将激励人们更加热爱祖国,坚定不移地为建设中国特色社会主义努力奋斗。

---

① 清章学诚:《文史通义》外篇三《答甄秀才论修志第一书》。
② 梁启超:《中国近三百年学术史》十五《清代学者整理旧学之总成绩》"方志学"。

第六节 国内现存方域志情况

据《中国地方志联合目录》统计，现存 1949 年以前的历代方域志 8264 种①（未包括总志）。现按志书纂修朝代、所属省区分列如下：

一、按方志纂修朝代划分

宋前　　3 种

宋代　　28 种

元代　　9 种

明代　　942 种

清代　　4889 种

民国　　1187 种

清代、民国年间其他志料等 1206 种②

二、按方志所属省市划分

北京市　　55 种

上海市　　139 种

天津市　　26 种

重庆市　　49 种③

河北省　　567 种

山西省　　431 种

---

① 据庄威凤：《〈中国地方志联合目录〉的特点及存在问题》，载《中国地方志》1989 年第 2 期。该目录编于 20 世纪 70 年代后期。80 年代后全国开展编修方志，各地又发现许多《目录》未著录的县志、乡镇志。1998 年刘纬毅主编《山西文献总目提要》即新发现 18 种方志《目录》未收。1992 年《河南地方志提要》著录 566 种，也多于《目录》所载的 528 种。金恩晖主编的《中国地方志总目提要》收录寓目的 1949 年以前的方志达 8577 种,故有人估计总数将达 10000 种。
② 庄威凤统计志料 168 种、乡土志 529 种、里镇志 326 种、其他 183 种。
③ 重庆市的 49 种，系从《目录》中四川省原 671 种分出。

内蒙古自治区　　48 种

辽宁省　　130 种

吉林省　　93 种

黑龙江省　　65 种

陕西省　　401 种

甘肃省　　198 种

宁夏回族自治区　　32 种

青海省　　39 种

新疆维吾尔自治区　　81 种

山东省　　541 种

江苏省　　540 种

浙江省　　590 种

安徽省　　379 种

江西省　　477 种

福建省　　315 种

台湾省　　49 种

河南省　　528 种

湖北省　　332 种

湖南省　　401 种

广东省　　395 种

海南省　　50 种①

广西壮族自治区　　221 种

四川省　　622 种

贵州省　　139 种

云南省　　282 种

西藏自治区　　44 种

---

① 海南省 50 种，系从《目录》中广东省原 445 种分出。

三、按方志级别划分

(省)通志　　122 种

府志、直隶州志、直隶厅志　　875 种

县志、散州志、散厅志　　5728 种

乡镇志　　326 种

其他　　1213 种

以上统计仅限于狭义方志，未包括历代总志、专志。

第二章　方志的渊源（先秦时期）

水有源,树有根。历来言方志者,莫不溯其源,寻其根。然由于对方志的界定不一,对其特质的定性有别,致使对方志的起源众说纷纭。广义方志论者溯源于先秦,狭义方志论者论定在两汉;主张方志属于史学者,推"百国春秋"、《周官》为鼻祖;认为方志属于地学者,以《山海经》、《禹贡》为肇端;甚至有的以定型后的方志衡量,断在唐宋。本书从广义方志审视,其渊源追溯至先秦。

第一节　方志起源十七说

历史悠久的方志,起源在哪里,历来众说不一。刘纬毅著《中国地方志》[①]谓至少有 17 种说法。本书择其主要者辨析如下。

一、"九丘"说

元代集贤殿大学士许有壬《大一统志·序》称:"九州之志,谓之'九丘'……志之由来尚矣[②]。"明代陈霖对此作了进一步阐释,称:"古者九州之志,谓之'九丘'。丘,聚也。言九州所有,土地所生,风气所宜聚此书。'九丘'亡,而后岁时记于《荆楚》,《风土》述于周处,《方舆》载于祝氏,《虞衡》笔于石湖,与夫名贤有录,花石有谱,斯各具丘之一也[③]。"

"九丘"之名始见于春秋。《左传·昭公十二年》谓:楚国左史倚相"能读'三坟'、'五典'、'八索'、'九丘'。"晋杜预注:"皆古书名。"唐孔颖达引汉孔安国《尚书·序》:"伏羲、神农、黄帝之书谓之'三坟',言大道也;少昊、颛顼、高辛、唐、虞之书,谓之'五典',言常道也;八卦之说,谓之'八索',求其义也;九州之志,谓之'九丘'。丘,聚也,言九州所有,土地所生,风气所宜,

---

① 此书为《神州文化集成丛书》之一,新华出版社 1991 年版,1992 年再版。
② 引自张国淦:《中国古方志考》,中华书局 1962 年版。
③ (正德)《新市镇志·序》。《荆楚》系《荆楚岁时记》,《风土》系《阳羡风土记》,《方舆》系《方舆胜览》,《虞衡》系《桂海虞衡志》。

皆聚此书也。""九州"之名始见于战国时成书的《周礼》和《禹贡》，春秋时尚无"九州"，因此"九丘"是"九州之志"之说不能成立。但古文字学家唐兰认为，"春秋时大概有这一类书……这是我们从汉人再翻篆书作隶的虞夏书里可以看到的[①]"。即使坟典索丘非虚妄之言，但作为方志的源头仍过于牵强，今人皆不从。

二、《周官》说

宋司马光最早提出这个说法。他在《河南志·序》一文中称："《周官》有职方、土训、诵训之职，掌道四方、九州之事物，以诏王知其利害，后世学者为书以述地理，亦其遗法也。唐丽正殿直学士韦述为《两京记》，近故龙图阁直学士宋君敏求字次道，演之为《河南》《长安志》[②]。"赞同此说者很多。章学诚称："方志之由来久矣……余考之《周官》，而知古人之于史事，未尝不至纤析也。外史掌四方之志，若晋《乘》、鲁《春秋》、楚《梼杌》之类，是一国之全史也[③]。"再如清尝注《夏小正》的任兆麟，在《同里志·序》中亦谓："地志曷昉乎《周官》外史掌四方之志，小史掌邦国之志，诵训掌方志，此即后世郡县志之权舆。"

《周官》，即《周礼》。此书汉世初出称《周官》，因与《尚书》中之《周官》篇名同，改称《周官经》。刘歆撰图书目录《七略》时，因西汉末年列为经而属于礼，故改名《周礼》。

《周礼》的成书年代，历来说法不一。有人认为是周公所作。如郑玄为《周礼》作注时称："周公居摄而作六典之职，谓之《周礼》。"有人认为是西汉末年刘歆之作。如南宋洪迈就说："《周礼》一书，世谓周公所作而非也。昔贤以为战国阴谋之书，考其实，盖出于刘歆之手。"康有为更是定为"伪作"。梁启超的判断甚为公允客观。他说：《周礼》虽非周公所作，而其精密

① 唐兰：《与顾颉刚先生论〈九丘〉书》，载《禹贡》第 1 卷第 5 期（1934）。
② 《司马温公集》卷六六。
③ 清章学诚：《方志立三书议》，载《章氏遗书》卷十四。

的政制,伟大的计划,乃春秋以前人所梦想不到,必曾参考战国时多数国家的政制,取长舍短,加以个人理想而后成书。而战国政制赖以保存者必不少①。《周礼》分为《天官》《地官》《春官》《夏官》《秋官》《冬官》六篇。司马光之所以将方志追溯至《周官》,是因其《地官》司徒下云:"诵训掌道方志,以诏观事。"疏谓:"道四方所记识久远之事,以告王也。"《夏官》司马下又载:"职方氏掌天下之图,以掌天下之地,辨其邦国、都鄙、四夷、八蛮、七闽、九貉、五戎、六狄之人民,与其财用、九谷、六畜之数要,周知其利害,乃辨九州之国,使同贯利。"后世方志,既写"久远之事",更记"人民与其财用,九谷、六畜之数要",记事范围正如《周官》所述,因而《周官》说有一定道理。

三、"百国春秋"说

清章学诚《湖北文征·叙例》谓:"百国春秋,实为方志。"缪荃孙《重修信义志·序》谓:"昔孔子得百廿国宝书,以为《春秋》,前贤以为即方志也②。"梁启超就此进一步阐明:"最古之史,实为方志,如《孟子》所称晋《乘》、楚《梼杌》、鲁《春秋》;《墨子》所称周之《春秋》、宋之《春秋》、燕之《春秋》;《庄子》所称'百二十国宝书'。比附今著,则一府、州、县志而已③。"

西周时天子把爵位与土地赐给诸侯,是谓封邦建国。其时同姓、异姓的诸侯国四百,王畿之外的服国八百④。《晋书·地理志序》称,春秋初年"尚有千二百国"。可见当时的国大体相当现在的县,甚至比县还小。其后大国、强国不断兼并、吞灭小国、弱国,最后秦灭亡六国,实现了统一。自从孔子据鲁国史编订为《春秋》后,"春秋"即成为编年史书之代称。所谓"百国春秋",唯独鲁国《春秋》传世(为《春秋》作传者有左氏、谷梁、公羊三家),其他国的春秋,战国时即已不存。

---

① 梁启超:《古书真伪及其年代》。
② 清缪荃孙:《艺风堂文别存》卷二。
③ 梁启超:《中国近三百年学术史》十五《清代学者整理旧学之总成绩》"方志学"。
④ 《吕氏春秋·先识览篇》。

春秋不单是编年史书的代称，也是史书的代称，如清代吴任臣著的记载五代时十国历史的《十国春秋》，就不是编年体，而是纪传、表、志俱有，即通称的纪传体。

以编年体编纂的方志，大约始于唐代《瓜沙两郡大事记》。其后如宋《绍熙永嘉谱》中之《年谱》，"盖以志建置沿革诸大事，并编年论之"①。明代嘉靖年间汪德修、颜木纂的《随志》二卷（即《随州志》），上卷叙事即编年体。

因而不少主张"方志即地方之史"（白寿彝语）者，视"百国春秋"为方志的肇端，不无道理。

四、《山海经》说

清顾祖禹说："山海有经，为篇十三，此地志之始也②。"近人王以忠称《山海经》"为中国原始之地志"③。今人史继忠《方志浅谈》一书亦谓："方志的渊源……源于《山海经》。"

《山海经》是中国现存最古老的一部地理书，历来不能确定其作者与成书年代。《隋书·经籍志》谓夏禹所著。清毕沅也认为："《山海经》作于禹、益，述于周秦。其学兴于汉，明于晋，而知之者魏郦道元也④。"20世纪以来，许多学者以为主要部分成书于战国，谭其骧还提出《山海

山海经（宋淳熙七年池阳郡斋刻本）

---

① 《绍熙永嘉谱》已佚，此据《温州经籍志》。
② 《读史方舆纪要》凡例。
③ 《〈山海经〉图与职贡图》，载《禹贡》半月刊第一卷第三期。
④ 清毕沅：《山海经新校正序》。

经》中的《山经》,应作于秦始皇统一中国之后的观点。①

今本《山海经》包括《山经》五卷、《海经》八卷、《大荒经》五卷,共十八卷。《山经》又名《五藏山经》,约 21000 余字,占全书的三分之二,是地理价值最大的部分。有人统计,它记载名山 447 座,河流湖泽 258 个,珍禽异兽、奇虫怪鱼达 540 种,矿物 70 余种。《海经》及《大荒经》记载 95 国的民族生活、巫术、医药,并有大量神话、仙话甚至荒诞不经之处,以故对它的性质评论不一。《汉书·艺文志》列入形法家类,《隋书·经籍志》归入地理类。《四库全书》将其列入小说类,鲁迅在《中国小说史略》亦论及。今人袁珂认为,《山海经》"好像一块多棱的宝石, 从不同的角度可以看出不同的光彩②。"又说:"《山海经》匪特史地之权舆,乃亦神话之渊府③。"

《山经》以东周京畿洛阳为中心,曰《中山经》。四周分别为《南山经》《西山经》《北山经》《东山经》。《南山经》包括今江西、福建、浙江、广东;《西山经》所记今陕西、甘肃、青海;《东山经》涵盖今河北、山东;《北山经》指今山西、陕西。《中山经》系河南、山西南部、湖北北部④。各山经中,又分别载录大山、名山及相关河流之状况。仅举数例,可见一斑。

羽山,其下多水,其上多雨,无草木,多蝮虫。(按,羽山,在今江苏省东海县。)

竹山,其上多乔木,其阴多铁。有草焉,其名曰黄雚,其状如樗,其叶如麻,白华而赤实,其状如藉,浴之已疥,又可以已胕。竹水出焉,北流注于渭。其阳多竹箭,多苍玉。丹水出焉,东南流注于洛水。其中多水玉、多人鱼,有兽焉。(按,竹山、竹水在今陕西渭南市东南,渭、丹水今名同。)

鸟鼠同穴之山,其上多白虎、白玉。渭水出焉,而东流注于河。其中多鰠鱼,其状如鳣鱼。动则其邑有大兵。(按,鸟鼠同穴山今名鸟鼠山,在甘肃渭源县。河即黄河。)

---

① 谭其骧:《论〈五藏山经〉的地域范围》,载上海古籍出版社《中国科技史探索》。
②③ 袁珂:《山海经校注·序》。
④ 据陈公善:《地名要籍介绍》,载《地名知识》总第 5 期。

北次二山之首，在河之东，其首枕汾。其名曰管涔之山。其上无木而多草，其下多玉。汾水出焉，而西流注于河。（按，汾水之源、管涔山皆在山西省宁武县。）

蔓渠之山，其上多金玉，其下多竹箭。伊水出焉，而东流注于洛。有兽焉，其名曰马腹，其状如人而虎身，其音如婴儿，是食人。（按，蔓渠山、伊水在河南卢氏，洛即今河南之洛河。）

中次八山荆山之首，曰景山。其上多金玉，其木多杼檀。睢水出焉。东南流注于江。其中多丹粟，多文鱼。（按，荆山、景山，均在湖北省保康县。睢水，今沮水。江，今长江。）

类似上述可考之山名、水名达一百余处。而且所标示的河水流向也准确。先秦时交通极不便利，更无测绘仪器，能够如此准确记载广袤的自然地理，充分表明了古人的高超智慧和坚忍不拔的治学精神。

古人认为华夏大地四方为海，海外为大荒之野，故《山海经》有海内、海外八经，大荒四经。其内容多为浓厚的原始意识反映，如夸父逐日、后羿射日、精卫填海、舜葬苍梧、西王母使青鸟等，还有什么无肠国、九尾狐、三足龟等怪诞之说。可贵的是，即使神话之篇，也有地理痕迹，如肃慎、幽都、番禺、高柳、朝鲜等秦汉以后沿用的地名，证明古人地理观念之强。对其神话怪诞，也不能苛责。这是因为古代知识水平一般所限。李宗邺对此有中肯的评说："世界上任何民族的古史，都是故事与神话杂糅，何能单独苛责《山海经》。《山海经》能够有条理、有系统地记述山川、物产、古国、古事，就够得上称作古代的科学知识书，也是中国民族的宝贵典籍[1]。"

正因为它是中国最早的地理著作，历代方志凡言山川者必祖绍《山海经》。《山海经》与方志的渊源关系可谓为密切。

五、《禹贡》说

元（至正）《金陵新志》修纂者张铉，在其《修志本末》中指出："古者九

---
① 李宗邺：《中国历史要籍介绍》第一编第四章第七节，上海人民出版社1982年版。

州有志尚矣。书存《禹贡》、周纪《职方》，春秋诸侯有国史，汉以来郡国有图志。"清邹汉勋《黄阳山水图记·叙》亦谓："《禹贡》一书，为千古地志者之祖。"这种说法影响极大，至今不少学者持相同观点。

《禹贡》是《尚书》中的一篇。《尚书》为中国记载上古历史的史书。古文中上、尚相同，故名。《禹贡》之名，汉孔安国释作"禹制九州贡法"[①]；唐孔颖达疏："禹作贡法，故以《禹贡》名篇。"然今人靳生禾研究认为：在全篇1189字中，直接、间接说贡赋者仅299字，贡赋所占比重不过四分之一。他提出了新的解释："贡者，功也。以记禹导山浚川、敷土作贡之功[②]。"这一解释有其道理。因为《说文》谓："贡，献功也。"清桂馥义证："献功也，当为献也、功也。"

《禹贡》的作者与著作时代，历来说法不一。汉孔安国说大禹治水后，"禹制九州贡法"，据此后世有人认为是禹的作品。这种论调显然不能成立。

《禹贡》九州导山导水示意图（选自王成祖著《中国地理学史》）

夏禹时代既无文字，更无九州之说，何来《禹贡》？对此顾颉刚说："《禹贡》是公元前第三世纪前期的作品，较秦统一六国的时代约早六十年。"其时，"作者的地理知识仅限于公元前280年以前七国所达到的疆域"[③]。

《禹贡》由"九州"、"导山导水"和"五服"三部分组成。共1189字。"九

---

① 《尚书》孔氏传。
② 靳生禾：《中国历史地理文献概论》，山西人民出版社1987年版。
③ 顾颉刚：《禹贡（全文注释）》，载中国科学院地理研究所《中国古代地理名著选读》，科学出版社1959年版。

州"是根据山川的自然分布,划分为冀(今河北、山西一带)、兖(今山东南部、河南北部)、青(今山东北部)、徐(今山东南部、江苏北部)、扬(今江苏一带)、荆(今湖北)、豫(今河南)、梁(今四川)、雍(今陕西、甘肃)等九州。各州记载了山川、湖泽、土壤、植被、田赋、特产等。"导山导水"部分专记开凿大山、疏浚河道。导山由北而南、岍山至碣石计 12 山,在黄河北;西倾至陪尾计 8 山,在黄河南;嶓冢至大别计 4 山,当汉水流域;由岷山至敷浅原计 3 山,当长江北。导水依次为弱水、黑水、黄河、漾水、长江、沇水、淮水、渭水、洛水。"五服"部分,以王畿为中心,五百里之内称甸服,再五百里为侯服,再依次为绥服、要服、荒服。每服均纳一定之赋税、物产、丁役,反映了作者的大一统思想。

有人统计,全书记载名山 42 座、大川 46 条、泽薮 10 个、地名 35 个,物产 77 种。其中山川泽薮之名皆可考实,许多至今沿用,是中国古代地理学的经典之作。历代研究《禹贡》的专著近 20 种。在历代方志中,凡言沿革和山川者,无不宗述《禹贡》。它在国人心目中好似神州大地的尊称,具有号召力和凝聚力。

20 世纪 30 年代,日本帝国主义发动九一八事变、侵占中国东三省后,在国难当头之际,民国 19 年(1934)燕京大学教授顾颉刚创办"禹贡学会"、出版《禹贡》(半月刊),以唤起国人对国土之研究和热爱,培植爱国主义情操。《禹贡》(半月刊)在"华夏不可侮,国土不可裂"的旗帜下,团结和培养了谭其骧、史念海、白寿彝、侯仁之、董作宾、王庸、吴晗、张国淦等一大批卓有建树的史学家、历史地理学家、方志学家。

六、"土地之图"说

清儒刘汝贤谓:"州郡之志,盖以土地之图为宗。"[1]王以中谓:"中国古来地志,多由地图演变而来。其先以图为主,说明为附。其后说明日增,而图不加多,或图亡而仅存说明,遂多变为有说无图与以图为附庸

———————
[1] 清(光绪)《高邮州志·序》。

之地志①。"靳生禾在其《中国历史地理文献概论》中亦称:"我国始有方志之作,可溯之于先秦以图为主、以文为辅的土地之图。"

"土地之图"在中国有着悠久的历史。《玉海》所载的"神农地形图"、"黄帝九州图"、"舜地图"、"禹九州图"固然不足为信,但周代地图已具相当规模,则应可信。当时周天子各职能机构都掌握不同类型的地图。《周礼》载,司书掌"邦中之版、土地之图"(卷七);大司徒"掌建邦之土地之图","以天下土地之图,周知九州之地域广轮之数,辨其山、林、川、泽、丘、陵、坟、衍、原、隰之名物"(卷十);"土训掌道地图,以诏地事"(卷十六);"司险掌九州之图"(卷三十);"职方氏掌天下之图,以掌天下之地,辨其邦国、都鄙、四夷、八蛮……之人民与其财用,九谷、六畜之数要"(卷三十三)。

天水放马滩秦墓出土木板地图(选自雍际春《天水放马滩木板地图研究》)

战国时期亦然。主张合纵抗秦的苏秦游说到赵国时,劝赵肃侯说:"窃以天下之地图案之,诸侯之地五倍于秦,料度诸侯之卒,十倍于秦。六国为

----

① 王以中:《〈山海经〉图与职贡图》,载《禹贡》半月刊第一卷第三期。

一,并力西向而攻秦,秦必败矣①。"《战国策》《史记》均记载的荆轲以献燕国地图之名,行刺秦王未遂之"图穷匕首见"事迹,足以证明地图之重要性。

考古工作者1986年在甘肃天水放马滩秦墓中,发现战国后期秦王嬴政八年(前239)的7幅秦国木板地图。7幅图拼接起来,是以秦国故都邽县(今甘肃天水市)为中心的政区和交通物产图,图中方位上北下南、左西右东。载政区、聚落、山脉、河流、关隘、庙宇、森林等,文字记注82条②。这是中国现存最早的地图,比以前公认世界最早的罗马帝国时代托勒密《地理学》一书的地图,早了将近5个世纪。令人惊叹的是今天渭河支流上的许多峡谷,在该图上竟可以找到。尤为可贵的是它遵循一定的制图规则,符合现代制图思想。战国秦地图的发现,有力证明《周礼》所载之土地之图决非"后人假托"。

历代方志均重视舆图的作用,每志必有多幅不同内容的地图。这是先秦以来的优良传统。当今方志界不少论著将方志的起源,追溯到先秦的古地图,是符合客观实际的。

七、《国语》《战国策》说

金毓黻说:中国地方志"启于《国语》《战国策》以国别为史,继于《华阳国志》,大成于各省州县方志③。"20世纪80年代,也有人撰文肯定《国语》《战国策》为地方史志之昉。

《国语》二十一卷,为春秋时的国别史。分《周语》三卷、《鲁语》二卷、《齐语》一卷、《晋语》九卷、《郑语》一卷、《楚语》二卷、《越语》二卷、《吴语》一卷。它主要记载各国君臣的言论,也有一些史事。其中多有精辟讽谏之语。如《周语》上"召公谏厉王止谤"篇载,周厉王以刑杀为威,压制国人的

---

① 转引自《太平御览》卷六〇二文部著书下。
② 何双全:《天水放马滩秦墓出土地图初探》,载《文物》1989年第2期。又,雍际春著:《天水放马滩木板地图研究》,甘肃人民出版社2002年版。
③ 金毓黻:《〈文心雕龙〉史传篇疏证》,载《中华文史论丛》1979年第一辑。

批评;曾辅佐周宣王的召公,劝厉王不要用高压手段堵塞言路,要让人们说话。他说:"为川者,决之使导;为民者,宣之使言。"然厉王不听,最终被赶下台逃往彘(今山西霍州市)。再如《鲁语》上"里革断罟匡君"篇,写鲁宣公违反时令下网捕鱼,鲁大夫里革冒着危险强行劝阻,当场割破鱼网,最终说服了鲁宣公,保护了动物资源。

《战国策》三十三篇。其中《西周策》一篇、《东周策》一篇、《秦策》五篇、《齐策》六篇、《楚策》四篇、《赵策》四篇、《魏策》四篇、《韩策》三篇、《燕策》三篇、《宋卫策》一篇、《中山策》一篇。它主要记载战国时的史事和策士议论、权谋。如《魏策》中"唐雎说信陵君"谓,魏国信陵君救赵获得成功后,准备接受赵王的隆重欢迎与接待。唐雎劝阻信陵君不可以恩人自居,说:"人之有德于我也,不可忘也;吾有德于人也,不可不忘也。"话虽不多,却发人深思。再如《齐策》中"邹忌讽齐王纳谏"载,邹忌本来长的不如徐公美,但妻、妾、客皆说他美,使他领悟出道理:"妻之美我者,私我也;妾之美我者,畏我也;客之美我者,欲求于我也。"齐王听了邹忌讽言后,决心多听批评意见,下令:"群臣吏民能面刺寡人之过者,受上赏;上书谏寡人者,受中赏;能谤议于市朝,闻寡人之耳者,受下赏。"

二书皆为国别史。当时的国,相当现在的省,甚至比省还小。将其视为省地方史志的初始,也未尝不可。然其内容性质、文字表述、结构形式与宋代以后的方志相去甚远,今人多不认为方志之昉。

至于《南阳风俗传》说、《越绝书》说、汉代图经说、《畿服经》说、《华阳国志》说,因其为方志长河之流,而非源,在此也就不必赘述。

第二节　多源说或多元说

黄苇 20 世纪 80 年代就认为:"方志源头较多,不仅有《周官》《禹贡》和《山海经》,还有《九丘》之书和古舆图等等……方志并非起自一源,而是多源。"他还说：有些历史学家、方志学家早已提出这种论调，"晋世挚虞，依《禹贡》《周官》作《畿服经》"；唐代贾耽"据《禹贡》《周官·职方》《汉志·地理》纂《贞元十道录》等"。黄苇还说他不过"总括起来，加以明确，定为一说而已"①。其后黄苇、巴兆祥等人合著的《方志学》，又详尽阐述这一观点。傅振伦于《浙江学刊》1986年第1、2期上发表的《论方志的起源和演变》一文，也认为方志起源是多元的。并指出：地理书是方志起源之一，舆图是方志起源之二，诸侯国别之书是方志起源之三。

以上所述，如从狭义方志角度审视，未必完全贴切；但从广义方志考虑，除了"九丘说"以外，其他几种说法均有一定的道理。特别是黄苇提出的"多源说"、傅振伦归纳的"多元说"，显示了他们对方志起源探讨的深刻和理论概括之精到。我们知道，任何一种文化形态，都不是孑然产生、孤立存在和独自发展的。都是从相关联的文化形态中、从人类智慧的宝库中吸收养分，在融合中共生，在借鉴中发展的。方志文化亦然，它正是从历史、地理、舆图诸领域，吸收其适合自身生长的营养而产生和发展的。

总之，《山海经》《禹贡》等等，不是方志，却又蕴含有方志的因子。中华民族历来有尊祖敬古的优良传统，学人向有穷原竟委的治学精神。在方志的渊源上就应该寻求其最早、最远的源头。如无孕育于母体的胎儿，何有婴儿的诞生？

---

① 黄苇：《方志渊源考辨》，载《中国地方史志论丛》，中华书局1984年版。

第三章 创始时期（秦汉三国）

秦汉是中国大一统的封建帝制的开创与奠基时期。秦始皇废除封邦建国制实行郡县制的同时,全面采取巩固大一统的重大措施,如车同轨、书同文、行同伦,统一度量衡等。这些顺乎潮流、合乎民意的政策是历史的一大进步。然而秦王朝横征暴敛,人民负担过重,史称"泰半之赋",即农民收成的一半被官府征收。因而原想将帝位传之子孙万世的秦朝,至二世即灭亡。汉朝接受秦朝兴亡的经验教训,在继承秦制的同时,大大减轻人民负担,实行"什伍税一"的办法,即征收收成的十五分之一。汉文帝时又减为"三十税一"。国泰民安的政治局面,使经济、文化、学术诸多领域,得以空前的发展。特别是长安、雒阳(今河南洛阳)、濮阳(今属河南)、宛(今河南南阳)、蓟(今北京)、邯郸、临淄(今属山东)、陶(今山东定陶)、彭城(今江苏徐州)、吴(今江苏苏州)、合肥、寿春(今安徽寿县)、番禺(今广州)、巴(今重庆)、蜀(今四川成都)等近20个经济都会的形式,带动了周边地域的经济繁荣,这些都为方志的诞生提供了需要与可能。东汉末年,虽然陷入三国鼎立的局面,但地方的繁荣景象不减当年,郡书、地记、人物传、异物志等纷纷问世。此时方志均为首创,内容自然比较简略。且造纸技术尚不普及,印刷术更未出现,书籍形式仍然靠竹简、缣帛,书写不便,流传更难,故此时的方志绝大多数早已亡佚。幸赖史书、类书偶有征引,虽零圭碎璧,犹弥足珍贵。今天我们不得不借助书痴们的辑佚,来窥视创始时期的方志概貌。

第一节 《秦地图》开创了总志的先河

秦始皇统一中国后,将"西涉流沙,南尽北户,东有东海,北过大夏"的广袤版图,划为36郡(后增至40郡),每郡辖县若干。县以下十里一亭,十亭一乡,建立了全国范围的严密的政区体制。为适应秦王朝掌握国情、地情的需要,御史编绘了反映政区地理的《秦地图》。

该书原藏于秦丞相御史。秦子婴元年(前206)汉军攻入咸阳时为萧何所获,使刘邦"具知天下阨塞,户口多少,强弱处,民所疾苦者,以(萧)何得秦图书也"①。班固编修《汉书》时,在其《地理志》中尝征引使用《秦地图》,其后不见其踪迹,可能在东汉末年亡佚。清代姚振宗《汉书艺文志拾补》考证:《汉书·地理志》"两引《秦地图》,又引秦厉公、秦惠公、秦孝公、秦惠文王、秦武王、秦昭王、秦文王、秦宣太后、秦始皇,又数称故秦、秦改、秦曰各若干条,似皆《秦地图》中语也。知其书东汉初尚存。及魏晋时裴秀言秘府无秦图,则大抵亡于董卓、(李)傕(郭)汜之乱"。

《汉书·地理志》两引《秦地图》如下:一、"琅邪郡长广(县)"条称:奚养泽"《秦地图》曰剧清地"。二、"代郡班氏(县)"条称:"《秦地图》书班氏"。

除此以外,引文虽不直书《秦地图》,但当为《秦地图》之文字者如下:

一、秦郡名见于《史记》秦本纪、秦始皇纪、匈奴传、东越传等篇者,止有太原郡、上党郡等十九个②。除此以外,《汉书·地理志》还记有22个秦郡名,当引自《秦地图》:"河东郡,秦置。""河南郡,故秦三川郡。""九江郡,秦置。""沛郡,故秦泗水郡。""钜鹿郡,秦置。""琅邪郡,秦置。""蜀郡,秦置。""巴郡,秦置。""五原郡,秦九原郡。""云中郡,秦置。""雁门郡,秦置。""上谷郡,秦置。""渔阳郡,秦置。""右北平郡,秦置。""辽西郡,秦置。""辽东郡,秦置。""楉林郡,故秦桂林郡,属尉佗。""日南郡,故秦象郡。""赵国,故秦邯郸郡。""梁国,故秦砀郡。""鲁国,故秦薛郡。""长沙国,秦郡。"上述秦郡名,不见于《战国策》和《史记》,极有可能是班固据《秦地图》所书。

二、秦创郡县制,但《史记》中提及秦县名者不足十个,《汉书·地理志》所记以下秦县名,极有可能是班固采摘自《秦地图》。如:

京兆尹:新丰(县)"秦曰骊邑"。华阴(县)"秦惠文王五年更名宁秦"。

左冯翊:栎阳(县)"秦献公自雍徙"。"频阳(县),秦厉公置"。夏阳(县)

---

①《汉书·萧何传》。

②详见史念海:《中国历史地理纲要》第五章第三节《统一的王朝行政区域的划分》,山西人民出版社1992年版。

"故少梁,秦惠文王十一年更名"。临晋(县)"故大荔,秦获之更名"。

右扶风:槐里(县)"周曰大丘,懿王都之,秦更名废丘"。美阳(县)"高泉宫,秦宣太后起也"。雍(县)"秦惠公都之……橐泉宫,孝公起,祈年宫,惠公起,棫阳宫,昭王起"。好畤(县)"有梁山宫,秦始皇起"。虢(县)"虢宫,秦宣太后起也"。

弘农郡:商(县)"秦相卫鞅邑也"。

河东郡:蒲反(县)"蒲,秦更名"。

河内郡:修武(县)南阳"秦改曰修武"。

从以上引文中,可知《秦地图》是一部反映中国郡县历史沿革、政区变化的总志,尽管文字极其简略,但开创性的历史意义不可忽视。

第二节　汉武帝规定上报的"计书"是方域志的雏形

汉代是中国历史上疆土空前广大、国家空前强盛的时代。政区体制上,承袭秦代创立的郡县制而有新的变化。即郡级政区实行郡、国并行制[①],县级政区实行县、侯国、邑、道平行制[②]。至平帝元始二年(2),凡郡国103(郡83、王国20),县邑1314、道32、侯国241。"地东西九千三百二里,南北万三千三百六十八里。"武帝元封五年(前106),置十三部刺史,监察郡国。东汉改刺史部为州。十三州遂成为郡之上的行政区。幅员如此广阔、国家机构无比庞大,如没有自下而上的地情报告制度,供中央决策时参考,是不可能治理好国家的。

汉武帝深知"明于下而智于上"的古训,为掌握各地之地情,在设置太史公官职时,就同时建立了上报计书制度。三国魏人如淳引《汉仪注》谓:"太史公,武帝置,位在丞相上。天下计书先上太史公,副上丞相,序事如古

①国:汉初分封的异姓王国和同姓王国,每国可领几个郡,至武帝时仅为一郡。
②侯国:武帝时封王国子弟为侯国。邑:汉时封皇太后、皇后、公主所食之地为邑。道:在边远民族聚集之地设置的县。

汉武帝像(中国历史博物馆藏)

《春秋》。"①史官,周秦皆有,但位在丞相之上却是首次。这充分表明对史的重视。计书是什么,因历代既无著录,更无文字征引,无从知其真确面貌。但从后人有关记载中得知,计书就是计簿,也叫计偕簿。编造并掌管计书的官员谓之计吏或上计。唐杜佑称:"汉制,岁尽(郡太守)遣上计、掾史各一人条上郡内众事,谓之计偕簿。"②宋徐天麟指出:"条上郡内众事,谓之计簿。"③《汉语大字典》解释计簿,即记载户口、土地、赋税与郡内众事之簿册。以今日语境,不妨称之为地情资料。正由于两汉各郡皆"岁尽遣吏上计",使得朝中能像《尚书·尧典》说的那样"明四目,达四聪",掌握了国情和地情。

计吏不仅仅是掌管并上报计书,还有写史修志的任务。汉王充《论衡》"佚文篇"载:"杨子山(按即杨终,《后汉书》有传)为郡上计吏,见三府为《哀牢传》不能成,归郡作上,孝明(帝)奇之,征在兰台。"唐刘知幾在其《史通》史官篇中也论及此事。《哀牢传》记古哀牢国事,是云南省最早的地方史,也是云南方志的始祖。《中国古方志考》著录此书。

---

①《汉书·司马迁传》"谈为太史公"颜师古注引。
②《通典》卷三十三职官·郡太守。
③ 宋徐天麟:《东汉会要》卷二二上计。

以故，《隋书·经籍志》称："武帝从董仲舒之言，始举贤良文学，天下计书先上太史，善恶之事，靡不毕集"；"计书既上太史，郡国之志，固亦在焉。"博极群书的明儒焦竑，明确指出，计书"盖地志之属"①。清儒任兆麟亦谓："汉制计书上太史，郡国地志皆在焉。班令史因之撰《地理志》②。"美国芝加哥大学历史系教授阿利托（G·Alitto）的《中国方志与西方史的比较》一文也说："所有早期方志，事实上是向中央政府提供情报的记录，就每个地方的情况，向政府当局提出的报告。"③严格说起来，不能将计书与方志等同，但将其视作方志雏形则不为过。

第三节 "舆地图"与"计书"的结合诞生了图经

舆地图历来是治理国家必不可少的工具。《史记·三王世家》载，元狩六年（前117）武帝立刘闳为齐王时，即"奏舆地图"。东汉光武帝于建武十五年（39）举行封藩大典时，大司空即"上舆地图"④。班固《东都赋》亦言："天子受四海之图籍。"1973年，湖南长沙马王堆三号墓出土的西汉初年《地形图》《驻军图》《城邑图》等，是现在仅存的汉代地图。图的范围包括今湖南、广东两省和广西壮族自治区的一部分，图中包括山脉、河流、居民点、交通网络。其内容之丰富，绘制之准确，足以证明汉代的地图事业已相当发达。这样，计书与舆图相结合的图经，便逐渐产生。

东汉桓帝永兴二年（154）的《巴郡图经》是现在已知的最早图经。巴郡，本巴国地，秦惠文王二十二年（前316）灭巴国置郡，汉时治江州县（今重庆市）。领江州、宕渠、胸忍、阆中、鱼复、朾水、临江、枳、涪陵、垫江、安汉、平都、宣汉、汉昌等14县。《巴郡图经》见于《华阳国志·巴志》的征引。

---

① 明焦竑：《国史经籍志》："古郡国计书，上于兰台，盖地志之属往往在焉。"
② 清任兆麟：《同里志·序》。
③ 引自《广东史志》1988年第2期。
④ 《后汉书·光武帝纪》。

引文为:

汉桓帝永兴二年,巴郡太守泰山但望上疏曰:"谨案《巴郡图经》,境界南北四千,东西五千,周万余里,属县十四,盐铁五官,各有丞史。户四十六万四千七百八十,口百八十七万五千五百三十五。远县去郡千二百至千五百里,乡亭去县或三四百,或及千里。"

其中,户数多于《后汉书·郡国志》所载顺帝(124—144)初年的三十一万六百九十一,口数也多于百八万六千四十九。表明二十多年人口的迅猛增长。这段不足百字的文字,说明了巴郡的疆域、建置、户数、人口,是具有代表性的方志语言和写法。

广陵郡(今江苏扬州),历史悠久,人杰地灵。东汉校书郎王逸为之撰写了《广陵郡图经》。唐李善为《文选·鲍昭〈芜城赋〉》作注时引:"王逸《广陵郡图经》曰,郡城,吴王濞所筑。"然有人根据姚振宗《隋书经籍志考证》经部礼类载有"《丧服世行要记》十卷,齐光禄大夫王逡撰。王逸当是王逡转写之误",推断《广陵郡图经》也是南齐王逡之作。此说不妥。李善作注并未写"齐王逸",焉能二者混淆?《广陵郡图经》仍应视为汉王逸之作。此书约唐末丧乱之际亡佚。刘纬毅《汉唐方志辑佚》仅此一引。

第四节　《南阳风俗传》的编修揭开了
编撰地方人物传志的序幕

人物是历史舞台上的主角,先秦、两汉史书就记载众多活灵活现的各种类型的历史人物。然地方写人物传志的却始于东汉。

刘秀打败王莽建立18年的新莽政权之后,定都洛阳,改元建武。因南阳是他的故里,遂置为南都,并令南阳地方官编撰《南阳风俗传》,以彰乡里人文之盛。《隋书·经籍志》肯定其首创的意义说:"后汉光武始诏南阳撰作《风俗传》,故沛、三辅有耆旧节士之序,鲁、庐江有名德先贤之传。郡国之书，由是而作。"刘秀在位期间，还命长安的京兆尹撰写了《京兆耆旧传》①。由此看来，刘秀是中国历史上第一个下令修人物传志的皇帝。可惜刘秀倡修的两部方志未留下文字痕迹。但东汉、三国期间确也涌现出不少人物传志。如：三国魏周斐撰《汝南先贤传》，写了汝南郡（今河南东南部跨安徽界）的48个汉代著名人物。从所辑佚文看，不是系统写人物之一生，而是抓住闪光亮点一事一记。如写累官太尉的陈藩：

陈藩，字仲举，汝南平舆人。有室荒芜不扫除，曰："大丈夫当为国家扫天下。"值汉桓之末，阉竖用事，外戚豪横，及拜太傅，与大将军窦武谋诛宦官，反为所害。（《世说新语》卷一"德行"注）

如写汝阳人周举：

周举为并州刺史，太原一郡旧俗以介子推焚骨，有龙忌之禁。至其亡月，咸言神灵，不乐举火。由是，土人每至冬中，辄一月寒食，莫敢烟爨，老少不堪，岁多死者。举既到，乃作吊书，以置子推之庙，言："盛冬止火，残损人命，非贤者之意。以宣示愚民使还温食。"于是众惑稍解，风俗颇革。（《太平御览》卷二六"冬"）

如写宋（今河南商丘）人郭宪：

郭宪，字子横，建武中为光禄勋。车驾西征，隗嚣谏曰："天下初定，车驾未可动。"宪乃当车，拔佩刀以断车鞅。帝不从，遂上陇。其后颖川兵起，乃回驾而还。帝叹曰："恨不用光禄之言也。"（《太平御览》卷四五七"谏诤"）

第五节 《汉书·地理志》是首部按政区编撰的总志

班固之父班彪，扶风安陵（今陕西咸阳东北）人，学富五车，以《史记》写至汉武帝为憾，发愿继续写完西汉一代之史，作《后传》六十五篇而卒。

---

① 《文苑英华·策问》："京兆耆旧之篇起于何代？许南容对：京兆耆旧，光武创其篇。"侯康《补后汉书·艺文志·京兆耆旧传》，光武帝诏撰。

班固从建武三十二年(54)起继承其父遗志,加工整理已有的六十五篇,并补充、新增众多篇幅,至建初八年(83),用30年时间撰著了《汉书》。这是中国第一部纪传体断代史。上起高祖,下终王莽,包括230年的史事。计十二纪、八表、十志、七十列传,凡一百篇。原名《前汉书》,唐以后多称《汉书》。《地理志》为十志中的一志,是中国首部按政区编撰的"区域性总志"。

此志由三部分组成。第一部分,转录了《尚书·禹贡》和《周礼·职方》,将其作为古代政区的沿革,只是作了少许文字修改。

第二部分是该志的主体,篇幅占全志的三分之二。以汉平帝元始二年(2)的一百零三个郡国为纲,以其所属一千五百八十七县(侯国)为目,分别记录了各地的建置沿革、户籍、人口、山川、水利设施、重要聚落、关塞、古迹等。这一部分内容最丰富,实用价值最高,是全志的精华。如:

上党郡,秦置,属并州。有上党关、壶口关、石研关、天井关。户七万三千七百九十八,口三十三万七千七百六十六。县十四:长子……屯留……余吾……铜鞮……沾……涅氏……襄垣……壶关……泫氏……高都……潞……陭氏……阳阿……谷远……

如东平国(今山东济宁市、东平县等地):

东平国,故梁国。景帝中六年别为济东国。武帝元鼎元年为大河郡;宣帝甘露二年为东平国。莽曰

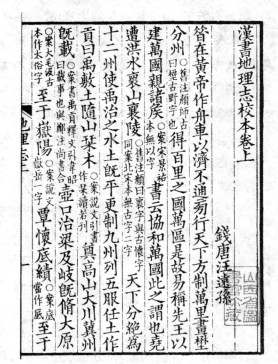

汉书地理志校本

有盐,属兖州。户十三万一千七百五十三,口六十万七千九百七十六。有铁官。县七:无盐……任城……东平陆……富城……章兖父……樊……

再如蜀郡绵虒县:

绵虒,玉垒山,湔水所出,东南至江阳八江。过郡三,行千八百九十里。

如对上郡高奴县(今延长县)是这样写的:"高奴,有洧水(即石油)可燃。"说明中国是世界上最早认识并利用石油的国家。其价值之珍贵不言而喻。该志用汉地名注释了大量先秦的地名,使后人得以了解先秦地名的确切所在,因而历来是研究先秦、两汉地理的必读经典,也是方志记载当地在先秦、西汉的地理情况的最重要依据。

第三部分是对刘向的"域分"和朱赣的"风俗""辑而论之"。分述秦、魏、周、韩、郑、陈、赵、燕、齐、鲁、宋、卫、楚、吴、粤等故国的世系、沿革、城邑、风俗、物产等。如记古吴地之经济繁荣:

吴地,斗分野也。今之会稽、九江、丹阳、豫章、庐江、广陵、六安、临淮郡,尽吴分也……合肥,受南北湖皮革、鲍木之输,亦一都会也……吴东有海盐、章山之铜,三江五湖之利,亦江东之都会也……江南卑湿,丈夫多夭。会稽海外有东鳀人,分为二十余国,以岁时来献见云。

由于是志改变了已往地理书的体例,首次以行政区划为纲目,所以后人认为它是一部具有划时代意义的地理书,尊为"地理志的始祖"、"地方志的发端"。

《汉书》之后,正史仿效其例撰写地理志者,有《后汉书·郡国志》《晋书·地理志》《宋书·州郡志》《南齐书·州郡志》《魏书·地形志》《隋书·地理志》《旧唐书·地理志》《新唐书·地理志》《旧五代史·郡县志》《新五代史·职方考》《宋史·地理志》《辽史·地理志》《金史·地理志》《元史·地理志》《明史·地理志》。《清史稿》也有地理志。

这些总志,既采撷于当时方域志,又为后世方域志和治沿革地理者所依循,同方域志相辅相成,是方志事业不断发展的动因之一。

第六节　名志举要

一、《三秦记》

《三秦记》为汉代辛氏之作。辛氏,据清王谟考,在汉代为陇西大姓,然佚其名。三秦,前已述及。是书宋初尚存,北宋末年亡佚。北魏《水经注》、唐宋类书、史注多有征引。明陶宗仪及清王谟、张澍均有辑佚。今《汉唐方志辑佚》辑其佚文 53 则、4000 余字。记载三秦大地县邑之沿革、地名由来、山脉、河流、沙漠、古迹等等。多详于《汉书·地理志》,历史价值极高。如写沿革与地名由来者:

咸阳,秦所都也。在九嵕山南、渭水北。山水俱阳,故名咸阳。胡亥时,阎乐为咸阳令。(《太平寰宇记》卷二六"咸阳县")

霸城,秦穆公筑为宫,因名霸城,汉于此置霸陵。(《史记·高祖本纪》正义)

如写山脉者:

仇池县界本名仇维山,上有池,故曰仇池。在仓、洛二谷之间。常为水所冲激,故下石而上土。形似覆壶。(《后汉书·郡国志》注)

龙门山,在河东界。禹凿山断门,阔一里余。黄河自中流下,两岸不通车马。每暮春之际,有黄鲤鱼逆流而上,得者便化为龙。(《太平广记》卷四六六"龙门")

如写水体者:

泾、渭合流,三百里清浊不杂。(《北堂书钞》卷一五"八泾")

骊山西北有温水,祭则得入,不祭则烂人肉。俗云:始皇与神女游而忤其旨,神女唾之生疮。始皇谢之,神女为出温泉。后人因此浇洗疮。(《水经·渭水注》)

如最早写沙漠鸣沙现象者:

河西有沙角山,峰崿危峻,逾于石山。其沙粒粗,色黄,有如糒。又,沙角山之阳,有一泉,云是沙井,绵历古今,沙填不满。人欲登峰,必步下入穴,即有鼓角之音,震动人足。(《太平寰宇记》卷一五三"敦煌县")

二、《越绝书》

《越绝书》一名《越绝记》。其作者,《隋书·经籍志》谓"子贡撰",《崇文总目》又称"伍子胥作"。《四库全书总目提要》考证为后汉会稽袁康所作,同郡吴平校定。今人多从此说。

该书十五卷、十九篇。其内容主要是记述春秋时吴、越二国的史事,特别注重伍子胥、子贡、范蠡、文仲、计倪等人外交、军事活动。历来目录学家将其列入"杂史",或"霸史",或"伪史",或"稗史",或"载记"。鲁迅认为是"复仇之书"。今人谭其骧、仓修良认为是地方史,不是地方志。

我们认为,史的性质毋庸置疑,但断定不是地方志则不敢苟同。固然,从结构、体例、篇目名称看,它和定型后的方域志迥异,但观其内容,方志因素十分明显。卷二《外传记吴地传》、卷八《外传记越地传》两篇,分别记春秋时吴(今浙江、江苏)、越(今浙江)二国之城郭、宫室、亭台、冢墓、湖泊、塘渎、山脉、道路等地理实体数十个,记载颇详,并将有关人物事迹、传说轶闻穿插其间。如记"阖庐冢"(今

越绝书

苏州之虎丘):"在阊门外,名虎邱。下池广六十步,水深丈五尺。铜椁三重,坟池六尺,玉凫之流,扁诸之剑三千,方圆之口三千。时耗鱼肠之剑在焉。十万人筑治之,取土临湖口,葬三日而白虎居上,故为虎邱。"如记"山阴大城"(故址在今绍兴市区):"山阴大城者,范蠡所筑治也,今传谓之蠡城。陆门三,水门三,决西北,亦有事。到始建国时,蠡城尽。"再如记水域跨吴、越二国的"太湖"云:"太湖,周三万六千顷。其千顷,乌程也。去县五十里。"这些内容和写法,与后世方志毫无二致。

再看卷一《荆平王内传》详记子胥由楚奔吴事;卷四《计倪内经》与卷九《外传计倪》,详载计倪向勾践进富国强兵之策;卷七《外传记范伯》言范蠡自楚入越事;卷七《内传陈成恒》叙子贡进吴入越游说事;卷十《外传吴王占梦》记吴王夫差事;卷十四《外传春申君》记春申君事,等等,皆为后世地方人物传记提供了先例。

故清洪亮吉《澄城县志序》认为:"一方之志,始于《越绝》。"王葆心在《方志学发微·导源篇》谓:"自汉以来,古籍之存今者,允宜举(《越绝书》《华阳国志》)二家之书,为今日方志之椎轮。"范文澜亦谓:《越绝书》《吴越春秋》"两书专记本地典故,开方志的先例。此后,历朝文士多作方志(如晋常璩作《华阳国志》),沿至明清成书更多,构成史书中很大的一部分①。"傅振伦的论著,也认为《越绝书》是"方志之祖"。来新夏主编的《方志学概论》、黄苇等著的《方志学》、魏桥等著的《浙江方志源流》等,也都将《越绝书》列为古方志加以评述,从而使史、地二性兼具的《越绝书》得到全面反映和恰当定位。

三、《陈留风俗传》

是书为后汉圈称之作。圈称,字孟举,一作伯举,官议郎。据姚振宗《隋书经籍志考证》二十一:《陈留风俗传》当与《陈留耆旧传》"本为一书,前世著录家乃分出《耆旧传》二卷入杂传,而此《风俗传》入地理,务欲各充其类

① 范文澜:《中国通史简编》(修订本)第二编第三章第十一节,人民出版社1964年第4版。

故也。"按,陈留郡,治陈留县(今河南开封东南陈留城)。是书记陈留郡所辖各县之沿革、古迹等。均详于《汉书·地理志》与《后汉书·郡国志》。为当地珍贵的历史文献。书于北宋末年亡佚。今《汉唐方志辑佚》辑佚文45则、3300字。例举:

封丘者,魏地也,故燕之延乡。六国时,复南属魏。高祖与项氏战,厄于延乡。有翟母者免其难,故以延乡为封丘县,以封霍母焉。(《北堂书钞》卷四八"妇人")

(长垣)县有防垣,故县氏之。孝安帝以建光元年,封元舅宋俊为侯国,县有祭城,濮渠迳其北。郑大夫祭仲之邑也。又,长垣县有罗亭,故长罗县也。汉封后将军常惠为侯国。(《水经·济水注》)

襄邑(今河南睢县),宋地。本承匡襄陵乡也。宋襄公所葬,故曰襄陵。秦始皇以承匡卑湿,徙县襄陵,因曰襄邑。(《汉书·地理志》"陈留郡襄邑县"注)

陈留尉氏县安陵乡,故富平县也。是乃安世所食矣,岁入租千余万。延寿自以身无功德,何堪久居先人大国,上书请减户。天子以为有让,徙封平原,并食一邑,户口如故,而税减半。(《水经·河水注》)

四、《南州异物志》

《南州异物志》为三国时吴人万震撰。万震,尝官丹阳太守。南州,泛指交州之地,此书记今广东、广西及越南民主共和国等地出产的动植物,因异于中原,故名异物。此书约北宋末年亡佚。其文屡有四字韵语者,清儒侯康以为"此书体例,每物各为一赞语,而别以散文详释其形状。如顾恺之《竹谱》之例[1]"。今《汉唐方志辑佚》辑佚文55则、5000余字。佚文还记及斯调国(今斯里兰卡)、身毒(今印度)、大秦国(今印度南部德干高原)诸国之风物。足见作者视野之宽广、域外地理知识之丰富。例举如下:

象之为兽,形体特诡。身倍数牛,目不逾猕。鼻为口役,望头若尾。驯

---

[1] 清侯康:《补三国艺文志》三,万震《南州异物志》。

良承教,听言则跪。素牙玉洁,载籍所美,服重致远,行如邱徙。(《初学记》卷二九"象")

兽曰玄犀,处自林麓。食唯棘刺,体兼五肉,或有神异,表灵以角,含精吐烈,望如华烛。置之荒野,禽兽莫触。(《艺文类聚》卷九五"犀")

合浦之人,习水善游,俛视增潭,如猿仰林。入流深鼋,出如轻兔。蹲泥剖蚌,潜窃明珠。(《太平御览》卷三九五"游")

珊瑚生大秦国,有洲在涨海中。距其国七八百里,名珊瑚树。洲底有盘石,水深二十余丈。珊瑚生于石上。初生白软,弱似菌。国人乘大船载铁网,先没在水下。一年便生网目中。其色尚黄。枝柯交错,高三四尺,大者围尺余。三年色赤,便以铁钞发。其根系铁网于船,绞车举网,还裁凿恣意所作。若过时不凿,便枯索虫蛊。其大者输之王府,细者卖之。(《世说新语》卷六"汰侈"注引)

五、《临海水土物志》

此书又名《临海水土异物志》《临海异物志》《临海水土志》。三国时吴人沈莹撰。沈莹,官丹阳太守。晋伐吴时渡江抗晋而死。临海郡,三国时吴置,治临海县(今属浙江),辖今浙江东南地。是书最早为晋顾恺之《竹谱》所引,最晚北宋《太平御览》多引。约北宋末年亡。元胡三省为《资治通鉴》魏太和三年作注时,偶有一引,疑为转引《后汉书·东夷传》注。清儒洪颐煊尝有辑佚。今《汉唐方志辑佚》辑佚文 99 则,6500 余字。多记临海郡之果木、藤类等植物与鱼类、鸟类等动物。其中也记风土人情。特别是"夷洲"条最早记台湾风土、生产、婚丧、习俗之文字,异常珍贵,也充分证明台湾自古以来就是中国领土。兹录原文如下:

夷州,在临海东南,去郡二千里。土地无雪霜,草木不死。四面是山,众山夷所居。山顶有越王射的。正白乃是石也。此夷各号为王,分画土地。人民各自别异。人皆髡头穿耳,女人不穿耳。作室居,种荆为蕃鄣。土地饶沃,既生五谷,又多鱼肉……能作细布,亦作斑文布,刻画其内。有文章以为饰好也。其地亦出铜铁，唯用鹿觡为矛以战斗耳。磨砺青石以作矢镞、刃斧、钚贯、珠珰。饮食不洁，取生鱼肉，杂贮大器中以卤之。历日月乃啖食之，以为上肴。呼民人为弥麟。如有所召取大空材，材十余文，以着中庭。又以大杵旁舂之，闻四五里如鼓。民人闻之，皆往驰赴会，饮食皆踞。相对凿床作器，如稀槽状。以鱼肉腥臊安中，十十五五共食之。以粟为酒，木槽贮之。用大竹筒长七寸许饮之。又，甲家有女，乙家有男，仍委父母往就之。居与作夫妻。同牢而食，女以嫁，皆缺去前上一齿。(《太平御览》卷七八〇"叙东夷")

六、《三巴记》

《三巴记》又名《巴记》，三国时蜀人谯周撰。谯周，字允南，巴西充国（今四川阆中市）人，官至光禄大夫。入晋累征不起，疾辞以居。《三国志》有传。三巴，即巴郡、巴东郡、巴西郡，其地在今四川省、重庆市。是书为四川、重庆两地有佚文可辑的最早方志。元胡三省注《资治通鉴》时还引用，约亡佚于元代末年。据《汉唐方志辑佚》摘录几则。

初平六年①，荆州帐下司马赵韪建议分巴郡诸县，安汉②以下为永宁郡。建安六年，刘璋改永宁为巴东郡，治鱼复县。蜀先主章武二年，改鱼复为永安。以涪陵县分立丹兴、汉葭二县。立巴东属国都尉，后为涪陵郡。(《宋书·州郡志》"荆州"、《资治通鉴》"魏咸熙元年"注)

初年四年③，分充国为南充国。(《宋书·州郡志》"益州")

建安六年，刘璋分巴郡垫江以上为巴西郡。(《宋书·州郡志》"益州")

和帝永元中，分宕渠之地置汉昌县，属巴郡。夷人岁入賨钱，口四十，谓之賨民。(《资治通鉴》"汉建安五年"注)

阆、白二水合流，自汉中至始宁城下入武陵。曲折三回，有如巴字，亦曰巴江。经峻峡中谓之巴峡，即此水也。(《太平御览》卷六五"巴字水")

---

① 初平无六年，"六"当为"元"之讹。
② 原文倒作"汉安"，疑误，据《后汉书·郡国志》改。
③ 原文误作"六年"，据《后汉书·郡国志》改。

阆中有渝水,賨民锐气喜舞。高祖乐其猛锐,数观其舞,使乐人习之。故名①巴渝舞。(《艺文类聚》卷四三"舞")

巴国有乱,巴国将军毕曼子请师于楚。楚人与师。曼子已平,既而楚遣使请城。曼子曰:"吾诚许子之君矣,持头往谢楚王,城不可得。"乃自刭以头与楚子。楚子叹曰:"吾得臣若巴曼子,何以城为?"乃以上卿礼葬曼子头,巴国葬其身亦然。(《太平御览》卷五五六"葬送")

七、《濑乡记》

是书为魏崔玄山撰。玄山,一作立山,里籍不详。宋尤袤《遂初堂书目》著录。唐宋类书屡引,约北宋年末亡佚。史载著名思想家老子,楚国苦县濑乡曲仁里人。战国时苦县,即今河南省鹿邑县,濑乡在其县东十里,今尚有老子遗迹太清宫、老君台等,为国家文物保护单位。《汉唐方志辑佚》所辑文字虽不多(仅七百余字),但全为有关老子事;又系中国首部乡村志,值得注目。现举三例。

老子祠,在濑乡曲仁里,谯城西出五十里,老子平生时教化学仙故处也。汉桓帝修建屋宇,为老子庙。庙北二里李夫人祠,是老子旧生宅也。(《艺文类聚》卷六四"宅舍")

老子庙,有皇天楼、九柱楼、静念楼,皆画仙人云气。(《太平御览》卷一七六"楼")

李母祠,在老子祠北二里。祠门左有碑。文曰《老子圣母李夫人碑》。老子者,道君也。始起乘白鹿,下托于李氏胞中。七十二年产于楚国淮阳苦县濑乡曲仁里。老子名耳,星精也,字伯阳,号曰聃。(《太平御览》卷三六一"产")

---

① 名:《太平寰宇记》作"乐府中有"。

第七节　秦汉三国佚志简目

《秦地图》　　《汉唐地理书钞》辑。

《汉舆地图》　　《汉唐地理书钞》辑。

朱赣《地理书》　　《汉书·地理志》载：成帝时"丞相张禹使属颍川朱赣条其风俗"。姚振宗《汉书艺文志拾补》书其名为"朱赣《地理书》"。

汉辛氏《三秦记》　　《说郛》《汉唐地理书钞》《二酉堂丛书》《汉唐方志辑佚》辑。按，项羽灭秦后，分其地为雍、塞、翟三国，谓之三秦。在今陕西、甘肃东部。

汉《长安图》　　清姚振宗《后汉艺文志》二存目。

汉司马相如《蜀本纪》　　姚振宗《汉书艺文志拾补》五存目。

汉严君平《蜀本纪》　　姚振宗《汉书艺文志拾补》五存目。

汉郑廑《蜀本记》　　姚振宗《汉书艺文志拾补》五存目。

汉赵谦《巴蜀耆旧传》　　侯康《补后汉书艺文志》三存目。

后汉《三辅黄图》　　《经训堂丛书》、《四库全书》本。按，汉时右扶风、京兆尹、左冯翊辅以京师，谓之三辅，在今陕西中部。

《三辅耆旧传》　　清姚振宗《后汉艺文志》二存目。

东汉《京兆耆旧传》　　清侯康《补后汉艺文志》三存目。

东汉杨震《关辅古语》　　清顾櫰三《补后汉艺文志》五存目。

东汉杨修《西京图》　　清姚振宗《后汉艺文志》三存目。

东汉王褒《云阳记》　　《汉唐地理书钞》辑。按，云阳在今陕西淳化西北。

东汉卢植《冀州风土记》　　《汉唐方志辑佚》辑。

东汉李恂《幽州山川屯田聚落》　　顾櫰三《补后汉艺文志》五存目。

东汉圈称《陈留风俗传》　　《汉唐地理书钞》《汉唐方志辑佚》辑。

东汉圈称《陈留耆旧传》　　《隋书·经籍志》二著录。

东汉袁汤《陈留耆旧专》　　顾櫰三《补后汉书艺文志》五存目。

东汉朱珧《九江寿春记》　　《汉唐方志辑佚》辑。

东汉《巴郡图经》　　《华阳国志》引,顾櫰三《补后汉书艺文志》五存目。

东汉杨终《哀牢传》　　《汉唐地理书钞》《汉唐方志辑佚》辑。按,古哀牢国,在今云南保山一带。

东汉杨孚《交州异物志》(又名《南裔异物志》《异物志》)　　《汉唐地理书钞》《岭南丛书》《汉唐方志辑佚》辑。

东汉杨孚《临海水土记》　　《汉唐方志辑佚》辑。

东汉《会稽贡举谱》　　姚振宗《后汉艺文志》二存目。

东汉崔瑗《南阳文学官志》　　清严可均《全后汉文编》辑。

东汉王粲《荆州文学记官志》　　清严可均《全后汉文编》辑。

东汉《沛国耆旧传》　　清姚振宗《后汉艺文志》二存目。

东汉应劭《地理风俗记》　　《汉唐地理书钞》辑。

东汉应劭《十三州记》　　侯康《补后汉书艺文志》三存目。

《司空郡国舆地图》　　姚振宗《后汉艺文志》二存目。

《张衡地形图》　　侯康《补后汉书艺文志》三存目。

魏张宴《地理记》　　姚振宗《三国艺文志》二存目。

魏苏林《陈留耆旧传》　　《汉唐方志辑佚》辑。

魏卢毓《冀州论》　　《汉唐方志辑佚》辑。

魏何晏《冀州论》　　《汉唐方志辑佚》辑。

魏周斐《汝南先贤传》　　《汉唐方志辑佚》辑。按,汝南郡在今河南东南部。

魏阮籍《宜阳记》　　《汉唐方志辑佚》辑。按,魏宜阳郡在今河南宜阳县。

魏阮籍《秦记》　　《汉唐方志辑佚》辑。

魏崔玄山《濑乡记》　　《汉唐方志辑佚》辑。按,濑乡,系老子故里,在今河南鹿邑县东。

魏杨元凤《桂阳记》　　《汉唐地理书钞》《荆湘地记》《汉唐方志辑佚》

辑。按桂阳郡,在今湖南郴州。

蜀诸葛亮《哀牢国谱》 姚振宗《三国艺文志》二存目。

蜀谯周《三巴记》 《汉唐方志辑佚》辑。按,三巴,即巴郡、巴东郡、巴西郡。其地在今四川、重庆。

蜀谯周《益州志》 《汉唐方志辑佚》辑。按,益州,在今四川成都。

蜀谯周《巴蜀异物志》 《汉唐方志辑佚》辑。

《永昌郡传》 《汉唐地理书钞》《汉唐方志辑佚》辑。按,永安郡,在今云南保山县。

吴顾启期《娄地记》 《汉唐方志辑佚》辑。

吴薛莹《荆扬已南异物志》 《汉唐方志辑佚》辑。按,荆扬已南,泛指长江以南地。

吴陆胤《广州先贤传》 《汉唐地理书钞》《汉唐方志辑佚》辑。

吴万震《南州异物志》 《汉唐地理书钞》《汉唐方志辑佚》辑。

吴朱育《会稽土地志》(又名《会稽记》) 《汉唐地理书钞》、鲁迅《会稽郡故书杂集》、《汉唐方志辑佚》辑。

吴谢承《会稽先贤传》 鲁迅《会稽郡故书杂集》《汉唐方志辑佚》辑。

吴陆凯《吴先贤传》 《三国文编》《汉唐方志辑佚》辑。

吴韦昭《吴兴录》 《汉唐方志辑佚》辑。

吴韦昭《三吴郡国志》 《汉唐地理书钞》《汉唐方志辑佚》辑。

吴顾微《吴县记》 《汉唐方志辑佚》辑。

吴徐整《豫章旧志》 《汉唐方志辑佚》辑。

吴徐整《豫章列士传》 《汉唐地理书钞》《汉唐方志辑佚》辑。

吴张胜《桂阳先贤传》(又名《桂阳先贤画赞》) 《汉唐地理书钞》、严可均《全三国文编》及《汉唐方志辑佚》辑。

吴沈莹《临海水土物志》(又名《临海水土异物志》《临海异物志》《海临水土志》) 《汉唐地理书钞》、洪颐煊辑本、《汉唐方志辑佚》辑。

第四章 多元时期（两晋南北朝）

两晋南北朝时期虽然有短暂的统一，但更多的是分裂和割据。因此，官府控制史学发展的局面被打破，一定程度上冲破"独尊儒术，罢黜百家"牢笼，思想文化领域呈现出异彩纷呈的景象。正如宗白华先生指出的那样，在文化史家的眼中，"却是精神上极自由、极解放、最富于智慧、最浓于热情的一个时代"①。在全国文化宝库中占有一定地位、影响至深的《文心雕龙》《世说新语》《昭明文选》以及最早、最系统的农书《齐民要术》等，都产生在这个时代。史学更是突破了纪传体、编年体的限制，出现了中国历史上前所未有的发展新局面，已成为一个独立的门类，摆脱了依附经部的地位。史书被放在了四部分类法中的乙部，一直延续到近代。这一时期的史部著作，据统计，已经达到72部之多（晋史有23种，十六国史有30种，南北朝史有19种）②，体现了撰史风气之盛。史部著作不仅数量剧增，门类也复杂多样。《隋书·经籍志》列有"正史""古史""杂史""霸史""起居注""旧史""职官""仪注""刑法""杂传""地理""谱系""簿录"等史部门类，著录的大部分是两晋南北朝时期的作品。如霸史类几乎全是十六国史书，代表作是北魏崔鸿的《十六国春秋》，谱系类如《冀州姓族谱》《太原王氏家传》等。还有值得一提的是有关佛教与道教传播与发展的记载，如《魏书》特立《释老志》，这在中国史学史上是一个创举。

两晋南北朝时期，西汉以来出现的"地记"，得到进一步发展，记载的内容也更为丰富。仓修良先生认为这一时期地记实际上是把史地、传志融为一体，为后来方志内容记载的多样性开了先河。已经初步形成了记载一方之政治、经济、历史、风俗等综合性的地方性著作。换句话说，方志乃是地记进一步发展的产物，地记是后代地方志的滥觞③。这一时期，地记著作的撰写大多是以"风俗记""风土记"为主，边远地区则有"异物志"，还有记载山水的"水道记"和"山水记"等。其内容，或侧重史传，或

---

① 宗白华：《论〈世说新语〉和晋人的美》，载《美学散论》，上海人民出版社1981年版。
② 仓修良：《史家·史籍·史学》，山东教育出版社2006年版。
③ 仓修良：《方志学通论》（修订本），方志出版社2003年版。

侧重地理物产。其地域范围以长江流域及南方各州郡为多。这类著作,有的记述州郡地理,有的专记名山大川,有的记述经济,有的兼记土产异物,种类繁多,内容各异①。关于这一时期到底有多少种方志,很难准确地说清楚。据《隋书·经籍志》称,南朝齐陆澄编《地理书》收有160种,南朝梁任昉纂《地记》又增收84种,合计为244种。清姚振宗对此作过考证:"按陆、任二家所合二百四十四家之书,梁时皆在矣。自江陵覆没,悉为煨尽。以迄于隋,仅存五十四部。"②这些也绝大部分早已亡佚。现根据明清一些学者的辑佚和历代书目著录,两晋有67种,南北朝有64种,共计131种③。

本章主要收录具有代表性的总志、地记、专志,并予以简介。

第一节　一统志的滥觞

一、《畿服经》

《畿服经》,晋太常卿、京兆长安人挚虞(字仲洽)撰写。挚虞是位才学通博、著述等身的学者,在《晋书》里有传。

《畿服经》原书已佚,具体内容只能在《隋书·经籍志》略知一二。《隋书·经籍志》说:"晋世,挚虞依《禹贡》《周官》作《畿服经》,其州郡及县分野、封略、事业、国邑、山陵、水泉、乡、亭、城、道里、土田、民物风俗、先贤旧好,靡不具悉。凡一百七十卷,今亡。"畿者京畿,即指京城周围而言;服者取五服、九服之意,指京畿以外的地区。畿服意思是记载京城和其他各地区的内容。所以说它是一部全国性的地理志。今天我们能看到的,是清代王谟辑佚,收入《汉唐地理书钞》中的三则记载。而这些记载主要来自《水经注》《后汉书·郡国志》征引的片言只语。从《隋书·经籍志》的记载可以知

---

① 袁行霈等主编:《中华文明史》第二卷,北京大学出版社2006年版。
② 清姚振宗:《隋书经籍志考证》卷二一"地理"。
③ 刘纬毅:《中国地方志》,新华出版社1991年版。

道,该书门目之多,内容之广,为前世所未有。作为地理书,其中还记载人物,故谢启昆认为此书"实后世方志之祖",有一定的道理。

二、《十三州志》

《十三州志》,阚骃撰。骃字玄朗,敦煌人,仕北凉秘书考课郎中,尝"典校经籍,刊定诸子三千余卷"。北凉亡后入北魏。《魏书》有传。当时南北朝对峙,但阚骃胸怀全国,所著总志名《十三州志》者,缘于汉武帝时划全国为十三州。故是志以北朝为主,兼记南朝地域史事。著名史学家刘知幾评价此书:"地理书者若朱赣所采,狭于九州。阚骃所书,殚于四国。斯则言皆雅正,事无偏党者矣。"①《隋书·经籍志》著录十卷,《旧唐书·经籍志》谓十三卷,《新唐书·艺文志》则谓十四卷。此书约在北宋末年亡佚。清代王谟尝从《水经注》《北堂书钞》《史记正义》中辑241条,约6000字,汇入《汉唐地理书钞》。后甘肃武威学人张澍从王氏未曾寓目的《颜氏

十三州志

---

① 唐刘知幾:《史通·杂述》。

家训《玉海》《博物志》中又钩沉50多条，并对王氏所辑作了校订，刻入《二酉堂丛书》。二辑本相较，以张氏所辑为佳，不仅所辑较多，而且对所辑佚文多加校勘注释。就辑本而言，所记有新旧县名、山水、古迹，系以方位、沿革、水利工程、民族风习等。

第二节　郡国之书的兴盛

一、《华阳国志》

《华阳国志》，又名《华阳国记》，是一部专门记述古代中国西南地区地方历史、地理、人物等的地方志著作，由东晋常璩撰写于晋穆帝永和四年至永和十年（348—354）。该书记载时间范围"肇自开辟，终乎永和三年"，记载地域范围为晋代梁、益、宁3州33郡180县，为今四川、重庆、云南、贵州四地及陕西、甘肃、湖北三省部分地区，因处华山之南，故取名为《华阳国志》，是中国现存最早最完整的一部地方志。

华阳国志（清刻本）

常璩，字道将，蜀郡江原（今四川崇州市）人。常氏是江原的大姓，从蜀汉到两晋，出了不少达官、名儒和史家。常宽的《蜀后志》《续益部耆旧传》等都是当代名著，对常璩治史有很大影响。

常璩,生卒年不详,约生于西晋惠帝初年,卒于东晋穆帝末年。曾在成汉李势时官至散骑常侍,一度担任过史官,被同时代的史家孙盛称为"蜀史"。此职使其得以接触大量文献,进行广泛实地调查,为编纂《华阳国志》提供了条件。

《华阳国志》分为巴志,汉中志,蜀志,南中志,公孙述、刘二牧志,刘先主志,刘后主志,大同志,李特、雄、期、寿、势志,先贤士女总赞,后贤志,序志并士女目录等,共十二卷,约11万字。

《华阳国志》内容由三大部分组成。第一大部分为第一至第四卷,即巴志,汉中志,蜀志,南中志。记载晋梁、益、宁各州的历史地理,而以地理为主,类似"正史"中的地理志。各志大体上又可以分成三部分:第一部分,总叙本区历史沿革、疆域政区、物产、风俗民情、名宦事迹、古迹、建筑、民族等;第二部分,分叙各郡沿革、疆域、郡治、领县数、民族、风俗、物产以及各县治城、去郡治里程、物产、山川、大姓、民族等,有的郡县还记载汉、晋户口数;第三部分为"评论",各卷最后都有一个"曰",为常璩对一方历史、人物的评论。第二大部分为第五至第九卷,即公孙述、刘二牧志,刘先主志,刘后主志,大同志,李特、雄、期、寿、势志,主要记载公孙述、刘焉刘璋父子、蜀汉、成汉四个割据政权及西晋统一时期的历史,类似"正史"中的本纪。第三大部分为第十至第十二卷,即先贤士女总赞,后贤志,序志并士女目录,记载西南地区从西汉到东晋初将近四百个人物的事迹。《先贤士女总赞》分郡依人物特点作赞辞,后附人物小志。《后贤志》先列人物赞辞,后为人物传记。《序志并士女目录》包括两部分:第一部分叙述编撰《华阳国志》的目的、材料来源、取舍褒贬标准,并为各志补序;第二部分为梁、益、宁3州先汉、两晋以来士女目录,相当于人物简表,人物均有品行评语,相当于"正史"中的列传。是志以地理、历史、人物三结合的形式出现,具有首创意义。清儒刘光谟高度评价谓:"方志之书,始于吾蜀,《华阳国志》为其鼻祖也。"[①]梁启超也认为:"晋常璩《华阳国志》,为方志之祖。其书有义法,

---

① 清刘光谟:《高石斋文钞·县志分篇议》。

有条贯卓然著作之林①。"

附:《华阳国志》目录

卷一　巴志

卷二　汉中志

卷三　蜀中志

卷四　南中志

卷五　公孙述、刘二牧志

卷六　刘先主志

卷七　刘后主志

卷八　大同志

卷九　李特、雄、期、寿、势志

卷十　先贤士女总赞

卷十一　后贤志

卷十二　序志并士女目录

二、《永嘉记》

《永嘉记》,又作《永嘉郡记》《永嘉地记》《永嘉志》,南朝刘宋时期的郑缉之撰。缉之,里籍未详,为宋员外郎,著《孝子传》十卷、《东阳记》一卷。刘宋时,永嘉郡(治所在今浙江永嘉县)领永宁、安固、松阳、乐成、横阳五县。是志即记五县的山川、乡亭、物产、人物等,为今天所能见到的当地最早的文献。清孙诒让在《永嘉郡记辑本》序里称赞"郑君以澹雅之才,斐然有作,吾乡图牒,斯其权舆。"《太平御览》卷八二五辑录的郑缉之撰写的《永嘉记》有关于当时蚕的品种和人们养蚕的经验。其言曰:"永嘉有八辈蚕、吮

---

① 梁启超:《中国近三百年学术史》十五《清代学者整理旧学之总成绩》"方志学"。

珍蚕(三月绩)、柘蚕(四月初绩)、蚖蚕(四月初绩)、爱珍(五月绩)、爱蚕(六月末绩)、寒珍(七月末绩)、四出蚕(九月初绩)、寒蚕(十月绩)。凡蚕再养者,前辈皆谓之珍,少养之。爱蚕者,故蚖蚕种也。蚖珍三月既绩,出蛾取卵,七月八月便割,蚕生多养之,是谓蚖蚕。欲作爱者,取蚖珍之卵,藏内瓮器中,随器大小,亦可十纸百纸覆盖,器口安冷水,使冷气折其出势,仅得三七日然后剖生养之,谓为爱珍,亦爱子。绩成茧,蛾生卵,卵七日又剖成蚕,多养之,此则爱蚕也。"这些记载对研究当时的养蚕业和手工业发展具有积极意义。

《永嘉记》在北宋后亡佚,陶宗仪、王谟、孙诒让均有辑本。

三、《广州记》

《广州记》,晋裴渊撰。裴渊,籍贯、生卒不详。文廷式在《补晋书艺文志》记载:裴渊《广州记》二卷。《太平御览经史图书纲目》里也记有:裴渊《广州记》。《北堂书钞》卷一三六引裴渊《海东记》,卷一三八又引裴渊《南海记》,均为《广州记》的异名。晋时的广州,领南海、临贺、始兴、始安、苍梧、郁林、桂林、高凉、高兴、宁浦 10 郡及所属 68 县。治番禺,即今广东广州。

刘纬毅编著《汉唐方志辑佚》从《北堂书钞》《艺文类聚》《初学记》《齐民要术》《太平御览》《太平寰宇记》等类书、地志中,辑录了《广州记》的一些内容。从辑录的文字看,包括各郡县山川、河流、亭台、物产。其中还有各种药材(如当归、云母、麦门冬等),各种水果(如桃、柚、橘等),瓜果蔬菜的记载特别详细,说明《广州记》使用价值很高。

此外,这一时期还有两部《广州记》。一部是晋顾微撰,另一部未署撰者。对于后一部《广州记》,从引书与内容看,可能为裴渊或顾微所撰。

四、《豫章记》

《豫章记》,南朝宋雷次宗撰。次宗,字仲伦,豫章南昌(今属江西)人。次宗通儒学,精佛学,终身不仕。《宋书》《南史》有传。据《隋书·经籍志》记载："《豫章记》一卷，雷次宗撰。"《新唐书·艺文志》也记载有雷次宗《豫章记》一卷。

《汉唐方志辑佚》从《北堂书钞》《艺文类聚》《太平御览》《太平寰宇记》等类书、地志中，辑录了《豫章记》的一些内容。从辑录的内容看，包括今江西的地域、物产、亭台、墓冢等。

第三节　异彩纷呈的专志

一、《水经注》

《水经》是中国第一部记述河道水系的专著。《隋书·经籍志》谓晋代郭璞著，《唐六典·工部·水部郎中注》称汉桑钦著，清全祖望等人考证当为三国时魏人所作。《水经》记载 137 条河流，每条河流只简单地记

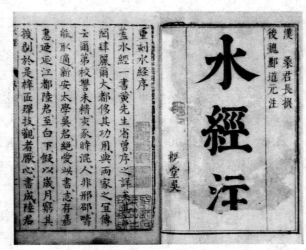

水经注（明嘉靖年刊本）

载它的发源、流程和归宿。北魏时期郦道元在《水经》基础上，以科学严谨的态度，"因水以证地"，"即地以存古"，繁征博引，详加考求，参阅了 437 种文献（其中多为方志），作了 20 倍于原书的补充和发展，著《水经注》。《水经注》虽书名为"注"，但实际上是重新创作。

郦道元（约 470—527），字善长，范阳涿县（今河北涿州市）人。北魏地理学家、散文家。出身于官宦世家。自幼好学，博览群书，并且爱好游览，注重实地考察，足迹遍及今河南、山东、山西、河北、安徽、江苏、内蒙古等地，

每到一地，都留心勘察水流地势，探溯源头。袭父爵为永宁伯。历任尚书主客郎、治书侍御史、鲁阳太守、御史中尉等职。郦道元任职期间，以执法威猛严峻著称，不惧得罪权贵，甚至曾经因"严酷"免职。孝昌三年（527），雍州刺史萧宝夤谋反，汝南王元悦素与郦道元不和，与侍中元徽合谋嫁祸道元，劝朝廷委派道元为关右大使，企图借萧宝夤之手加害郦道元。萧宝夤惧道元不利于己，杀害郦道元于赴任途中阴盘驿亭（今陕西临潼县东）。北魏朝廷追赐郦道元为吏部尚书冀州刺史。

《水经注》全书共四十卷，约 30 万字。在《水经》所载 137 条河流的基础上，补充记述了 1252 条河流，共对 1389 条河流的发源地点、流经地区、支渠分布、古河道变迁等情况进行记叙。《水经注》涉及的范围北到达今天的蒙古境内，东北到今天朝鲜的坝水（大同江），西南到扶南（今越南和柬埔寨）、新头河（今印度的印度河），西面到安息（今伊朗）、西海（今咸海）。《水经注》以水道为纲，以河水（黄河）和江水（长江）为主线，依自然地理特点，由南向北分述南北朝时期遍布中国甚至域外的大小河流。《水经注》对北方诸水记述最为详细、生动。除记述国内主要河流外，《水经注》还记述了朝鲜的坝水（大同江）、印度的新头河（印度河）等外国河流。这样大范围的河流记述，在当时堪称规模空前。郦道元通过亲身调查研究，对前人讹误多所厘正。南方个别水流，因当时南北政权对峙，情况不熟，不免有某些疏误。《水经注》对历史地名、自然地理也多有记述。书中记载了水名、山名、湖泊名、城邑名等各类地名两万多个，著录温泉 41 处，书中还对自然地理学中的伏流现象作了符合科学规律的研究。《水经注》不仅对城郭、风俗、土产、人物等记载，而且对每一流域内的水文、地形、气候、土壤、植物、矿藏、特产、农业、水利，以及山陵、城邑、名胜古迹、地理沿革、历史故事、神话传说、风俗习惯等进行记载，同时还记载了大量农田水利建设工程资料。《水经注》采录了许多今已失传的金石碑刻、民间传说、诗词歌赋，具有极高的学术价值。

《水经注》在体例上是一部说明水道源流的专著，实际上已经完全撇开了《水经》的框架,是一部独立的、以水道为纲的古代最早的综合性历史地理巨著。《水经注》集中国 6 世纪以前地理学著作之大成,为历史地理学、水文地理学、经济地理学、考古学、水利学等具有重大科学价值的地理巨著。《水经注》语言准确生动,流畅自然,而且也是一部独具特色的山水游记。

《水经注》形象地描绘了中国各地美丽的山川景物、自然风光,是魏晋南北朝山水散文中的佳作。全书所记山水数以千计,大都能抓住特点,写得姿态各异。如《江水注》"巫峡"一节,作者在盛弘之《荆州记》素材的基础上进行加工,仅用 200 字,就写出了巫峡两岸高峻的山形、急速的水势,以及峡中四季景色的变化,描绘出清幽深邃的境界。再如大明湖上"目对鱼鸟,水木明瑟"的湖光山色,阳城淀上儿童乘舟采菱的劳动生活,华山的峭直,庐山的多姿,会稽山水的随地赋形,长江沿岸的奇景迭现,作者一一写来,或用白描,或施彩笔,不拘一格,无不曲尽其妙。不但写景,而且还能传达出作者和游人的不同心情。行文以散体为主,写景状物有时也采用骈文修辞手法,显然受到当时南朝山水诗文的启发,对后世山水散文有巨大影响。唐代李白、柳宗元以及宋代的苏轼,都对其十分推崇。苏轼曾说过,"嗟我乐何深,水经亦屡读"。后人都曾纷纷效法,以至于逐渐形成了一种所谓"《水经注》体"。

《水经注》的研究历来受到重视,在清代已成为一门专门学问——郦学,成为古代地理学的一个重要分支。全祖望、赵一清、戴震、王先谦、杨守敬在对《水经注》的研究中都取得巨大成就。此书注本以清全祖望《七校水经注》、王先谦《合校水经注》及近人杨守敬、熊会贞《水经注疏》和1984 年上海人民出版社出版的王国维的《水经注校》最为著名。《水经注》和《洛阳伽蓝记》《齐民要术》并称北魏三大奇书,又与《三国志》裴松之注、《文选》李善注并称三大名注。1990 年上海古籍出版社出版陈桥驿点校《水经注》。

附:《水经注》目录

二、《洛阳伽蓝记》

《洛阳伽蓝记》,东魏阳(或作杨、羊)衒之撰,五卷。衒之,北平郡(今河北遵化市东)人,历官抚军府司马、期城郡太守、秘书监。该书为南北朝时期记述北魏首都洛阳佛寺兴废的地志。采用分别正文与注文的体裁,注文依照佛教经典合本子注格式,兼载不同诸说。全书依城内、城东、南、西、北的次序,以四十余所著名寺院为纲,兼及所在里巷、方位乃至名胜古迹,牵连叙述有关史实。书中描述了寺院的规模,谈到施主和许多遗闻轶事。该书具有以下特点：

其一，它是一部记载城市佛教寺院的书。从城邑志看，前此已有齐梁间记长安的《三辅黄图》，其后南宋有专记北宋京城汴梁（今开封）的《东京梦华录》、专记南宋京城临安（今杭州）的《梦粱录》等等；但从专以京城佛寺建筑为撰写对象来说，此书在中国古籍中是独一无二的。是书以记洛阳伽蓝为题，另及地理、政治、人物、风俗各个领域。范祥雍说它"钝扬佛宇，而因及人文，以寓其褒贬"，是很中肯的概括。作者取材除第五卷惠生、宋云西行部分按辑于前人撰述外，余皆作者亲见亲闻之洛阳佛寺的景色及其有关掌故，写得真实、亲切、传神。

其二，《洛阳伽蓝记》和《水经注》《齐民要术》是传世的北魏三大名著。除《齐民要书》属农书外，前两书都是以山川名胜为纲而旁及人文的地理撰述。其不同点是《水经注》着重写自然河山的壮丽；《洛阳伽蓝记》则集中小记建筑的宏伟精致，揭示了劳动人民的智慧和创造。

其三，是书以城内、城东、城南、城西、城北分卷，结构至为严密，各卷又以某城门为起点；每写一寺之四邻巷里、官署名胜，颇为清晰确切。按照记录足可绘制一幅相当精确的中世纪古都洛阳市区图。其精确可考是同类古籍中罕见的。

其四，行文简明清丽，形象生动，颇具特色。《四库全书总目提要》卷七十说它"其文清丽秀逸，烦而不厌，可与郦道元《水经注》肩随"。这是言之不过的。

该书涉及政治、经济、社会、文学、艺术、思想、宗教等许多方面，保存了极为重要的历史资料。第五卷在闻义里敦煌人宋云宅下，收录宋云《家纪》、慧生《行记》《道荣传》，记载宋云去天竺的行程，尤为研究中印交通的宝贵资料。作为文学作品，该书也有其价值。注释该书的，有吴若准《洛阳伽蓝记集征》、范祥雍《洛阳伽蓝记校注》、周祖谟《洛阳伽蓝记校释》。该书亦有王伊同的英文译本。

附:《洛阳伽蓝记》目录

卷五（城北）　　　　　　宋云惠生使西域
　　禅虚寺　　　　　　　京师建制及郭外诸寺
　　凝玄寺

三、《荆楚岁时记》

《荆楚岁时记》是南北朝梁宗懔
撰写的一部记载荆楚岁时习俗的著
作，也是保存到现在的中国最早的一
部专门记录古代楚地（以江汉为中心
的地区）岁时节令风物故事的笔记体
文集。"荆楚"一词，最早见于《诗经·
商颂·殷武》："挞彼殷武，奋伐荆楚。"
本指楚族或楚国，后以楚国的境域约
相当于古荆州，故沿用泛称长江中游
一带。

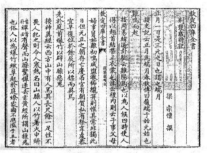

荆楚岁时记（《四库全书》本）

宗懔（约501—约565），字符懔，
南阳涅阳（今河南邓州市）人。八世祖
承，晋宜都郡守，值永嘉东徙，子孙因居江陵（今属湖北）。宗懔少聪敏好
学，昼夜不倦，乡里呼为"小儿学士"。湘东王萧绎镇荆州，宗懔经长史刘之
遴推举往见，一夜写就《龙山庙碑》，深得萧绎赞赏。历任刑狱参军兼掌书
记、临汝令、建成令、广晋令、荆州别驾、江陵令。萧绎在江陵即帝位，擢为
尚书郎，封信安县侯，食邑千户。后又累迁吏部郎中、吏部尚书。西魏陷荆
州后，宗懔被掳，往北土。北周代魏，孝闵帝对宗懔甚为器重，拜车骑大将
军，仪同三司。世宗即位，又与王褒等在麟趾殿刊定群书。保定中年卒，年
六十四。有集二十卷，已佚。遗著甚多，辑为二十卷行于世，其中最著名的
就是《荆楚岁时记》。

《荆楚岁时记》全书凡37篇，以时为序，记载了自元旦至除夕的二十

四节令和时俗。注中引用经典俗传计 68 部 80 余条，说明各种风俗的来源，偶尔也记载北方的节令时俗。《荆楚岁时记》涉及民俗和门神、木版年画、木雕、绘画、土牛、彩塑、剪纸、镂金箔、首饰、彩蛋画、印染、刺绣等民间工艺美术以及乐舞等。这些民俗、民间工艺美术传自远古，延续后世。其中如门神、彩蛋画、土牛、木版年画等民间工艺美术，至今仍在城乡和少数民族地区流传。

通过《荆楚岁时记》我们可以追寻许多节日的发展演变轨迹。宗懔在《荆楚岁时记》序言中谓："率为小记，以录荆楚岁时，自元日至除日凡二十余事。"在《荆楚岁时记》所记载的 20 余种岁时节日习俗中，有些是汉代沿袭下来的，如元日贺尊、腊日祀灶；也有些是首次见于《荆楚岁时记》所载，如四月八日香水浴佛、七月十五营盆供佛。即使汉代沿袭下来的节日习俗中，其随时代变迁所发生的演变也有许多是首次见于《荆楚岁时记》中，如腊日驱傩由方相氏改为"金刚力士"。所记载的节日中，有些流传至今日，如元日、端午、重阳、除夕等；有些则已经消失，如社日、腊日；有些节日虽然消失了，但节日习俗通过新的节日仍在流传，如腊日的祀灶移到了小年举行。正是《荆楚岁时记》的记载，为我们探寻岁时文化的变迁提供了珍贵的资料。

《荆楚岁时记》所记源于荆楚地区的节日习俗，后来以各种形式流传到全国，成为中华民族岁时节令文化的一部分，这也是荆楚地区的岁时节令文化对中国岁时节令文化的贡献。

《荆楚岁时记》成书以后，促进了岁时节令文化的交流。在宗懔之后不久，隋杜公瞻就为宗懔书作注，并特意将《荆楚岁时记》所记南方风俗与北方风俗进行比较。后来，《荆楚岁时记》和杜公瞻的《荆楚岁时记注》一起流传，人们习惯上仍将其称作《荆楚岁时记》，从而使南北朝后期中国南北方的岁时风俗荟萃于一书之中，对中国岁时文化的传播和发展产生了重要影响。此后方志必记风俗、岁时，盖源于此。

《荆楚岁时记》原书已佚，现存一卷，系明人从类书中辑出。

《荆楚岁时记》先后有明万历二十年(1592)《广汉魏丛书》本、万历四十三年《宝颜堂秘籍》(十集)本、《说郛》本、《四库全书》本、《丛书集成》本、《四部备要》本(据《广汉魏丛书》本校刊)等。其中《四部备要》的祖本为时间较早的《广汉魏丛书》。

附:《荆楚岁时记》目录

一、爆竹庭前	辟除邪恶	二十、俗称恶月	禁忌上屋
二、依次拜贺	饮椒柏酒	二十一、采艾悬门	斗草游戏
三、帖鸡户上	桃符镇鬼	二十二、舟楫竞渡	争采杂药
四、杖打粪扫	呼令如愿	二十三、系丝辟瘟	取鸲令语
五、金薄为人	华胜相遗	二十四、新竹箬叶	节日裹粽
六、剪彩为燕	祝福宜春	二十五、取菊为灰	以止麦蠹
七、豆粥加膏	祭祀门户	二十六、伏日汤饼	名曰辟恶
八、夕迎紫姑	以卜农事	二十七、牵牛织女	聚会赋情
九、夜驱鬼鸟	槌床打户	二十八、结彩穿针	乞求巧幸
十、芦苣引火	夜照井厕	二十九、僧尼道俗	盂兰盆会
十一、晦日酺聚	士女泛舟	三十、朱水点额	饷遗眼囊
十二、戒草防火	鸟鸣入田	三十一、野游登高	佩茱饮菊
十三、四邻会社	祭神缲胙	三十二、荆有黍臛	北有麻羹
十四、禁火寒食	追悼子推	三十三、咸菹菁葵	醒酒所宜
十五、斗鸡镂鸡	食称画卵	三十四、击鼓戴胡	傩舞逐疫
十六、打毬施钩	强身练武	三十五、祭祀灶神	宰杀黄羊
十七、江渚池沼	曲水流杯	三十六、老叟妇妪	游戏藏钩
十八、鼠麴和粉	以厌时气	三十七、守岁酺饮	送旧迎新
十九、布谷声声	犁把上岸		

四、《宜都山川记》

《宜都山川记》,又名《宜都记》《宜都山水记》,晋代袁山松撰,是今湖北宜昌最早的方志。袁山松,扶乐人,官吴郡太守等,有文采,善著述,曾著《后汉书》百余篇。《宜都山川记》是其任宜都太守时所作。该书大约在南宋时亡佚,明陶宗仪、清王谟均有辑佚本。是书描写景物细腻入微,有身临其境之感。《水经·江水注》收录描写三峡的一段文字:"自黄牛滩东入西陵界,至峡口一百里许,山水纡曲,而两岸高山重嶂,非日中夜半,不见日月也。绝壁或千许丈,其石彩色形容,多所象类。林木高茂,略尽冬春,猿鸣至清,山谷传声,泠泠不绝。所谓三峡,此其一也。"在《艺文类聚》卷九五里也有收录:"行者歌之曰:巴东三峡猿鸣悲,猿鸣三声泪沾衣。"《初学记》卷六里也有类似记载:"对西陵南岸有山,其峰孤秀。人自山南上至顶,俯临大江如萦带,视舟船如凫雁。"

第四节 辑佚方志简目

两晋南北朝时期,是中国历史发展的一个重要时期。在这一时期,由于其政治发展的特点,地方志得到了进一步发展,尤其是作为方志初期形式的地记得到了蓬勃发展。这一时期不仅产生了许多地记,而且为方志的进一步发展创造了许多宝贵的经验。有关专家分析这一时期方志发展的原因,认为这与当时的豪强地主政治、经济势力的膨胀、门阀制度的形成有极大的关系,同时也是社会经济政治发展到一定阶段的文化表现形式。

这一时期,无论是地方性人物传记还是地记,尽管名称并不一致,记、志、录、传,还是以记为主,记、志又是互为通用。仓修良、刘纬毅都有专著论述。本节内容根据两位先生的研究,将明清学者辑佚的魏晋南北朝方志书目整理如下,其中晋代有 67 种、南北朝有 64 种。

晋代:67 种

袁山松《郡国志》

乐资《九州要记》

黄恭《十四州记》

张勃《吴地理志》

王隐《晋地道记》

《太康地记》

《泰山郡记》

《西河旧事》

裴秀《冀州记》

裴秀《雍州记》

伏琛《齐记》

晏谟《齐地记》

《三齐略记》

王范《交广二州记》

袁山松《宜都山川记》

史筌《武昌记》

《江乘地记》

《河南十二县境簿》

陈寿《益部耆旧传》

常宽《续益部耆旧传》

华延儁《洛阳记》

陆机《洛阳记》

杨佺期《洛阳记》

《洛阳记》

《洛阳地记》

《上党记》

江敞《陈留志》

张曜《中山记》

荀绰《冀州记》

习凿齿《襄阳耆旧记》

刘彧《长沙旧传赞》

罗含《湘中记》(亦作《湘中山水记》《湘川记》)

王隐《交广记》

黄恭《交广记》

刘欣期《交州记》

范瑗《交州先贤传》

顾微《广州记》

裴渊《广州记》

盖泓《珠崖传》

徐衷《南方草物状》

嵇含《南方草木状》

《凉州异物志》

任豫《益州记》

张僧监《浔阳记》

《南中八郡志》

杜预《汝南记》

纪义《宣城记》

范旺《荆州记》

高范《荆州先贤传》

张方《楚国先贤传》

《晋中州记》

《洛阳故宫名》

白褒《鲁国先贤传》　　　　　盛弘之《荆州记》

虞溥《江表传》　　　　　　　庾仲雍《荆州记》

陶夔《闽中记》　　　　　　　庾仲雍《湘州记》

顾长生《三吴土地记》　　　　鲍至《南雍州记》

《分吴会丹阳三郡记》　　　　萧绎《荆南地志》

顾夷《吴郡记》　　　　　　　王僧虔《吴郡地理记》

贺循《会稽记》　　　　　　　董览《吴地志》

贺氏《会稽先贤像赞》　　　　陆道瞻《吴地记》

钟离岫《会稽后贤传记》　　　刘义庆《徐州先贤传》

张玄之《吴兴山墟名》　　　　刘义庆《江左名士传》

《会稽郡十城地志》　　　　　陶季直《京邦记》

王孚《安成记》　　　　　　　万钟《吴陵志》

《巴汉志》　　　　　　　　　刘芳《徐地录》

袁休明《巴蜀志》　　　　　　刘芳《广州先贤传》

《江东旧事》　　　　　　　　孔灵符《会稽记》

　　　　　　　　　　　　　　刘道真《钱塘记》

南北朝:64种　　　　　　　　吴均《吴郡钱塘先贤传》

顾野王《舆地志》　　　　　　萧子开《建安记》

《南荆州记》　　　　　　　　《汉中记》

《长沙志》　　　　　　　　　《建康实录》

伍端修《江陵记》　　　　　　《金陵地记》(亦名《金陵记》)

王玄谟《寿阳记》　　　　　　姚察《建康记》

阳晔《徐州记》　　　　　　　刘损《京口记》

山谦之《丹阳记》　　　　　　郑缉之《东阳记》

山谦之《南徐州记》　　　　　郑缉之《永嘉郡记》

山谦之《吴兴记》　　　　　　谢灵运《永嘉记》

山谦之《浔阳记》　　　　　　黄闵《武陵记》

黄闽《沅川记》

雷次宗《豫章记》

邓德明《南康记》

王韶之《始兴记》

王韶之《南康记》

《临陵县记》

《襄国记》

沈怀远《南越志》

荀伯子《临川记》

郭缘生《武昌先贤志》

甄烈《湘州记》

郭仲产《湘州记》

郭仲产《荆州记》

郭仲产《南雍州记》

《大魏诸州记》

《周地图记》

郭仲产《秦州记》

郭仲产《仇池记》

《甘州记》

薛寔《西京记》

崔鸿《西京记》

王遵业《三晋记》

段龟龙《凉州记》

段国《沙州记》

《陇右记》

《蓟代记》

刘景《敦煌实录》

第五章 图经时期（隋唐五代）

在中国历史上,隋唐之关系颇似秦汉。秦始皇创秦制,为汉以后各朝所沿袭;隋文帝定隋规,为唐以后各朝所遵循。然而秦隋皆很短暂,汉唐均强盛而绵长。

隋文帝杨坚灭北周后,于开皇九年(589)又亡了偏安一隅的南朝陈后主。至此结束了西晋以来长达300年之久的分裂割据状态,实现了中国历史上第三次大统一。统一是历史发展之必然,是时代潮流之所趋。杨隋为了巩固中央集权的大一统,创制了一些新的制度,为以后历朝相因。

隋统一中国后,首先整顿了南北朝所造成的紊乱庞杂的地方政区。时为兵部尚书的杨尚希建议:"当今郡县倍多于古。或地无百里数县并置;或户不满千,二郡分领。县僚以众,资费日多,吏卒又倍,租调岁减,清开良才,百分无二……所谓民少官多,十羊九牧。琴有更张之义,瑟无膠柱之理。今存要去闲,并小为大,国家则不亏粟,选举则易得贤才。"①隋文帝采纳这个建议,废掉三级政区中的二级政区508个郡。又根据户口多少,析置州县;炀帝时改州为郡,全国共设190个郡、1255个县,此后地方政区大体保持这个规模。

针对魏晋南北朝时州郡自行任命官吏、豪门望族把持地方政权的弊病,隋文帝决定"品官皆吏部除授","刺史、县令三年一迁,佐官四年一迁"②。且回避当郡。从制度上铲除了地方割据的土壤。同时还除掉凭门阀高低做官的旧习,改为科举取士。这些规定一直延续至清末。为杜绝私家修史,开皇十三年(593)五月,"癸亥诏人间有撰集国史、臧否人物者,皆令禁绝"③。

隋炀帝虽然奢侈、残暴,但他好文重史。在大业中年,"普诏天下诸郡,条其风俗、物产、地图上于尚书。故隋代有《诸郡物产土俗记》一百五十一卷、《区宇图志》一百二十九卷(崔祖浚、姚思廉修,广三尺,纵三丈三尺,明九域山川之要,究五方风俗之宜)④"。这是中国大规模、有组织编修方志的

①《隋书·杨尚希传》。
②《隋书·百官志》。
③《隋书·高祖纪》。
④《玉海》卷十五《隋区宇图志》条。

开始。隋炀帝不仅颁发诏书要求诸郡修志,而且对编纂总志布置之周到、要求之严格也是空前的。据《大业拾遗记》载:炀帝初令窦威、崔祖浚等三十余人撰《区宇图志》五百余卷。炀帝阅后以书内"以吴人为东夷,度越礼义,及属辞比事全失修撰之意",乃命秘书学士十八人修十郡志,虞世基为总检。及《京兆郡风俗》《河南郡风俗》《吴郡风俗》等志奏上,帝以"颇得人意"嘉奖。然又嫌部秩太少,命其重修成一千二百卷。"叙山川,则卷首有山水图;叙郡国,则卷首有郭邑图;叙城隍,则卷首有公馆图……为时所重①"。除上述总志外,尚有《诸州图经集》一百卷,《州郡县簿》七卷,《方物志》二十卷。表明帝祚仅38年的隋朝,对方志事业的高度重视。

唐代是中国历史上极为繁荣昌盛的时期,由兴盛至衰亡,历经290年。开元天宝时,版图东至安东府(今朝鲜平壤),西至安西府(今新疆吐鲁番),南至日南郡(今越南中部),北至单于府(今内蒙古和林格尔)。开元三十八年(740),凡道10、州府328、县1573、户8412871、口48143609。

为巩固大唐江山,唐代多位皇帝对方志极为关注。贞观十二年(638),太宗李世民批准其四子李泰编纂总志《括地志》的请求。次年由秘书学士汇辑的《贞观十三年大簿》告成,太常博士吕才奉太宗诏又造《方域图》,不数年还有《贞观郡国志》奏上。

高宗李治时,遣使分往康国(今乌兹别克斯坦撒马尔罕北)、吐火(今阿富汗),访其风俗、物产并绘制地图,由史官许敬宗编纂成《西域图志》六十卷,于显庆三年(658)上之。武则天时,有《长安四年十道图》十三卷上奏。玄宗李隆基时先后有《开元三年十道图》十卷、《开元十道要略》《天宝初年地志》等总志呈送朝廷。

安史之乱被平息后,吐蕃势力大振,宝应二年(763)还一度占领长安达12天。加以藩镇称兵兴乱,使唐王朝渐趋衰落。德宗李适即位后为重整山河挽救大唐,建中元年(780)即下令严格执行报送图经的制度。《唐会要》卷五九兵部职方员外郎条载:"建中元年十一月二十九日,诸州图每

---

① 转引自《太平御览》卷六〇二文部著书下。

三年一送职方,今改至五年一造送。如州县有创造及山河改移,即不在五年之限,后复故。"不久又起用精于史地、忠于大唐的贾耽为宰相,贾先后撰《古今郡国县道四夷述》四十卷、《地图》十卷、《贞元十道录》四卷、《皇华四达记》十卷、《海内华夷图》等总志奏上。德宗以熟谙疆土之广大、山川之壮丽而欣喜,多次给予嘉赏。他在位24年间有励精图治之举,应该说和他披阅总志、珍惜江山不无关系。

唐宪宗李纯也是一位力图中兴的皇帝,其宰相"为成当今之务,树将来之势,则莫若版图地理之为切",先撰《元和国计簿》,继而于元和八年(813)又上《元和郡县图志》四十卷,还有《十道图》十卷,先后上奏。使宪宗经略诸镇,坐览要害。

元和年间,检校户部尚书元稹撰《京西京北图经》四卷、《京西京北州镇烽戍道路等图》。在其《进〈西北边图〉状》中,直言编撰意图在于"若边上奏报烟尘,陛下便可坐观处所"①。

由于唐代规定各州三年一造送图经(后改为五年一编造),州县图经得到空前大发展。韩愈在元和十四年(819)被贬为潮州刺史,离京前即阅《潮州图经》,据此先行了解该地的人文历史情况。赴任途经韶州时,又曾披阅《韶州图经》,并赋诗谓:"预借图经将入界,每逢佳处便开看②。"张籍在《送郑尚书赴广州》诗中,也写道:"海北蛮夷来舞蹈,岭南封管送图经。"再如方干《送永嘉王令之任》亦有"虽展县图如到县"的诗句。这些诗例,说明以图经为主要形式的地方志,已不是束之高阁的档册,而是在士大夫中广为流传的致用之书。

唐代根据各地报送的图经、地志及前代文献编纂成的总志,据《中国古方志考》多达27种,州县图经在150种以上。

清光绪二十五年(1899)在敦煌千佛洞发现封存近900年之久的遗书,是中国重要的文化遗产。由于清政府的腐败无能,未加妥善保存,遂招致英国斯坦因、法国伯希和、俄国奥登堡、日本大谷光瑞、美国华尔纳等国

① 唐元稹:《长庆集》卷三十五。
② 唐韩愈:《将至韶州先寄张端公使君借图经》。

的考古学者,纷至沓来,劫夺或骗走了两万余件精品。"敦煌者,吾国学术之伤心史也。"史学大师陈寅恪之名言,就镌刻在藏经洞前的碑石上。劫余部分,在罗振玉等人的呼吁下,于宣统二年(1910)移藏北京京师图书馆。据专家统计,今藏北京及英、法、俄、日等国的敦煌遗书共4万多件。其中百分之九十为佛经,其余有道家、儒家的经典,以及史书、地志、谱牒、户籍、契约、诗词、变文、话本、小说、曲子、绘画等。自发现之日起,引起愈来愈多的中外学者的重视,至今形成了举世瞩目的敦煌学。民国初年罗振玉编印的《鸣沙石室遗书》收有唐代《诸道山河地名要略》《沙州图经》《西州图经》三种。之后,羽田亨、向达又发现两种。20世纪80年代出版的敦煌文献中又载有6种唐、五代方志,合计11种。这是中国方志史上的重要发现。

　　五代在中国方志史上亦非空白。后唐天成三年(928)明宗李嗣源敕:"诸道州府,每于闰年合送图经、地图,今后权罢①。"时隔4年后,即长兴三年(932)五月二十三日,尚书吏部侍郎王权建议恢复报送图经,奏称:"伏见诸道州府,每遇闰年,准例送尚书省职方地图者,顷因多事之后,诸道州府旧本虽存,其间郡邑或迁,馆递曾改,添增镇戍,创造城池,窃恐尚以旧规录为正本,未专详勘,必有差殊。伏请颁下诸州,其所送职方地图,各令按目下郡县镇戍城池、水陆道路,或经新旧移易者,或须载之于图。其有山岭溪湖、步骑舟楫各得便于登涉者,亦须各载。"唐明宗批复:"宜令诸道州府,据所管州县,先各进图经一本,并须点勘文字,无令差误……其间或有古今事迹,地里山川,土地所宜,风俗所尚,皆须备载,不得遗漏,限至年终进纳②。"可见州府上报图经的制度,五代亦沿用。清朝末年从敦煌石室中发现的后晋开运二年(945)写的《寿昌县地境》和后汉乾祐二年(949)写的《沙州城土镜》,是其明证。

---

①②《五代会要》卷十五"兵部·职方"。

第一节 总志述略

隋唐总志约 30 种，但存世者包括残本仅 3 种，即《唐天宝初年地志》《元和郡县志》《诸道山河地名要略》。在亡佚的总志中，《隋州郡图经》《括地志》《贞元十道录》等 6 种有佚文可资钩沉。现简述以下 5 种。

一、《隋州郡图经》

《隋州郡图经》又作《隋诸州图经集》《隋图经集记》，宋人引用时简称《隋图经》。郎茂撰。郎茂，字蔚之，恒山新市（今河北正定）人。北周时为卫国令，入隋，官太常少卿。炀帝时，任尚书左丞。《隋书》本传称其"《州郡图经》一百卷，奏之，赐帛三百段，以书付秘府"。原书约亡于北宋末年。清代王谟辑佚文 200 多则，约 1.1 万字。唯其出处仅注书名，未写卷数，不便考信。据刘纬毅辑的百余条佚文来看，记及北海、博陵、永安、信都、上谷、灵武、新宁、郁林、江都、雁门、上党、常山、河东、太原、龙泉、绛、魏、涿等 18 郡的属县有关情况。按其内容可分 12 类。记建置沿革者如：

仁寿三年分九陇、郫、孝水三县为蟆州，玄孝、绵竹、金、水飞四县为凯州，阳安、平泉二县及资州资阳为简州。炀帝大业二年并废从省，来属益州。蜀中旧无兔、鸽，隋开皇元年蜀王杨秀镇益州，命左右牂往，鸽尚稀而兔已众矣①。

述地望者如：

（西河）卜子夏、田子方、段干木所游之地。以魏赵多儒学，齐鲁及邹皆谓此（按，指河南安阳）为西河，非龙门之西河也②。

存奇异现象者如：

丰州丹水出丹鱼，先夏至前十日夜伺之，浮水有赤光，上照如火。以网

---

①《太平寰宇记》卷七二益州。
②《太平寰宇记》卷五五河北道安阳县。

取之,割其血以涂足,可步行水上①。

明地名之由来者如:

(丁城)宋元嘉中掠得武阳人万户,遂于新城筑丁城安置,丁城一名新城②。

录史事者如:

(汉)光武自蓟南驰至南宫界,遇大雨引车入道旁客舍,冯异抱薪,邓禹燃火,对灶燎衣而去,即此地③。

标山脉者,如写隆虑山(在今河南林州市西):

隆虑山,一名林虑。盖隋县西二十里。山有三峰。南第一峰名仙人楼,高五十丈。下有黄花谷,北岩出瀑布,水注成池。黄花谷西北有洞穴,去地十余仞。下有小山孤竦,谓之玉女台,高九百丈。其山北一峰名举峰,其北有偏桥,即抱犊因也。南接太行,北连恒岳④。

状奇石者如:

吴兴故鄣县东三十里有梅溪山。山根有一石,可高百丈。至青而圆,如两间屋大,四面斗绝,仰之于云外,无登陟之理。其上复有盘石,正圆如车盖。常转如磨,声若风雨。土人号为磨石。石磨转驰则年丰,迟则岁俭,候之无失⑤。

写水体者,如写泮发水(即今山西平定娘子关泉):

泮发水,今俗亦名妒女泉。大如车轮,水色青碧,百姓祀之。妇人不得艳装衣新衫,临之必兴雨雹。故云妒女介子推妹也⑥。

考古迹者如:

(窦冢)观津东南三里青冢,高三十余丈,周回千步。汉文帝窦后父青,少遭秦乱,隐身渔钓,坠泉死。景帝即位,太后于坠泉所起大坟,号曰窦氏

①《太平寰宇记》卷一百四十三山南东道郧乡县。
②《太平寰宇记》卷一百四十二邓州南阳县。
③《太平寰宇记》卷六三冀州南宫县。
④《太平御览》卷四五隆虑山。
⑤《太平寰宇记》卷九四长兴县。
⑥《太平御览》卷六四泮发水。

青山①。

载交通要道者如：

（韩信）山团，俗呼为韩信台，又呼为土门口，西入井陉，即向太原路是也②。

叙民性者如：

并州，其气勇抗、诚信。韩、赵、魏谓之三晋，剽悍盗贼，常为他郡惧③。

彰祭祀者如：

（洺州）今赵氏数百家，每有祭祀，别设位为祭公孙杵臼及程婴二氏。历代相传。号曰祀客④。

二、《括地志》

被封为魏王的唐太宗李世民四子李泰，以"好士爱文学"知名，受到李世民的宠爱。贞观十二年（638），他奏请编撰唐代地理总志《括地志》，被太宗批准。于是，组织著作郎萧德言、秘书郎顾胤等人，撰成《括地志》五百五十卷。此书以《贞观十三年大簿》为依据，记述全国当时 10 道、358 州、41都督府、1551 县的建置沿革、山岳形胜、河流沟渠、风俗物产、往古遗迹及人物故实，为当时最完备、最详赡的地方总志。贞观十六年太宗阅后十分赞赏，认为："博采方志，得于旧闻。旁求故老，考于传信。内殚九服，外极八荒。简而能周，博而尤要。度越前载，垂之不朽⑤。"此书在唐宋时广为流传，张守节《史记正义》据以注释古代地理。此外，《通典》《路史》《太平御览》《太平寰宇记》等十多种史书、类书及地理志书，也都征引它，所以它的别名很多，如《坤元录》《贞观地记》《魏王地记》《括地图》《括地象》等。可惜原书于南宋末年丧乱中亡佚。清王谟、孙星衍、王仁俊等都有辑本。今中华书

---

① 《太平寰宇记》卷六三信都县。
② 《太平寰宇记》卷六一石邑县。
③ 《太平御览》卷一六三并州。
④ 《太平寰宇记》卷五八洺州。
⑤ 《玉海》卷十五《唐括地志》条。

局出版的贺次君辑本四卷、卷首一卷。辑文既多于前人所辑,又精加校勘比对,勘为辑佚之典范。尽管离原著550卷相去甚远,然残篇断简中却包括了整部《史记》的地名解释,弥足珍贵。

三、《唐天宝初年地志》(残卷)

向达教授于民国32年(1943)在敦煌邮局兰国栋处,目睹唐人书写的地志残卷160行,记陇右道、关内道、河东道、淮南道及岭南道所属州县情况,很有可能是清末发现敦煌遗书后流散民间之物。后经考证他定名为《唐天宝初年地志残卷》,今藏敦煌博物院。残卷之特点有三:一是各州均写明距离(西)京(东)都之里数,这在尚未采用现代科学方法测量出地理坐标的古代,无疑是个准地理坐标。二是记录了各州的贡物,为了解当地特产状况提供了依据。三是隋唐时允许州县用公款放贷收取利息以弥补经费之不足。该志最早记载了各州县之公廨本钱,甚为罕见。王仲荦教授对该志作了考释①。

四、《贞元十道录》

作者贾耽是唐代著名宰相、杰出的地理学家,前已作了简介。他编撰的《贞元十道录》,《新唐书·艺文志》著录四卷,《通志·艺文略》著录一卷。宋代以后即泯没无闻了。清光绪末年,为法人伯希和掠走,今藏巴黎国家图书馆,编号为P2522。是书为罗振玉所编《鸣沙石室遗书》收录。经罗振玉考证,始知其名。顾名思义,是书以当时行政区划十道为其记述范围。今残卷16行,存剑南道十二州:姚、协、曲、悉、柘、静、保、霸、维、真、恭、翼。每州之下,记所管县名、土贡、距两京道里,与县距州之里数。经罗氏与《通典》《元和志》、两《唐书·地理志》核对,发现《十道录》所记州县名称、数目、里程,与各书略有差异。

---

① 详见王仲荦:《敦煌石室寺志残卷考释》,上海古籍出版社1993年版。

王仲荦教授考释①十二州名同,然姚、协、曲三州排列冀州之后。各州所记之沿革、里程、辖县情况,也多有误。应以王氏《考释》为是。

清王谟《汉唐地理书钞》辑有《贞元十道录》,但多与《十道图》《十道要略》混淆。署名《十道录》的几条(如《太平寰宇记》,卷七十八汶川县引《十道录》云,应是秦州地名;卷十六阆州引《十道录》云,果、阆二州贞观中属剑南道,开元中又属山南道等),未敢遽定是否为《贞元十道录》之佚文。

五、《元和郡县图志》

"安史之乱"后,李唐政局日趋混乱,两河40余州为藩镇所据,尾大不掉;河西、陇右又沦于吐蕃。唐宪宗李纯即位后,力挽此种衰乱局面。此时身为宰相的李吉甫,深感"成当今之务,树将来之势,则莫若版图地理之为切",遂于元和三年(808)撰《元和郡国计簿》,使宪宗了解全国方镇、府州、县的户口、赋税及兵力情况。此后,李吉甫又于元和八年撰成《元和郡县图志》四十卷、目录二卷。此志以

元和郡县志(《四库全书》本)

《贞观十三年大簿》的关内、河南、河东、河北、山南、淮南、江南、剑南、岭南、陇右10道为纲,按当时军事兼行政区划的47镇,每镇首为镇图,图后分别记载所属府、州、县的等级、户数、乡数;四至八到;开元、元和时的贡赋;以及建置沿革、山川、古迹、关塞、物产等等。使朝廷得以掌握当时全国

---

① 详见王仲荦:《敦煌石室寺志残卷考释》,上海古籍出版社1993年版。

各地的地理形势,增强了削抑藩镇、收复失地的信念。李吉甫病逝后,宪宗擢用裴度为相,从而铲平了藩镇割据,出现了"元和中兴"局面。因此,清人张驹贤盛赞《元和郡县图志》为"辅治经国之书"①。惜其中之"图"早在北宋时即已散失,流传下来的"志"也只有三十四卷②。尽管如此,仍不愧为中国存世最早的内容浩瀚、体例精到的地方总志,对后世的地理书、地方志均产生深远的影响。所记州县的地理历史沿革,详细而真确,后世方志多以此为依据。如写怀州修武县(今属河南省)云:

修武县,紧,西南至州一百二十里。开元户六千七百一十七。乡十三。本殷之宁邑。《韩诗外传》曰:"武王伐纣,勒兵于宁,改曰修武。"《左传》曰:"晋阳处父聘于卫,过宁。"注曰:"汲郡修武县是。"汉以为县,属河内郡。周武帝以为修武郡,修武县属修武郡。隋开皇三年罢郡,属怀州。武德初属殷州。贞观元年省殷州,依旧属怀州。

此前之地志,往往仅注意沿革、山川、古迹、物产,其他方面很少记载。李吉甫在继承前人成就的基础上,弥补其不足,在《元和志》中增加了辖境、四至八到、户数、贡赋等,使其范围扩大,内容充实,为后世方志所效法。故被后人尊为"地书鼻祖"③。《四库全书总目》高度评价:"舆记图经,隋唐志所著录者,率散佚无存。其传于今者,惟此书为最古。其体例亦为最善。后来虽递相损益,无能出其范围。"

六、《诸道山河地名要略》

唐宣宗大中五年(851),沙州首领张义潮收复为吐蕃占据的河湟十一州,携其地图户籍进献,使晚唐的政局出现了转机。宣宗为使其派遣之方镇刺史赴任前即了解当地的地理风俗概况,于大中九年命翰林学士韦澳编撰《诸道山河地名要略》一书。因书中有"处分语"的标目,记注宣宗对该

---

① 清张驹贤:《元和郡县志·序》。
② 缺卷一九(河北道四)、卷二〇(山南道一)、卷二三(山南道四)、卷二四(淮南道)、卷三五(岭南道二)、卷三六(岭南道四)。
③ 清程晋芳:《勉行堂文集》卷五《元和郡县图志·跋》。

地的看法,故书名又称《处分语》,亦有写为《新集地理书》者。北宋后数百年,此书已不传世。清代末年从敦煌鸣沙石室中发现其残卷,系九卷中的第二卷。为法人伯希和掠走,今藏巴黎国家图书馆,编号为 P2511。罗振玉收入《鸣沙石室遗书》中。其标目为河东道晋州、太原府、代州、云州、朔州、岚州、蔚州、潞州。府州之下,首述建置沿革,后为事迹、郡望地名、水名、山名、人俗、物产等六目。其中蔚州、潞州分别于"物产"后,有"处分语"。据考,此前之地志,虽有沿革、郡望、山、水、物产等方面内容,但不分门类,不立标目。此书首次按内容分门别类,设置标题,从而使文字内容有条不紊,体例亦趋科学化。残卷可贵的是多有补唐志之疏略者,如代州条记有"今为刺州理所,兼置代北水运使院"。据罗振玉考证,代北水运使院在两唐书《地理志》与《食货志》中均无记载,仅《新唐书·卢坦传》中有所涉及①。再如蔚州之三河冶,《元和郡县志》《旧唐书·地理志》亦均无记载,《新唐书·地理志》仅言蔚州有三河铜冶,而《诸道山河地名要略》所记甚详:"三河冶,在飞狐县,元和七年以此冶旧有铸钱炉,铜山数十里,铜镜至多,遂置之炉铸钱,成一万八千贯。"其成书年代,因残卷末有"八年七月戊辰记",王仲荦考释为咸通八年(868)。但此说已距大中九年达13年之久,与《资治通鉴》所载不合。《通鉴》谓:"唐宣宗大中九年五月,邓州刺史薛弘宗入谢出,谓澳曰:'上处分本州事惊人。'澳询之,皆《处分语》中事也。"既然宣宗已在这年看过此书,故"八年七月"当为大中之年月。

第二节　存世方域志举要

隋代有总志,而无郡邑方志存世。唐五代方志较之汉晋南北朝郡邑方志有三大转变。其一,由私撰为主,变成了官修为主;其二,由地记为主,变成了以图经为主;其三,由各地自发编撰,变成了自上而下的统一部署。因

---

① 罗振玉:《鸣沙石室遗书·诸道山河地名要略》提要。

而这个时期的方志较之以前有了明显的发展。据张国淦《中国古方志考》著录有 141 种。近些年刘纬毅辑佚得 85 种,共 226 种①。而留传下来的仅 13 种,其余均已亡佚。

一、《沙州图经》

该书现藏英国不列颠博物馆,原件编号 S2593 号,背面,开首全,后面残,存 6 行,约 90 字。罗振玉、王重民和今人的一些文章,均谓《沙州图经》即《沙州都督府图经》,其实二者是不同年代的两种书。据《敦煌社会经济文献真迹释录》②,残卷第三行写着"沙州,下,属凉州都督府管",焉能称《沙州都督府图经》?沙州和沙州都督府是两个时期、不同规格的行政区划实体,不能混为一谈。据《旧唐书·地理志》载:武德七年,改凉州总管为凉州都督府,督八州,沙州为其一。《唐会要》卷七十又载,沙州于高宗永徽二年五月升为都督府。故知《沙州图经》必定撰于武德七年(624)之后、永徽二年(651)之前。为现存中国最早的一部图经,也是甘肃省敦煌市最早的一部地方志。其历史文物价值之珍贵,自不待言。

首行写书名及卷次:"《沙州图经》卷第一。"其体例如下:

第二行为"第一州,第二、第三、第四敦煌县,第五寿昌县。"

第三行写"沙州,下,属凉州都督府管。无瘴。"

第四至第六行为"右沙州者,古瓜州地。其地平川,多沙卤。人以耕稼为业。草木略与东华夏同。其木,无椅、桐、梓、漆、松、柏。"

二、《沙州都督府图经》

据《敦煌社会经济文献真迹释录》,今存两个写本,两件均藏法国巴黎国家图书馆。一编号 P2005 号,首尾俱缺,存 513 行,约 8200 字;一编号 P2695 号,开首缺,存 79 行,约 900 字。后者 1 至 78 行与前者 399 行至

①　详见刘纬毅:《汉唐方志辑佚》。

②　唐耕耦、陆宏基:《敦煌社会经济文献真迹释录》(一),书目文献出版社 1986 年版。

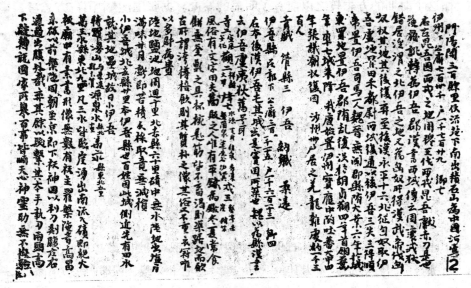

沙州都督府图经

513行,除个别字有差异外,文字内容均同。后者第79行题写书名卷次"《沙州都督府图经》卷第三",为前者所缺,是存世唐代图经文字最多、记载最详者。

其书名最早伯希和误认为南朝刘宋段国的《沙州记》。罗振玉于清宣统元年(1909)刊行《敦煌石室遗书》时,题作《沙州志》。其后罗氏得知P2005号卷末写"《沙州都督府图经》卷三",《敦煌书目》又载伦敦所藏题名"《沙州图经》卷第一",故于民国2年(1913)影印《鸣沙石室佚书》时,又改名《沙州图经》。其实《沙州都督府图经》与《沙州图经》系两种书(前已说明),应以前者为是。

其成书年代,因书中语及开元二年(714)、四年事,罗振玉认为"此书之作,殆在开元间。虽卷中多颂扬武后语及遇大周处多跳行、空格,而无伪周之新字,且有开元之纪年。又避唐讳,如虎作武、隆作陉、基作其、四民作四人之类,均为作于唐而非周之确证。记事至开元而止,而不及天宝以后,又为非作于肃代之后之明证也①。"王重民断定在武后证圣二年(695),谓"虽有开元四年纪事,然全卷纪事,无逾证圣以后者","自开元二年九月以下,当系后人增入"②。今人朱悦梅、李并成认为:《沙州都督府图经》系永徽二年(651)后,在《沙州图经》基础上续修,历经武周,开元年间又有增入,体现出唐代图经修纂和续补的原貌③。此说甚有见地。

该书为现存唐代图经中门目最多、篇幅最长、内容最广的一种,研究参考价值极高。它分设水、渠、壕堑水、泽、堰、堤、殿、咸卤、盐池水、湖、驿、州学、县学、医学、社稷坛、杂神、异怪、庙、冢、堂、土河、古城、池、祥瑞、歌谣等25门,而且还标明其数量。如渠写"十所渠",驿写"一十九所驿"等。门下设目,如"四所古城"门,下立古阿仓城、古效谷城、古长城、古塞城四目。目下为详略不等的记述文字。

值得注意的是在"池"之后、"祥瑞"之前,有一段并无当地内容、但也写进图经的空缺门名。谓:"监牧、羁縻州、江河淮济、海沟、陂、宫、郡县城、关铲、津济、岳渎、铁、碑碣、名人、忠臣孝子、节妇列女、营垒、陵墓、台榭、邮亭、矿窑、帝王游幸、名臣将所至、屯田。右当县并无前件色。"这23个空缺内容的门名,说明唐代编造图经的习惯、甚或政府的规定要求,都是应该写而当地无有,始着意注明的,对我们了解唐代图经的编例是极为重要的物证。

图经作者,不贪前人之说为己见,这种史德是值得称赞的。书中多处引用《史记》《汉书》《西凉异物志》《沙州耆旧图》《西凉录》《后凉录》等书,为地方志的广征博引,树立了良好的榜样。所引书籍中,《西凉异物志》《沙州耆旧图》等书早已失传,其文献价值尤为宝贵。

该书内容很周全。所记各驿,均详细具体地写其方位、里程、去向,修建或改置的时间,得名的由来,沿途重要的地形特征等,是了解唐代交通

---

① 罗振玉:《敦煌石室遗书》,上虞罗氏清宣统元年排印本。
② 王重民:《敦煌古籍叙录》,商务印书馆1958年版。
③ 朱悦梅、李并成:《〈沙州都督府图经〉纂修年代及其相关问题考》,载《敦煌研究》2003年第
　5期。

的重要史料。所写各水,大体仿照《水经注》写法,记其源泉出处,流经的山脉、城邑,以及流域的土壤、物产等,表明唐代敦煌水资源之丰富、水利事业之发达。图经对沙漠地形的记载,也颇为真切:"鸣沙流山,其山流动无定,峰岫不恒。俄然深谷为陵,高崖为谷。或峰危似削,孤岫如画。夕疑无地,朝已干霄。中有井泉,沙至不掩。马驰人践,其声如雷。"罗振玉赞誉此书为"人间鸿宝",并不过分。仓修良《方志学通论》全文照录该书。

三、《寿昌县图经》

今藏法国巴黎国家图书馆,编号 P5034。首尾俱缺,存 217 行(其中空 37 行),约 2900 字。

此书《敦煌遗书总目》未收,罗振玉、王重民亦未寓目。其书名,台湾新文丰出版公司出版黄永武主编的《敦煌宝藏》,题为《沙州附近关山泉泽等地志》;书目文献出版社出版的《敦煌社会经济文献真迹释录》署为《沙州都督府图经残卷》。经考证,上述二书名均误:一是书中记及的山、泽、泉、海、关、城等地理实体,均在寿昌县境,为五代晋《寿昌县地境》所依据;二是各地理实体的方位,一律以寿昌县城为中心而论,其里程也以距县城计,纯粹站在寿昌县的角度俯视其境;三是残存的文字既与他州、他县无涉,又与《沙州图经》《沙州都督府图经》的门目结构不合,说明不是这两个图经的一部分,故自定书名《寿昌县图经》①。

是书记事最晚至唐上元年间,文中两处"基"字均不讳,故当撰于高宗上元二年(675)之后,玄宗李隆基即位之前。

从残文看,立有县学、社稷坛、山、泽、泉、海水、渠、涧、古关、僧寺、道路、故城、海、祆舍等 14 门,门的标题还包括数量,如"六所道路"、"二所泉"等。门下为目,目下为记述文字。如"六所道路"门下的"道南路"目,其文为"从镇东去沙州一千五百里,其路由古阳关向沙州,多缘险隘。泉有八所,皆有草,道险不得夜行。春秋二时雪深,道闭不通"。这就显得门目清

---

① 刘纬毅:《敦煌遗书方志叙录》,载《中国地方志》1993 年第 5 期。

晰,记载详明。

是志记了大泽等 10 个水体,并略述其大小(或长度)与水量、灌溉利用情况,表明水资源之丰富和人们对水利事业之重视。

四、《敦煌录》

今藏英国伦敦不列颠博物馆,编号 S5448 号,为敦煌遗书中唯一完整的地方志。首署"《敦煌录》一本",尾题"《敦煌录》一卷"。共 80 行,约 1100字。

书中记有乾封、神龙、开元年间事,并语及玄宗。那波利贞《西域文化研究》认为此书应撰于懿宗或僖宗时代[1]。刘纬毅认为此书应撰于玄宗之后的肃宗年间(756-762),要比那波利贞断定的早 80 多年。其根据:一是《敦煌录》丝毫不涉 80 余年的沦入吐蕃统治的史事,说明此书必写于广德元年(763)陷于吐蕃之前。二是《敦煌录》既为杨洞芊的《瓜沙两郡大事记》所征引参考,证明《敦煌录》必在前,《瓜沙两郡大事记》定在后,二书绝非同时期的作品。

敦煌,自汉置县以来,一直是中国通往西域之交通要冲,也是边塞军事重地,因而该书对地理形势记的特多。大凡境内山脉、水体、城邑、关隘、通道、石窟、风俗,均详加反映。此书首次描述了莫高窟之景观,云:鸣沙山"西壁南北二里,并镌凿高大沙窟,塑画佛像。每窟动计费税百万。前设楼阁数层,有大像堂殿。其像长一百六十尺。其小龛无数,悉有虚槛通连,巡礼游览之景"。为敦煌艺术史上重要的文献记载。

郡邑志书往往可以纠正总志之错误。《敦煌录》关于阳关的得名便是一例。云:"因沙州刺史阳明诏追拒命,奔出此关,后人呼为阳关。"而《元和郡县志》竟谓:"以居玉门关之南,故曰阳关。"按照中国传统,山南、水北谓之阳,未闻关之南北称阴阳者,当以《敦煌录》说为是。

---

[1] 转引《敦煌社会经济文献真迹释录》(一)。

五、《蛮书》

唐樊绰撰的《蛮书》，各书著录的书名很不一致。《新唐书·艺文志》载："樊绰《蛮书》十卷，咸通中岭南西道节度使苏溪从事。"《太平御览》引作《南夷志》，《宋史·艺文志》谓《云南志》，《永乐大典》称《云南史记》，苏颂《图经本草》作《云南记》，又有称《南蛮记》者，盖同书异名①。陈振孙《直斋书录解题》云："《蛮书》十卷，唐安南宣慰使樊绰撰，记南诏事止咸通四年，五年奏之。"

云南，战国时楚将庄跻率兵至此，建立了滇国。汉武帝时遣将军郭昌灭滇国，属益州郡。后又称哀牢国。诸葛亮平定南方置兴古、云南二郡。之后土著大族兴起，六诏声势渐盛。唐开元年间，六诏最南部的蒙舍诏兼并其他五诏，故称南诏国。与唐朝的关系，时而臣服，时而独立，直至天复二年（902）被灭。《蛮书》即主要记述咸通四年（803）以前的云南历史、地理，凡十卷。其目录为：云南界内途程、山河江源、六诏、名类（即各民族）、六贩（即六州）、云南城镇、云南管内物产、蛮夷风俗、南蛮条教、南蛮疆界接连、番夷国名。原书于南宋后佚，清乾隆年间四库馆从《永乐大典》中辑出。《四库全书总目提要》评价此书："樊绰亲见蛮事，故于六诏种族、风俗、山川、道里及前后措置始末，撰次极详，实舆志中最古之本。"《中国地方志词典》谓：宋祁作《新唐书·南蛮传》，司马光《资治通鉴》载南诏事，以及程大昌《禹贡图》等，多引用《蛮书》。书中所载贞元十年（794）唐与南诏会盟碑、云南物产、风土以及农业、手工业之状况，均为今人研究云南史之重要史料。

六、《桂林风土记》

成书于唐光化二年（899）的《桂林风土记》，为莫休符撰。莫休符，唐光化年官融州刺史。《新唐书·艺文志》《崇文总目》均作三卷，《宋史·艺文志》作一卷，今存一卷。莫氏自序称："前贤撰述，有事必书，故有《三国志》《荆楚岁时记》《湘中记》《奉天记》，惟桂林事迹，阙然无闻。休符因退居，粗录

① 据《四库全书总目提要》卷六六《蛮书》。

见闻，曰《桂林风土记》。"原书设46目，今存桂林、舜祠、漓山、独秀峰等42目。其内容涉及沿革、名胜、山水、掌故、人物、诗文。如"东观"目下记的溶洞，很真切：

（东）观在府郭三里，隔长河。其东南皆崇山巨壑，绿竹青松。崆峒幽奇，登临险隘，不可名状。有石门，似公府之状而隘。汇烛行五十步，有洞穴，坦平如球场，可容千百人。如此者八九所，约略相似。皆有清泉绿水，乳液葩浆。怪石嵌空，龙盘虎踞，引烛缘涉，竟日而还，终莫能际。

如写"灵渠"：

全义县（今广西兴安县）漓湘二水分流处。相传曰，后汉伏波将军马援，开川浚济。水急曲折回互，用遏其节。节斗门以驻其势。有伏波庙在县侧……又按，前汉武帝元鼎五年，命伏波将军路博德、楼船将军杨仆、戈船将军严助击南越，吕嘉戈船出零陵，下漓水。此则前汉岭首已通舟楫明矣，焉得至后汉马援、郑宏开灵渠，于理未尽。言马、郑重修则可，云创辟则于义有乖。

书中还引用张固、卢顺之、张丛、元晦、路单、韦瓘、欧阳膑、李渤、杨尚书、陆宏休等人的诗作，为他书所不载。清人彭定求编次《全唐诗》，即据此收录[1]。

七、《北户录》

北户，又称北向户，泛指五岭以南地区。其名始于秦。《史记·秦始皇纪》：二十六年"南至北向户"，二十八年"南尽北户"。裴骃《集解》引《吴都赋》曰："开北户以向日也。"

撰人段公路，祖籍临淄（今山东淄博市临淄区），后寄籍东牟（今山东烟台市牟平区）。其祖父段文昌，唐穆宗时宰相。其父为《酉阳杂俎》作者段成式。公路自幼即好学嗜文，曾官京兆万年县尉。咸通年间（860—893）以事南游五岭间，凡见别于中原之异物土俗者，皆录而志之，成就此书。

---

[1] 据《四库全书总目提要》卷七十《桂林风土记》。

《新唐书·艺文志》著录《北户杂录》三卷。今本名《北户录》，卷数同。然原本崔龟所作之图注亡佚。书中记岭南奇异之树木花草、鸟兽鱼虫以及物产52种，所记纤细逼真，并引证古书兼而论之。文字典雅，不失大家风范。如写"绯猿"：

公路咸通十年，往高凉（今广东阳江市），程次青山镇。其山多猿，有黄绯者绝大，毛彩斑鲜，真谓奇兽，夫猿则狙獲猱狨之类，其色多传青白玄黄而已。按《楼炭经》云：鸟有四千五百种，兽有二千四百种。《白虎通》云：羽虫三百六十，有六凤为之长；毛虫三百六十，有六麟为之长。今则岂可穷其族类欤？其猿能伏鼠，多群行。玄者善啼，啼数声则众猿叫啸腾掷，如相去呼焉。

如记"鹅毛被"：

邕（今广西南宁）之南有舀豪，多熟鹅毛为被，如稻畦衲之，其温软不下绵絮也。按《上古十纪》，有合雒纪，教人穴处，自食鸟兽，衣其皮毛，岂远夷尚敦古之遗风耶！愚忆《会要》载，女国毛裙，都播国缉鸟羽以为服；《洞冥记》云，董谒聚鸟兽毛寝；《家训》云，朱詹饥即吞纸，寒即抱犬读书，亦事较著者也。

再如记岭南食物之"食目"类，有团油饭、蛤、蚁子酱、老咸齑、蛤蜃、煲牛头、馒头饼、雀喘饼、牢丸饼、浑沌饼、水溲饼等数十种，并介绍其做法、吃法。如"团油饭"和"煲牛头"：

广之人食品中，有团油饭，凡力足之家，有产妇三日、足月，及子孩为之饭。以煎虾、鱼炙、鸡鹅，煮猪羊，鸡子羹、饼灌肠、蒸肠菜、粉餐、粔籹、蕉子、薑桂、盐豉之属，装而食之是也。

煲牛头，南人取嫩牛头火上燂过，复以汤毛去根，再三洗了，加酒、豉、葱、薑煮之。候熟，切如手掌片大，调以苏膏、椒桔之类，都内以瓶瓮中。以泥泥过，糖火重烧，其名曰煲。愚曾于衡州食熊蹯，大约滋味小异而不能及。

段公路治学严谨，非亲历、亲见、亲闻者不写；既写还要与古籍比对。

在征引 20 余种古籍中,有《南越志》《临海异物志》《南裔异物志》、郭缘生《述征记》《武陵记》《聘北道里记》、陈藏器《本草》等 10 余种书,原书早已失传,即是后人从事辑佚的宝贵资源。《四库全书》史部地理类收编了此书。另有《学海类编》本、《十万卷楼丛书》本行世。

八、《西州图经》

今藏法国巴黎国家图书馆,编号 P2009 号。首尾俱缺,残卷存 56 行,约 1000 字。

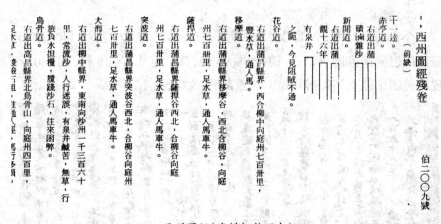

西州图经(唐耕耦整理本)

原件并无书名,《西州图经》是罗振玉定名的。罗氏在《鸣沙石室遗书》中跋曰:"此卷首尾均缺,但存中间数十行。审其文,乃《西州图经》也。以证新旧两唐书地理志多合。惟两志均西州领五县,旧志为高昌、柳中、蒲昌、天山、交河;新志则有前庭无高昌,而于前庭注曰,本高昌,宝应元年更名。今此卷所载凡六县,曰高昌、曰前庭、曰柳中、曰蒲昌、曰天山、曰交河。高昌、前庭并载,疑唐志及诸地志误也。"其成书年代,罗氏认为"当在乾元以后、陷蕃之前",即公元 758 年至 763 年间。罗氏所定书名及成书年代,是正确的,但说《西州图经》高昌、前庭并载,疑唐志有误,值得推敲。据《元和郡县志》《太平寰宇记》载,天宝元年(742)高昌改为前庭,《西州图经》既承认前庭,就不应再写高昌,故两唐书地理志并不错,应为《图经》之误。

《西州图经》残卷存"道十一达"、"山窟二院"、"西塔五区"等门。其中对 11 条道路记述甚详。每道均标明出自何地、去向何方、距离本州或他州的里程、沿途地形、路况,以及水草是否丰足、行旅是否要负水带粮等注意事项等,显示图经具有军事地理、交通地理的实用价值。

从门目的标题看,作者注意了不同的地理实体使用不同的计量单位,显然比《沙州都督府图经》一律用"所"要确当。

九、《瓜沙两郡大事记》

今存两个写本,一编号 P3721 号,首全尾残,存 67 行,约 1400 字,现藏法国巴黎国家图书馆;一编号 S5693 号,首全尾残,存 18 行,约 360 字,现藏英国伦敦不列颠博物馆。相重部分,文字全同。

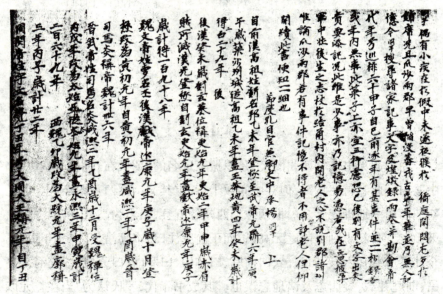

瓜沙两郡大事记

关于书名,《敦煌宝藏》《敦煌社会经济文献真迹释录》均题 P3721 号为《瓜沙两郡大事记》;《敦煌宝藏》题 S5693 号为《杨翠瓜沙两郡史事编年》。关于作者，二本书前均有小序，明确落款为"节度孔目官兼御史中丞杨洞芊"。而《敦煌宝藏》将"杨洞芊"写作"杨翠"，盖以形似而讹。

成书年代原文未写，但文中称大唐、大周，且多记唐代事，又在小序中称"瓜沙两郡早曾陷没蕃戎"，故应在大中五年（851）张义潮收复瓜沙之后的晚唐。

《大事记》前有小序，说明写作此书的过程和参考文献，并直言其写作动机在于"军中壮后生之志"，"村内开老人之心"。正文始自汉高祖登基、武帝元鼎六年（前111）筑沙州城。凡改朝均一一写明其开国至灭亡的年数。唐开元二年（714）后始有沙瓜二州事，主要写沙州刺史杜楚臣、张嵩和县令赵义本的政绩。开元十一年后缺。以编年体记载地方之大事、要事，此书当为鼻祖。

十、《沙州地志》

今藏英国伦敦不列颠博物馆，编号S788号。首尾俱缺，存16行，约360字。

残卷前半部分，记东盐池、西盐池、北盐池、三危山、兴湖泊、阚家。今参照《沙州都督府图经》，俱在州境。后半部写寿昌县的沿革和镇、堡、关、戍等。其时，寿昌县属沙州管辖。因而，向达称此为《沙州地志》[①]，《敦煌社会经济文献真迹释录》写作《沙州志》。今从向达说。

书中有"大中二年[②]张议潮收复（寿昌县）"，故此书写作年代应在大中五年（851）之后。

该书明显错误较多。如写唐代第一次废寿昌县的时间为"永徽六年"，而《新唐书·地理志》、后晋《寿昌县地境》俱作"永徽元年"，"六"当"元"之讹。如"阚家"条中的"阚骃"，误写为"阚驲"。《沙州地志》引《汉书·地理志》

---

① 详见向达：《罗叔言〈补唐书张议潮传〉补正》，载《唐代长安与西域文明》，三联书店1957年版。
② 二年：误。张议潮收复沙州寿昌县的时间，两唐书宣宗纪、《资治通鉴》均谓"大中五年八月"。

称，玉门关"汉武帝后元康中置"，而《汉书·地理志》敦煌郡龙勒县下仅写"有阳关、玉门关"，并无置关时间。"康"亦当"年"之误。

十一、《沙州伊州地志》

今藏英国伦敦不列颠博物馆，编号 S0367 号。开首缺，卷末题"光启元年十二月廿五日，张大庆因灵州安慰使嗣大夫等来至州，于嗣使边写得此文书记"。存 86 行，约 2000 字。

日本学者羽田亨在上世纪 30 年代对此书作过研究，撰有《唐光启元年写本〈沙州伊州地志〉残卷考》一文①。今人多沿用羽田亨所定书名。笔者以为光启元年（885）当为抄写年代，而非写作此书的时间，张大庆应为抄写人，而非该书的作者。因为像这样内容广博、资料丰富的地志，是不可能在一天或几天之内写就的。其成书年代，因书中记事最晚至"大中四年张议潮恢复"（吐蕃所侵伊州），故应在大中（847-859）末年之后、光启元年之前。

该书 1 至 28 行，记沙州寿昌县之寿昌海、石城镇、屯城、新城、蒲桃城、萨毗城、鄯善城、幡山镇、蒲昌海。从 29 行起，先写伊州古为昆吾国、伊吾地，隋为伊吾郡，唐置伊州，管伊吾、纳职、柔远 3 县和伊吾军。之后分别记 3 县的沿革、寺观、烽戍、风俗、水山、祆神等，均比史书之地理志和唐宋地理总志详备、具体。特别在州县之下写有公廨数，这是唐代地志之特点。《新唐书·食货志》称："诸司置公廨本钱，以番官贸易取息，计员多少为月料。唐制地方官员除俸禄外，可从公廨本钱所获月息中提取月料（补贴）。"地志中之公廨，即公廨本钱之省称。通过公廨数字，人们自然也就了解当地官吏的经济收入，这在正史和总志中是没有的。

伊州，即今新疆自治区哈密市，是志为哈密市最早的历史文献，极为珍贵。

---

① 转引自《敦煌社会经济文献真迹释录》（一）。

十二、《寿昌县地境》

此书为敦煌遗书散落民间后敦煌某氏所藏。向达教授于民国22年（1933）在敦煌进行学术考察时，辗转借到了该书的转抄本，次年在《北平图书馆季刊》第五卷第四期上公诸于世。现在看到的排印本，完整无缺，约1200字。首写书名《寿昌县地境》，卷末落款"晋天福十年乙巳岁六月九日州学博士翟上寿昌张县令《地境》一本"。五代晋天福只有八年，"十年乙巳"为出帝开运二年。何以误写呢？向达认为，寿昌僻处西陲，中朝易帝改元尚不知之耳①。其作者"州学博士翟"，据向达考证，即翟再温，字奉达。翟为历学家，敦煌遗书中有其所纂《具注历日》五卷。

《地境》开首为距沙州的里数、公廨数、户数、乡数。接着为寿昌县的历史沿革。其后为黑鼻山、姚阅山、龙勒山、西紫亭山、大泽、曲泽、龙勒泉、龙堆泉、寿昌海、大渠、石门涧、无卤涧、玉门关、□□亭、石城、屯城、新城、葡萄城、萨毗城、善鄯城、故屯城、西寿昌城、蒲昌海、播仙镇、沮末河等25目。目下记其位置、里程、得名由来、重要史事或有关传说等。与唐《寿昌县图经》相较，"目"的排列顺序相同，而文字内容则详于《图经》。如《地境》所记玉门关的创置时间，不仅为《图经》缺载，而且也详于两唐书、《元和志》和《寰宇记》。

十三、《沙州城土镜》

今存法国巴黎国家图书馆，编号P2691号。首尾俱缺，存41行，约1200字。

伯希和、羽田亨合编的《敦煌遗书》以及台湾出版的《敦煌宝藏》均题作《沙州地志》。今观原文影印件，第五行明确记有《沙州城土镜》，当恢复原名为是。写作年代，据第二行"大汉乾祐二年己酉岁"的文字，《土镜》作于五代汉则无疑。中国地志称作"土镜"，此为最早者。

---

① 向达：《论敦煌石室出晋天福十年写本人寿昌县地境》，载《唐代长安与西域文明》。

《土镜》的写法独出心裁。开首有残缺的小序,简述沙州的沿革,之后记 44 个地理实体距离州城的里程。它们分别是甘泉、贰师泉、东盐池、西盐池、北盐池、玉女泉、兴湖泊、阚冢、河仓城、长城、塞城、效谷城、土地神、雨师神、风伯神、李先生王庙、张芝池、鸣沙山、三危山、黄釜山、猛水山、南口山、碛石山、会道山、石泉山、大乌山、石槽山、望山、寿昌县、黑鼻山、姚阅山、龙勒山、西紫亭山、大泽、西泽、龙勒泉、龙堆泉、寿昌海、大渠、石门涧、无卤涧、玉门关、破羌亭、西寿昌城。最后一部分主要颂扬王和尚的才华、经历与佛事情况,反映了当时佛教之盛。

《土镜》中有许多珍贵史料。如小序云"永和八年癸丑岁建(莫高)窟"(按,癸丑为永和九年即公元 353 年),这比武周《李君修莫高窟佛龛碑》所谓莫高窟"始于苻秦建元二年(366)"的说法早 13 年,为研究敦煌艺术史取得突破性进展,发挥了关键作用。

第三节 州县图经辑佚简目

隋唐五代州县方志约 300 种,存世者不及百分之一。幸赖唐宋类书、史注、地志中有其引文可供辑佚,其中至少有 200 种。虽为残篇断简,却保存了不少当时社会经济和人文状况信息,亦极珍贵。被誉为郡邑之史牒、志林之珠玑。兹据《汉唐方志辑佚》,按现今行政区划列目如下(书名前未注明朝代者,均为唐代方志):

北京市:《幽都记》《幽州图经》。

天津市:《蓟州图经》。

重庆市:李国玮《夔州旧图经》《夔州图经》《渝州图经》《巴南山川记》。

河北省:隋《冀州图经》(又名《冀州图》,内含山西部分内容)、隋《固安图经》、隋《上谷郡图经》、隋《洺州记》、隋《故安图经》、隋《襄国记》《河北图》《河北记》《信都记》《燕赵记》《新州记》、(涿州)《图经》、《洺州风土记》、

（洺州）《图经》、（贝州）《图经》、（定州）《图经》《莫州图经》、（沧州）《图经》《邺县图经》《常山图经》。

山西省：《并州记》《河东图》《河东记》《晋阳记》《太原事迹杂记》、（隰州）《图经》、（代州）《图经》、（绛州）《图经》、（辽州）《图经》、（潞州）《图经》。

河南省：隋《河南郡图经》、隋《弘农郡图经》、隋《洛阳图经》、隋《东郡图经》、隋《陈州图经》、隋《淮阳图经》、韦述《东京记》《河南图经》《阳城记》《洛阳地图》、隋《魏郡图经》、（宋州）《图经》《怀州图经》《陕县图经》《颖川记》《谯内记》、（孟州）《图经》、（光州）《图经》、（邓州）《图经》、（蔡州）《图经》《相州图经》《邺县图经》《内黄图经》《河洛记》。

山东省：《鲁国都城记》、（淄州）《图经》、（济州）《图经》《青州图经》。

江苏省：隋《江都图经》、隋《丹阳郡图经》《江东记》、颜真卿《吴地记》《扬州记》《徐州记》《江宁图》《金陵图》《金陵图经》《江宁图经》《建康图经》（又作《建康图》）、（升州）《图经》《苏州图经》、（常州）《图经》《扬州图经》《扬子图经》《楚州图经》《润州图经》《盱眙图经》《淮阳图经》《苏州冢墓记》。

浙江省：隋《永嘉图经》《越地形记》《越地传》、陆羽《吴兴志》（又作《陆羽图经》）、张文规《吴兴杂录》《吴兴记》《西吴记》《信安记》《婺州图经》、（处州）《图经》、（睦州）《图经》、（严州）《图经》《明州图经》《温州图经》《遂安县志》《临海图经》《湖州图经》。

福建省：隋《武阳记》、林谞《闽中记》、黄璞《闽川名士传》《尤溪县图》《福州图经》、陈昭裕《建州图经》《泉州图经》。

安徽省：隋《宣城图经》（又作《宣城郡图经》）、隋《历阳图经》（又作《历阳县郡图经》）、《庐江记》《宣州记》《姑孰记》《新安记》《舒州图经》《怀宁图经》《庐州图经》《池州图经》《宣州图经》《寿春图经》《和州图经》《歙州图经》《歙县图经》《望江县图经》。

江西省：徐谌《鄱阳记》、王德琏《鄱阳记》《鄱阳县记》、张容《九江录》《九江记》《九江图经》《德化县记》《豫章图经》《江州图经》《饶州图经》《信州图经》《宜春记》《宜春图经》《袁州图经》《吉州图经》《虔州图经》《南康图经》《玉山县图》。

湖北省：《江阳郡图经》、吴从政《襄沔记》《江夏风俗记》《江夏图经》《鄂州图经》《荆州图经》、(襄州)《图经》、(夏州)《图经》《夷陵图经》《南郡图经》《蕲春图经》《宜都县记》《谷城县图经》《襄阳风俗记》、陆龟蒙《续襄阳耆旧传》。

湖南省：隋《武陵郡记》《长沙图经》《茶陵图经》《岳州图经》《郎州图经》、(澧州)《图经》《湖南风土记》《五溪记》《衡山图经》、(道州)《图经》。

广东省：隋《潮州记》、孟琯《岭南异物志》《韶州图经》《罗州图经》《南海郡传》《潮阳旧图经》《续南越志》。

广西壮族自治区：《鬱林异物志》《邕州图经》《临桂图经》。

云南省：袁滋《云南记》。

四川省：《蜀郡图经》、郑旵《蜀记》(又作《益州理乱记》)、《蜀中记》《益州地理志》、白敏中修、卢求纂《成都记》、(汉州)《图经》、(翼州)《图经》、(奉州)《图经》《合州图经》、(阆州)《图经》、(柘州)《图经》、(静州)《图经》、(维州)《图经》、(通州)《图经》、(剑州)《图经》、(恭州)《图经》、(悉州)《图经》《陵州图经》《黎州图经》《黎州通望县图经》《黎州汉源县图经》《新津县图经》《古郫志》《玄武金水两县图经》。

陕西省：隋《雍州图经》、隋《京兆记》、隋《京兆旧事》、隋《长安图》《长安记》《西京记》《华州图经》《陇州图经》、(梁州)《图经》《坊州图经》《泾阳图经》。

甘肃省：隋《陇西记》《秦州记》《成州图》《张掖记》《安定图经》。

宁夏回族自治区：(灵州)《图经》。

第四节 隋唐方志的价值

隋唐时期方志继承中国方志"致用"的优良传统，不仅有史料价值，尤富有实用价值。

一、首次系统记载了各地政区的沿革变化。

地方政权是国家机器的重要组成部分,其管辖地区谓之政区。随着朝代更迭,时代的变化,历来政区多有置、废、析、合,使得地方沿革复杂化。《元和郡县志》《诸道山河地名要略》等,首次系统而详密地载明了先秦至唐代府、州、县的沿革,为地方史之宝贵资料和研究历史地理之重要依据。如"凤翔府"(今陕西凤翔县):

《禹贡》雍州之域,春秋及战国时为秦都。德公初居雍,即今天兴县也。始皇并天下,属内史。项羽封章邯为雍王,亦此地也。高帝更名中地郡,复属内史。景帝更名主爵都尉,武帝太初元年更名右扶风,所以扶助京师行风化也,与京兆尹、左冯翊谓之三辅,理皆在长安城中……魏文帝除"右"字为扶风郡,亦是重镇……晋太康八年为秦国。后魏太武帝于今州理东五里筑雍城镇。文帝改镇为岐州。隋开皇元年于州城内置岐阳宫,岐州移于今理。大业三年罢州为扶风郡。武德元年为岐州。至德元年改为凤阳郡、乾元元年改为凤翔府。

二、为维护和巩固大一统的大唐帝国,唐代方志十分重视同军事攻防攸关的地理形势。

诸如山川、形势、关隘、津渡、城邑、堡寨、驿站等,均详加记载,供人们披阅使用。如《江夏图经》,今可辑的佚文10条,其中8条写着8座山的形势。《沙州都督府图经》对州内的10所驿站,一一介绍其方位、里程、置改时间及得名之由来。如:

清泉驿,在州东北四十里,去横涧驿二十里,承前驿路,在瓜州常乐县西南。刺史李元亏以旧路石碛、山险、迂曲、近贼,奏请近北安置。奉天授二年五月十八日勒移就此,其驿置在神泉观左侧,故名神泉驿。今为清泉戍,置在驿旁,因故为清泉驿。

《蛮书》依次载录从成都府至云南的51所驿的驿名以及相互间的里程等,是研究大西南交通地理的重要资料。特别是《元和郡县志》中,每县必注与州的距离、方位、每州必注与两京的距离、方位,在中国方志史上首次提供了县治、州治的准地理坐标。《沙州都督府图经》中的每个地理实体也标明与州的距离、方位。唐代方志的空间观念比以往更明确了。

三、唐代方志对具有游览或研究价值的奇特地理现象更是纤细必记。

如《宜春记》写该县之石室山:

郡有石室山,山有数石室相连,高十余丈,皆相似,素壁若雪,万象森罗于其所,因以为名①。

如《怀宁图经》写安徽安庆市之玉镜山:

玉镜山在县西北万岁乡界。贞元二年,从皖山东面忽然爆烈,皎然如玉。行路远见,如镜悬焉。其年刺史吕谓闻奏,因改万岁为玉镜乡。其山西隅,连皖山东面②。

四、水资源是哺育人类、发展经济的命脉,唐代方志对水体的记载亦较详密。

如《沙州都督府图经》残存的 25 个门目中,关于水的门目就有 8 个,即:水③、渠、壕堑、泽、堰、故堤、盐池水、湖泊。如“水”,详细记述了烽水、甘泉水、苦水及独利河水的发源、流向、长度、流经地势、分水灌溉及其物产情况。如《信都记》(信都,今河北冀县)载:

白沟水,地接馆陶界,隋炀帝导为永济渠,亦名御河。南自相州洹水县界流入,又北难河出焉。盖魏时河难,所以导以利行故渎,故此渎有难之称矣④。

再如《鄱阳记》载:

① 《舆地纪胜》卷二八袁州景物。
② 《太平御览》卷四三玉镜山。
③ 原文无“水”字,刘纬毅根据残本体例,推断烽水之前的缺文中当有“水”字。
④ 《太平御览》卷六四白沟水。

新昌水有一砂堆,在(浮梁)县东北五十里。其形状如覆船,鲜净特异。每年丰稔,其沙即堆积如旧。若沙移向岸,其年俭。古来相传以为常验①。

五、人类赖以生存的物产也是唐代方志的重要内容。

贞元十年(794)尚书左丞袁滋巡视云南,撰写了《云南记》五卷,其书早佚。但笔者历年所辑佚文中即载有云南出产的稻、茶、桔、橙、柚、梨、桃、李、梅、杏、蒲桃、甘蔗、藤、余甘子、实心竹、槟榔、椰子、大松子等20种物产。如记稻米:

雅州荣经县,土田岁输稻米亩五斗,其谷精好。每一斗谷,近得一斗米,炊之甚香滑,微似糯味②。

如槟榔条载:

云南有大腹槟榔,在枝朵上,色犹青。每一朵有三二百颗。又有剖之为四片者,以竹串穿之,阴干则可久放。其青者亦剖之,以一片青叶及蛤粉和,嚼咽其汁即似咸涩味。云南每食讫,则下之③。

类似《云南记》这样的记载,无疑是研究农业史、了解云南社会生活的宝贵资料。唐代方志不仅关注农产品,对工矿产品亦不疏漏。如《信州旧经》(信州,即今江西上饶)载:

铅山出铅,先置信州之时铸铅,百姓开采得铅,什而税一。建中元年封禁,贞元间置永平监。其山又出铜及青碌④。

再如《陵州图经》(陵州在今四川仁寿县)载其盐井:

陵州盐井,后汉仙者沛国张道陵之所开凿。周回四丈,深五百四十尺。置灶煮盐,一分入官,二分入百姓家,因利所以聚人,因人所以成邑。万岁通天二年,右补阙郭文简奏:卖水,一日一夜,得四十五万贯⑤。

---

①《太平御览》卷七四沙。
②《太平御览》卷八三九稻。
③《太平御览》卷九七一槟榔。
④《太平寰宇记》卷一〇七铅山县。
⑤《太平广记》卷三九九盐井。

六、历来国史均不可能将地方上的大事都载入史册,方志恰能对国史起到拾遗补缺的作用。

《蛮书》中——载明六诏诏主的身世、势力范围及其争斗的史实,并反映了21个少数民族的基本情况,是研究南诏国(在今云南)历史极为珍贵的史料。又如唐代信州析置的武安县,两唐书《地理志》均不载。而《信安记》却填补了此项空白。称:

证圣二年,割常山、须江、饶州之弋阳三县,置武安县,以地有武安山,因以为名①。

再如北周武帝时击溃陈将吴明彻,史书对此虽有所书;但"迁其人于灵州",使荒漠之地有了"崇礼好学"的"江左之人,习俗皆化",促进了灵州经济文化的发展,则仅见于《灵州图经》②。再如《太原事迹杂记》记载武则天父武士彟时的情况均详于两唐书本传。文曰:

唐武士彟,太原文水人。微时,与邑人许文宝以鬻材为事。常聚材木数万茎。一旦化为丛林森茂,因致大富。士彟与文宝读书林下,自称为厚材,文宝自称枯木,私言必当大贵。及高祖起义兵,以铠胄从入关。故乡人曰:"士彟以鬻材之故,果逢构厦之秋。"及士彟贵达,文宝依之,位终刺史③。

七、唐代方志还保存了许多关于地名学的知识。

以物产命名的地名如饶州,《饶州图经》谓:"以山川蕴物珍奇故名饶④"。以山脉命名的县名如《洺州图经》称:"邯郸,郸、尽也;邯,山名。谓邯山之所尽也。"⑤以河流命名的县名如《虔州图经》赣县,"章、贡二水双流至县,合为赣水,其间置邑,因以名县⑥"。以交通情况命名的地名如《通州图经》

---

① 《太平寰宇记》卷九七龙游县。
② 《太平御览》卷一六四灵州。
③ 《太平广记》卷一三七武士彟。
④ 《太平御览》卷一七〇饶州。
⑤ 《太平御览》卷一六一洺州。
⑥ 《太平寰宇记》卷一〇八赣县。

通州(今四川达县):"以其居西达三路,故以为名①。"如广州之所以称五羊城,《续南越志》称:是以"旧说有五仙人,骑五色羊,执六穗秬而至,今呼五羊城是也②。"

八、神州各地由于自然环境、历史背景、文化传承的差异,其风土、人情、习俗也就同中有异、异中有同。

唐代方志多反映当地之异。如《襄阳风俗记》载龙舟竞渡之由来:

(屈)原(五月)五日先沉,十日而出。楚人于水次迅楫争驰,棹歌乱响,有凄断之声,意存拯溺,喧震川陆,遗风迁流,遂有竞渡之戏③。

如《云南记》载新安城(在今四川越县西北)妇女之服饰:

新安蛮妇人,于耳上悬金环子,联贯瑟瑟,贴于鬓侧,又绕腰以螺蛤,联穿系之,谓为珂佩④。

如《蜀郡记》反映西南一少数民族分娩习惯云:

诸山夷人,子妊七月生。生时必临水,儿出便投入水中。浮则取养,沉乃弃之⑤。

九、唐代方志在方志编纂上的启后作用是十分明显的。

唐代多种总志均载明州与两京、县与州的距离、方位,为后世方志必列四至八到的滥觞。方志为类纂之书,但先唐志书多不设门目。《沙州都督府图经》《寿昌县图经》《桂林风土记》均设立门目,分门别类写其事物,成为后世方志框架结构的先驱。

引用前人或他人之著述,是治学的重要方法之一,方志也同样要借鉴前贤的论述,但多不注明引用之书名。《北户录》《沙州都督府图经》注明了

① 《太平御览》卷一六八通州。
② 《太平寰宇记》卷一五七南海县。
③ 《太平寰宇记》卷一四五襄州。
④ 《太平御览》卷九四二蛤。
⑤ 《太平御览》卷三六〇孕。

引书，在方志界开启了严谨的学风。

大事记之名，始见于《史记》卷二二《汉兴以来将相名臣年表》。方志领域的大事记，至唐代始有《瓜沙两郡大事记》出世。至今每志必有大事记。可见这一体裁具有强大的生命力。

第五节　可贵的方志理论

实践呼唤着理论，理论导引着实践，经过汉晋南北朝 500 余年的修志实践，至唐代终于有学者开始总结方志理论。

唐玄宗时掌管并编纂典籍的秘书监徐坚，针对某些史志中的"曲笔"，提出"方志直文"的主张，倡导方志要像司马迁写《史记》那样，"其文直，其事核，不虚美，不隐恶"[①]。

刘知幾的史学理论巨著《史通》，多有直接、间接关于方志的论述。他很推崇东汉史学家荀悦的史书旨意："一曰达道义，二曰彰法式，三曰通古今，四曰著功勋，五曰表贤能[②]。"这五原则，方志家多奉为圭臬。

刘知幾总结历代史书流派为十。其中"五曰郡书"、"九曰地理书"、"十曰都邑簿"[③]。这三支流派都属于方志，可见方志在当时史学界已占有显赫地位。

对于这三支流派，刘知幾均有优劣得失之评议。如评议郡书谓：

汝、颍奇士，江、汉英灵，人物所生，载光郡国。故乡人学者，偏而记之。若圈称《陈留耆旧》、周斐《汝南先贤》、陈寿《益部耆旧》、虞预《会稽典录》。此谓之郡书者也。[④]

他批评郡书的通病，在于矜夸乡邦，谓：

郡书者，矜其乡贤，美其邦族，施于本国，颇得流行；置于他方，罕闻爱

① 唐徐坚：《初学记》卷二一史传二。
② 《史通·内篇》卷八书事。
③④ 《史通·内篇》卷十杂述。

异。其有如常璩之详审，刘昞之赅博，而能传诸不朽，见美来裔者，盖无几焉①。

关于地理书，刘知幾的评骘也很中肯：

九州土宇，万国山川，物产殊宜，风化异俗。如各志其本国，足以明此一方。若盛弘之《荆州记》、常璩《华阳国志》、辛氏《三秦》、罗含《湘中》，此之谓地理书者也②。

他批评某些地理书美其所居，言过其实，谓：

地理书者，若朱赣所采，浃于九州；阚骃所书，殚于四国。斯则言皆雅正，事无偏党者矣！其有异于此者，则人自如为乐土，家自以名都，竟美所居，谈过其实。又城池旧迹，山水得名，皆传诸委巷，用为故实，鄙哉③！

"都邑簿"犹如今天的城市志，其命名，始见于《史通》。对于汉晋都邑簿之优劣得失，刘知幾也有高见，谓：

帝王桑梓，列圣遗尘，经始文制，不恒厥所，苟能书其轨则，可以龟镜将来。若潘岳《关中》，陆机《洛阳》《三辅黄图》《建康宫殿》，此之谓都邑簿者也④。

又谓：

都邑簿者，如宫阙、陵庙、街廛、郭邑，辨其规模，明其制度，斯则可矣！及愚者为之，则烦而且滥，博而无限。论榱栋则尺寸皆书，记草木则根株必数，务求详审，持此为能，遂使学者观之，瞀乱而难纪也⑤。

《史通》中《直书》《曲笔》两篇，特别强调"好是正直，善恶必书"，"直书其事，不掩其瑕"。告诫史家千万不可以"谀言"、"曲词"去迎合当政者；要知道"得失一朝，荣辱千载"啊！在《惑经》篇中又指出观察事物、评品人物不可绝对化、片面化、偏激化，要全面、公正，谓"爱而知其丑，憎而知其善"，"良史以实录直书为贵"。

这些至理名言，成了后世方志家的思想指南。此后方志之所以不断提高，渐趋完善，应该说和精辟理论的引导有着直接关系。

---

①②③④⑤《史通·内篇》卷十杂述。

第六章　定型时期（宋朝）

　　唐末藩镇兴兵和五代十国纷争，将盛唐的繁荣昌盛景象破坏殆尽，阻碍了社会发展。赵匡胤夺取政权后，采取一系列政治措施，建立了一套使皇权得到更大保障的中央集权制度，摆脱了被重臣与宦官废立的命运，使节度使拥兵割据的局面不能再现。即使南渡后的皇帝权力，仍然没有削弱。但宋朝的版图远未恢复唐代那样广大。北宋时北有契丹，西有西夏；而且"澶渊之盟"后，宋朝还得每年送给辽国绢 20 万匹、银 10 万两。金源崛起后，先灭辽国，后陷宋都汴京，虏去徽、钦二帝。宋室南渡后，仅统领北宋元丰年 23 路中的 16 路。

　　然而历史常有凡人意想不到的奇迹。宋朝租佃制的施行，推动了农业的恢复与发展。手工业与商业中的雇佣关系，出现了资本主义萌芽。商品贸易的空间，不再被限制在固定地点的狭小范围内；时间也不再限制在白昼进行。史学家认为宋朝开始了"商业和城市由古代型向近代型的转化"[①]。中国的四大发明，有三大发明（指南针、火药、活字印刷）均在这个时期出现，并对世界产生了巨大影响。正如英国哲学家培根的《新工具》一书所说的那样："印刷术、火药、指南针这三种东西曾改变了整个世界事物的面貌和状态。第一种在文化上，第二种在战争上，第三种在航海上。由此又产生了无数的变化，以致没有一个帝国、没有一个教派、没有一个赫赫有名的人物，能比这三种机械发明在人类事业中产生更大的力量和影响。"中国科学家认为，"在技术科学方面，正是这个时期达到古代历史上的高峰"[②]。在中国文学史上占有显赫地位的唐宋八大家，宋代就有六位（欧阳修、苏洵、苏轼、苏辙、王安石、曾巩）。程朱理学，熔儒释道为一炉，思想文化呈现了新的辉煌。陈寅恪总括道："华夏民族之文化，历史数千载之演进，造极于赵宋之世[③]。"

---

① 韦森：《从中国历史看市场经济的周期性兴衰》，载《文汇报》2007 年 4 月 22 日。
② 王鸿生：《中国历史中的技术与科学》第 125 页，中国人民大学出版社 1991 年版。
③ 陈寅恪：《邓广铭〈宋史职官志考证〉序》，载《金明馆丛稿二编》，上海古籍出版社 1980 年版。

第一节 朝廷对方志的高度关注与宋代方志鸟瞰

历史上凡有雄才大略或有所建树的政治家，无不重视地方志。北宋八位皇帝中，有七位皇帝先后20多次诏修、检阅、察问、嘉奖或宣示方志与舆图。

开国皇帝宋太祖，于开宝四年（971）正月，"命知制诰卢多逊、扈蒙等重修天下图经。其书迄不克成，六年四月辛丑，多逊使江南，求江表诸州图经，以备修书，于是十九州形势尽得之。《宋准传》开宝八年受诏修定诸道图经"①。

宋太宗太平兴国二年（977）闰七月二十八日，"有司上诸州所贡《闰年图故事》。三年，令天下贡地图与版籍皆上尚书省。国初以闰为限，所以周知地理山川之险易、户口之众寡"②。图经以闰年一造，故又名闰年图。

太平兴国八年（983）八月，"溪、锦、溆、富等四州求内附，输租税。诏令州长史察其谣俗、情伪，并按山川地形，具图来上"③。

淳化四年（993）宋太宗"诏画工集诸州图，用绢一百匹，合而画之为《天下图》，藏于秘阁。又令诸州所上闰年图，自今再闰一造"④。

至道三年（997）七月四日，"真宗语宰臣曰，朕欲观边防郡县山川形势，可择使以往……九月，（杨）允恭以山川郡县形胜绘图以献。丙寅，御滋福殿，召辅臣观《西鄙地图》，指山川堡壁曰，'朕已令屯兵于地内州郡，简冗省费，以息关辅之民'"⑤。

宋真宗咸平四年（1001）八月，职方员外郎秘阁校理吴淑言，"'每十年各纳本路图一，亦上职方，所冀天下险要不窥牖而可知，九州广轮如指掌而斯在。'从之"⑥。

---

① 宋王应麟《玉海》卷十四"开宝修图经"条。
② 宋王应麟《玉海》卷十四"宋太平兴国闰年图"条。
③ 宋王应麟《玉海》卷十六"太平兴国海外诸域图"条。
④ 宋王应麟《玉海》卷十四"淳化天下图"条。
⑤ 宋王应麟《玉海》卷十四"山川郡县形胜图"条。
⑥ 宋王应麟《玉海》卷十四"咸平职方图"条。

咸平四年(1001)十月,宋真宗"以陕西二十三州地图示辅臣,历指山川险易、蕃部居处,又指秦川曰:'此州在陇山之外,号为富庶,且与羌、戎接畛,已命张雍出守,冀其抚绥有方。'次指殿北壁《灵州图》曰:'此冯业所画,颇为周悉。山川形胜如此,安得智勇之士,为朕守之乎!'又指南壁甘、沙、伊、凉等州图曰:'此图载黄河所出之山,乃在积石外,与《禹贡》所述异。'又指北壁幽州北《契丹界图》,载契丹所据地,南北千五百里,东西九百里,上曰:'封域非广,惜燕、蓟之沦异俗也。'"①帝王如此熟悉边防地理,并向群臣阐述其重要性,这在历史上并不多见。

景德四年(1007)二月,宋真宗欲览《西京图经》,因其不备,遂"诏诸路、州、府、军、监,以图经校勘,编入古籍,选文学之官纂修校正,补其缺略来上。及诸路以图经献,诏知制诰孙仅……等,以其体制不一,遂加例重修。命翰林学士李宗谔、知制诰王曾领其事……至大中祥符三年十二月丁巳书成,凡一千五百六十六卷,目录二卷。宗谔等上之,诏嘉奖赐器币,命宗谔为序……四年八月,中书门下牒别写录,颁下诸道图经新本,共三百四十本"②。

大中祥符六年(1013)十月,吏部真从吉言,格式司用《十道图》考郡县上下紧望,以定俸给,法官以定刑面,户口岁有登耗,请校定新本。诏校理真镛、邵焕、晏殊校定,王曾总领之。天禧元年书成,凡三卷,诏付有司③。

天圣八年(1030),集贤殿学士晏殊绘制《天圣十八路图》,上之④。

真宗时,知制诰盛度进言:酒泉、张掖、武威、敦煌、金城五郡之东南,"'有郡、有军、有守捉,襟带相属,烽火相望,其为形势,备御之道至矣。唐始置书度后,以宰相兼领。用非其人,故有河山之险而不能固,有甲兵之利而不能御。今复绘山川、道路、壁垒、区聚,为《河西陇右图》,愿备上览。'真宗称其博学"⑤。

① 宋王应麟《玉海》卷十四"咸平陕西河北地图"条。
②④ 宋王应麟《玉海》卷十四"祥符州县图经"条。
③ 宋王应麟《玉海》卷十四"景德重修十道图"条。
⑤ 《宋史·盛度传》。

宋仁宗康定元年(1040)十月,"诏陕西,河东、河北转运司,各上本路地图三本"①。

皇祐五年(1053)正月,"命知制诰王洙提举修纂地理图书,直集贤院掌禹锡作著,刘羲叟删修,嘉祐元年十一书成三十卷上之,赐名《地理新书》,赐洙等器币"②。

至和元年(1054)十二月,"(王)洙、(掌)禹锡上《皇祐方舆续图》"③。

嘉祐二年(1057)正月,"诏以《河东地界图》,示契丹使萧扈"④。

宋神宗熙宁四年(1071)二月,"召集贤校理赵彦若,归馆管当画天下州、军、府、监、县、镇地图。先是中书命画院待诏绘画,上欲有记问者精考图籍,故命彦若。六年十月戊戌上《十八路图》一及《图副》二十卷"⑤。

熙宁九年(1076)八月,"三司使沈括言,《天下州府军监县镇图》其间未全具。先曾别编次一本,稍加精详,欲再于职方借图经、地图等图草,躬亲编修。从之。元祐三年八月丙子,沈括赐绢百匹,以括上编修《天下州县图》也⑥。"尤为可贵的是沈括在制图过程中,把过去用四至八到定位和距离,扩展到二十四至,即细分为二十四个方位,使制图的精密性有所提高⑦。

宋哲宗绍圣四年(1097)九月,"兵部侍郎黄裳言,今《九域志》所载甚略,愿诏职方取四方郡县山川、民俗、物产、古迹之类,辑为一书,补缀遗缺。诏秘省录《山海经》等,送职方检阅"⑧。

宋徽宗大观元年 (1107)"朝廷创置九域图志局,命所在州郡编纂图经"⑨。

从以上引录史料中,可以看出,宋代初期沿用唐代后期州县经闰年一

① 宋王应麟《玉海》卷十四"祥符州县图经"条。
② 宋王应麟《玉海》卷十五"皇祐地理新书"条。
③ 宋王应麟《玉海》卷十四"皇祐方舆图志"条。
④ 宋王应麟《玉海》卷十四"元祐职方图"条。
⑤ 宋王应麟《玉海》卷十四"熙宁十八路图"条。
⑥ 宋王应麟《玉海》卷十四:"天下州县图"条。
⑦ 据宋沈括《补笔谈》卷三。
⑧ 《玉海》卷十五"元丰郡县志"条。
⑨ 乾道《四明图经》黄鼎序。

造的规定。淳化四年(993)改为"再闰一造",即每两个闰年造送一次。咸平四年(1001)改为"每十年"一造。南宋时期即坚持了"十年一造"的制度。

赵宋王朝对于未曾统一和丧失的土地念念不忘。如《太平寰宇记》和上述的淳化《天下图》,就不限于宋朝的州郡县,还包括辽、西夏占领的地区。上述的《西鄙地图》《河西陇右图》则大部是宋未占领之地。除此之外,宣和三年(1121)立石的《九域守令图》、绍兴六年(1136)立石的《华夷图》《禹迹图》,淳祐七年(1247)镌刻的《地理图》等等,都是华夏九州的地图。证明汉唐版图深入人心,朝野上下企盼着国家的统一。

由于中央政府的高度重视,也得益于经济、文化的空前繁荣,宋代方志有了前所未有的发展和提高。《宋史·艺文志》著录两宋方志达302种①,这是最早、但不是完全的数字。据张国淦《中国古方志考》著录宋代方志782种,刘纬毅《宋元方志辑佚》(稿)辑宋代方志490种(详见第四节)。扣除重复者,宋代方志总共应在800种以上。现将传世37种方志列目如下:

乐史纂《太平寰宇记》二百卷

王存纂《元丰九域志》十卷

欧阳忞纂《舆地广记》三十八卷

王象之纂《舆地纪胜》二百卷

祝穆纂《方舆胜览》七十卷

宋敏求纂修《长安志》二十卷

朱长文纂修《吴郡图经续记》三卷

程大长纂修《雍录》十卷

周淙纂修《乾道临安志》十五卷

施谔纂修《淳祐临安志》五十二卷

潜说友纂修《咸淳临安志》一百卷

张津等纂修《乾道四明图经》十二卷

胡榘修、方万里纂《宝庆四明志》二十一卷

①《宋史·艺文志》著录地理类407种,含先宋方志25种在内。

吴潜修、梅应发等纂《开庆四明续志》十二卷

范致明纂《岳阳风土记》一卷

赵不悔修、罗愿纂《新安志》十卷

梁克家纂修《淳熙三山志》四十二卷

陈公亮修、刘文富纂《淳熙严州图经》三卷

钱可则修、郑瑶等纂《景定严州续志》十卷

范成大纂修、汪泰亨增订《吴郡志》五十卷

范成大撰《桂海虞衡志》一卷

周去非撰《岭外代答》十卷

杨潜修、朱瑞常等纂《云间志》三卷

孙应时修、鲍廉增补、元卢镇续修《琴川志》十五卷

谈钥纂修《嘉泰吴兴志》二十卷

沈作宾修、施宿等纂《嘉泰会稽志》二十卷

张淏纂修《宝庆会稽续志》八卷

史弥坚修、卢宪纂《嘉定镇江志》二十二卷

史安之修、高似孙纂《剡录》十卷

齐硕修、陈耆卿纂《嘉定赤城志》四十卷

罗叔韶修、常棠纂《澉水志》二卷

项公泽修、凌万顷等纂《淳祐玉峰志》三卷

谢公应修、边实纂《咸淳玉峰续志》一卷

佚名纂《寿昌乘》不分卷

赵与必修、黄岩孙纂《仙溪志》四卷

马光祖修、周应合纂《景定建康志》五十卷

史能之纂修《咸淳毗陵志》三十卷

宋代方志,以时间论,南宋之作多于北宋;以空间说,长江以南所修,多于长江以北地区。这是因为:一是北宋只有 166 年,而南宋包括整个宋代在内长达 319 年;二是更重要者是自唐代以后,中国经济、文化重心南

移。从以上所述中,可以看出宋代方志涵盖面之广、重修间隔之缩短是空前的。

宋代方志之所以被誉为方志史上的里程碑,在于继《太平寰宇记》后,纷纷将风俗、姓氏、人物、艺文等人文状况纳入志书中,与地理沿革、山川古迹、物产、赋税等组合一起。使方志由过去专业性、单一性,变为综合性的"博物之书",为后世所仿效。因而我们称宋代为中国方志史上的定型时期。

第二节 总志举要

宋代总志,据《中国古方志考》达 40 种,存世者仅 5 种。佚志有佚文可辑者 2 种。其余则渺无踪影。

一、《太平寰宇记》

《太平寰宇记》,宋乐史纂。乐史(930-1007),字子正,抚州宜黄(今属江西)人,宋太平兴国五年(980)进士,官著作郎、太常博士,是位著名的方志学家和文学家, 著述极富。有人考证乐史一生著作至少有 22 种、1001 卷①。为使赵宋王朝"不下堂而知王土,不出户而观万邦",全面掌握国情,

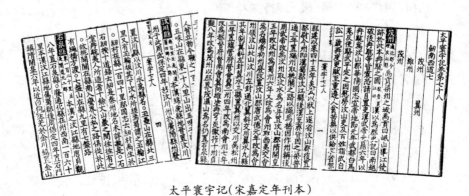

太平寰宇记(宋嘉定年刊本)

① 许怀林:《乐史与〈太平寰宇记〉》,载《争鸣》1981 年第 2 期。

切实巩固刚刚取得的政权,进而实现汉唐全盛时期的"华夷大一统",他先是撰写《掌上华夷图》一卷、《坐知天下记》四十卷(均佚),继而用了八年时间于雍熙四年(987)①撰写成著名的《太平寰宇记》二百卷。清纂修《四库全书》时仅存一百九十三卷,光绪十八年(1892)杨守敬从日本抄得残本,但仍缺二卷(第四十一卷、第一百一十九卷)。卷一至卷一百七十一依次为河南道、关西道、河东道、河北道、剑南西道、剑南东道、江南东道、江南西道、淮南道、山南西道、山南东道、陇右道、岭南道。卷一百七十二至卷二百为四夷(东夷、南蛮、西戎、北狄)。每道之下,分别记各州。州下先沿革,次领县,次州境,次四至八到,次户数,次风俗,次姓氏,次人物,次土产。其后分别写各县沿革、山川古迹。其中多有人文和经济内容。从而使单纯的地理志书,扩充为历史与地理相结合的方志。这种体例很受学人的重视与欢迎,因而郡邑志书纷纷效仿。清儒高度评价了《太平寰宇记》在中国方志史上的里程碑作用,说:"后来方志必列人物、艺文者,其体皆始于(乐)史;盖地理之书,记载至是书而始详,体例亦自是而大变②。"

是书征引文献甚富,近 200 种。其中《隋州郡图经》、唐《十道录》《隋区宇图》《郡国记》《后赵录》《郡国县道记》《冀州图》等 50 余种先宋史志均亡佚。所引文字,也就成为后人辑佚的重要资源。

是书经济方面内容更为详细,将《元和郡县志》的"贡赋"扩展为"土产",并将各地坑冶、铸钱、牧马、盐场的设置时间、生产规模以及课税等一一入志。如卷二十一莱芜监,载有铁坑 3 个、冶 18 所,并一一注明坑名、冶名及其位置。卷一百一龙焙监(今福建建瓯东南)的"所出矿石",记有白矿、黄礁矿、黑牙矿、松矿等 12 种矿石。卷八十五陵井监(今四川仁寿县)记 37 个存废盐井的产量、置废时间。卷一五七广州,土产有明珠、大贝、玳

---

① 雍熙四年系根据乐史《进书表》和书中记述沿革最晚之年,靳生禾即持此说。然王文楚认为成书在"雍熙末至端拱初",张保见认为在咸平三年至五年期间。见《〈太平寰宇记〉成书再探》,载《中国地方志》2004 年第 9 期。

② 《四库全书总目提要》卷十八《太平寰宇记》。

珸、石斛、柑子等 40 余种。"开创了关于生产力的分布及其发展的研究,特别是关于农业的分布及其发展,手工业、矿业的分布和发展的研究①。"

所记地理沿革甚详,唐末五代时的变化均有载录。"至若贾耽之漏落,吉甫之缺遗,此尽收焉②。"宋代疆域未曾达到汉唐境界。北宋时,云、朔、蔚、易、幽、涿、蓟、平、妫、营、檀、燕等州,属于契丹管辖;盐、夏等州为西夏领地。然乐史仍按唐制分别列于河东道、河北道、关西道之下,予以记述,表达了"华夏一统"的思想,难能可贵。

二、《元丰九域志》

《元丰九域志》,宋王存、曾肇、李德刍撰。王存(1022—1101),字正仲,润州丹阳(今属江苏)人,历官秘书省著作佐郎、尚书左丞,以才学显于世。曾肇,江西南丰人,巩之弟,累迁翰林学士。李德刍,邯郸人。官光禄寺丞,著有《元丰郡县志》三十卷(佚)。是志十卷,成于元丰三年(1080)。其后又陆续修订,所载政区实为元丰八年之制。因其正式刊行于元祐元年(1086)以后,故宋洪迈《容斋续笔》卷十称之为《元祐九域志》。

是志始于四京(东京、西京、南京、北京)。次列京东路、京西路、河北路、陕西路、河东路、淮南路、两浙路、江南路、荆湖路、成都府路、梓州路、利州路、夔州路、福建路、广南路等 23 路。各路分别记载所属府、州、军、监的地理、户(主户、客户)、土贡。府州之下,分别写各县的等级、距离府州的里程、乡镇及名山大川。最后是省废州军、化外州及羁縻州。

此书的特点正如作者在序言中所说的那样:"国朝以来州县废置,与夫镇戍城堡之名,山泽虞衡之利,前书所略,则谨志之。"也就是说:一是在建置沿革方面,仅写宋代,不写前代之变化。二是每县之下,对乡仅写数目,不写名称。但对各县所属的镇、铺、堡、塞、银场、盐场、矾场等则一一具名。如代州之繁畤县下,记"三乡,茹越、大石、义兴冶、宝兴军、瓶形、梅回、

---

① 李德清:《简论〈太平寰宇记〉》,载《华东师大学报》1980 年第 5 期。
② 宋乐史:《太平寰宇记表》。

麻谷七寨"。再如商州之洛南县下,记"采造、石界、故县、南合四镇,麻地稜冶一银场、锡定一铅场、铁钱一监"。这是宋人重视矿冶业、手工业、商业的反映,也是前代方志所没有的。三是对京、府、州、的"地里"记载特详。如京西路徐州之地里为:"东京七百里。东至本州界一百里,自界首至淮阳军九十里。西至本州界一百二十里,自界首至南京二百三十里。南至本州界五十里,自界首至宿州九十五里。北至本州界二百五十五里,自界首至兖州一百里。东南至本州界一百里,自界首至泗州三百五十里。西南至本州界一百三十里,自界首至亳州二百五十里。东北至本州界七十里,自界首至沂州二百八十里。西北至本州界二百一十里,自界首至单州一百三十里。"如此详密记载四面八方的 17 个地里数据,在以往的地理志中是从来没有的,为人们了解其疆域及面积提供了高清晰度的观察镜。四是对古迹、人物、风俗等,作者认为"非当世先务",故不著录。是志以简略、实用著称,《四库全书总目提要》评价"其书最为当世所重","为诸志之所不及"。当今,学人誉为"一部纲要的地理书"①。尽管简略,但史料价值不减。《宋会要辑稿》食货四一至四二所列土贡,即引自《元丰九域志》。

三、《舆地广记》

《舆地广记》三十八卷②,欧阳忞撰。宋代目录学家晁公武认为:欧阳忞实无其人,"特假名以行其书耳"③。然陈振孙认为,欧阳忞系欧阳修之族孙,以"行名皆连心字"为据,按此书非触时忌,何必隐名④?后人多从陈说。是书脱稿于徽宗政和年间。前三卷阐述自《禹贡》以至五代之疆域大略;第四卷为宋郡县名,以当目录;第五卷为四京及其州县;第六卷至第三十八卷,依次为京东东路、京东西路、京西南路、京西北路、河北东路、河北西路、陕西永兴军路、陕西秦凤路、陕西路化外州、河东路、淮南东路、淮南西

---

① 王文楚、魏嵩山:《〈元丰九域志〉的成就及其价值》,载《历史地理》第 2 辑。
② 清乾嘉年间黄丕烈撰《校勘札记》二卷附后,故《丛书集成初编》著录 40 卷。
③ 宋晁公武:《郡斋读书志》卷八。
④ 宋陈振孙:《直斋书录解题》卷八。

路、两浙路、江南东路、江南西路、荆湖南路、荆湖北路、成都府路、梓州路、利州路、夔州路、福建路、广南东路、广南西路、广南路化外州。其时,西夏、吐蕃占领地列入陕西路化外州,大理国载入广南路化外州,表明作者依然坚持"华夏一统"的思想。此书着重叙述建置沿革,间叙史实,读起来可以获得地方史知识。如卷十一"临漳县":

> 临漳县,本汉邺县地。东魏天平初析置临漳县,属魏郡。后周及隋因之,唐属相州。魏文侯七年,始封此地,以西门豹为邺令,民不敢欺。至襄王时,史起为邺令,引漳水溉邺,民赖其用。汉高十二年置魏郡治此。汉末袁绍为冀州牧镇邺。曹公取之以为邺都,作三台,因城为基。晋乱胡作,石季龙、慕容隽皆都之。后魏置相州,东魏、北齐又都焉。后周平齐,复置相州。隋文辅政,总管尉迟迥举兵不顺。韦孝宽讨平之乃焚邺县。徙其居民南迁四十里,以安阳城置邺县,属魏郡。唐属相州。皇朝熙宁六年省入临漳。

此书体例明晰,原委赅据,《四库全书总目提要》誉为:"端委详明,较易寻览,亦舆记中之佳本也。"

四、《舆地纪胜》

《舆地纪胜》是南宋时期的总志。撰人王象之,字仪父,婺州金华(今属浙江)人,官长宁军文学、江宁知县。作者自序写于嘉定辛巳年即嘉定十四年(1221),时人李埴为其作序于宝庆三年(1227),此年当为全书脱稿之时。是书盖以诸郡图经,节其要略而成。原书二百卷,今缺卷十三至十六、五十至五十四、一百三十六至一百四十四、一百九十三至二百,共缺26卷。是书以南宋嘉定十四年的行政区划25府、34军、106州、1监为纲,下分府(州)沿革、县沿革、风俗形胜、景物、古迹、官吏、人物、仙释、碑记、诗、四六等12子目。书中对地方形胜、山川英华的记载至为详赡。因而人们深感此书对了解各地形势裨益良多,称:"使人一读,便如身到其地。其土俗人才,城郭民人,与夫风景之美丽,名物之繁缛,历代方言之诡异,故老传记之放纷,不出户庭,皆坐而得之[①]。"

王象之出自望族,终生为学,勤于搜访与考证。写作此书引文必注明出处,这不仅保证了志书的学术性,也为历史保存了古籍佚文。清张金吾《爱日精庐藏书志》对此十分赞赏,谓:"其所引书,如《国朝会要》《中兴会要》《高宗圣政》《孝宗圣政》《中兴遗史》等书,皆传本久绝,藉此得考见崖略。"王氏不仅引经据典,而且还考证诸书之异同,定夺是非。如卷八建德县沿革:

《寰宇记》云,吴以封孙韶为侯,晋、宋、齐因之。《宋志》云,吴分富春立建德,故晋、宋、齐三志于吴郡下并有建德县。《图经》云,梁割隶东阳郡。《舆地广记》云,隋省入吴宁。按,吴宁县南朝并属东阳郡,则建德之省入吴宁,是以其县既废,而以地入于吴宁而隶东阳郡耳……《寰宇记》云,隋末立郡于此。然隋末立郡乃在淳安,非建德也。《寰宇记》所记非是。

再如卷八十五均州(今湖北丹江口市)沿革:"齐为始平郡,又置齐兴郡",王氏考订曰:

《南齐志》:齐兴郡领齐兴、安昌、郧乡、锡县、安富、略阳六县。《通典》云,齐立始平郡,寻改齐兴郡。是《通典》谓,始平、齐兴本是一郡,后特改其名为齐兴耳。象之谨按《南齐书》,始平、齐兴二郡并载于志,而始平属雍州,领县四;齐兴属梁州,领县六,所领之县名不同,则非改始平为齐兴也。

考证如此之缜密,足见王象之治学思想,既尊重前人成果,又不迷信已有的论断,具有独立思考的品格。《舆地纪胜》还将宋代不曾占领的幽燕十六州附在各道之后,名曰化外州。作者殷切期望着国家版图的完整,焦灼之情溢于言表。

清阮元亦高度评价此书为"体例谨严、考据极其赅洽","南宋人地理之书,以王氏仪父象之《舆地纪胜》为最善"[②]。

---

① 宋李垕:《舆地纪胜·序》。
② 清阮元:《舆地纪胜刊本序》。

五、《方舆胜览》

《方舆胜览》是南宋祝穆编纂、其子祝洙增补重订的总志。初刻于嘉熙三年(1239),重订本刻印于咸淳二年(1266)。初刻本早已失传,传世者为祝洙重订本。

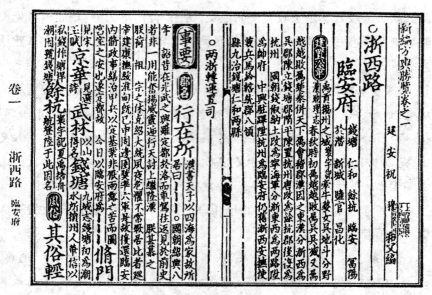

方舆胜览(宋咸淳年刊本)

祝穆,字和甫,建宁府崇安县(今属福建)人①,受业于朱熹,以学富文赡而名于世,著有《事文类聚》一百七十卷,今佚。祝洙,字安道,涵江书院山长,尝为朱熹《四书集注》作注。是书七十卷,以行在所临安府为首,以下依次为浙西路、浙东路、福建路、江东路、江西路、湖南路、湖北路、京西路、广东路、广西路、淮东路、淮西路、成都府路、夔州路、潼川府路、利州东路、利州西路。各路之下为所辖府、州、军。府、州、军下设建置沿革、事要20目,即:郡名、风俗、形胜、土产、山川、学馆、堂院、亭台、楼阁、轩榭、馆驿、桥梁、寺观、祠墓、古迹、名宦、人物、名贤、题咏、四六。祝氏特别注重骈俪,

①《四库全书总目提要》谓祝穆系建阳人,谭其骧考证为崇安人。详《论〈方舆胜览〉的流传与评价问题》,载上海古籍出版社《宋本方舆胜览》前言。今从谭说。

故原书以"四六必用"四字冠于书名之前。书内收集了大量与风俗、形势、景物、人物有关的诗、赋，分系于各门、各条之下。专设"四六"一门，更为特点之一。

以直谏而闻名的监察御史昌午作序赞赏此书："辞简而畅，事务而核，各州风物见于古今诗歌记序之佳者，率全篇登入。其事实有可拈出者，则纂辑为俪语，附于各州之末。较之录此而缺彼，举略而遗全，循讹而失实，泛滥于著述而不能含咀其英华者，万万不侔也。"但《四库全书总目提要》评此书："惟于名胜古迹，多所胪列，而诗赋序记，所载独备。盖为登临题咏而设，不为考证而设，名为地记，实则类书也。然采摭颇富，虽无裨于掌故，而有益于文章，摛藻掞华，恒所引用，故自宋元以来，操觚家不废其书焉。"谭其骧认为《四库全书总目提要》谓"名为地记，实则类书"不确，应改为"虽为地记，实兼类书之用"①。这个修正甚当。因为书内有不少珍贵的地理、经济、文化、古迹、风俗的内容。如泉州，在宋代已成为中国对外贸易的重要门户，繁华异常。是书即有零星而又难得的反映：

诸蕃有黑、白二种，皆居泉州，号蕃人巷。每岁以大舶浮海往来，致象、犀、玳瑁、珠玑、玻璃、玛瑙、异香、胡椒之属②。

梯航通九译之重，异国悉归于互市③。

更夸蛮货，皆象、犀、珠、贝之珍；四夷琛赍，聿来驿舌之民④。

外宗分建于维城，中藏阛阓余十万家⑤。

（泉州）图经云、富商巨贾、鳞集其间⑥。

再如文房四宝圣地徽州，书中也有点滴记载：

砚：歙石出于龙尾溪。其石坚劲，大抵多发墨，故前世多用之。以金星为贵，其石理微粗，以手摩之，索个有锋芒者尤佳。余少时又得金坑矿石，尤坚而发墨，然世亦罕有。端溪以此岩为上，龙尾以深溪为上。较其优劣，

---

① 谭其骧：《宋本方舆胜览·前言》。
②《舆地纪胜》卷十二福建路泉州土产蕃货。
③④⑤《舆地纪胜》卷十二福建路泉州四六。
⑥《舆地纪胜》卷十二福建路泉州风俗。

龙尾远出端溪上，而端溪以后出见贵耳①。

纸：有麦光、白滑、水冀、凝霜之目。今歙县绩溪界有地名龙须者，纸出其间。大抵新安之水清澈见底，利以沤褚，故纸如玉雪者，水色所为也②。

文房四宝，尤夸奇产之多③。

是书引用先宋及宋代文献、诗词极多，据卷首《引用文目》达3000余篇(首)。另据统计采录地记、图经约500种，其中绝大部分为宋代方志。在宋代方志存世不足什一的今天，称其为旷世珍宝亦不为过。

六、《祥符州县图经》

《祥符州县图经》以成书于大中祥符年间故名，简称《祥符图经》。因总领纂修者为李宗谔，又称《李宗谔图经》。

是书由李宗谔、王曾纂修。李宗谔，为《太平御览》《文苑英华》修纂者李昉之子。饶阳(今属河北省)人，字昌武，进士及第，累官谏议大夫，多著述。王曾，益都(今山东省青州市)人，字孝先，官右仆射，兼门下侍郎平章事。是书修纂始末，本章第一节已述及。原书1566卷，系宋代最为浩大的总志。靖康之难，遭到损失。南宋绍兴年间编撰《秘书省续编到四库阙书目》时尚存1221卷，列目如下：

《畿内诸县图经》十八卷

《京东路图经》九十八卷

《京西路图经》

《河北路图经》一百六十一卷

《陕西路图经》

《河东路图经》一百一十四卷

《淮南路图经》九十卷

《河南路图经》一百一十四卷

①②《舆地纪胜》卷十六江东路徽州土产。
③《舆地纪胜》卷十六江东路徽州四六。

《两浙路图经》九十五卷

《荆湖南路图经》三十九卷

《荆湖北路图经》六十三卷

《益州路图经》八十二卷

《利州路图经》六十三卷

《夔州路图经》五十二卷

《梓州路图经》六十九卷

《广东路图经》五十九卷

《广西路图经》一百零六卷

元代脱脱修《宋史》时,仅存98卷。明修《永乐大典》时就不见踪迹了。幸有宋元方志有所征引,凭藉辑佚,尚能管窥其鳞爪。《宋元方志辑佚》稿辑其佚文30余则。属于衡州(今湖南衡阳市)者如:

(安仁县)本安仁镇,后唐清泰二年割潭州地置安仁场[①]。

(翻石山)《郡国志》云,昔耒阳县与湘潭争界,立碑为志,后翻复偷送,因名[②]。

属于襄阳府(今湖北襄樊市)者如:

(马窟山)汉时有数百匹马出其中焉,形小似巴滇马。三国时陆逊攻襄阳于此又得马数十匹送建康。蜀使至其家在滇池识其马毛色,云即其父所乘马,对之流涕[③]。

属于惠州(今属广东)者如:

(归善县)本海南郡地,晋为欣乐县地。陈正明三年改为归善县[④]。

属于昌州(今四川大足)者如:

(昌州)风俗大变,深山穷谷,户晓礼义[⑤]。

---

① 《舆地纪胜》卷五五衡州安仁县。
② 《舆地纪胜》卷五五衡州景物上。
③ 《舆地纪胜》卷八二襄阳府景物下。
④ 《舆地纪胜》卷九九惠州归善县。
⑤ 《舆地纪胜》卷一六一昌州风俗形胜。

属于黄州(今属湖北)者如:

(横江馆)晋龙骧将军蒯思建①。

属于威州(今四川理县)者如:

南界江城,岷山连岭而西,不知其极②。

属于剑门关(今四川剑阁县)者如:

(仙女观)在剑门县东五十里北崖顶。唐先天二年置,道士梵修去观仅一里。渡仙女桥有烧丹台。岩畔有仙女影。近代以来改为禅院③。

属于江宁(今江苏南京)者如:

(石硊山)有大垒,悉是石,故名石硊。或云硊,亦作柜。每春夏水溢,众流汇此山,横据秦淮之上,以柜遏水势④。

七、《皇朝郡县志》

《皇朝郡县志》是宋代一部很有影响的总志。《宋史·艺文志》载,范子长撰,一百卷。子长为华阳(今四川双流县)范祖禹之后。字少才,以进士官太学,因上书言灾变,贬知泸州,终知崇宁县。学者称双流先生。收书 8000 余种的《永乐大典》不曾引录,但《明一统志》有征引。刘纬毅编《宋元方志辑佚》稿,辑有佚文 90 余则,记及池州、衡州、岳州、辰州、鄂州、新州、黄州、江陵府、成都府、雅州、淮安军等十多个府、州、军的沿革、山川、古迹、风俗、人物等。如写乳源县(今属广东)沿革:

本曲江县地,隆兴二年,本路诸司言,本州诸县不通水道,欲就曲江县管下洲头津置乳源县,便于催科,水路可通州城。诏从之⑤。

如叙李冰开凿的都江堰:

李冰凿离堆,又开二渠,由永康过新繁入成都,谓之外江;又一渠由

---

① 《方舆胜览》卷五〇黄州堂馆。
② 《方舆胜览》卷五六威州形胜。
③ 《方舆胜览》卷四七剑门关楼阁。
④ (景定)《建康志》卷一七山阜。
⑤ 《舆地纪胜》卷九〇韶州县沿革。

永康过郫入成都,谓之内江。高骈未筑罗城,内外江皆从城西入。自骈筑城,遂从西北作縻枣堰。外江绕城北而东注于合江,内江循城南而与外水俱注江①。

如述鄂州(今湖北武汉市)之赤壁山:

在蒲圻西百二十里北岩乌林,与赤壁相对。即周瑜用黄盖策,焚曹公船处。今江汉间言赤壁者五:汉阳、汉川(即汉川)、黄州、嘉鱼、江夏,惟江夏之说为近。乌林与赤壁既非一地,盖赤壁初战,曹军不利,引次江北,而后有乌林之败,则乌林当在江北②。

如记巴陵(今湖南岳阳市)之得名:

蜀先主称尊号,凡文诰、策命皆刘巴所作。辛葬岳阳,后人因号为巴陵③。

如记辰州(今湖南沅陵县)少数民族仡佬族之风俗:

辰州夷獠杂居,其处城市者,衣服、言语皆华习,而山谷间颇杂徭俗④。

如载安丰军(今安徽寿县)芍陂等池塘:

芍陂,周回三百二十里,灌四万顷。与阳泉陂、大叶陂并孙叔敖作,邓艾修之。淮、广陵等十镇皆仰给于此,疆场丰稔,无复转输之劳⑤。

如状关中至汉中的交通要道子午道:

旧子午道,在金州安康县界。梁将军王神念以沿山避水,桥梁百数,多有毁坏,乃别开干路,更名子午道,即此路是也。诸葛亮首次伐魏,魏延请直从褒中出,循秦岭而东。当子午而北,不十日可至长安。又张郃由子午攻汉中,晋桓温命梁州刺史司马勋出子午道。州东二十里曰龙亭,此出入子午谷之路。至谷六百六十里⑥。

如传静江府(今广西桂林)人物:

王世则,静江人。太平兴国八年以安州贯,中进士第一。端拱中为右正

① 《资治通鉴》后周广顺二年"蜀大水入成都"胡三省注引。
② 《方舆胜览》卷二八鄂州形胜。
③ 《方舆胜览》卷二九岳州山川。
④ 《方舆胜览》卷三十辰州风俗。
⑤ 《方舆胜览》卷四八安丰军山川。
⑥ 《方舆胜览》卷六八洋州山川。

言。淳化中以言储二得罪,知象州①。

如叙江陵府(今湖北江陵县)之寺观:

一柱观,在松滋东丘家湖中。按《渚宫故事》,宋临川王义庆在镇,于罗公洲立观,甚大而唯一柱②。

如述顺庆府(今四川南充)之风俗:

近代儒风尤盛,人物间出,不减果遂之风③。

《皇朝郡县志》之构架,无从知道。根据所辑佚文,可能按宋代政区路、府、州为纲。其范围可能只限于南宋领辖地区。

第三节　府州县志举要

府州县志是方志的主体,约占800多种宋代方志中的90%以上。本书简述10种如下:

一、《长安志》

《长安志》二十卷,宋敏求撰。敏求(1019—1079),赵州平棘(今河北赵县)人,字次道,官龙图阁直学士。曾参加《新唐书》的修纂,编集《大唐诏令集》一百三十卷。他对地志、风物、故实极为关心。尝依唐代韦述《两京新记》例,撰汴都事为《东京记》三卷,又以雍、洛遗事,为《河南志》《长安志》各二十卷。"凡其废兴迁徙,及宫室、城廓、坊市、茅舍、县镇、乡里、山川、津梁、亭驿、庙寺、陵墓之名数,与古先之遗迹,人物之俊秀,守令之良能,花卉之殊尤,靡不备载。考之韦记,其详十余倍。真博物之书也④。"《长安志》修于熙宁九年(1076)。首卷为总叙、分野、土产、土贡、风俗、四至、管县、户口,附杂制八篇;次卷记雍州、京都、京兆尹、府县官;三至十卷为历代古

①《舆地纪胜》卷一百三静江府人物。
②《方舆胜览》卷二七江陵府楼观。
③《明一统志》卷六八顺庆府风俗。
④《玉海》卷十五"唐两京新记"条。

迹；十一至二十卷则为万年、长安、咸阳、兴平、武功、临潼、鄠县、蓝田、醴泉、栎阳、泾阳、高陵、乾祐、渭南、蒲城、鳌屋、奉天、好畤、华原、富平、三原、云阳、同官、美原等县。凡官尹、河渠、关塞、风俗、物产、宫室、街道，无不记载。《四库全书总目提要》称此志："博精宏赡，旧都遗事，藉以获传，实非他地志所能及。"王鸣盛读了《长安志》后感叹地说："美哉，先生才之大而思之深，超出乎流俗绝远也。"《长安志》诚为陕西之宝贵文献。其"远者谨严而简，近者周密而详"的旨意，至今对编修方志仍具有现实意义。

二、《三山志》

《三山志》系南宋的一部名志。福州以其东有九仙山，西有闽山，北有越王山，故别称"三山"。又因福州曾为长乐郡，故陈振孙《直斋书录解题》称之为《长乐志》。撰人梁克家（1128-1187），字叔子，泉州晋江人，绍兴三十年（1160）获廷试第一，累官右丞相，淳熙六年（1179）以资政殿大学士知福州府。淳熙九年（1182）编撰成书，原书四十卷，今本为四十二卷。其三十一、三十二两卷进士题名，清钱大昕认为"乃淳祐中福州教授朱貌孙续入"[1]。其结构分为九大类：卷一至六为地理类，包括叙州、叙县、子城、罗城、夹城、外城、驿铺、津渡、江潮、海道等目；卷七至九为公廨类，包括府治、转运行司、提点刑狱司、提举行司、修造场、柚木场、窑务、船场、灰场、炭场、社稷台、庙学、祠庙等目；卷十至十六为版籍类，包括垦田、户口、僧道、官庄田、赡学田、职田、沙洲田、海田、州县役人、水利等目；卷十七为财赋类，包括岁收、岁贡等目；卷十八至十九为兵防类，包括诸厢禁军、诸塞土军等目；卷二十至二十五为秩官类，包括郡守、州司官、县官、提刑司官、提举学事等目；卷二十六至三十二为人物类，其目曰科名；卷三十三至三十八为寺观类，包括僧寺、道观二目；卷三十九至四十二为土俗类，分土贡、戒谕、谣讦、岁时、物产等目。

《四库全书总目提要》评论："其志主于纪录掌故，而不在夸耀乡贤、侈

---

[1] 清钱大昕：《潜研堂文集》卷二九《三山志跋》。

范成大像

陈名胜，固亦核实之道，自成志乘之一体，未可以常例绳也。其所记十国之事，多有史籍所遗者，亦足资考证，视后来何乔远《闽书》之类，门目猥杂，徒溷耳目者，其相去远矣。"

三、《吴郡志》《桂海虞衡志》

《吴郡志》《桂海虞衡志》二志由范成大纂修。范成大（1126—1193），字至能，号石湖居士，平江府（今苏州市）人，绍兴二十四年（1154）进士，历官吏部尚书、国史院编修，是南宋著名的爱国诗人、著名方志学家，著有《石湖集》一百三十六卷、《湖州石林》一卷等。他从爱国、爱乡的思想出发，前后用 37 年的时间，于绍熙三年（1192）初编成书，汪泰亨等补于绍定二年（1229）。凡五十卷的《吴郡志》，内容翔实，记述当时苏州地区的自然现象、社会现象以及人文的盛衰。所分门类有：沿革、分野、户口税租、土贡、风俗、城郭、学校、营寨、官宇、仓库、坊市、古迹、封爵、牧守、官吏、祠庙、园亭、山、虎丘、桥梁、川、水利、人物（烈女附）、进士题名、土物、宫观、府郭寺、郭外寺、县记、冢墓、仙事、浮屠、方技、奇事、异闻、考证、杂咏、杂志等。其中古迹有两卷；山川和水利共五卷；人物八卷；土物两卷；方技独立成卷。苏州是一个水乡城市，风格迥异的众多桥梁就成了这一城市独特的景观。为了体现地方特色，范成大在志中专设"桥梁门"，以乐桥为中心，分为东北、西北、东南和西南四区，记述了当时 275 座桥。其桥数在南宋京都临安 208 座之上。又如风俗一卷，包括风土、民情、习俗、游宴、灯节、歌舞、奢豪、农器、牛栏、鱼具、吴语、衣冠、聚会等。这些都为后世提供了宋代以前苏州的历史演变以及南宋时期当地的繁荣景况。特别是志中反映了太湖流域的墟田建设,及水田施行稻豆、稻麦、稻菜等多种轮作复种的一年二熟法等,对后世农业生产的发展,大有裨益。《四库全书总目提要》谓:"其书凡分三十九门,征引浩博,而叙述简核,为地志之善本。"

《桂海虞衡志》是范成大于淳熙二年(1175)编撰的又一部方志。"桂海"系今广西,"虞衡"是古代的官名。清代檀萃解释:《虞衡志》者,盖合山虞、泽虞、林衡、川衡以为名,土训之书也。范石湖帅广右,居桂林,为《桂海虞衡志》。夫桂奚有海?其去大海尚隔安南、广东;而以海名者,矜其陆海耳①。"原书三卷,未刊,宋代即散佚。宋《百川学海》、明《古今说海》《说郛》、清《秘书二十一种》等均收有部分篇章。鲁迅于民国11年(1922)9月12日"夜以明抄《说郛》,校《桂海虞衡志》"②。20世纪广西民族出版社出版了齐治平的《桂海虞衡志校补》,四川民族出版社出版了胡起望、覃光广的《桂海虞衡志辑佚校注》。这是当前较理想的版本。今本十三篇为志岩洞、志金石、志香、志酒、志器、志禽、志兽、志虫鱼、志花、志果、志草木、杂志、志蛮等,每篇各具小序。《四库全书总目提要》盛赞此书:"诸篇皆叙述简雅,无夸饰土风、附会古事之习……颇有考证"。

该志记载广西大量的物产,对研究植物学、动物学、药物学及经济地理有十分重要的史料价值。"志蛮"篇更是研究西南少数民族史的珍贵资料。书中记述庆历八年(1048)广源州(今越南高谅省广渊)首领侬智高起兵反宋,陷邕州(今南宁),自立仁惠皇帝,改年号启历③。皇祐五年(1503)宋将狄青镇压后,在广西地区推行土司制度,是为我国土司制度之始。该篇"羁縻州"条称:"有知州、权州、监州、知县、知峒;其次有同发遣、权发遣之属,谓之主户;余民皆称提陀,犹言百姓也。"又云:"分析其种落,大者为州,小者为县,又小者为峒……推其雄长为首领。"类似这些详密的资料,

---

① 清檀萃:《桂海虞衡志·序》。
② 《鲁迅日记》,人民文学出版社1976年版。
③ 年号启历与《宋史》异,《宋史》卷四九五《蛮夷传·广源州》谓"僭称南天国,改年景瑞"。

足补国史之缺漏。

四、《澉水志》

南宋绍定三年（1230）海盐人常棠（字召仲，号竹窗），受海盐县（今属浙江）澉浦镇税兼烟火公事罗叔韶嘱托而撰集的《澉水志》八卷，是现存最早的一部乡镇志。澉水，系澉浦镇的古称，唐开元五年（717）置镇，至宋代，已成为"民物殷藩"之地。该志全面反映了它的历史和现状。八卷分地理、山、水、廨舍、坊巷、坊场、军寨、亭堂、桥梁、学校、寺庙、古迹、物产、碑记、诗咏等15门，卷首冠以镇境舆图。"地理门"下设沿革、风俗、形势、户口、税赋、镇名、镇境、四至八到、水陆路等目；"物产门"下设早稻谷、杂谷、丝布、货、花、果、菜、竹、木、药、禽、畜、海味、河味等目；其他门皆不设目，直接记述。

虽为一镇之志，但不乏史料价值。如记述海岸变化，是研究海洋地理的重要资料："秦皇石桥柱，在秦驻山背。旧传沿海有三十六条沙岸、九涂十八滩。自黄盘山上岸去绍兴三十六里，风清月白，叫卖声相闻……黄盘山，邈在海中，桥柱犹存。淳祐十年，犹有于旁滩潮里得古井及小石桥、大树根之类。验井砖上字，则知东晋时屯兵处。"

五、《建康志》

马光祖修、周应合纂的《建康志》，是很有影响的一部南宋方志。马光祖，字华父，婺州金华（今属浙江）人，曾三任江南东路安抚使。周应合（1213—1280），号淳叟，又号溪园。隆兴府武宁（今属江西）人，淳祐十年（1250）进士，官至实录馆修撰，后为明道书院山长，是一位著名学者。开庆元年（1259）应建康府知府马光祖之邀请，修纂《建康志》。他们研究后决定将乾道、庆元年两次修纂的《建康志》合而为一，增入庆元以后事，正讹补缺，编成一部新志。景定二年（1261）成书，凡五十卷，分录、图、表、志、传五部分，以其体例最佳而驰名。其目录如下：

卷一至四：留都录（建康为六朝故都，南宋又为驻跸之地，故立此目以

记其事)

卷五:建康图(有历代城郭互见图、府城图、各县图等二十幅。附地名考辨)

卷六至一四:建康表总序、建康表(记自然灾害、郡县沿革、疆域分合、秋官更替、军事胜败等。其年月可考者为年表,不可考者为世表)

卷一五至一六:志总序、疆域志

卷一七至十九:山川志

卷二〇至二三:城阙志

卷二四至二七:官守志

卷二八至三二:儒学志

卷三三至三七:文籍志

卷三八至三九:武卫志

卷四〇至四一:田赋志

卷四二至四三:风土志

卷四四至四六:祠祀志

卷四七至四八:古今人表(分正学、孝悌、节义、忠勋、直臣、治行、耆旧、隐德、儒雅、贞女十目)

卷四九:古今人物传

卷五〇:拾遗

后世不少学者对该志给以高度评价。元代方志学家张铉说:"景定志五十卷,用史例编纂,事类粲然。"又说:"修景定志者,用《春秋》《史记》法,述世、年二表,经以帝代,纬以时、地、人、事,开卷了然,与《建康实录》相为表里,可谓良史①。"清代学者孙星衍也认为:"《建康志》体例最佳,各表纪年隶事,备一方掌故。山川古迹,加之考证,俱载出处。所列诸碑,或依石刻书写,间有古字②。"《四库全书总目提要》写道:"援据该洽,条理详明,凡所

---

① (至正)《金陵新志》修志本末。

② 《重刻(景定)建康志》孙星衍后序。

考辨,俱见典核。如论丹阳之名,本出建业;论六朝扬州,尝治建业,后始为广陵一郡之名,皆极精核。光祖序称其'博物洽闻,学力充赡',不诬也。"

六、《临安志》

潜说友于咸淳四年(1268)编纂的《临安志》,是宋代方志中卷帙最多、内容最丰富的一部佳志。潜说友,字高君,处州缙云(今属浙江)人,以能曲意附和贾似道故得高升,尝以中奉大夫权户部尚书,知临安军府事,其人殊不足道。然其书条理井然,体例严谨,内容丰赡,值得肯定。该志原为一百卷,今存九十六卷,缺九十六卷与末三卷。因临安为南宋京都,该志特以十五卷的篇幅,立目"行在所录",记宫阙、郊庙、六部等宫禁曹司之事。其后为府志,计疆域、沿革六卷,山川十八卷,诏令二卷,御制文一卷,秩官九卷,官寺四卷,文事、武备、风土(风俗、户口、物产)、贡赋各一卷,人物十一卷,祠祀四卷,寺观十一卷,园亭、古迹一卷,冢墓一卷,恤民、祥异一卷,纪

咸淳临安志西湖图

遗十二卷。总二十门,每门又各有子目若干。子目内多有序、图、表、考、传,组织严密有序,包含资料丰富。如卷五十八"物产"门,分谷、丝、枲(麻)、货、菜、果、竹、木、花、药、禽、虫、兽、鱼等品。"菜之名"下列举31种蔬菜并加考注。清人汪远孙的评价甚为公允,他说:潜说友知临安时,"贾似道方柄国,志中遇似道衔名,皆提行或空格,未免滋后人之议;然征材宏富,辨论精核,朱先生竹垞称为宋人志乘之最详者①。"此种不以人废言之精神值得称道。

七、《成都志》

庆元五年(1199)袁说友修纂的《成都志》五十卷,是宋代六修成都方志的殿后者。

袁说友,字起岩,建安(今福建建瓯)人,隆兴进士,庆元四年(1198)任华文阁学士、四川制置使兼知成都府。到任后深感蜀地文献之不备,"乃命幕僚掇拾编次,胚胎乎白赵之记(按,即赵抃《成都古今集记》),而枝叶于《续记》之书(按,即王刚中《续成都古今集记》),剔繁考实,订其不合,而附益其所未备,胪分汇辑,稽做古志,凡山川地域、生齿贡赋、古今人物,上下千百载间,其因革废兴,皆聚此书矣②。"是书明初修《永乐大典》时尚存,其后即不知踪迹。《宋元方志辑佚》稿辑其佚文13则,摘录如下:

晋桓温平蜀,始置遂宁郡③。

牛鞞,今简州④。

(成都府路提总刑狱司)大观中移治嘉州⑤。

石泉县皆深山穷谷,土薄地寒,无水田秔秫之利,以荞麦为生⑥。

(遂宁府)郡转运使,建炎间所置,以遂宁为治所。绍兴八年又移利州。

① 清汪远孙:咸淳《临安志·跋》。
② 转引张国淦《中国古方志考》,袁说友《东塘集》卷十八《成都志序》。
③ 《舆地纪胜》卷一五五遂宁府风俗形胜。
④ 《舆地纪胜》卷一四五简州景物上。
⑤ 《舆地纪胜》卷一四六嘉定府。
⑥ 《永乐大典》卷二二一八二引。

今总领财赋盖其职也①。

风俗旧以二月二日为踏青节，都人士女络绎邀赏，缇幕歌酒，散在四郊。历政郡守虑有强暴之虞，乃分遣戍兵于冈阜坡冢之上，立马张旗卓望之。公曰："虑有他虞，不若聚之为乐。"乃于是日自万里桥，以锦绣器皿结彩舫十数只，与郡僚属官分乘之。妓乐数船，歌吹前导，名曰游江。于是郡人士女骈集于八九里间。纵观如堵，抵宝历寺桥，出宴于寺内。寺前创一蚕市，纵民交易。嬉游乐饮，复倍于往年。薄暮方回，公于马上作歌，其略曰："我身岂比狂游辈，蜀地重来治凋瘵。见人非理则伤嗟，见人欢乐生慈爱②。"

古诗云："锦江夜市连三鼓，石室书斋彻五更③。"

琴台，在浣花溪之海安寺南，今为金华寺，城内非其旧④。

唐高僧智浩于中兴寺尝诵《法华经》。邻有龙女祠，龙每夜听之。一夕施以宝珠，浩曰僧家无用，龙以神力化大圆石榴而去。今以水浇之，则"龙宫石宝"四字隐隐可见⑤。

（安福寺塔）大中间建塔，十有三级。李顺之乱，塔毁于火。祥符间重建，仍十有三级。初取材岷山，得青石中隐白昼浮图像，十有三级，梁柱栏楯

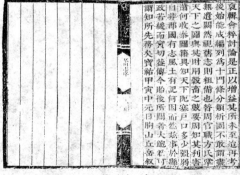

琴川志·序

① 《舆地纪胜》卷一五五遂宁府转运使。
② 《永乐大典》卷八八四四引。
③ 《方舆胜览》卷五一成都府风俗。
④ 《方舆胜览》卷五一成都府楼台。
⑤ 《方舆胜览》卷五一成都府佛寺。

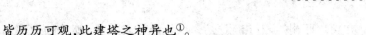

皆历历可观，此建塔之神异也①。

光武伐公孙述，拜张堪蜀郡太守。去职之日，乘折辕车、布被囊而已②。

苏协为陵州推官，子易简，生官舍中。易简父死，不能归左绵，侨居于此。受业于贡士费禹珪。嘉熙末，经兵革，易前宅尚存③。

八、《聚米图经》

此书名称有四：一曰《陕西聚米图经》（宋陈振孙《直斋书录解题》），一曰《西戎聚米图经》（宋尤袤《遂初堂书目》），一曰《康定聚米图经》（宋王应麟《玉海》），一曰《聚米图经》（宋陈骙《中兴馆阁书目》）。"聚米"一词，源出《后汉书·马援传》，谓马援"于帝前聚米为山谷，指划形势，开示众军所从道径往来，分析曲折，昭然可晓"。后人遂以"聚米"作为军事地理的代称。

撰人赵珣，北宋雄州归信（今河北省雄县）人。幼时以骑射闻名，十六岁便被宋仁宗召试便殿，授武官最低职级的三班借职，后历任濠州兵马都监、通事舍人、招讨都监。尝领兵二万，抗击西夏，屡建战功，最后被敌俘，不屈而死。《宋史》本传称其"特好学，恂恂类儒者"。除著《聚米图经》外，还有《五阵图兵事》十余篇。

陈振孙对此书有详细的著录，称："《陕西聚米图经》五卷，阁门通事舍人雄州赵珣撰。珣父振，博州防御使，久在西边。珣访得五路（按，即永兴军路、鄜延路、环庆路、秦凤路、泾原路）徼外山川道里，康定二年为此书。韩魏公经略于朝，诏取其书。召见执政吕许公、宋莒公，言用兵以来，策士之言以千数，无如珣者。擢泾原都监。定川之败死焉④。"

此书元代尚存，胡三省注《资治通鉴》时尝引用，其后亡佚。清初顾祖禹的《读史方舆纪要》偶有抄录，但未超越胡三省注，疑为转引。

《宋元方志辑佚》稿所辑佚文记及延州（今延安）、兴州（今宁夏银川）、

①②《方舆胜览》卷五一成都府名宦。
③《永乐大典》二四〇一引。
④《直斋书录解题》卷七。

灵州(今宁夏灵武)、环州(今甘肃环县)、凉州(今甘肃武威)等地的地理情况。其时宁夏、甘肃等地均为西夏占领,故尤袤著录书此书时,书名冠以"西戎"。

今录佚文9则如下:

唐怀远镇,在灵州北约一百余里①。

凉州,东至会州六百里,西至甘州五百里,南至鄯州三百六十里,北至突厥界三百里②。

绥州故城,见在延州东北无定河川。西至夏州四百里,南至延州界三百四十里,北至银州一百六十里③。

环州洪德寨有归德、青刚两川。归德川在洪德东透入盐州;青刚川在洪德西北,本灵州大路。自此过美利寨入浦洛河,至耀德清边镇入灵州。自此过美利寨后渐入平夏,经旱海中,难得水泉④。

芦关,在延州塞门寨北十五里⑤。

自芦关南入塞门,即金明路⑥。

灵武自贺兰山路过,西至灵〔凉〕州九百里⑦。

灵州南至环州五百里⑧。

灵州西至凉州九百里⑨。

第四节　宋代方志辑佚简目

刘纬毅编《宋元方志辑佚》稿宋代部分有490种,今按现行区划列

---

① 《资治通鉴》后晋天福四年"灵州戍将王彦忠据怀远城叛"胡注引。
② 《资治通鉴》后晋天福六年"凉州军乱,留后李文谦闭门自焚死"胡注引。
③ 《资治通鉴》后唐天成元年"延州言绥、银军乱,剽州城"胡注引。
④ 《资治通鉴》后唐天成四年"康福……至青刚峡"胡注引。
⑤ 《资治通鉴》后唐长兴四年"药彦稠等进屯芦关"胡注引。
⑥ 《资治通鉴》后唐长兴四年"官军自芦关退保金明"胡注引。
⑦ 《资治通鉴》唐天祐三年"灵武节度使韩逊奏吐蕃将凉州"胡注引。
⑧ 《资治通鉴》后晋开运三年"朔方节度晖在灵州"胡注引。
⑨ 《资治通鉴》后唐天成四年"安重诲以灵州深入胡境"胡注引。

目如下:

总志:李宗谔《祥符州县图经》、范子长《皇朝郡县志》。

河南省:《汴京图》《开封府图经》十八卷,李清臣《重修都城记》一卷,《邓州地理志》,李琮修、陈申之纂《相台志》十卷,关良臣《义阳志》八卷,《浮光志》,褚孝锡《新浮光志》《澶州旧记》,(光州)《郡志》,(怀州)《图经》,(陈州)《图经》《宜阳志》,(信阳军)《郡志》,郡守关良臣序《信阳军图经》、(许州)《图经》。

浙江省:(杭州)《图经》《余杭土风记》,(建德府)《图经》,(庆元府)《图经》《绍兴府前志》,(绍兴府)《图经》,(绍庆府)《郡志》,(嘉兴府)《图经》,(嘉兴府)《郡志》,(衢州)《图经》,留元刚修、陈谦纂《永宁编》十五卷,(温州)《图经》,洪遵《东阳志》十卷,《东阳山水记》,(婺州)《图经》,(瑞安府)《图经》,(瑞安府)《郡志》,陈晔修、李皋纂《鄞江志》八卷,《新定志》《新安志》,吴子良修、林表明纂《赤城续志》八卷,(湖州)《山墟名》《嘉兴志》《盐官志》《武原志》,(秀州)《图经》《四明志》《四明图经》《吴兴记》《吴兴新录》,(处州)《郡志》,(处州)《图经》,(台州)《图经》,(台州)《续志》《遂安县图经》《宁海志》《会稽前志》《会稽续志》。

重庆市:(渝州)《旧经》《渝州图经》《渝州志》《重庆府志》《重庆郡志》,刘得礼《夔州图经》四卷,源乾曜《夔州图经》,马导《夔州志》十三卷,《垫江志》《龟陵志》,(合州)《图经》《合州志》《江津旧志》《古涪志》《涪州志》,(涪州)《图经》。

四川省:《成都志》《成都图经》《巴志》《巴中志》,(蜀州)《图经》《蜀志》《南浦记》《南宾志》,李晔序《威安志》《清化志》《通义志》《静南志》,(黎州)《图经》,(黎州)《郡志》,(潼川府)《图经》《潼川旧记》,(嘉州)《图经》,(简州)《郡志》,(蓬州)《郡志》,(雅州)《郡志》,(雅州)《图经》,(彭州)《图经》《普安志》,(绵州)《郡志》,(普州)《郡志》《广汉志》,(大宁监)《图经》《大宁监志》《富顺志》,郭公益编《嘉定志》,(广安军)《图经》,(开州)《图经》,(长宁军)《图经》,嘉定贺寅东序《长宁军志》,(汉州)《图经》,(永康军)《图经》,(石泉军)《图经》,(邛州)《图经》,(龙州)《图经》,(龙州)《郡志》,(达州)《郡志》,(利州)《图经》,(忠州)《图经》,(绍熙府)《图经》《金渊志》《梁益记》《临邛志》《临邛记》《临邛郡续志》《崇庆府志》,(梁山军)《图经》,家子钦《安康郡志》《通川志》《陵井监事迹》,(资州)《郡志》《阆州志》,(信州)《郡志》,(顺庆府)《郡志》,(顺庆府)《图经》《泸州志》《泸州江阳志》《泸州图经》《江阳谱》《江阳谱别集》,(茂州)《图经》,(茂州)《郡志》,杨炎正《宁武志》,孙显祖《靖州图经》,罗畸畴《蓬州志》,(蓬州)《图经》《简州图经》,李嗣文《雅安志》,(雅州)《图经》《集州志》《遂宁志》,(遂宁府)《图经》,杨参之《普州志》,杨泰之《普慈志》《普安志》,(绵州)《图经》《绵州志》《维州志》,(渠州)《图经》《黔州图经》《嘉陵志》,郭茵《阴平县记》《灵池县图经》《仁寿县志》。

贵州省:《遵义军图经》《播州志》《珍州图经》《黔中记》。

广西:张维《广西郡邑图志》(又名《广西郡县志》)①,(贵州)《图经》,(贵州)《郡志》《邕州志》《郁林州志》《藤州图经》,(藤州)《郡志》《融州图经》《融州志》《廉州志》,(廉州)《图经》《象郡志》,(象州)《风土记》,(庆远府)《郡志》《宜阳志》,(全州)《郡志》《苍梧志》《怀泽志》,葛元鹗《武阳志》《武阳记》《清湘志》《容管志》,(宾州)《图经》,(贺州)《图经》,(柳州)《郡志》,(浔州)《图经》《浔州志》《浔江志》《桂林志》《玉融志》《建武志》《廉州志》,(横州)《图经》。

广东省:(广州)《郡志》,(广州)《图经》,陈岘《南海志》,郑雄《番禺杂记》《临封志》,(肇庆府)《郡志》,(肇庆府)《图经》《德庆府志》,(韶州)《郡志》,赵伯谦《韶州图经》,(雷州)《图经》,(雷州)《郡志》,(新州)《郡志》,翁韶《循阳志》,(惠州)《郡志》,(惠州)《图经》,(化州)《图经》《龙川志》,(英德府)《图经》《始兴记》,(英州)《图经》,谭子和《海峤志》《雄州图经》,(南雄州)《图经》《恩平志》,(梅州)《图经》,(高州)《图经》《春州记》《潮阳图

---

① 《宋史·艺文志》著录一卷,然所辑佚文既有今广西事,又有广东雷州半岛和海南省部分县事(其时高州、雷州、琼州皆属广南西路)。可能原书并非一卷。

经》《合浦志》《钦州志》，萧玠《晋康志》《浈阳志》，黄以宁《惠阳志》，廖演《新昌志》，杨产为《保昌志》，赵师岌《潮州图经》，刘若冲《连山县记》，（新州）《郡志》《罨山志》。

海南省：（琼州）《旧经》，赵汝厦《琼管图经》，义太初《琼管志》《万安军图经》。

安徽省：李大东、刘浩然《合肥志》《太平州图经》，林嶒、龚维蕃《永阳志》《滁州志》，宝祐《濡须志》，赵希远、李兼《宣城志》《桐汭志》，赵子直《桐汭新志》《广德军志》，李瞻《旌川志》，王枏《泾川志》，罗愿《新安志》，刘炳、李以申《新安续志》，胡兆《秋浦志》，王伯大《秋浦新志》《舒州志》《泰和志》，（庐州）《郡志》，（和州）《图经》，（宣州）《图经》《滁阳郡志》《徽州志》，（濠州）《郡志》，（歙州）《图经》，（广德军）《图经》《广德军志》《无为郡志》《无为图经》《宁国府志》《池州图经》《池阳记》，（安丰军）《图经》，（安广府）《图经》《安庆府志》，（黟县）《邑图》，郭功甫《含山县记》。

上海市：《嘉定志》。

江苏省：（建康府）《图经》，朱舜庸《建康志》十卷（一名《庆元建康志》），咸淳《镇江志》，（镇江府）《郡志》，（镇江府）《图经》，王晨之（江宁府）《图经》《江阴志》，项预《吴陵志》十四卷，《宜兴旧志》《宝应志》《句容志》，（扬州）《图经》《广陵志》《广陵续志》，宝祐《惟扬志》三十六卷，《吴郡志》《京口耆归传》《都梁志》《招信军图经》《琴川图志》，张侃《句曲志》，（平江府）《郡志》，（平江府）《图经》，（淮安军）《新志》，（常州）《郡志》，周成之修、方逊纂《咸淳溧水志》，（真州）《郡志》，韩挺修、蒋佑纂《绍熙仪真志》七卷，（高邮军）《图经》《高邮志》，（泰州）《郡志》《山阳志》，赵不惭修、孙祖义纂《高邮志》。

福建省：《福州图经》，（福州）《郡志》《福地记》，（建州）《图经》，（漳州）《图经》，（漳州）《郡志》《长乐志》，（兴化军）《郡志》，（邵武军）《郡志》，（邵武军）《图经》，（建宁府）《郡志》，（建宁府）《图经》，《武夷志》《莆田志》，（泉州）《图经》，（泉州）《郡志》，（南剑州）《图经》，（南平军）《郡志》，（南平军）

《图经》,张叔椿修、林光纂《建安志》二十四卷,刘牧《建安续志类编》二卷,胡舜举修、廖拱纂《延平郡志》,赵彦励《莆阳志》十五卷,《清源志》《清漳志》,胡太初修、赵与沐纂《临汀志》。

江西省:《豫章志》《豫章续志》,周梦祥《赣州图经》,(赣州)《郡志》,李盛《章贡志》十二卷,《盱江前志》,胡舜举修、童宗说纂《盱江志》十卷,(建昌)《疆宇志》,(筠州)《图经》,史定之《番阳志》三十卷,周徐序《瑞州志》,吴机《吉州志》三十四卷,(吉州)《图经》,王平叔《建昌军记》,(建昌军)《图经》《袁州图经》,(袁州)《郡志》,(饶州)《郡志》,王自中修、赵蕃纂《上饶志》,张铸《上饶县志》,曹训修、晁百揆纂《浔阳志》十二卷,朱瑞章《南康志》八卷,《南康记》,(南康)《图经》《南康军志》《临江志》《南安志》,(南安军)《图经》,(洪州)《图经》,周必大《卢陵志》《新淦县志》《永丰县志》,赵汝墓修、曾之谨纂《太和县志》十卷,郑兴《浮梁县志》,滕强恕修、林护新纂《宜春志》十卷,刘卿月修、李义山纂《丰水志》六卷,淳祐《江州图经志》《江州图经》《江州志》,洪从龙修、胡升纂《星源图志》,家坤翁修、周彦约纂《临川志》三十五卷,赵善誉《临川县志》,(建昌军)《图经》,王平叔《建昌军记》。

湖南省:《长沙志》《渌江志》十二卷,宋刚仲《衡阳志》,刘涛之修、廖行之纂《衡州图经》三卷,胡介《常德图经》《常德志》《郴州图经》,(郴州)《郡志》,(沅州)《郡志》,吴芸《沅州图经》四卷,《武阳记》《沅陵记》,田渭《辰州风土记》六卷,(辰州)《图经》,李韦之《邵阳图志》三卷,《武冈军志》,刘子澄《武陵图经》十四卷,《岳州志》《郎陵地图》,周端朝《桂阳志》五卷,郑绅编《桂阳志》,郑昉《都梁志》二卷,(茶陵军)《郡志》,(茶陵军)《图经》《永州志》《春陵图经》《零陵志》,(靖州)《图经》《澧州图经》,(潭州)《图经》。

湖北省:(汉阳军)《郡志》,(鄂州)《图经》《鄂州志》《寿昌军志》,(寿昌军)《郡志》《汉阳军图经》,高夔修、刘宗纂《襄阳志》四十卷,《秭归志》《雍州记》,(归州)《郡志》,王信修、许中应纂《武昌志》三十卷,《江陵志》,(江陵)《图经》,厉居正《齐安志》二十卷,许靖夫《齐安拾遗》一卷,(光化军)《图经》,陈宇《房州图经》三卷,《武当记》,(枣阳军)《图经》《汉东志》,(澧州)《图经》《澧州志》《澧阳志》,(峡州)《郡志》,(郢州)《图经》,(施州)《图经》,段子游《均州图经》五卷,《均阳郡志》,黄环《夷陵志》六卷,《濠梁志》。

河北省:(真定府)《图经》,(霸州)《图经》,(瀛州)《图经》,(沧州)《图经》,(磁州)《图经》,(祁州)《图经》,(广信军)《图经》,(永宁军)《图经》,(莫州)《图经》,(赵州)《图经》,(洺州)《图经》。

山东省:(濮州)《图经》,(郓州)《图经》,(永静军)《图经》,(青州)《地志》。

山西省:《平晋图经》,(榆次)《图经》,(威胜军)《图经》,(宁化军)《图经》,朱弁《应州记》。

陕西省:《兴元志》,(兴元府)《图经》《安康郡志》,(金州)《图经》《汉中记》《池阳记》,(大安军)《图经》,(大安军)《郡志》,(凤州)《图经》,(凤州)《郡志》《梁州记》《南岐志》,郑郿序《洋川志》,(洋州)《郡志》,《宜州旧志》《保安旧志》,(延安府)《旧图经》《延安旧志》《府谷旧郡志》《新秦旧经》,(沔州)《郡志》,(沔州)《图经》。

甘肃省:李修己《同谷志》十七卷,(同庆府)《郡志》,(西和州)《图经》,张士佺《西和州志》十九卷,(文州)《图经》《和政旧志》。

第五节 宋代方志的历史价值

宋代方志在方志体制上的转型和志书数量的猛增,使人格外注目。其编撰者又多注重实地调查、广搜博采,论沿革、志时政、摭故实、采风物、彰贤良、存文献,使方志成为地方百科全书,因而他们给后世留下了全面而又丰富的珍贵史料。突出的有下列几个方面:

一、地理方面

"地者,元气之所生,万物之祖也。"凡方志无不载明土地、山脉、水体等

149

有关地理要素。如谈钥纂《吴兴志》记载水体有湖、潭、溪、涧、洲、浦、川、水、汇、湾、漾、泾、渚等 13 类。方志对某些奇异现象更纤细必究。如（淳祐）《临安志》卷十所载至和三年（1056）吕昌明重定的浙江"潮候表"，极为珍贵。吕氏根据长期实测的结果，将每月海潮涨落的时辰和潮汐的大小程度记录下来，对于往来船舶适应潮汐涨落避免不测，有极大的实用价值。元代宣昭从《临安志》中发现潮候表，如获至宝，将其刻在石碑上立于钱塘江边，以便舟人注意潮候。吕昌明的这个潮候表，比欧洲最早的"伦敦桥涨潮表"要早两个世纪，受到国外科学家的高度评价。李约瑟谓："说到潮汐表的系统编制，中国人显然早于西方，照我们已见到的说，至少可以追溯到九世纪"①。

如赤壁之战遗址，祝穆撰《方舆胜览》就予以辨正谓："在蒲圻县西百二十里。北岸乌林与赤壁相对，即周瑜用黄盖策，焚曹公船处。今江汉间言赤壁者有五：汉阳、汉川、黄州、嘉鱼、江夏。惟江夏之说为近。乌林与赤壁既非一地，盖赤壁初战，曹军不利，引次江北而后有乌林之败。则乌林当在江北。"②今蒲圻县已建为文物旅游胜地。

如蜀秦之间交通要道——金牛栈道，在三泉县（今陕西宁强县阳平关）之桥阁"共一万玖仟叁百壹拾八间，护险偏栏共四万七千一百三十四间"③。秦岭南北重要通道——褒斜道，在兴元府（今陕西汉中）"西北入斜谷路，至凤州界一百五十里，有栈阁二千九百八十九间，板阁二千八百九十三间"④。现今虽无交通意义，但遗迹残存，仍能给人们以历史遐思。

二、水利方面

"水在地中，犹人之血脉"。"稼，民之命也；水，稼之命也。"⑤宋人如此看待水与人类之关系，方志也就对水利特别关注。如《豫章志》对江西南昌

① 〔英〕李约瑟：《中国科学技术史》第 4 卷第 786 页。
② 《方舆胜览》卷二八鄂州。
③ 《舆地纪胜》卷一九一大安军景场上"桥阁"。
④ 《舆地纪胜》卷一八三兴元府景物上"斜谷路"。
⑤ 宋陈耆卿：《奏请急水利疏》，载黄淮、杨士奇《历代名臣奏议》卷二五三。

东湖之水利工程有全面的历史记载：

东湖，在郡东南，周广五里。郦元云：东湖，十里一百二十六步，北与城齐，回折至南塘，本通大江，增减与江水同。汉永平中，太守张躬筑堤，以通南路，谓之南塘，以潴水。冬夏不增减，水至清深，鱼甚肥美。每夏月以水泛溢塘而过，居民多被水害。宋景和年，太守蔡兴宗于大塘上更筑小塘以节水，为水门，水盛则闭之，多则泄之。自此水患少息矣。唐贞元二年，都督张廷珪奏改曰放生池，而立碑焉。五年，江水逾塘一丈，观察使李巽躬率吏民以土囊固护，立碑以志其事。碑既亡，九年，观察使齐映复加修筑。元和三年，刺史韦丹复建南塘斗门，以泄暴涨。绕湖筑堤，高五尺，长十二里。明年，江与堤平，无复水害。元和十三年，道州刺史韩衡作《东州亭记》。宣宗时，塘东有三亭，曰孺子，曰碧波，曰涵虚。乾符中，因乱悉废。今复葺①。

长汀县之汤泉，《临汀志》亦有完整的反映：

汤泉，在长汀县南四十五里，曰何田市。周数十丈，能熟生物。绍兴间，县丞江灏力请于郡，垒石池之，钓流渠之。又疏寒泉以破其烈。异向为两浴室，使男女有别。旁结庵名无垢。环绕皆汤，惟佛殿后正中有井泉清冽，后因作露台于上，泉遂堙塞，识者惜之。长汀尉李格为之记。一在长汀县南百里安仁保，由石窦中潨溢如拖绅，溉田甚袤②。

家坤翁纂修的《临川志》，将临川(今江西抚州)城内43口井的位置③，900多个陂塘的名称，一一记录在册④。

张声道纂的《岳阳志》，记载洞庭湖之历史变化、入湖河流、四季水势、风景古迹的文字达1000余言⑤，宛如洞庭小史。

三、户口方面

"户籍为邦国之本,庶事之所出。"户口历来是方志的重要内容,但先宋之史书、地志只写户数、口数,比较简略。宋代方志则大多克服了这一缺陷。如《太平寰宇记》首次在方志中分别记载主户、客户的数字。主户为有土地者,客户为无土地的客居和佃户。这就成为后人研究人口地理学、农业经济史有关户口的重要资料来源。再如辑佚的(开庆)《临汀志》,在"户口"门内,记述了历史人口变化:

汀,初隶晋安,为新罗县。唐开元间,福州长史唐循忠,携引诱逋逃户三千余置郡。贞元杜佑作《通典》,户五千三百三十,口万五千九百九十五。迨宋朝承平日久,生聚日滋。《元丰九域志》已载主户六万六千一百五十七,客户一万五千二百九十九,视唐既数倍。庆元《旧志》,载主客户二十一万八千五百七十,主客丁四十五万三千二百三十一,视元丰又数倍。虽中更绍定寇攘,因以饥馑流亡,几致减半。数年来,寻复其旧,有以见宋朝鸿恩庞泽涵育之深云[①]。

该志记宋代的户口,更注重人口的构成,分别将坊市、乡村的主、客户中的户、丁、老小单丁、残疾不成丁的数目,一一记入志中,是为历史人口学的难得资料。

四、文教方面

"文以载道,教以兴邦",宋代文教事业有了大发展。州县之学、书院、私学等遍布各地,读书风气日盛,科举制度较为健全,方志中均有不同程度的反映。如四十卷的(景定)《建康志》,即以十卷篇幅写儒学与文籍之事。《儒学志》记载东晋至宋代的太学、府学、县学、明道书院、贡院之创立、地址、建筑、设施、教授题名、课程内容、敬祀先贤、历代贡士、进士名录等等。《文籍志》记录当地藏书经、史、子、理学等 10 大类 300 多种图书,一一列目。中国雕版印刷书籍始于唐而兴于宋,今南京在宋代刻书事业即相当

① 《永乐大典》卷七八九〇汀字引。

繁荣。志中记所刻 68 种书籍、20216 块书版保存完好，是中国雕版印刷史上的重要史料。再如福建南平市，宋代就"家乐教子，五步一塾，十步一庠，朝诵暮弦，洋洋盈耳"[①]。广东梅州人多读书，宋王象之即称："梅人无植产，恃以为生者，读书一事耳。（方渐）所至以书自随，积之至数千卷，皆手自窜定。就寝多不解衣。林艾轩质之，公曰：解衣拥衾会有所检计，则怀安熟寐矣！增四壁为阁以藏其书，榜曰富文[②]。"

《临汀志》专设"进士题名"目，将唐大中十年（856）至宋开庆元年（1259）间本籍 120 名进士，逐一介绍登科年代与主要官职[③]。

《福州图经》以人才为耀，称："晋永嘉中，衣冠移闽，自是畏乱，无复土者。故六朝之间，仕宦名迹晦如也。唐兴，天下翕然尚文，神龙中州人薛令之始登第。其后李锜、常衮，咸以崇学校为意。于时，海滨之地几及洙泗，如欧阳詹、林蕴咸登于朝[④]。"

五、物产方面

物产是人类赖以生存的物质基础，历来是方志必记的重要内容。宋代方志记录了许多宝贵的资料。浙江农业大学游修龄从 12 种宋代方志中，发现籼粳稻品种 155 个、糯稻品种 57 个，共计 212 个品种，从而掌握我国历史上较早且又最多的水稻品种资源，并进而论证了品种资源的继承性、变异性和多样性[⑤]。

又如《仙溪志》卷一详细记载福建仙游县丰富的农产、畜牧、手工、工矿等物产及其工艺流程，是十分难得的资料：

县境依山濒海，故水陆之产，足于他邦。五谷之种，随所宜树；六牲之物，随所宜畜。酒则以糠为曲，盐则编竹为盆。货殖之利，则捣蔗为糖，渍蓝

①《舆地纪胜》卷一三三南剑州风俗形胜引《延平志》。
②《舆地纪胜》卷一〇二梅州官吏方渐。
③《永乐大典》卷七八九四汀字引。
④《舆地纪胜》卷一二八福州风俗形胜引。
⑤ 游修龄：《方志在农业科学史上的意义》，载《中国地方志总论》。

为靛。红花可以朱,茈草可以紫。布帛之幅,则治麻与蕉,织丝以纻。纱出于土机者最精,绸罽于蚕户者为良。用物则窠蜂而取蜜,且溶其房以蜡。灰砺而柔竹,则蒸其屑为纸。炼铅而粉,采柏而烛,凝土而燔之窑,则埏埴之器通于三邑,煮铁而出之模,则鼎釜之利及于旁郡。

(嘉泰)《吴兴志》卷二十"物产"记载柑桔品种较详,说:柑有乳柑、沙柑、青柑、山柑、注柑、朱柑、黄柑、石柑;桔有朱桔、乳桔、塌桔、山桔。对研究柑桔的发展历史,具有参考价值。

建宁府(今福建建瓯)历来以茶名世。其《图经》即有记载:

北苑焙,在府城东。建安出茶,北苑为天下第一。杨文公《谈苑》云,建州茶,陆羽《茶经》尚未知之。近方有蜡面之号。每岁不过五六万斤。今岁出三十余万斤,凡十品,曰龙凤、□茶、京挺、的乳、白乳、头金、蜡面、头骨、次骨、龙茶,以供乘舆及赐予,丁谓为《北苑茶录》三卷,备载造茶之法,今行于世①。

六、民族关系方面

中国是个多民族的国家,历史上民族之间有纷争,但更多更长久的是和解与融合。宋修《渝州志》即记载了宋朝汉族与川黔少数民族间的关系称:

黔涪徼外有西南夷部,汉牂牁郡,唐南宁州牂牁昆明、东谢、南谢、西赵、充州诸旁,相为联属。宋初以来有龙蕃、方蕃、张蕃、石蕃、罗蕃者,号五姓蕃,皆常奉职贡受爵命。治平四年十二月知静蛮军蕃落使守,天圣大王龙异阁等入见,诏以异阁为武宁将军。其属二百四十一人各授将军及郎将。熙宁元年有方异现、三年有张汉兴各以方物来献,授异现静蛮军、汉兴捍蛮军并节度使。六年龙蕃、罗蕃、方蕃、石蕃八百九十人入觐,贡丹砂、毡、马,赐袍带、钱帛有差。其后比岁继来龙蕃众至四百人,往迈万里。神宗

---

① 《舆地纪胜》卷一二九建宁府景物下引。

悯其勤，诏五姓蕃五岁听一贡，人有定数，无辄增，及别立首领，以息公私之扰。命宋敏求编次诸国贡奉录，客省四方馆撰仪皆著方式①。

《涪陵志》（按，涪陵即今重庆市涪陵区）亦有类似者：

俗有夏巴蛮夷。夏则中夏之人，巴则廪君之后，蛮则槃瓠之种，夷则白虎之裔。巴夏居城部，蛮夷居山谷。②

七、劳动人民生产与疾苦方面

《桂海虞衡志》中称"以舟楫为家，采海物为生"的蜑家人原始的采珠方式："没水采取，旁人以绳系其腰，绳动摇则引而上。先煮毳衲极热，出水急覆之。不然寒栗而死。或遇大鱼蛟兽诸海怪，为鬐鬣所触，往往溃腹折肢，人见血一缕浮水面，知蜑死矣。"范成大最早详细叙述原始采珠方式及采珠生涯的艰险。

（景定）《严州续志》载：咸淳四年（1268），建德县大旱，"方数千里，颗粒无收。至明年春，乃捣乌昧、采芜菁，又屑山木之肤以为食。"又载："嘉熙四年严州夏秋大旱，明年春，民以橡、蕨救死，路殍相枕藉。"读之使人毛骨悚然。

八、对外贸易方面

宋代对外贸易，比之以往也有了显著的发展。周去非《岭外代答》谓，往来于广州至阿拉伯港口的海船"舟如巨室，帆若垂天之云，柁长数丈"。（宝庆）《四明志》在"叙赋"门专设"市舶"一目，反映宁波设置市舶司的历史及其重要位置。宁波在当时海外贸易有四路，一为高丽（今朝鲜），一为日本，一为占城（今越南南部），一为"外化"（志中未说明什么地方，可能为东南亚）。每路均记其通商货物的品名。如与朝鲜通往之杂货，"细色"有银子、人参、麝香、红花、茯苓、蜡。"粗色"有大布、小布、毛丝布、绸、松子、松花、栗、枣肉、榛子、榧子、杏仁、细辛、山茱萸、白附子、芜荑、甘草、防风、牛

---

① 明曹学佺：《蜀中广记》卷三八边防记上川东引《渝州志》。
② 宋祝穆《方舆胜览》卷六一涪州风俗引。

膝、白术、远志、姜黄、香油、紫菜、螺头、螺钿、皮角、翎毛、虎皮、漆、青铜器、双戤刀、席、合覃。四路通商之货物达200多种。《四明续志》载:庆元府、温州、台州三郡有一丈以上的船3833只,往来于海上。市舶司每岁进口税收"二三万缗"。

第六节　原创的方志理论

随着方志的发展和完备,一些具有实践经验的饱学之士,将其经验概括为理论。尽管还没有形成系统完整的著作和文章,仅散见于方志的序跋、凡例中,但其初创之功不可泯没。正是这些零圭散璧,一方面引导着方志质量的进一步提高,另一方面为后世方志学的创立准备了条件。归纳起来,宋代方志理论主要表现在以下五个方面。

一、方志有其产生和发展的历史过程

宋人继往开来,开始注意对方志史的探讨。李宗谔谓:"地志起于史官,郡记出于风土。昔汉萧何先收图籍,赵充国图上方略,光武按《司空舆地图》封诸子,李恂使幽州图山川,并缮定封域,章施丹彩。今闰年诸州上地图,亦其比也。图则作绘之名,经则载言之别[1]。"元丰《吴郡图经续纪》的撰者朱长文谓:"方志之学,先儒所重,故朱赣风俗之条,顾野王舆地之记,贾耽十道之录,称于前史[2]。"

二、对方志的性质进行了探讨

史学家司马光认为方志是"博物之书",也就是百科全书的意思。他为《河南志》写的序说:"凡其废兴迁徙,及宫室、城郭、坊市、第舍、县镇、乡里、山川、津梁、亭驿、庙寺、陵墓之名数,与古先之遗迹,人物之俊秀,守令

[1]《玉海》卷一四"祥符州县图经"条。
[2] 宋朱长文:《吴郡图经续记·序》。

之良能，花卉之殊尤，无不备载。考诸韦记①，其详不啻十余倍，开编粲然，如指诸掌，真博物之书也②。"《广陵志》主修郑兴裔认为方志就是地方的历史。他说："郡之有志，犹国之有史，所以察民风，验土俗，使前有所稽，后有所鉴，甚重典也③。"

三、方志修撰者对于方志的功能与作用亦多有阐述

宋人方逢辰为《新定续志》作的序，认为方志不仅是地方官吏从政的"顾问"，还有助于当朝减少民间疾苦④。马光祖的《建康志·序》，对志中各个部分的作用评论为："忠孝节义，表人材也；版籍登耗，考民力也；甲兵坚瑕，讨军实也；政教修废，察吏治也；古今是非得失之迹，垂劝戒也。夫如是然后有补于世。"林虙为《吴郡图经续记》写的《后序》也指出："举昔时牧守之贤，冀来者之相承也；道前世人物之盛，冀后生之自力也；沟渎涤浚水之方，仓庾记裕民之术，论风俗之习尚，夸户口之蕃息，遂及于教化礼乐之大备，素在于天下者也。"郑兴裔为其所修《合肥志》写的序称：方志可以鉴古知今有助当务，谓"不师古宜今而欲有为，譬之闭门造车⑤。"

四、方志应当古今兼记

宋《十八路地势图》的编纂者吕南公指出："知古而不知今，其为儒也腐；知今而不知古，其为儒也浅⑥。"方志的重点应放在什么地方呢？宋人赵彦若明确提出应该"远者严谨而简，近者周密而详"⑦的原则。用我们今天的习惯说法，就是"详今略古"。

---

① 韦记：指唐代韦述撰《东京记》。
② 《司马温公文集》卷六六《河南志·序》。
③ 转引自张国淦《中国古方志考》：《广陵志》郑兴裔序。
④ 宋方逢辰《新定续志·序》："是编之作，非惟可以备顾问，亦可以少助宵旰民广之万一也。"转引自张国淦《中国古方志考》。
⑤ 转引自张国淦《中国古方志考》：《合肥志·序》。
⑥ 转引自张国淦《中国古方志考》：《十八路地势图》吕南公序。
⑦ 宋赵彦若：《长安志·序》。

五、如何才能编好一部地方志呢? 首先得实地调查,并广泛阅览文献典籍

祝穆在其《方舆胜览·序》中谓:"雅有意于是书,尝往来闽、浙、江、淮、湖、广间。所至必穷登临,与于有连每相见必孜孜访风土事。经史子集,稗官野史,金石刻,列郡志,有可采摭,必昼夜抄录无倦色,盖为记载张本也。"周应合编纂《景定建康志》的经验最有代表性:一要制订一个严谨的凡例,有纲有目,纲举目张;二要"分事任",即编修人员有明确的分工;三要"广搜访",要不厌其烦地广搜博采,"凡自古及今,一事一物、一诗一文,当入图经者,不以早晚,不以多寡",一律收集;四要"详参订",要认真地参订考证,对于怪诞、虚妄等一切不实之处,一律删去。

这些经验之谈,在今天看来也还具有一定的参考价值。

第七节　辽金方志书目考

与宋朝先后对峙的契丹贵族政权辽国和女真贵族政权金国,虽然在政体、官制、文教上,均吸收中原文化之优长,但对方志事业较为漠视,几乎成了方志史上的空白。今作书目考,以引起人们的关注。

《契丹疆宇图》　宋尤袤《遂初堂书目》地理类著录。宋陈振孙《直斋书录解题》卷八地理类著录一卷,并谓"不著名氏,录契丹诸夷地及中国所失地"。《宋史·艺文志》著录二卷。约元代末年佚。

《契丹地理图》一卷　《宋史·艺文志》史类地理类著录,约元代末年佚。

《契丹志》一卷　宋王曾撰,《宋史·艺文志》史类地理类著录。

《契丹夏州事迹》一卷　《通志·艺文略》地理类著录,佚。

《辽四京记》一卷　《直斋书录解题》地理类著录,谓:"亦无名氏。曰东京、中京、上京、燕京。"

《幽都图经》 清倪灿撰、卢文弨补《补辽金元艺文志》、清金门诏撰《补三史艺文志》均未著录。赵万里辑校《元一统志》卷一大都路古迹"传法院"引。考幽都县，唐建中二年（781）置，辽开泰元年（1012）改名宛平县，此志当为辽代之作。

《燕台土地记》 《补辽金元艺文志》《补三史艺文志》均未著录（以下简称未著录）。赵万里辑较《元一统志》卷一大都路古迹"仙露寺"引。考燕台，又称金台、黄金台，战国时燕昭王筑，在今河北易县东南。引文记止重熙九年事，当为辽代之作。

《金初州郡志》 《金史·地理志》中都路安肃州安肃注引，佚。

《正隆郡志》 《金史·地理志》南京路河南府注引，佚。

《金大定职方志》 未著录。赵万里辑校《元一统志》卷四吴堡县、葭州、会州古迹黄河堰、河池4引。顾名思义当为金国总志。

《金人疆域图》 未著录。《资治通鉴》卷二六七后梁开平二年"上平关"胡三省注引，卷二六八后梁乾化三年"顺州"胡注引，卷二八二后晋天福五年"桐墟"胡注引，天福六年"博野"胡注引。卷二八六后汉高祖天福十二年"锦州"胡注引，卷二八八后汉乾祐二年"建州"、"狄水镇"胡注均引，卷二九四后周显德六年"雄州"、"霸州"、"独流口"胡注俱引。共9引，为金国总志。

《金虏图经》 宋张棣撰，《三朝北盟会编》卷二四四引录。

《补正水经》五卷 钱大昕《补元史艺文志》作三卷。金蔡珪撰，见《金史》本传，佚。

（燕京）《旧记》 未著录。赵万里辑校《元一统志》卷一大都路"昌平县"、"仰山"、"宝集寺"、"寿圣寺"、"奉富寺"、"龙祥观"6引。引文论事止于大定、明昌，当为金代方志。

《晋阳志》十二卷 金蔡珪撰，见《金史》本传，佚，《永乐大典》有引。

（寿阳）《旧经》 未著录。赵万里辑校《元一统志》卷一"故寿阳城"、"冲天神庙"皆引。

（保德州）《旧志》　未著录。赵万里辑校《元一统志》卷一"赤山"引。

（管州）《旧经》　未著录。赵万里辑校《元一统志》卷一"静乐故城"引。

（清源）《旧经》　未著录。赵万里辑校《元一统志》卷一"梗阳大夫庙"引。

（岚州）《旧志》　未著录。赵万里辑校《元一统志》卷一"古长城"引。

（孟州）《旧经》　未著录。赵万里辑校《元一统志》卷一"原仇府"、"藏山庙"皆引。

（忻州）《旧经》　未著录。赵万里辑校《元一统志》卷一"九原关"引。

（阳曲）《旧经》　未著录。赵万里辑校《元一统志》卷一"风穴庙"、"狼虎村"引。

（平晋）《旧经》　未著录。赵万里辑校《元一统志》卷一"纣祠"、"华塔院"引。

（太原）《旧郡志》　未著录。赵万里辑校《元一统志》卷一"风俗形势"2引。

（祁县）《旧经》　未著录。赵万里辑校《元一统志》卷一"温彦将墓"引。

（文水）《旧经》　未著录。赵万里辑校《元一统志》卷一"猷水"引。

（太谷）《旧经》　未著录。赵万里辑校《元一统志》卷一"酎泉水"引。

《云中图》　《析津志》寺观"西京大石窟寺"引。

（蔚州）《土地志》　未著录。赵万里辑校《元一统志》卷一上都路"枚回岭"引。

（南阳）《旧图经》　未著录。赵万里辑校《元一统志》卷三南阳府2引。

《碣石志》　金吕贞干撰，钱大昕《补元史艺文志》地理类金代部分著录，佚。

《辽东行部志》一卷　金王寂撰，钱大昕《补元史艺文志》地理类金代部分著录，佚。

《鸭江行部志》一卷　金王寂撰，钱大昕《补元史艺文志》地理类金代部分著录，佚。

第七章 拓展时期（元朝）

第一节　颁发具有划时代意义的《大一统志凡例》

在金国大举伐宋时，地处朔漠的蒙古部族迅速崛起。宋开禧二年（1206），铁木真称成吉思汗，建立了蒙古帝国。它相继征西域、平西夏、定大理、灭金源后，于蒙古至元八年（1271）改国号为元，迁都于中都（次年改名为大都，即今北京）。至元十六年（1297）灭亡南宋。这是继秦、汉、隋、唐之后，神州大地再次实现了大一统。其疆域超越了汉唐。《元史·地理志》谓："北逾阴山，西极流沙，东尽辽左，南越海表。盖汉东西九千三百二里，南北一万三千三百六十八里；唐东西九千五百一十一里，南北一万六千九百一十八里。元东南所至不下汉唐，而西

成吉思汗像（中国历史博物馆藏）

北则过之，有难以里数限者矣①。"特别是设置"吐蕃等处宣慰司都元帅府"，上隶中朝之宣政院，下辖乌思、藏、纳里速古鲁孙三路宣慰使司，使今西藏从此正式纳入中国版图，更具历史意义。

---

① 蒙古平西域后，成吉思汗封其子孙建立四个汗国。钦察汗国，都萨莱城（今俄罗斯伏尔加河下游之阿斯特拉罕），辖咸海及里海以北地区。明成化十六年（1480）为莫斯科公国所灭。窝阔台汗国，都叶密立（今新疆额敏县），辖额尔齐斯河上游及巴尔喀什湖以东地。元至大三年（1310）并入察合台汗国。察合台汗国，都阿力麻里（今新疆霍城县西北），辖今新疆、中亚巴尔喀什湖、锡尔湖之间及阿富汗、巴基斯坦部分地。明洪武三年（1370）为帖木儿帝国所灭。伊尔汗国，都帖必力思（今伊朗大不里士），辖地以波斯和小亚细亚为中心，明洪武二十年为帖木儿帝国所灭。四汗国名义上尊奉元朝皇帝为宗主，为"宗藩之国"；实际上具有独立或半独立的地位。

蒙古帝国,凭藉"马背民族"骁勇强悍,精骑善射,武力征伐西亚、东欧一些国家,理应遭受历史谴责。然在中华大地上实现空前的大一统,并用汉族创造的先进文化治理国家,则应肯定。《元史纪事本末》称:"自太祖、太宗即知贵汉人,延儒生,讲求立国之道。"成吉思汗用博极经史的耶律楚材为相,立国规模多出其手。忽必烈用儒士刘秉忠、许衡、姚枢等为重臣,尊孔孟,倡文教,实践"国以民为本,民以食为本,衣食以农桑为本"的理念;劝农桑,兴水利,使大一统后一度呈现稳定繁荣景象。

地方政区是国家机器的重要组成部分,如何将地方纳入中央政府有效管制之下,从来就是每个改朝换代者面临的重要课题。元世祖即位后,采用汉制建立中书省,为全国最高行政机构,划国内为河南、陕西、四川、甘肃、云南、湖广、江浙、江西、岭北、辽阳十个行中书省(简称行者或省),形成"都省握天下之机,十省分天下之治"的政治格局[①]。比唐宋一级政区的设置更为得力,因之为后世效法,省的建制延续至今。

大一统是中华民族的共同愿望,是社会发展之所趋。汉代经学大师董仲舒即谓"春秋天一统者,天地之常经,古今之通谊也"[②]。

大一统的开创者,无不重视国史和方志的编修。二十四史中,《宋史》《辽史》《金史》三史,即为元朝翰林国史院所组织编修;而且还留传下第一部用蒙古文写的史书《蒙古秘史》[③]。

元世祖忽必烈在至元二十二年(1285),命著作郎"大集万方图志而一之,以表皇元疆里无外之大"[④]。越二年又命秘书少监虞应龙"将古今书史传记所载天下地理、建置、郡县沿革事迹、源泉山川、人物及圣贤赋咏等,分类编述,自成一书。取《汉书》王吉所云:'春秋所以大一统者,六合同风',名其书曰《统同志》,藏在秘府"[⑤]。

---

① 白寿彝总主编:《中国通史》第八卷元时期(上)。
② 《汉书·董仲舒传》。
③ 原本系维吾尔文,元仁宗时由察罕译成蒙古文。明洪武十五年由火原洁、马懿亦黑二人译成汉文,改名《元朝秘史》。
④⑤ 元王士点《秘书监志》卷四纂修。

元成宗孛儿只斤铁穆尔,是中国方志史上又一位不可忽略的皇帝。他继承帝位刚四个月,便于至元三十一年(1294)八月命秘书监"编写《至元大一统志》,每路卷首必用地理小图"。元贞二年(1296)十一月初二日又命著作郎呈粘连到制订了具有划时代意义的《大一统志凡例》。原文如下:

《大一统志凡例》:

一、某路

所辖几州

开

本路现管几县

开

二、建置沿革

禹贡州域

天象分野

历代废置:周、秦、汉、后汉、晋、南北朝、隋、唐、五代、宋、金、大元

一、各州县建置沿革

一、本路亲管坊、郭、乡、镇

一、本路至上都、大都并里至

一、各县至上都、大都并里至

一、名山大川

一、土山

一、风俗形胜

一、古迹

一、寺观、祠庙

一、官迹

一、人物

这个《凡例》是中央政府制订的第一个比较规范化的修志文件。但在实践中发现各路报送的方志中关于四至八到不够具体,因而五年后,即元

成宗大德五年(1301)八月,秘书监又制订出补充性规定——《四至八到坊郭体式》。原文为:

某路、某县里至

　　某方至上都几里　某方至大都　某方至本路　某文至本州(并依上开里数,如隶本路者去此一行)　东至某处几里(至是至各处界)　西至　南至　北至　东到(到是到各处界)　西到　南到　北到　东南到　西南到　东北到　西北到(并依上开里数)

坊郭乡镇

　　领几乡

《凡例》和《体式》的颁布,大大推动了方志事业的发展。据统计,元代总志有《大元大一统志》等8种,行省志有《云南图志》《云南志略》《甘肃图志》《辽阳图志》4种;路、府、州、县志有《大都图册》《保定路志》,而且还出现了中国第一部用木活字印刷的《旌德县志》,总计311种,而今存者不足什一。

第二节　元代方志举要

一、《大元大一统志》

是书有两个版本:一是至元二十八年(1291)秘书监札玛里鼎、秘书少监虞应龙的进呈本,七百五十一卷[①],四百五十册。后因陆续得到《云南图志》《甘肃图志》《辽阳图志》,遂命集贤大学士字兰禧、昭文馆大学士秘书监岳铉重修,于大德七年(1303)成书,六百册,一千三百卷[②]。至正六年(1346)刊刻于杭州。此本通称再修本,约散佚于明代。今有郑振铎《玄览堂丛书续集》所收残本三十五卷,金毓黻所辑《大元大一统志》残本十五卷、

---

①　据许有壬《大一统志·序》、清钱大昕《元大一统志残本跋》。
②　据《秘书监志》卷四纂修。然倪灿《补辽金辽艺文志》《千顷堂书目》,钱大昕《元史·艺文志》均谓一千卷。

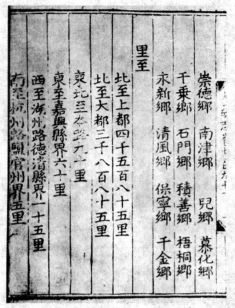

元一统志（大德刊本零页）

赵万里辑《元一统志》十卷传世。从残本看，以腹里之路和各行省所辖的路、府、州为纲，分建置、沿革、坊郭、乡镇、里至、山川、土产、风俗、形势、古迹、宦绩、人物、仙释等目。体大思精，内容广博，其中许多内容为唐宋总志所缺、明清总志所略。如各州县"里至"竟记十多个到达地的里程，可谓空前绝后。例如平阳路辽州"里至"：

辽州，北至上都一千九百里。北至大都一千二百里。西南至本路六百里。东至磁州武安县管头村一百四十里。南至沁州铜鞮县墨灯村四十五里。西至太原路榆次县倾城村一百四十里，北至平定州乐平县界一百五十里。东到磁州三百四十里，东南到彰德路四百里，南到潞州三百里，西南到沁州二百里，西到汾州三百五十里，西北到太原路三百里。北到平定州二百四十里，东北到顺德路三百里。

所记"土产"亦多有罕见者，如蕲州路土产：

蕲竹，生罗田山中，取其色莹者为簟，以节疏者为笛，以带须者为杖。韩昌黎诗云："蕲州竹笛天下者，郑君所宝尤怀奇。携来当画不得卧，一府争看黄琉璃。"白居易诗云："笛愁春尽梅花里，簟冷秋生薤叶中。"

尤为可贵者对前志之误多有考订，如太原路"古迹"：

温彦将墓，在祁县东北三里八十步。《旧经》云，鸿胪少卿温彦博之墓。今按唐书传，彦博官至中书令，陪葬长安昭陵。其弟大有，字彦将，赠鸿胪卿。此盖彦将墓也，误传为博耳。

后人高度评价是志。《四库全书总目提要》明一统志条谓："考舆志之书出自官撰者,自唐《元和郡县志》、宋《元丰九域志》外,惟元岳璘等所修《大元一统志》最称繁博。"清儒吴骞《元大一统志残本跋》云:"其书于古今建置沿革、山川、古迹、形势、人物、风俗、土产之类,网罗极为详备,诚可云宇宙之钜观,堪舆之宏制矣!"[1]

由于此书大量引用宋、金及元初的地志,所以古籍专家赵万里说:"此书存,则无数宋、金、元旧志随之而存;此书亡,则宋、金、元旧志随之而亡[2]。"

二、《长安志图》

《长安志图》三卷,元李好文撰。好文,字惟中,号河滨渔者,东明(今属山东)人,至治元年(1321)进士,累官光禄大夫、翰林学士。尝预修宋、辽、

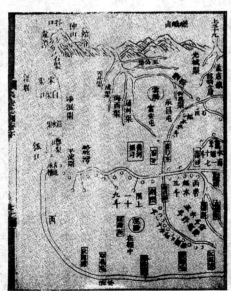
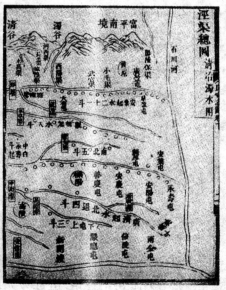

元李好文《长安志图》中的泾渠总图

---

① 转引自张国淦《中国古方志考》"大元大一统志"条。
② 赵万里:《元一统志·前言》。

金三史,是志为其至正四年(1344)任陕西行台治书侍御史时所著。《元史》有传。长安(今陕西西安)乃西周、秦汉、隋唐之古都,帝王遗迹、人文逸事、名胜古迹极富,又为关中沃野之中心,故元代以前的长安志书见于著录者不下20种。是志在宋代吕大防的一卷本《长安图记》基础上,除芟驳伪,增补充实而成。真编撰动因和旨意,李好文在自序中作了说明:"尝因暇日出至近甸,望南山,观曲江,北至故汉城,临渭水而归。数十里中举目萧然,瓦砾蔽野,荒基坏堞,莫可得究。稽诸地志,徒见其名,终亦不敢质其所处。因求昔所见之图,久乃得之,于是取志所载宫室、池苑、城郭、市井,曲折方向,皆可指识瞭然,千百世全盛之迹,如身履而目接之。"其篇目如下:

上卷:汉三辅图、奉元州县图、太华图、汉故长安城图、唐宫城坊市总图、唐禁苑图、唐大明宫图、唐宫图、唐皇城图、唐京城坊市图、唐城市制度图、奉元城图、城南名胜古迹图、唐骊山宫图。中卷:咸阳古迹图、唐昭陵图、唐建陵图、唐乾陵图、唐陵图说、图志杂说十八篇。下卷:泾渠图说序、泾渠总图、富平石川溉田图、泾渠图说、渠堰因革、洪堰制度、用水则例、设立屯田、建言利病、总论。

书中绘图22幅,多为今人所能见到最早的长安直观形象,文献价值极高。书中分三分之一的篇幅记水利、农田事,表明作者不仅尚古好文,而且心系民生。

三、《齐乘》

被誉为"叙述简核而淹贯,在元代地志之中最有古法"[①]的《齐乘》,系于钦所撰。于钦,字思容,山东益都(今青州市)人,历官国子助教、益都田赋总管,"以文雅擅名当时"。齐为山东的古称,元代山东东西道宣抚司管辖益都、般阳、济南三路,相当现今山东省的大部分地区。该志即以此为记述范围。于潜对乃父撰集是志的起因与过程称:"昔我先人,为国子助教,每谓潜曰:'吾生长于齐,齐之山川、分野、城邑、地土之宜、人物之秀,此疆

---

① 《四库全书总目提要》卷六八。

彼界,不可不纂而纪之也。'迨任中书兵部侍郎,奉命山东,于是周览原隰,询诸乡老,考之水经、地记、历代沿革,门分类别,为书凡六卷。"完稿于至元五年(1339)。

全书六卷,分沿革、分野、山川、郡邑、古迹、亭馆、风土、人物八门,约八万余言。其特点:一为广征博引,注重考证。该志所引之书多达210种,一一注明出处,对前人之记载不盲从,多有纠谬正误。二为以地系事,因事及人,并以记为主,兼有论述。如卷三德州条,记叙沿革时,称唐"天宝十四年,安禄山反,平原太守颜真卿据城讨贼"。于钦特加小注,引用唐明皇叹河北二十四郡县皆从贼,独颜真卿讨贼,却"不识颜真卿作何状,乃能如是!"于钦接着论道:"自古识者不贤,贤者不识;信者不忠,忠者不信。岂特明皇而已哉!此祸乱之所以相寻也。"在卷五风土中写到"齐鲁之俗,好经术,尚礼义"。他认为每个时代,每个地区"其大好恶,大趋向,则系乎一气之运、一代之治","夫教化、熏陶固系于上"。凡此种种,堪称史笔。三为记载详备。如对驰名的济南七十二名泉,该志一一记其泉名、位置,并指出济南泉水不止七十二个,而"以百计,涛喷珠跃,金霏碧淳,韵琴筑而味肪醴,不殚名状",成为极珍贵的资料,为后人所重。梁启超盛赞《齐乘》:"援据经史、考证见闻,较之他志之但据舆图凭空言论断者为胜。"但该志也有不少讹误,于潜《齐乘释音》①、清人周两塍《齐乘考证》均为之校释辨正。

四、(延祐)《四明志》

元代马泽修,袁桷、王厚孙同纂的(延祐)《四明志》,是"四明六志"②中一部很有特色的佳作。马泽,字润之,以太中大夫为庆元路总管。袁桷,字伯长,庆元(今属浙江)人,翰林国史院检阅官,累进侍讲学士,著述甚多。

---

① 《齐乘释音》的作者,有称周庆承者;今据刘栋良、卩长发《于钦与〈齐乘〉》文(载《山东史志丛刊》1987年第3期),应为于潜。

② "四明六志"为:宋(乾道)《四明图经》十二卷、宋(宝庆)《四明志》二十一卷、宋(开庆)《四明续志》十二卷、元(大德)《昌国州图志》七卷、元(延祐)《四明志》二十卷、元(至正)《四明续志》十二卷。

王厚孙，字叔载，号遂初老人，象山教谕。四明，以四明山而名，宋元时先后为庆元府、庆元路之别称。该志实为延祐庆元路志。元庆元路，治鄞县（今浙江宁波市），辖奉化、昌国二州，鄞县、定海、象山、慈溪4县。全志二十卷（今缺卷九至十一）。

是志特点有三：

一是以十二考为纲，少者二考为一卷，多者一考为数卷。考下视需要设目，以纲统目，层次分明。其目录如下：卷一沿革考、土风考，卷二至三职官考，卷四至六人物考，卷七山川考，卷八至九城邑考，卷十至十一河渠考，卷十二赋役考，卷十三至十四学校考，卷十五祠祀考，卷十六至十八释道考，卷十九至二十集古考（即艺文考）。如"山川考"，下分山、岙、陵墓、海、江、溪、潭、浦溆、津渡9目。各目之下又按州、县划分，然后再记具体山川。

二是每考之前有序，少则数十字，多则一二百字，概述本考之大要或精义。如"学校考"之小序云："家塾党序，所来久矣！文翁立博士弟子，后世规制深仿之。宋用隋唐法取士，率出于学校。法虽有弊，贤德硕辅皆由是出。世祖皇帝平海隅，首复儒役，谆谆然劝勉至矣！先帝崇文尚儒，慨然复立科举，学者宜益自奋励。郡学教养，论者以四明为先。皇朝建蒙古学，复立医学、阴阳学，四学足作学校考。"清周中孚对此甚为推崇，说："每考各系小序，义理谨严，考证精审，而辞尚体要，绰有良史风裁①。"

三是碑刻是中国历史文化的一种特殊载体，其史料之具体性、可靠性，往往为史书所不及。因而历来方志都重视对碑刻的采择。袁桷改变通常集中记载的方式，首次将碑刻按其内容分入各考之中，如在"城邑考"中，有《奉化重修县治记》《奉化升州记》等碑文；在"学校考"中，有《重建州学记》、王安石《请杜醇先生入县学书》、王应麟《重修学记》等碑记；在"释道考"中，有《唐心镜大师碑》《大瀛海道院记》等碑文，从而使各考内容更为丰富，资料更为翔实。《四库全书总目提要》评论此书"条例简明，最有体

---

① 清周中孚《郑堂读书记补逸》卷十二《〈延祐〉〈四明志〉跋》。

要", "考核精审,不支不滥,颇有良史之风"。

五、(大德)《南海志》

宋元时期之广东路、广州路,以秦始皇尝置南海郡,故名其志书曰《南海志》。(大德)《南海志》是由广州路士人陈大震、教授吕桂孙根据宋(淳祐)《南海志》重修而成的。大德八年(1304)成书,共20卷。现存卷六至卷十,其目如下:卷六,户口、土贡、赋税;卷七,物产;卷八,社稷、坛壝、城濠;卷九,学校;卷十,兵防、水马站、河渡、仓廪、廨宇、郡圃。书中记事先录事司,次及所辖南海、番禺等七县事。其余15

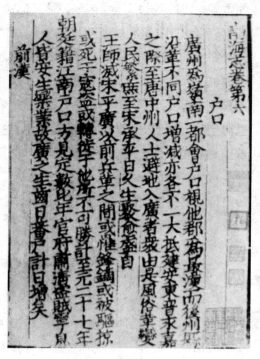

南海志(大德年刊本)

卷,约明中叶亡佚。今《宋元方志辑佚》稿从《永乐大典》中辑出佚文39则,约6000余字。今考,(1)佚文书名《南海志》前虽未冠以著者和纂修年代,但其记事止于大德二年,且称元为"皇元"、"圣朝";(2)多则佚文均先录元代在路级政区特设的官署——录事司,后依次为南海、番禺、东莞、增城、清远、新会、香山7县,和现存残卷体例吻合;(3)佚文内容有建置沿革、山川、宫室、坊里、村寨、人物、诗文等,而这些恰为残卷所缺;(4)据诸家目录,《南海志》在元代只修一次,无异书同名者,故为(大德)《南海志》之遗珠当无疑。

该志全面反映了广州路的自然、社会、经济、人文、历史,史料价值极高,是广东珍贵的地方文献。广州早在汉晋就与海外通商,唐代在此设立唯一的市舶使,宋元置市舶司,管理出入海港的船舶货物和征收商税。卷七就记载了元代海外贸易之盛。"舶货"列举进口货物有象牙、犀角、番布、楠木等72种。通过海运与广州进行贸易的"诸蕃国",有罗斛国(今泰国中部)、麻叶(今印度尼西亚勿里洞岛)、三佛齐国(今印度尼西亚苏门答腊岛)、阇婆国(今印度尼西亚爪哇岛)、马八儿国(今印度科罗曼德尔海岸)、麻加里(今摩洛哥)、层拔(今桑给巴尔)、哑靼(今亚丁)、瓮蛮(今阿曼)、勿斯离(今伊拉克北部)、弼琶罗(今柏培拉)等45个国家和地区。在宋代赵思协撰的《广州市舶录》亡佚的情况下,这些记载就成为广州对外贸易的重要文献和中外交通史之重要资料。

再如《永乐大典》卷一一九〇五广字所引的"取广州始末"一则,载宋帝赵昰及继位者赵昺率兵作最后抵抗,相继亡于广州,从此结束了宋朝的历史,比正史所记要详。

六、(至顺)《镇江志》

(至顺)《镇江志》二十一卷,元脱因修,俞希鲁纂。希鲁,字用中,温州平阳(今属浙江)人,仕衢州路江山县尹。学识淹贯,著有《竹素悬钩》二十卷、《听雨轩集》二十卷。是志卷首为郡县表、官制表。卷一、卷二为地理;卷三为风俗、户口;卷四为土产;卷五为田土;卷六为赋税;卷七为山水;卷八为神庙;卷九为僧寺;卷十为道观;卷十一为学校、兵防;卷十二为古迹;卷十三为宫室、公廨、廪禄、公役;卷十四为封君;卷十五为刺守、参佐;卷十六为宰贰,卷十七为司属、学职、将佐、寓治;卷十八、卷十九为人材;卷二十、卷二十一为杂录。下分99个子目。可谓体例完备、门类详明、内容丰赡。清儒阮元以该志与宋卢宪纂的(嘉定)《镇江志》进行了比较研究,认为元志"体例大致取法于嘉定志,而记载详备较为过之。大约宋志主于征文,此则重于考献。宋志旁稽典籍,各核异同;此则备录故事,多详兴废。镇江在宋为边防之地,故其志攻守形势,网罗古今;在元为财赋之区,故此书物产、土贡胪陈名状,其用意各有所在,不得而同也。至于郡守参佐,宋志近征唐代,此则远溯六朝。乡贤寓公,宋志旁搜隋氏以前,此则详于两宋及元,互为补苴,不可编废①。"阮元所论,甚为公允。

元代镇江财赋之盛,从丝织业之繁荣即可窥见一斑。

岁额品种有段匹、苎丝、暗花、素丝绸、胸背花与斜纹,每个品种下多少不等,

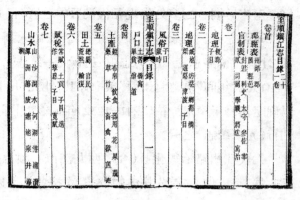

(至顺)镇江志目录

分为枯竹褐、驼褐、秆草褐、橡子竹褐、明绿、鸦青等不同花饰。段匹额定为五千九百余匹,其他少在三百有余,多者近四千。而宋代见于载录的仅绫、罗两项,岁贡在一二十匹到三百余匹②。

元代史书中屡屡出现的"也里可温"一词,后人多不解其意。是志称,"也里可温"是从"中原西北十余万里"传来的宗教,敬奉十字架。并记录了当时镇江信奉该教的人数、户数和几篇"也里可温人"的传记。这是基督教早期传入中国的较详记载。当代史学大师陈垣的《元也里可温考》一文,就得益于至顺《镇江志》。

七、《江州志》

这是宋代以后公私书目从未著录过的佚志。《宋元方志辑佚》稿从《永乐大典》中辑出佚文 35 则,约 5 万字。

佚文在书名前后均未注明修纂人和修纂年代。但从该志内容、下限年代、引用书目以及朝代的称谓,可以断定为宋人修纂、元代增补的一部志书。其根据:(1)在"法安寺"条中,有"本朝明道二年修"语;在"御书"类中,称使用宝庆、绍定、端平、嘉熙、淳祐年号的宋理宗为"今上",说明该志始

① 清阮元《揅经室外集》四库未收书提要。
② (至顺)《镇江志》卷六赋税·造作。

修于南宋后期。(2)多处出现元代设置的政区名，如"元李黼"条称其"累官至江州路总管"；"吕元瑛"条称其官"吉安路永新州知州"；"吕师说"条称其"仕其广德路总管"。(3)志中三引《元一统志》，在"人物"类"范芸轩"条中"有元贞年间"语，"赵崇籙"条中称其"仕元，凡七任县尹"。凡此种种可以确定初修于南宋淳祐(1241–1252)年间，增补重修于元至正六年(1346)刊行《元一统志》之后。

元代江州路治德化县(今江西九江市)，领德化、瑞昌、彭泽、湖口、德安5县。是志佚文，首先按事物分类，次按各县记述。佚文分为碑碣、文籍、御书、寺观、祠祀、宫观、庵岩、神庙、人物、名宦、耆旧等11个类目，而一般方志必有的"建置沿革"、"山川"、"户口"、"物产"、"贡赋"等，皆无，当已绝世，着实使人遗憾。

佚文内容极为详赡，如"文籍"类分为三部分：其既有者曰"书籍"，有《周易》《尚书》等118种；其宜有者曰"书目"，计划购入李潜《注周易》、刘道原《十国纪年》等110种；其雕梓者曰"存有书板"，有《靖节先生集》《二程文集》等28种，表明江州藏书、刻书之盛。

再如"御书"类，录有宋太宗、徽宗、高宗等8位皇帝的38件敕书和手书的碑刻、匾额，被视为江州之至大荣光。

八、《旌德县志》

元王祯修，纂者未详。王祯(1271–1368)[①]，山东东平人，字伯善，著名农学家，著《农桑通诀》《农器图谱》《谷谱》，已佚。清修《四库全书》时从《永乐大典》辑出汇编为二十二卷的《农书》，亦称《王祯农书》。王祯尝仕承事郎，元贞元年(1295)知旌德县，即倡修志书，大德二年(1298)修成《旌德县志》，六万余字。王祯是木活字印刷法的发明者，躬自督导匠人，用这种当时最先进的印刷方法，不到一月就印了一百部。若用雕版印刷则需一年。是志已佚。今《宋元方志辑佚》稿辑出佚文二则，约1000字，下限至元二十

---

① 王祯：清代因避雍正皇帝胤禛讳，改作王真、王贞或王正，时至今日还有误写者，应恢复原名。

二年(1285)、二十三年,今录其一则:

程应鼎撰《重建徽水门记》:县之南,旧有徽水门,以其接徽境之流也。或者阴阳家有克胜之说。乙亥冬,延燎殆尽,历十载靡复故者。邑尹单尹执中偕僚佐一旦兴念,甫尔阃度,民皆奋土挈木,乐于成之,不逾旬而毕事。跨衢而屋凡十六楹,规模宏伟,丹碧焕然,于昔有光。吁!世之游宦者,率视为传舍,尹爬梳瓦砾,百废具举,不以将满去而倦焉,所谓一日必葺,盖得之矣。且不自有其功,而归之民,命镌石以纪相役者姓氏,是即与人为善,其旌有德之门欤!至元乙酉夏孟中澣,邑校程应鼎撰。邑人李应元、胡雷龙等立石。(《永乐大典》卷三五二六门字)

第三节　元代方志辑佚简目

包括前人所辑的《元一统志》《云南志略》《析津志》在内,目前已辑佚元志288种,分列如下。

总志:《元一统志》。

北京市:《大都图州》《析津志》。

河北省:《保安路志》《献州记》《莫州图经》,(河间府)《旧郡志》《景州旧郡志》,(广平府)《旧图经》《真定志》《昌黎县志》《藁城县志》《涿州志》《古雄图经》。

辽宁省:(辽阳路)《图册》,(开元路)《图册》《开元志》,(广宁)《图册》、(辽东)《旧志》。

内蒙古自治区:《上都图册》,(上都路)《土地志》,(上都路)《山林地志》。

山西省:(太原路)《图册》,(太原府)《旧志》《晋阳图经》《晋阳杂记》《河中志》《解梁志》《泽州志》《泽州陵川志》《沁州沁源志》《汾州志》《平阳志》《晋城图经》《石州旧志》,(和顺)《郡志》《大同志》《宪州图经》。

陕西省：《延安旧志》，（延安路）《图册》《鄜洛图经》《坊州图经》《肤施图经》《云阳志》二卷，（西安府）《旧志》，（凤翔府）《旧志》。

甘肃省：（兰州）《图经》《和政志》《甘州志》《肃州志》，（庆阳府）《旧志》，（临洮府）《旧志》《德顺州志》《环州志》《山丹州志》《皋兰志》。

宁夏回族自治区：《开成志》。

山东省：《济南志》《鲁国志》《莱州志》《济宁志》《泰安志》《邹平县志》《曹州志》《濮州志》《濮州地理志》，（登州）《旧图经》《青州志》。

河南省：《开封志》，（开封府）《旧图经》《陈留志》《洛阳志》《修武县志》，（怀庆）《图经》《浚县志》《浚州志》《卫辉志》《长垣县志》《续相台志》《东郡志》十六卷，（汝州）《旧志》《滑州旧经》《滑县志》《澶渊旧志》，《澶渊地域志》《叶县图志》，（南阳府）《图经》《南阳志》《河南志》《白马县志》《许州志》《钧州志》《灵宝县志》《汝宁府志》《信阳州志》《罗山志》《光州志》《新野志》《汜水记》。

湖北省：《汉阳县志》，（襄阳路）《图册》《夷陵旧志》《峡州志》《当阳志》《归州志》《房州图经》《寿昌乘》，（寿昌）《图经志》《汉川县志》《新修随州图经》《安陆州志》《黄州志》。

湖南省：《湘潭志》《岳阳志》《攸县志》《沣阳新志》《靖州志》《浏川志》《浏阳县志》《安仁县志》《临湘志》，邓绅伯集《古罗志》《武陵新志》，《武陵续志》《茶陵州志》《邵阳志》《春陵重校图经》《郴州图经志》《郴江志》。

广东省：（广州路）《图册》，（广州路）《新图经》《番禺续志》《潮州图志》《乳源县志》，黄慈孙纂《南雄路志》《南雄郡志》《惠阳县志》《阳江县志》，陈大震纂《南海志》二十卷（有残本），《南海县志》《连桂州志》《湟川志》《三阳志》《雷阳志》。

海南省：《南宁军志》《崖州郡志》《琼台志》。

上海市：张之翰修、卫谦纂《松江府志》，王光祖修、刘蒙纂《松江郡志》《松江府上海县志》《华亭县志》。

江苏省：《建康路志》《金陵新志》《上元县志》《邳州志》《凤阳盱眙县

志》《盐城志》《泰州志》《江都县志》《兴化县志》《海门县志》《镇江志》,《京口续志》《丹徒志》,(苏州)《旧图经》《常熟州志》;(徐州)《旧图经》《宜兴州图册》《宜义风土旧志》,王仁辅纂《无锡志》二十八卷,赵世延修、戚光纂《集庆路续志》《大德毗陵志》《泰定毗陵志》。

浙江省:(湖州路)《图册》,(嘉兴路)《图册》《长兴州志》,陈安可纂《永康志》《金华志》,任谦修、戴璧纂《东阳县志》《龙游志》《开化县志》《信安志》《定海县志》,杨大中纂《赤城志》《青田县志》,梁载《处州路志》《庆元路志》,《黄岩志》《丽水县志》《仙都志》《建德志》《萧山志》《余姚志》,马称德纂《奉化州志》,章嘉修、夏开先纂《温州路志》十册,《温州志》《乐清县志》《海盐县志》《苕川志》,黄麟纂《诸暨志》十二卷,《上虞志》。

福建省:(汀州路)《图册》《福州三山志》《莆田县志》《晋江志》《瓯宁志》《建宁志》《浦城志》《松溪县志》,(汀州路)《江浙须知》《长汀志》《汀州莲城志》。

安徽省:《合肥郡志》《青阳县志》《泗州志》《泗州图册》《永阳续志》《庐州志》《宿州志》《六安志》《濡须志》《泾城志》《宁国县志》,王祯修《旌德县志》《新安志》,朱霁修、洪焱祖纂《延祐新安后续志》十卷,《颍州旧志》。

江西省:赵仰山《续豫章志》十三章,《江西志》《富州志》,(瑞州路)《图册》《浔阳志》《江州志》《九江志》《彭泽志》《瑞昌志》《德兴县志》《永平志》《铅山志》《鄱阳县志》《鄱阳图志》《馀干志》,张纯仁纂《弋阳县志》《龙虎山志》《新昌县志》《上高县志》,崔栋修、杨升云纂《瑞阳志》《高安县志》《靖安志》《丰城县志》,李彝修、刘壎纂《南丰郡志》十五卷,《广昌县志》《庐陵县志》《吉水州志》《安福县志》《章贡志》《宁都县志》《会昌州志》《信丰县志》《新喻县志》。

重庆市:(重庆路)《图经》《夔州府志》。

四川省:《顺庆路志》《利州路志》,(广元路)《图册》《保宁府志》《潼川府志》《潼川志》《眉州志》《江阳续谱》《绍庆志》。

广西壮族自治区:(静江路)《图册》《横州路郡志》《藤阳志》《藤州志》

《全州志》《平乐志》《容州志》(又作《容州郡志》),《博白志》《西瓯图志》《重修邕州志》《容莞普宁郡志》。

云南省：李京纂《云南志略》四卷,《安宁州旧志》《安宁州志》《旧腾冲府志》,(丽江路)《图志》。

第四节　元代方志的特点

以上各节所述,已经能领略到元代方志的概貌,综合其特征有五：

一、首次形成自上而下完整的方志系列,开启明清方志格局之先河。

元代地方政区划为：行省——路——府——州——县,其方志也形成完整的系列：总志(《元一统志》)——行省志(《甘肃图志》等)——路志(《郴州路志》等)——府志(至元《嘉禾志》,即《嘉兴府志》)——州志(《无锡志》)——县志(《邹平县志》)。各类专志也齐全,山志有李处一《西岳华山志》、元明善《龙虎山志》等；水志有潘昂霄《河源志》、欧阳原功《河防记》；古迹志有谢翱《睦州古迹记》、吴莱《南海古迹记》等。尽管上述志书多已散佚,但我们可以窥知元代方志在方志史上意义不可忽视。

二、不单纯记事,还学习二司马的笔法,适当有撰人的论断和阐述,大有点睛之效,迈开了方志由资料性向著述性过渡的第一步。

如(大德)《昌国州志》每卷均有小叙。卷三"叙赋"在写赋的意义后,接着警示为政者：

赋敛重则民无以为生,此圣人所以言财用必先之以德,理财正辞必归诸义。

如《江州志》文籍类首叙曰：

书籍者,载道而行今古者也。贯天人,证治乱,传言行,辨事物。后之所以知今,今之所以知古者,莫如书。故书者,道之舆也。古今言书者,其目四：一曰经,二曰史,三曰子,四曰集。虽其言有大小远近之殊,然皆不容废也。故有天下者,备天下之书,有一国者,备一国之书①。

如(延祐)《四明志》二十卷分十二考,每考皆有叙,例卷八"城邑考"叙曰:

> 河东平阳有尧舜之遗城焉。王公设险以守国备豫而然也。楼观门阙,观民之制也。各有攸处,莫不皆然。路室候馆,使者之礼也。严其巡檄,署舍兴也。养其视听,亭宇作焉。表识道里,门巷之制备矣。日中为市,都镇方社,野外之制具矣。桥梁道里,为政之所先存古证今,兴废生焉;仓廪府库,郡计之本也,作《城邑考》。

三、详正史之所略,补地志之所缺,在一些元代方志中比较明显。

如元《东郡志》记载胙城县(故治在今河南延津县北)之沿革,详于宋金之史籍与方志。原文为:

> 汉为南燕县,在后慕容德都之,复号东燕县。隋开皇三年废东郡以县属汴州。十八年文帝因览奏状,见东燕县名,因曰"今天下一统,何东燕之有?"遂改为胙城,属滑州。唐武德二年于此置胙州,又置南燕县。四年废州,胙城属滑州。宋熙宁五年,隶开封府。金明昌间,河改南道,胙属于卫。贞祐南迁,以河为固,割故胙城之西境与汲县之长乐乡,于宜村渡立胙城县,是为新卫州,此城遂废。故胙城之东境,今在白马境内。《大名沿革》云,今燕阙是也②。

元《相台志》所记北齐将亡时,后主高纬还在临漳县(今属河北)贫儿村荒淫作乐,令人愤毒。而《北齐书》《北史》均不载:

> 贫儿村在临漳县。齐后主高纬天统末,于密作堂侧,率诸内人阉官等作贫儿村。编蒲为席,剪茅为房,断经之荐,折簀之床,故破靴履,糟糠饮食,陷井黎灶,短匙破厂,蒿檐不蔽风雨,纬与诸妃嫔游戏其中,以为笑乐。又于其傍作一市,多置货物,纬躬为市,令胡妃坐店卖酒,而令宫人交易其

---

①《永乐大典》卷六六九七江字引。
②《永乐大典》卷四九〇九燕字引。

中,往来无禁,三日而罢。呜呼,人之昏庸,有若是哉!赵希镐《会心录》:北齐主纬,淫荒无度,狎昵非类,于华林园立贫儿村,帝自衣蓝缕之衣,行乞其间以为乐。狗马及鹰亦有仪同郡君之号,有斗鸡号开府,皆食其禄。此卫懿公鹤有禄位之类也。欲不亡,得乎![1]

再如《云南志略》载,战国时楚国庄蹻至此为滇王,传三十三主至唐时为南诏国,又传十三主为大蒙。直至元世祖忽必烈始平其割据状态,设立郡县。志中对各主之年号、在位年数,均有记载[2]。但与正史又多有出入,是研究云南地方史的重要资料。

四、不迷信前人,敢于批评和超越前人,因而使志书质量不断提高。

这是一些元志的优点。如元代骆天骧编纂《类编长安志》时,在作大量踏访之后"每患旧志散漫,乃剪去繁芜,撮其枢要","引用诸书,检讨百家传记,及鸿儒故老传授,增添数百余事"而成,受到时人和后人之赞赏。宋高似孙纂的《剡录》(即嵊县志)问世后,受到时人的赞扬;然元许汝霖在《嵊志》自序中批评:"高氏之书,择焉不精,语焉不详,纪山川则附以幽怪之说,论人物则偏于清放之流,版图所以观政理,而仅举其略;诗话所以资清谈,乃屡书不厌。他如草木禽鱼之诂,道馆僧庐之疏,率皆附以浮词,而过其实,将何以垂则后世,启览者之心,使知古今得失之归乎[3]?"我们认为任何一种创作,只有既吸取前人之宝贵经验,又严格要求,看到其不足与讹误,以弥补其缺失,始能不断攀登高峰。

五、在方志理论上多有新的阐述。

如大儒欧阳玄对方志的功用就有精到之论,在其《钤冈新志·序》中称:

郡县之图志,何为而作也?国有贤守令,犹家有贤子孙,守令保图志以

---

① 《永乐大典》卷三五七九村字引。
② 元陶宗仪:《说郛》卷六二李京《云南志略》,《云南备征志》卷五均有辑佚。
③ (康熙)《嵊县志》旧序。

治分地,子孙保关券以治分业,能治其所有,即为贤矣!因田野之有定界也,而考其有污莱者乎;因户口之有定数也,而考其有流亡者乎;因赋役之有定制也,考其在公者有湮没乎,在私者有暴横乎;因土习之有旧俗也,考其有可匡直而振德者乎,有可濯磨而作新者乎!治之而无倦,则田野可阘、户口可增,赋役可均,风化可日美,人材可以日盛矣。然则图志可一日而阙乎![1]

再如张铉(至正)《金陵新志·修志本末》,对方志编纂阐述最全面。特别是强调志书用史书体例见解尤深:

首为图考,以著山川郡邑,形势所在;次述通纪,以见历代因革、古今大要;中为表、志、谱、传,所以极天人之际,究典章文物之归;终以摭遗论辩,所以综言行得失之微,备一书之旨。

这和司马迁"究天人之际,通古今之变,成一家之言"的思想是一致的。张铉主张志人物要"善恶毕著",这又和历来史志多"隐恶扬善"的思想大相径庭,不能不使人为之钦佩。

---

① 转引自张国淦《中国古方志考》第 576 页。

第八章 循进时期（明朝）

元朝末年，蒙古贵族的统治愈益腐败，封建剥削日趋残酷，迫使在死亡线上挣扎的农民不得不揭竿而起抗击官府，随之群雄也乘势而起。朱元璋托庇于韩林儿的龙凤政权起家后，率领起义军，先打败诸雄，北伐中原，于元至正二十八年（1368）正月在南京称帝，建立了明王朝。当年八月攻克元京大都，彻底推翻了元朝政权。

朱元璋初为一介贫民，深知民间疾苦，故在登上皇帝宝座后，采取一系列措施减轻人民负担，并大规模开展军屯、民屯和农田水利建设，使农业生产迅速得以恢复和发展。其后继承者大力推广棉花种植和蚕桑业，特别是东南沿海地区商业性农业的兴起和棉纺、丝织等手工业的发达，由此而引发的农村经济结构的变化，大大提高了社会生产力，经济明显超越了蒙元。"四大奇书"、"三言二拍"和"四梦"的出现①，以及《农政全书》《天工开物》等科学技术书籍的问世，既是对理学的冲击，也标志着文化氛围已突破士大夫的圈子，拓展向平民百姓。

随着社会经济文化的繁荣，也由于明王朝的格外重视，明代方志呈现出循进的态势。据统计，明代修纂的总志有《大明志书》（佚）、《寰宇通衢》《大明清类天文分野书》《寰宇通志》《大明一统志》《大明一统志略》（佚）、《承天大志》（佚）、《大明寰宇记》（佚），莫旦《大明一统赋》（一名《皇舆要览》）、夏原吉《天下郡县志》一百卷（佚），共 10 种。地方政区 2 京、13 布政司、141 府、193 州、1138 县，绝大部分都修了志书。相当多的政区均多次修志。如云南布政使司，就纂有（洪武）《云南志》（佚）、（建文）《云南志》（佚）、（景泰）《云南图经志书》、（弘治）《云南总志》、（正德）《云南志》、（万历）《云南通志》、（天启）《滇志》以及包见捷《滇志草》、谢肇淛《滇略》共 9 种省志②。平均 30 年修一次。浙江萧山县在永乐、宣德、弘治、正德、嘉靖、万历、天启年，八次修纂县志。七修方志有处州府、海宁县③，六修志书者有潞安府、

---

① "四大奇书"即《水浒传》《三国演义》《西游记》《金瓶梅》；"三言二拍"即《喻世明言》《警世通言》《醒世恒言》《初刻拍案惊奇》《二刻拍案惊奇》；"四梦"即《牡丹亭》《南柯记》《邯郸记》《紫钗记》。

② 引自方国瑜：《明修九种云南省志概说》，载《中国地方史志论丛》，中华书局 1984 年版。

③ 引自魏桥等著：《浙江方志源流》，浙江人民出版社 1988 年版。

福州府、潮阳县、交城县、阳城县。一个政区在明代 276 年中三四次修志者相当多。据巴兆祥《论明代方志的数量与修志制度》①一文,明代存佚方志共 3471 种。以现行政区计,北京 55 种,上海 32 种,天津 13 种,河北 275 种,山西 217 种,辽宁 8 种,陕西 172 种,甘肃 45 种,宁夏 11 种,青海 1 种,山东 273 种,江苏 232 种,浙江 348 种,安徽 227 种,江西 229 种,福建 200 种,湖北 202 种,湖南 168 种,河南 271 种,广东 194 种(含海南),广西 67 种,四川 85 种(含重庆),贵州 66 种,云南 80 种。明代全国地方政区 1487 个,平均每个政区修志 2.3 次。特别是卫所志、边关志、海防志的初现和乡村志、山水志、书院志的增多,使志书覆盖面空前扩大,故当时人们说"今天下自国史外,郡邑莫不有志"②,"僻郡下邑,率多有志"③,而流传至今不及 35%。

第一节　政府高度重视修志

方志是官修的文献,修志自然就是政府的行为。明代方志之所以既继承、又超越,固然和社会经济文化的大环境有着密切关系,但政府的重视起了决定性作用。

朱元璋夺取政权后,为了"昭同轨同文之盛",使其"功业永垂",多次下令编修方志和绘制舆图。洪武三年(1370),即诏儒臣魏俊民、黄箎、刘俨、丁凤等人"类编天下州郡地理形势、降附始末",纂《大明志书》,由秘书监镂梓颁行。其内容,"凡天下行省十二,府一百二十,州一百八,县八百八十七,安抚司三,长官司一。东至海,南至琼崖,西到临洮,北至北平"④,尽皆在册。

---

① 载《中国地方志》2004 年第 4 期。
② 明张邦政:(万历)《满城县志·序》,载(乾隆)《满城县志》旧志序。
③ (万历)《宁夏志·序》。
④ 明郑晓《今言》卷一"五十一"。

洪武六年(1373),"令州府绘上《山川险易图》"①。

洪武十六年(1383),"诏天下都司,上卫所、城池、地理、山川、关津、亭堠、水陆道路、仓库"②。

洪武十七年(1384),"令朝觐官上《土地人民图》"③。

同年,"《大明清类天文分野书》成,凡二十四卷。诏赐秦、晋、燕、周、楚、齐六府。是书刻在南雍"④。

洪武十八年(1385),"夏,上览舆地图"⑤。

洪武二十七年(1394),"《寰宇通衢》成书,分为八目。东距辽东都司,又自辽东东北三万卫,西极四川松潘卫,又西南距云南金齿,南逾广东崖州,又东南至福建漳州府,北暨北平大宁卫,又西北至陕西甘肃,为驿九百四十。浙江、福建、江西、广东之道各一,河南、陕西、山东、山西、北平、湖广、广西、云南之道各二,四川之道三,为驿七百六十六。凡天下道里,纵一万九百里,横一万一千七百五十四里。四夷之驿不与焉"⑥。

一代开国之君,军国大事,日理万机,尝赋诗"百僚已睡朕未睡,百僚未起朕先起",在如此繁忙情况下,还八次过问方志舆图,实属难能可贵。

燕王朱棣以靖难之名取代建文帝后,是为永乐皇帝。他雄才大略,继承其父文治武功大

明成祖像

①②③⑤ 明郑晓《今言》卷一"五十一"。
④ 明郑晓《今言》卷一"八十二"。
⑥ 明郑晓《今言》卷一"五十七"。

业,很有建树。在完成史无前例的浩大文化工程《永乐大典》后,于永乐十年(1412)为纂修一统志,颁降修志"凡例"①。

"凡例"17 则,细目有建置沿革、分野、疆域、域池、里至、山川、坊郭、乡镇、土产、贡赋、风俗、形势、户口、学校、军卫、廨舍、寺观、祠庙、桥梁、古迹、城郭故址、宫室、台榭、陵墓、关塞、岩洞、园池、井泉、陂堰、景物、宦迹、人物、仙释、杂志、诗文等 35 个。如"里至"目,要求:

旧志多止本府、州、县所极之处,今合备载本处地理所至南京、北京之远近,及各府、州、县四至八到与邻境州、县之相接,而路可通者载之。仍具各府、县城池、山川图。

"凡例"要求名目之繁多、内容之详密,超过元代制订的《大一统志凡例》。《寿昌县志》卷首全文刊载这个"凡例"后,接着称:"右凡例,我成祖文皇帝为纂修一统志而颁降者也。"

由于永乐十年颁降的 "凡例" 是专为各地报送一统志所需材料而制订,并未要求各地编修方志,于是十六年六月"乙酉,诏纂天下郡县志书,命行在户部尚书夏原吉、翰林院学士兼右春坊右庶子杨荣、翰林院学士兼右春坊右谕德金幼孜总之,仍命礼部遣官,遍诣郡县,博采事迹及旧志"②。为规范各府、州、县普纂志书,当年又颁降《纂修志书凡例》③。规定各级志书应详记建置沿革、分野、疆域、城池、山川、坊郭镇市、土产、风俗、户口、学校、军卫、郡县廨舍、寺观、祠庙、桥梁、古迹、宦迹、人物、仙释、杂志、诗文等 21 门的史实与现时状况。

《凡例》深恐地方有所疏略,不厌其烦地详列各门类必须记载具体内容的提纲。如"古迹"门:

凡前代城垒、公廨、驿铺、山寨、仓场、库务,古有而今无或改移他处者,基址亦收录之。陵墓,前代帝王、名臣贤士者,并收录之。亭馆、台榭、楼

---

① 载明嘉靖四十年刻、万历十四年增刻《寿昌县志》卷首。
② 《明太宗实录》卷二〇一。
③ 载(正德)《莘县志》卷首。

阁、书院之类，或存或废，有碑记者亦备录于后。津渡，见在某处，路通何方，岩洞、井泉之有名者，亦收录。龙湫，亦载何处，或有灵异可验者。前代园池何由而建，本朝桑枣备载各都某处。陂堰、圩塘之类，见何代开渠；如无考者，止书见存某处。废者亦见因何而废。寺观、庙庵虽废亦录。墟巷之类，凡废者俱收录之。

《凡例》如此之广博、缜密、纤细，在中国方志史上是空前之举。明人高度评价其意义："上以继《九丘》《禹贡》《职方》之典，下以辖地理郡国道域之章，特为千万年鼎新立极之典①"。六年之内永乐皇帝颁发两个方志"凡例"。不能不使人猜想大概是要编修一部硕大无朋的方志丛书，以和《永乐大典》交光互映！

由于蒙古阿鲁台的侵扰，永乐皇帝亲征，二十二年（1424）七月死于榆木川（在今内蒙古乌珠穆沁旗东境），致使一统志未能完成。及至明代宗朱祁钰于景泰五年（1454）七月，命"户部尚书陈循率其属纂修天下地理志②"，终于景泰七年编纂成一百一十九卷的《寰宇通志》。

正德十五年（1520）"冬十月，有命征天下郡邑志书③"。

嘉靖元年（1522），"岁适圣天子御极之初，分遣进士往天下藩臬，采取民风节义，凡诸一统志所关者，莫不广求博载④"。

中央政府既有明确规定，地方各级政府自然就要贯彻执行。有的省还结合当地实际情况制订了更为具体、周密的要求。如湖广布政使司左参政丁明就下发修志凡例二十六则⑤。这个凡例某些方面比永乐十六年颁降的《纂修修志凡例》更详密。如第二则中的"城池"，要求：

府州县城池，或砖或土，或有或无，或某年某人筑，或增筑，或昔有而今废，或旧无而新筑，及周围高厚、深阔若干，并各城门名目，以至关镇桥

---

① （嘉靖）《普安州志》沈勖旧序。
② 《明英宗实录》卷二四三"景泰五年秋七月庚申"。
③ 明孙承恩（正德）《华亭县志·序》。
④ 明姚鸣鸾（嘉靖）《浮安县志·志引》。
⑤ 载（嘉靖）《蕲水县志·凡例》。

渡之类,或先今某年某人创修,或废圮,俱备细查录。

再如第六则"风俗"规定:

风俗以方土而异,府、州、县自各不同。或有昔美而今薄者,亦有昔薄而今转为厚者。美恶各从实录。务引故典成语,不当有所避而为讳词也。

许多缙绅更是将修志视为理政之要务。如太子太师华盖殿大学士杨廷和,曾以宋神宗罢黜不明当地山川情况的常州知州为例,唤醒地方官员要重视地方志以了解地方情况①。

官至兵部尚书的胡汝砺尝为(嘉靖)《宁夏新志》写序,兵部尚书、内阁首辅杨一清为(嘉靖)《九江府志》写序,礼部尚书加太子太保、武英殿大学士贾咏写(嘉靖)《临颍志·序》,为相十年、海内称洽的张居正写(嘉靖)《滦州志序》等,均强调方志之重要性。

官至工部尚书的林廷㭫(福州人),初在家乡纂写了(正德)《福州府志》后,在江西布政司右参政任上,与周广合纂《江西通志》。官至刑部尚书的顾应祥,长兴(今属浙江)人,原在饶州府推官任上参修《饶州府志》,任云南巡抚时纂成《南诏事略》,归里后又纂(嘉靖)《长兴县志》。官至南京礼部右侍郎的吕柟,在地方作官时,尝纂《解州志》《潜江县志》《高陵县志》。官至光禄寺正卿的郭棐,番禺(今广州)人,凡任地方官必修志,一生修了《夔州府志》《四川总志》《宾州志》《广东通志》《粤大记》《岭南名胜记》等6种方志。

从中央到地方、从缙绅到乡贤,无不重视编纂地方志,是明代方志空前繁荣的重要原因。

① 明杨廷和:(弘治)《蒲州志·序》:"昔宋熙宁中,有常州守召至京师引对,问以锡山去郡远近,其人无以应。神宗谓其为守臣而不知境内山川,则其为政可知,即日罢归。"

第二节 明代方志的特点

一、品种增多

明代方志除前代已有的一统志、府志、州志、县志、乡村志、山志、水志、湖志、寺庙志、冢墓志以外,又出现一些新型志书。

1.通志 明代布政使司(即省)一级政区修纂的志书多曰通志。何以为"通"?通者,上以通合古今、下以通合府、州、县之谓也。通志多以事类为纲,纲下再根据需要,或以府、州、县为目,或以朝代为目再容纳府、州、县事,如(成化)《山西通志》、(嘉靖)《山东通志》《广东通志》《贵州通志》等。也有以省、府为纲,纲下再以事类为目者,如(嘉靖)《江西通志》。

2.道志 道的设置始于元,终于民国 17 年(1928)。明代的道为一级政区(行省)与二级政区(府、州)之间的监察区。道志有《漳南道志》,"志漳南道之政也"①。

3.都司志 都司,即都指挥使司,为明代军事机构,掌一省军队,下辖卫所。有(嘉靖)《辽东志》九卷、包节撰《陕西行都司志》十二卷。

4.卫所志 卫所原为明代驻于京师与京外要害之地军队的编制。大抵五千六百人称卫,一千一百二十人称千户所,一百一十二人称百户所。京师外之卫所,属各省都指挥使司管辖,实行军屯,军士皆世袭,后称屯民。其后驻地渐具行政区划性质。有周瑛撰《兴隆卫志》二卷、孟秋撰《潼关卫志》十卷、《大同所志》等。

5.关志 关的历史悠久,但为关作志者却始于明。有詹荣撰《山海关志》八卷,廖希颜撰《三关志》(三关指山西内长城之雁门关、宁武关、偏头关)。

6.镇志 明代为抵御瓦剌、鞑靼入侵,东起鸭绿江,西至嘉峪关,设辽东、大同等九镇,亦称九边,分别统辖附近之烽堠、关隘及卫所。《千顷堂书

① 转引自张英聘《明代南直隶方志研究》所引邹守益《东郭先生文集》卷一《叙漳南道志》。

目》载有孙世芳纂
纂《宣府镇志》四
十二卷,郑汝璧纂
《延绥镇志》六卷。
存世者有刘效祖
撰《四镇三关志》
(四镇即蓟州、辽
东、保定、昌平四
镇，三关即紫荆、
居庸、山海三关)。

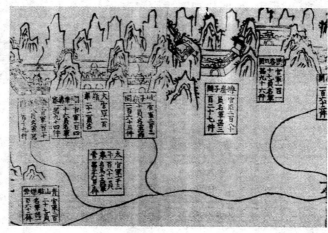

(嘉靖)《山海关志》卷首的山海关至黄花镇驻兵图(部分)

7. 书院志

书院始设于宋,终于清光绪末年,为讲学授业之所。《千顷堂书目》载有河南《百泉书院志》四卷,张仲修山西《河东书院志》、张奇修浙江《西湖书院志》、陈论修湖广《岳麓书院图志》十二卷。江西《白鹿洞书院志》竟在正德、嘉靖、万历、天启年修了四次①。

8.文献志　经济文化发达之地,都有历史上乡贤的诗文、名人的碑铭或经史子集著述。方志中多置有艺文一门,但纂为专志者前代鲜见。《千顷堂书目》载有李濂《祥符文献志》十七卷、朱睦㮮《中州文献志》四十卷、李堂《四明文献卷》十卷、程敏政《新安文献志》一百卷。

9.名儒故里志　孔子故里名阙里,明人张泰为之纂《阙里志》十三卷。宋代程颢、程颐、朱熹之故里,明人著有《二程故里志》二卷,赵滂撰有《程朱阙里志》。

10.祠志　为大德大功之贤人立祠堂,其历史极为悠久,但前代为其修志者甚为罕见。《千顷堂书目》载有明焦竑《关公祠志》九卷、陆基忠《景贤祠志》、薛敬之《金华乡贤祠志》等。

11.官署志　自国家诞生后,从中朝到郡县必设官署,但为其修志者

---

① 《白鹿洞书院古志五种》,中华书局 1995 年版。

前代似乎无有，明代却产生许多。《千顷堂书目》载有徐必达《光禄寺志》二十卷，应廷育《刑部志》八卷，王崇庆《南京户部志》等。

12. 海防志 明代中叶，日本海商与海盗集团——倭寇，屡屡侵犯中国东南沿海地带，嘉靖年间台州等地中国"官军吏民战及俘死者，不下数十万"[①]。为保家卫国，遂产生《万里海防图说》《筹海图编》《备倭考》《倭志》等一批海防志。

二、体裁多样

"博物之书"以什么体裁编纂，是方志编纂者首先要考虑的重要问题。明人结合当地实际情况与掌握史料情况，所修的志书体裁大体有下列几种：

1. 纲目体，或曰门目体 以概念之内涵为纲，以外延为目，是历代方志主要的体裁。如(嘉靖)《蕲水县志》设图考、建置沿革、形胜、山川、名迹、风俗、物产、户口、田赋等 25 门。门下设若干目，如建置沿革一门，含星野、邑名、城池、疆域、坊表、关梁 6 目，目下视需要再设子目。物产一门下分谷、粟、麦、豆、瓜、果、蔬、木、竹、畜、药、鳞、花、虫、介、禽、兽 17 目，各目之下再具体到物种。如(正德)《姑苏志》60 卷分 31 门，人物一门分 13 目。《四库全书总目提要》称其"繁简得中，考核精当。在明代地志中，犹为近古"。

2. 并列体 此种体裁无纲，不分大类，直接设目。如(正德)《袁州府志》十四卷，设建置沿革、郡邑名、分野、名胜、疆域等 41 目。再如(嘉靖)《南宁府志》十卷，现存九卷，分建置沿革、郡邑名、形胜等 35 目。

3. 六纪体，或曰政书体 按照历代中央政府六部机构，志书设置吏、户、礼、兵、刑、工六纪，以六纪统摄全书。如(正德)《漳州府志》、(弘治)《兴化府志》皆用此体。(弘治)《兴化府志》在"吏纪"下分：一、郡县建置沿革，二、府官年表，三、县官年表，四、官监之治行者，五、官监之治才者，六、劝驾录。"户纪"分：一、山川，二、里图，三、户口，四、土田，五、财赋，六、徭役，

---

① 明王世贞：《倭志》。

七、食殖，八、上供，九、山物，十、海物。此体未免有削足适履之嫌，未尝广泛使用。

4.纪传体　仿照正史之纪、表、志、传四种体裁构架志书者，有（嘉靖）《宁波府志》《沔阳志》《定海县志》等。（万历）《应天府志》，"纪"为郡纪；"表"为沿革表、历官表、封爵表、科贡表、荐举表；"志"为风土志、山川志、官职志、学校志、田赋志、祠祀志、杂志；"传"为宦迹传、人物传、勋封传、行传、列女传、杂传。此体后世亦有使用者。

5.纪事本末体　如康海《武功县志》为地理、建置、祠祀、田赋、官师、人物、选举七篇，一篇一文，首尾相接。

6.三宝体　《孟子》谓"诸侯之宝三：地、人民、政事"。有的明代方志即仿此例，设土地、人民、政事三类或加文献而成四类。如唐枢的（万历）《湖州府志》分土地、人民、政事三门，每门各列十目。王一龙增修的（万历）《广平府志》，分土地志、人民志、政事志、文献志，每志设目若干。

7.编年体　如（嘉靖）《长兴县志》二卷、（万历）《随志》二卷、（崇祯）《武进县志》二卷，均不分事类，全按年月排列。《四库全书总目提要》地理类存目批评《随志》："编年之例，全仿《春秋》经文，称随为我，而以地之沿革、官之迁除、士之中乡、会试贡大学者，按年纪载，皆地志未有之例也。"不足以反映一邑之自然与社会，故多不采用此体。

三、不记在任官员之功，不予在世乡贤立传

官职、人物历来是方志中不可或缺的部分，有的修志者就借机谀媚在任官员，或为自己树碑立传。如新乡知县储珊修、训导李锦纂的（正德）《新乡县志》，不仅为储、李二人分别立传，称储"以廉明公恕之心，施慈祥恺悌之政"；颂李"才德优长，诲人不倦，生徒多赖成就"。书中文翰篇还收有《贤侯储公德政记》。此志一问世，即遭到非议。为避免谀媚、取悦在任官员和在世乡贤，以保证志书的客观公正，许多志书提出：不为在任官员记功，不为在世人物立传。如：

名宦于去任者纂其功，乡贤于谢事者述其行。盖要其终以定论也①。

人物必既殁，乃为立传。否则虽有盛美，法不得书，俟后续书②。

名宦人物，书其已殁者。其见存虽有异绩，法不得书，惟记名氏以俟③。

官师见任、人物见存，俱不评述，以俟论定④。

名宦乡贤，必殁后乃书；其见存者，法不得书⑤。

有的志书甚至摈弃达官显宦的"家私"。

郡邑有志，志郡邑也，非为有家私也。诰、敕、赠、答之纪，则家乘也，今皆弗庸⑥。

旧志载士大夫家封赠、制词、诗文，滥及赠答，则家乘矣，今并黜削⑦。

有的志书，对人物入志提出辩证的、客观的要求，反对绝对化和形而上学。立论甚为精辟，至今仍有启发：

有善事无势者不废，无浮名有实操者举；前之美不以后衰废，后之盛不以先弱没。显微阐幽，皆出耳目共闻见。其有疑似间者，宁缺略毋敢臆悉⑧。

四、以记为主，间有论赞

《史记》有"太史公曰"，《资治通鉴》有"臣光曰"，故明人仿其例在志中以"按"、"按语"、"论曰"、"叙"的形式，或阐旨意，或示大要，或言规律，或发感叹，或陈述利害，或针砭时弊。总之，在记载史实之余，加以画龙点睛，使阅者得到理性认识的提高。如弘治与嘉靖两修的《许州志》，各目均前有小叙、后有赞语。官至南京礼、吏二部尚书，著述甚丰的王崇庆，其校订的(正德)《长垣县志》九卷九门，门下设目，各门、各目皆有"王子曰"。他纂的

---

① (弘治)《上海县志·凡例》。
② (嘉靖)《通州志·凡例》。
③ (嘉靖)《高淳县志·修志凡例》。
④ (万历)《安邑县志·志例》。
⑤ (万历)《宿迁县志·凡例》。
⑥ (嘉靖)《许州志·凡例》。
⑦ (嘉靖)《光山县志·法例》。
⑧ 明杨天伦：(嘉靖)《永丰县志·后序》。

（嘉靖）《开州志》卷后有"王论"。如《开州志·田赋志》"协济"①目后，"王论"就揭露了赋役过重、农民不堪负担：

力有限而役无穷也，是故以力斯竭，以财斯耗矣！而所谓协济之类，方未艾出，如之何其不使亡且愈矣！

（嘉靖）《永城县志·食货志》的"按语"，揭露了贫富不均，进而建言不虚报田粮、减轻农人负担：

永城户口、田赋甲于旁邑，但贫富不均，正昔人所谓富者田连阡陌，贫者无立锥之地。自通均地粮以来，就差徭、赋税悉出于地……今户口减于逋逃，田赋累于荒芜。噫，勿伪增、勿厚敛，以复昔日富庶之盛，深有望于牧民者。

（嘉靖）《夏邑县志·田赋志》的"评语"，道出种种压榨农民的恶劣手段而造成的极端贫困现象：

肆于豪强者之兼并，巧于里书者之飞诡，伪于寄庄者之影射，甚而有田无赋，有赋无田，乃至逋负包赔，或卖田而鬻女，或死亡而转徙。

（天启）《文水县志·赋役志》丁赋后的"论曰"，唤出了农民的心声：

今策肥衣纨，曾不出半铢；而家无立锥者，则剜肉医疮，反不免赔累之苦。噫，是岂朝廷立法之初意哉！

（万历）《江都县志·提封志》的"撰曰"，批评当政者麻痹轻敌而导致倭寇入侵：

国初日本狡寇，累犯海澨，故江海一带筑堡置堠，皆以备倭为名。弘治以来，鲸波渐恬，上下偷愉，海防遂弛。嘉靖丙辰、丁巳之间，使寇闯入州郡，焚掠甚惨。

明代成（化）弘（治）之前，农村经济尚处于稳定状态，而后则每况愈下，故有些方志多发出今不如昔的感叹。如（嘉靖）《浚县志》，由自号大伾子的王璜编纂，其志"里甲目"的"大伾子曰"：

弘治以前，徭轻赋薄，里甲皆如制。迩来差役浩繁，上不恤下，居多流

① 协济：亦称协拨，即地方政府根据上级命令将一部分税收调拨另一政区。

亡,一甲多不能如十家之数矣!

万历年田蕙编纂的《应州志》卷三"贡课"后,"田蕙氏曰":

谨按旧志,成化间本州有水碾、水磨、鱼课。可见彼时地方尚获水利,而人民殷实,亦足征焉。今名存实废,闾里萧条,深为恻然。

以上数例表明,恰到好处的评论,确能使人们获得理性认识,使方志带有著述性。但也有空发议论、甚至喧宾夺主之笔,如(嘉靖)《浦江志略》,"县邑"一目仅"梁贞明三年更名浦江县"10字,后面议论却多达136字;"月泉"一条,正文40字,议论却多达680字。显然这是蛇足,应引以为戒。

第三节　志书举要

一、《大明清类天文分野书》

是志24卷,明刘基纂。刘基,字伯温,浙江青田人,佐朱元璋平定天下,官御史中丞。是志于洪武十七年(1384)进呈后,曾于南雍刻印,颁赐燕、晋、秦、周、楚、齐六王。今国家图书馆藏有原刻本。是书不按行政区域编列,不以山川形势划分,而以十二分野星次分配郡县。此种编纂形式甚为特殊,在我国方志史上罕见。分野,是古代星占术的一个概念,以十二次为准,后又与二十八宿相联系,分配宇区,以为地上各州郡与宇区相对应。宇区发生的天象,预兆着地上的吉凶,即古人所谓"志星野者何,察妖祥也",这纯属迷信。古代地志在记述某地时,多写属某分野。但此前盖无以分野为纲的方志。是书编排既不方便,更不科学。如山西大同府分入卷十一"昴毕赵分野",太原府、平阳府则入卷十二"觜参晋分野"。河南的卫辉、彰德、怀庆三府,分入卷九"室壁卫分野",而河南、南阳二府分入卷十七"柳星张分野",开封、汝宁二府列入卷二十一"角亢氐郑分野",归德州、睢州列入卷二十二"房心宋分野"。将一个省分入几个分野中,反过来说一个分野又包括几个省的府州县。所以此书未能广为流传。但所记府州县的沿革,尚有参考价值。特别是下限为洪武九年,许多元末、明初的政区变化,多赖此书记载而传留后世，仍不失为有用之书。永乐年间编纂《永乐大典》，于诸府州县每引是书以叙其建置沿革。

二、《大明一统志》

英宗朱祁镇于正统十四年（1449）在土木堡兵败被瓦剌也先俘走，后于景泰八年（1457）正月复辟，改元天顺。他饱尝八年丧国之辱，又"以《寰宇通志》多泛滥"，因而复国后不久便命翰林院学士李贤修纂一统志。"天顺五年五月《大明一统志》成，上亲序之"①。李贤，字原德，河南邓县人，官吏部尚书，兼翰林院学士。是志96卷，系在《寰宇通志》基础上增补、删并而成。朱祁镇序称，"祖宗之志有未成者，谨当继述。乃命文学之

大明一统志

臣重加编辑，俾繁简适宜，去取惟当，务臻精要，用底全书，庶可继承文祖之志，用昭我朝一统之盛……是书之传世也，不独我子孙世世相承者，知祖宗开创之功广大如是，思所以保守之惟谨，而凡天下之士，亦因得以考古求今故实，增其闻见，广其知识，有所感发兴起，出为用世"②。书以两京、十三布政司为纲，纲下以府州为单位，下设建置沿革、郡名、形胜、风俗、山

---

① 明黄佐：《翰林记》卷十三"修书"。
② 《明英宗实录》卷三二七。

川、土产、公署、学校、书院、宫室、关梁、寺观、祠庙、陵墓、古迹、名宦、流寓、人物、列女、仙释 20 目。最后殿以"外夷"各国。此书以天顺初年行政区划为准，但后人又增入嘉靖、隆庆及万历初年的事。书中保存不少元代和明初的史料，可与正史相参证。王守仁高度评价"我朝之《一统志》，则其纲简于《禹贡》而无遗，其目详于《职方》而不冗。然其规模宏大阔略，实为天下万世而作，则王者事也"①。(弘治)《贵州图经新志·凡例》亦称："迨我《大明一统志》出，一扫群志之陋，而程式之美，足为万世之法。"但缺乏史裁与考证，讹误较多，为后世学人所诟。顾炎武《日知录》卷三十一《大明一统志》条，批驳其"舛谬特甚"，引古事舛戾最多。《四库全书总目提要》称其"舛错抵牾，疏谬尤甚"。吴骞批评其"挂漏舛伪不可胜计"②。此书有明万寿堂刻本、归仁斋重刻本。

三、(成化)《山西通志》

成化十年(1474)成书、十一年付梓的《山西通志》，是山西省第一部省志，也是国内现存最早的省志。总纂胡谧，字廷慎，会稽(今浙江绍兴)人，天顺元年(1457)进士，成化五年(1469)任山西督学佥事，旋任山西提刑按察司副使。供职期间，深感三晋向无志书为一大缺憾，在巡抚李侃的支持下，历尽四年的呕心沥血，终于创修了这部省志。不久被调任河南按察副使，成化二十二年(1486)又编纂了 17 卷的《河南总志》。然《四库全书总目提要》竟将《山西通志》总纂胡谧误写为"四川马湖人，永乐辛丑进士"，盖将同名二人混淆耳。

胡谧是在既无前志经验借鉴，又无完备历史档案情况下，苦心查访搜集，精心编辑汇纂而完成该志的。他走访了全省，"虽密林邃谷、豺虺之地，靡不周历"③。凡"河山、城郭、学舍、宫室……与夫残碣断碑、故基遗迹、名

---

① 《阳明先生集要文章编》卷一《高平县志序》，《四部丛刊》本。
② 清吴骞：《愚谷文存》卷四《大元一统志残本跋》。
③ 明沈钟《(成化)《山西通志序》。

宦寓贤之类,靡不究其沿革盛衰之故,丰啬美恶之由,本之旧牒,参之前史,考之今制"①而录之。

是志 17 卷,分设建置沿革、国名、郡名、州名、县名、分野、疆域、风俗、形胜、山川、城池、关塞、津梁、烽堠、宗藩、公署、学校、仓场、驿递、宫室、坛壝、祠庙、陵墓、寺观、土产、户口、田赋、土贡、兵备、古迹、祥异、景致、名宦、寓贤、人物、隐逸、列女、仙释、圣制、集文、集诗、碑目,共 42 门,各门之下,有按地域排列的(如建置沿革、疆域等门),有以时代划分的(如名宦、人物等门),有依体裁组合的(如集文门),有按路线分编的。既横剖纵叙,又纵中有横,交错有致,颇有章法。

山西在明代是抵御瓦剌、鞑靼侵扰的前哨,是拱卫京师的屏障,有关军事方面记载较详。如"烽堠"门下,记录 353 座烽墩的分布和兵力配备。对于达上下、通往来的 62 驿、21 递运所、928 急递铺,在"驿递"门内一一记录其

(万历)《山西通志·凡例》

名称、位置、相距里程。是很全面的交通地理图。"兵备"门内,将 22 卫、6 守御所的官兵配置,各种火兵器、冷兵器的装备以及屯田地亩,都有详细记载。军事地理者,可据以考察。

该志文献价值极高,书中征引的近百种金、元、明初的山西方志,明后期已佚,李裕民《山西古方志辑佚》据以钩沉。

在"集文"、"集诗"二门内,收录许多金元时期晋人诗文,为他书所不

----

① 明张莹:(成化)《山西通志·序》。

载。如金代元好问的《故规措使陈君墓志铭》《明阳观记》《创开溽水渠堰记》三文，《三冈四镇》《金凤井》二诗，为通行本《遗山集》所未收。

四、(嘉靖)《江西通志》

林庭㭿修、周广纂的(嘉靖)《江西通志》，为明代省志中颇有特色的一种。林庭㭿，字利瞻，福州(今福建福州市)人，累官工部尚书。周广，字充之，昆山(今江苏昆山市)人，官至南京刑部右侍郎。是志系林庭㭿官江西左参政、周广仕江西按察司副使时所作。凡37卷：卷一至卷三为藩省，立13门，即建置沿革、形胜、城池、户口、田赋、藩封、兵政、公署、贡院、祠庙、秩官、名宦、奸宄。卷四至卷三十七为南昌、饶州、广信、南康、九江、建昌、抚州、临江、吉安、瑞州、袁州、赣州、南安等13府志，各立30门，即在藩省各目之外，另增郡名、山川、风俗、恤典、土产、学校、宫室、驿邮、祠庙、坛壝、关梁、祥异、陵墓、古迹、科目、人物、列女等目。各目之下，根据实际情况或按县排列，或分类组织。

林庭㭿、周广二人，皆正直不阿，颇有政声，《明史》为之立传。特别是周广，《四库全书总目提要》称其"平生严冷无笑容，巡抚江西，墨吏皆望风而去，其嫉恶之严可以想见"。因而敢于仿正史奸臣、酷吏列传之例，首创"奸宄"一门，记载明宁献王五世孙朱宸濠谋反及李世英、董国宣、胡钦、刘子达等近十人之劣迹恶行，以垂永戒，开创方志有褒有贬、善恶必书的良风，此其特点之一。不设艺文目，志中既无吟花弄月之诗，又无诰制、封赠之文，将具有实用价值的碑记、文章，按其内容各入其类，增强了志书的实用性，此其特点之二。人物不分类，而以年代先后为序，创造了一种新的人物排列法，此为特点之三。修纂者的创新精神，受到后人的尊重。现有嘉靖四年(1525)刻本、嘉靖三十九年再刻本。分别藏于上海图书馆、日本尊经阁、江西省图书馆。

五、《滇略》

《滇略》十卷，谢肇淛撰。肇淛，字在杭，福建长乐人，万历进士，以治史善文驰名,一生著作甚丰,撰有《五杂俎》《福州府志》《永福县志》等。《滇略》是其万历年任云南右参政时所作。卷首有薛承矩序。书分十略:一、版略,记疆域及建置沿革;二、胜略,记山川名胜;三、产略,记物产;四、俗略,记民风;五、绩略,记名宦;六、献略,记乡贤;七、事略,记历史故实;八、文略,记艺文;九、夷略,记少数民族;十、杂略,记琐闻杂谈。每略冠以小序述其大要。体例严谨,很有章法。以产略、俗略、夷略最具学术资料价值。

谢氏平生重视掌故遗闻,所著《五杂俎》,迄今仍为研究明代社会生活必读之书。《滇略》,记云南琐谈遗闻,占全书比例很大。何以如此?《杂略》小序谓:"杂者,事之支出、稗官之野记、里巷之丛谈,以及方外殊踪神鬼诞迹,虽有无不可知,而鬼琐谈谪,往往足以昭劝戒、补遗逸、佐喷饭、张谈锋,有其录之,莫敢弃也。"所记多饶有兴味,寓意深长,引人入胜。《四库全书总目提要》认为:"虽大抵本图经旧文,稍附益以新事,然肇湔本属文士,记诵亦颇博洽,故是书引据有征,叙述有法,较诸家地志,体例特为雅洁。"

薛承矩序称:上以搜汉杨终、晋常璩之所未及,下以补李京、杨慎诸书之遗漏。杭世骏《道古堂集》有是书的题跋,谓其"详近略远,博观约取,苍山洱水之墟称善史焉"。

六、(弘治)《徽州府志》

明彭泽修、汪舜民纂的该志是继南宋罗愿的《新安志》之后当地第二部方志,十二卷,分地理、食货、封建、职制、公署、学校、祀典、恤政、选举、人物、宫室、寺观、祥异、词翰、拾遗15门,下设60目。

卷首有凡例十则。一则云"名宦、人物必没世而后载之,庶无异议";一则称"仙佛怪异之说固不敢信,但土俗流传、图志纪载难以遽削,姑存其略";一则谓"词翰不能广载,亦不敢以工拙为去取。惟采其有关本郡事迹及可以备本志之缺略者"。仅此即可见其志书之严整性。

徽州府辖歙、休宁、婺源、祁门、黟、绩溪六县,今为黄山市(绩溪划归宁国市,婺源划归江西省)。是志突出反映了地灵人杰、文盛物华的徽州辉煌与沧桑。凡关于黄山的历史故实、诸峰形胜、神话传说以及名人诗文，尽皆采录在册。

徽州府在宋代以后学人辈出，彪炳史册者如集理学之大成者朱熹（婺源人），博极经史、著述等身的程大昌（休宁人），巨著《方舆胜览》的作者祝穆（歙人），方志学家罗愿（歙人），元代经学大师胡炳文（婺源人），明中期学问广博、一时之冠的程敏政（休宁人）等等，他们的学术造诣和思想，在志中均有反映。文化如此之发达，关键在教育。据卷五学校门，有府、县儒学 6 所，紫阳书院、晦庵书院等书院 15 所，分布在乡村的社学 262 所，此外还有家塾、义学。教育如此之普及，在明代少见。

"文房四宝出二郡，迩来赏受君与予。"这是宋代梅尧臣的《九月六日登舟再和潘歙州纸砚诗》的诗句，诗中二郡指歙、宣二州（徽州府在北宋称歙州），说明安徽的笔墨纸砚，久负盛名。卷二食货门货物目内专列纸、砚、墨三个子目，详记产品名称、产地、特征、进贡数。如"纸"：

旧有麦光、白滑、冰翼、凝霜之目。歙、绩溪界中有地名龙须山，纸出其间，号龙须纸。大抵新安之水，清澈见底，利以沤楮，故纸如玉雪者，水色所为也。其岁晏敲冰为之者，益坚韧而佳。宋时纸名则有所谓进扎、殿扎、玉版、观音、京簾、堂扎之类，亦出休宁之水南及虞芮、良安、和睦三乡。

再如"墨"的记载：

墨出歙、休宁二县。五代李超及子廷珪造墨，至宋徽州遂以大龙凤墨千斤充贡，仁宗嘉祐中宴近臣于群玉殿，以李超墨赐之，曰新安香墨。其后赐翰林皆李廷珪双脊龙，样品尤佳。

该志卷十人物门内专为造墨名家李廷珪立传。卷十二拾遗门，还汇集宋苏宜简《文房四谱》、欧阳修《砚谱》、蔡君谟《文房四说》、唐积《婺源砚图谱》《歙砚》、李孝美《墨苑》等有关文字。这些都是研究文房四宝的珍贵史料。

七、（正德）《武功县志》

（正德）《武功县志》，康海撰。康海（1475—1540），字德涵，号对山，武功人，弘治十五年（1502）进士第一，授翰林院修撰。是志成书于正德十四年（1519）。今有三卷、四卷本两种版本。三卷本为明正德十四年冯玮刻，万历年再刊，后收入《四库全书》。四卷本为万历四十五年（1617）许国重刻本，流传较少。卷数不同，然篇目内容相同。均分为七志，即地理志、建置志、祠祀志、田赋志、官师志、人物志、选举志。凡山川、城郭、古迹、宅墓，皆括于地理；官署、学校、津梁、市集，归于建置；祠庙、寺观则总以祠祀；户口、物产则附于田赋；艺文则用《吴郡志》例，散附各目之下，以除冗滥；官师则善恶并著，以寓劝惩。故《四库全书总目》给予高度评价说："王士祯谓其文简事核，训词尔雅。石邦教称其义昭劝鉴，尤严而公，乡国之史，莫良于此。非溢美也。"

在封建社会中，官修史志均将帝王后妃尊为至高无上，以"本纪"、"外纪"、"皇恩庆典"，放在最突出的地位，以示奉若神明。而康海竟在县志中，列唐高祖、唐太宗于人物志中，载后妃于列女篇，敢于轻君，实为难能可贵。康海主张不虚美、不隐恶，反映到县志中是有褒有贬，于褒贬中总结官吏政绩得失的经验教训。如写酷吏张仪，"刻薄狡险，善虐其民，取之极骨髓"；如写刘志的为官体会，"民可以诚动，不可以诈劫"，体现了史家"实录直书"的品格。

但此志过于简略，仅两万字，受到章学诚的批评，谓"简而无当，潜滥荒疏"。栗毓美也批评"前明武功、朝邑之志苟简，至故城旧渎皆弃之如遗，不知者以为典要，然非笃论也"[1]。

八、（嘉靖）《兰阳县志》

嘉靖二十四年（1545）李希程编撰的《兰阳县志》（明代兰阳县，即今河南省兰考县），为该县第一部县志。其特征为：一、是志十卷，采用纲目体，分地理、田赋、建置、署制、学校、官师、选举、人物、遗迹、文词等十志。十志之下，分设112个细目，各标其目名，层次分明，安排得当。二、编例缜密严

---

① （民国）《修武县志》卷十六"志原"。

整，是志《凡例》17 则，皆有的放矢。如第三则规定"人必书名，虽尊者、亲者不讳，示其永传，后有所考"，改变了志书不直书人名，仅称字、号的风习。为了征信，第五则明确："事有稽者则曰出某书、出某人。其自续作者别曰新增。"第十三则："官师政声教绩，稽诸公议。在职者皆不书，恐涉谀佞。"第十五则："人物行实皆有所据，然必谢世始定其论。且示无阿。"三、善于叙论。是志每目之前有"叙"，起着提纲挈领的作用。部分细目之后设有"附录"，为撰人之感叹，颇能发人深思。如卷二田赋志之"徭役"一目"附录"称："近日编差，惟在于地。吾民以得鬻地为喜。余因为一绝句以悼之：'人民昔少今加少，徭役名均实未均；深惜闾阎无计处，只愁产业不愁贫。'"再如"户口"一目之"附录"曰："户口渐增，由分户所致，非实增也。余尝为一绝句诗以劝俗曰：'瘠地濒河岁未登，新来赋役重难胜；各分版籍求规避，谁解翻为户口增。'"再如卷三建置志"备荒"目之"叙"，直接批评县官不能对人民瘠漠而不顾，曰："古之民命悬于君，后之民命悬于天。悬于君者，未荒有备荒，则有政是也，悬于天者，任其捐而瘠漠不顾矣，其诸牧民者之执其咎欤！"充分表现了编撰者仁爱之心和对统治者的不满。

九、《寿宁待志》

著名文学家、戏曲家冯梦龙编撰的《寿宁待志》，是一部别具一格的佳志。冯梦龙（1574-1646），字犹龙，吴县（今苏州）人。岁贡出身。明崇祯七年（1634）任寿宁知县，历时三年写成了这部县志。书名何以称"待志"？冯氏在其《小引》中解释道："曷言乎待志？犹云未成乎志也。曷为未成乎志？前乎志者有讹焉，后之志者有缺焉，与其贸然而成之，宁逊焉而待之。"也就是说，此志尚有不足之处，有待后人的补充完善。仅此，便能看出冯氏认真和谦逊的修志精神。

是志二卷，上卷设疆域、城隘、县治、学宫、香火、土田、户口、刑科、赋税、恩典、积贮、兵壮、铺递、狱讼、盐法、物产、风俗、岁时 18 门；下卷设里役、都图、官司、贡举、坊表、劝诫、佛宇、祥瑞、灾异、虎暴等 10 门。卷末附

"旧志考误"。该志绍续万历二十三年(1595)戴镗修的《寿宁县志》,而"略旧之所存,详旧之所阙"。行文多半夹叙夹议,颇异于他志。其最大特点是摒弃了一般志书阿谀奉承、粉饰太平的恶习,实事求是地反映了民间疾苦。如"积贮"门载,由于官府一再向百姓增派赋税,使得寿宁县"民穷财尽","历年所积,一空如扫"。如"风俗"门对贫苦人民典妻卖子的现象,作了淋漓尽致的反映:"或有急需,典卖其妻……或赁与他人生子,岁仅一金,三周而满,满则迎归……亦有久假不归,遂书卖券者。"对于寿宁文化之落后,《待志》也不隐讳,在"风俗"门中披露:"学校虽设,读书者少。自设县至今,科第斩然。经书而外,典籍寥寥,书贾亦绝无至者。"在"坊表"门中,对明天顺年间为宋绍定二年(1229)"状元"缪蟾而立的"状元坊"提出质疑,指出:"按《府志》,绍定二年己丑状元为王朴,是榜闽中及第者十九人,无缪蟾名。"以上几例证明冯梦龙坚持了不溢美、不隐恶、不附会的实事求是精神。

冯梦龙深切同情人民,对当地"生女则溺"的恶俗极为不满,便用通俗的白话文写成《禁溺女告示》,广为张贴。《待志》对此作了记载。冯氏为了直接抒发其观点与感情,用第一人称写《待志》,这在我国方志史上绝无仅有。原刻本现藏日本国会图书馆,国内仅有中国科学院图书馆复制的胶卷。福建人民出版社于20世纪80年代出版有铅印本。

第四节　明代方志的资料价值

明代方志的资料价值是多方面的,这里仅述突出者。

一、民为邦本,本固邦宁,观民之增减可知国之强弱祥灾。因而户口统计,就成了历代方志的重要部分。

明代唐胄编纂的（正德）《琼台志》反映今海南省的人口情况极为详细。志中将洪武二十四年、永乐十年、成化八年、弘治五年、正德七年五个年代的户数与口数，按州县分别统计在册。特别是正德七年，又按男女性别、男子成年与未成年、职业情况分别登记。说明当时人口工作已相当细致。那年全岛总户数是"五万四千七百九十八"。其中："民户四万三千一百七十四，军户三千三百三十六，杂役户七千七百四十七(官户一十，校尉力士户四十八，医户三十，僧道户七，水马站所户八百一十六、弓铺祗禁户一千六百二十二，灶户一千九百五十二，蛋户一千九百一十三，窑冶户一百六十，各色匠户一千一百八十九)，寄庄户五百四十一。"

古代统计人口不分性别，明代方域志中开始有了性别区分，这是一大进步。如《琼台志》分出男女。在正德七年全岛总人口"二十五万一百四十三"中："男子一十七万九千五百二十四(成丁一十二万一千一百四十七，不成丁五万八千三百七十七)，妇女七万六百一十九口。"性比达 100:254 的惊人程度!

性比例严重失调现象不独海南，内地亦然。今江苏句容县，明洪武、永乐年间，男为 123267 口，妇女 82450 口，性比为 100:150。天顺、成化年间，男子 128569 口，妇女 84067 口，性比为 100:153[①]。今安徽黄山市，明为徽州府，天顺六年(1462)全府男子 336295 口，妇女 174122 口，性比为 100:193[②]。广西苍梧县(今广西梧州市)，明洪武年男子 4130 口，妇女 3022 口，性比为 100:137[③]。由此可见人为造成的违反人口性比规律的现象，在封建社会中具有普遍性。之所以如此畸形，根本原因在于重男轻女，溺女婴现象严重[④]。据人口史专家分析，在"男多为荣，女多为耻"的人口思想支配下，漏报、瞒报情况也影响统计的准确性。

---

① 据(弘治)《句容县志》卷三"户口"。
② 据(弘治)《徽州府志》卷二"户口"。
③ 据《永乐大典方志辑佚·古藤志》。
④ (嘉靖)《淳安县志》卷一《风俗》："淳人生女，多淹而杀之。"

二、土地之产,给人类生存和发展提供了物质基础。人的衣、食、住、行、用,无不仰仗于它。因而物产或曰土产,便是方志不可或缺的重要组成部分。

如(成化)《山西通志》土产部分载有谷属、果属、菜属、木属、药属、禽属、毛属、帛属、金属、石属、色属、杂类 12 大类。大类之下详记物的品种、性能、产地,如谷属:

黍,有软、硬二种,软者宜酿酒。稷,有大、小二种,视他方味美。粱,粒细而色白。麦,品有三:来、辫,迤南多宿种,迤北多春种;荞,迤北以其易熟多种。豆,有黑、绿、黄、豌、豇、䘏、小七种。以上三府、五州境内俱出。稻,有粳、糯二种。忻、汾、蒲……介休诸县俱出。芝麻,绛、解、蒲三州,襄陵……诸县俱出。

如(正德)《琼台志》在土产部分记载海南的物产非常丰富。农作物方面有谷类 9 种、蔬菜 50 余种、果 39 种;林业方面有树木 73 种、竹类 25 种、藤 8 种;动物方面有畜 10 种,禽 52 种,兽 17 种,鱼 47 种,水族 19 种;矿物 12 种。该志不仅详细记载物种名称,而且还作了说明。如:

荔枝,出琼山西南界宅、念都者多且佳,有红、紫、青、黄数种。

椰子树,如槟榔状如桫椤,叶如凤尾,高十数丈,有黄、红、青三种。黄性凉,青性热,出文昌者佳。

引针石,即磁石,出崖州、临川港者佳,相地者用之引针,以定子午。

有的方志不仅记载物产的品种、性能,还将人们种植或养殖方法载录下来。如(天启)《海盐县图经》卷四"风土记"记载的水稻种植法与生长过程甚详:

凡种稻先择种,立夏,粪秧田、浸种。浸五日,始秧撒之秧田。又五日,秧始齐。芒种后、夏至前,为霉时多雨,垦田平之,又碌之,且粪之,乃拔秧栽之。无雨则斛水为之,用桔槔。其粪也,以猪灰、以豆饼,或以草入之河泥,烂而用之。栽秧二十日乃荡。荡以木板,丛钉于上,柄以长竹,以疏苗之行,令根易行也。又五六日乃耘。耘者,去草也,爬苗之胁,置所去草于下,助粪肥力也。耘凡三……立秋前十日,宜稍干之,令根固。余日水昼夜不得乏绝。收获多寡,一视舆水勤惰。凡稻,处暑而胎,白露而秀,秋分而秀齐,寒露而尽实,霜降而黄,立冬尽刈矣。

三、水,生物之命脉也,志书多记各种水体及水利事业。

(隆庆)《临江府志》为了保护水利工程,防止"昔浍今亩,昔圩今室"的现象继续发展,在卷六中特将临江府四县的陂、塘、圩、岸共 1709 所,一一说明其名称、位置、长度、宽度,以引起人们注意保护。

(嘉靖)《兰阳县志》卷一地理志井泉目载的炙法凿井的经验,适用于北方各地。方法是:

> 凿井有炙法,未及泉可以预知水味。其法先除去浮土二三尺得平地,取艾如卵大,灼火炙之。视烟迹在地上者,其色黄则甘,黑则苦,白则淡,屡试不诬,知此可免无功之劳,不至及泉而悔也。

修于明初的《温州郡志》,对温州府的 160 多个斗门,一一记其位置、始修时间、利用情况。并对"斗门"的功用作了概括:

> 温地负山濒海,水自诸山溪源达于河,合流于江入于海。泄而不蓄则旱,蓄而不泄则涝,旱涝皆为民田

吴中水利通志(明嘉靖年锡山安国铜活字本)

害。故水势大处则立斗门,小处则立水闸,以时启闭。又各刻记"水则",以为之节①。

水网密布的嘉兴府所属各县,不满足于府志对水利记述的简略,另外撰有《嘉兴七县塘圩水利图》《嘉兴县水利图志》《秀水县水利考》《海宁县水利图志》《新浚海盐内河图说》等水利专志,充分说明人们对水是何等的重视。

四、关于明代手工业的记载,是研究中国手工业史的珍贵资料。

如(嘉靖)《彰德府志》载:

安阳县龙山出石炭,入穴取之无穷,取深数十百丈,必先见水,水尽然后炭可取也。炭有数品,其坚者谓之石,软者谓之海(即煤)。愈臭者,燃之愈难尽。

(万历)《续处州府志》在云和县(今属浙江)"坑冶"条下,还特意指出矿冶要防止污染农业、注意环境保护:

万历二十九年,知县陈文照建议于春夏秋三季播种之时,浊水有害禾苗,严禁(坑冶)不许淘洗。惟准冬季用工,申详道府。

明季嘉靖、隆庆年间,临江府(治所在今江西清江县)手工业极为发达,共有各种工匠 10786 户,除业于当地者 3774 户外,其余分布在北京、南京、南昌三地。工匠种类有铁匠、银匠、锡匠、针匠、竹匠、木梳匠、笔匠、琉璃匠等 62 种。(隆庆)《临江府志》卷七对此均有具体明确的记载。

(天启)《平湖县志》载:今浙江平湖市在宣德四年(1429)有木匠、锯匠、铁匠、银匠、熟皮匠、染匠、裁缝、舱匠、橹匠、竹匠、锡匠等 43 种工匠,603 户。他们之中供役于京师包括轮班和存留者,达 610 户。

(嘉靖)《嘉兴府志》卷二"邦制"记织造局有:

络丝房机六十二张,纴丝机三十二张,细绸机四张,织地丝机八张,包头纱机一张,银河纱机十张。

---

① 引自马蓉等:《永乐大典方志辑佚》,中华书局 2004 年版。

(嘉靖)《尉氏县志》载,嘉靖年间河南尉氏县,已百工俱备,如织布、熬糖、破竹、攻皮、破石、攻金等。

五、明代商业已成为社会经济的重要方面,方志对此多有记载。

如河间府(今河北省河间市)明代已成为北方商业中心。(嘉靖)《河间府志》卷七谓:

河间行货之商,皆贩缯、贩粟、贩盐、铁、木植之人。贩缯者,至自南京、苏州、临清。贩粟者,至自卫辉、磁州并天津沿河一带。间以岁之丰歉,或籴之使来,粜之使去,皆攀致之。贩铁者,农器居多,至自临清、泊头,皆驾小车而来。贩盐者,至自沧州、天津。贩木植者,至自真定。其诸贩磁器、漆器之类,至自饶州、徽州。

(万历)《嘉定县志》载嘉定县(今上海市嘉定区)之南翔镇"多徽商侨寓,百货填集甲于诸镇";罗店镇"比闾殷富,今徽商辏集,货易之盛,几埒南翔矣!"

如今河北省宣化县,明代为宣府镇,(嘉靖)《宣府镇志》卷二十载明代商店林立:

先年大市中贾店鳞比,各有名称。如云:南京罗缎铺、苏杭罗缎铺、潞州绸铺、泽州帕铺、临清布帛铺、绒锦铺、杂货铺。各行交易铺沿街长四五里许,贾皆居之。

再如江苏扬州在明代成了以盐业为主的商业中心,(万历)《扬州府志》卷一百十一盐法志载盐商:

分而为三:曰边商,曰内商,曰水商。边商多沿土著,专输纳米、豆……内商多徽歙及山陕之寓籍淮扬者,专买边引,下场支盐,过桥坝,上堆候掣,亦官为定盐价,以转卖水商。

六、对异常自然现象的记录,有助于人们进一步认识自然、利用自然。

如(万历)《汝南志》载陨石坠地:

永乐五年,信阳平昌关北三里许,有大星坠地化为石,其声轰轰,光芒照人。外则纯黑,中具五色,置之州治,至今尚存。

(嘉靖)《山西通志》卷三十一有陨石的详细记录。原文为:

弘治十二年五月二十日,朔州城北马圈头空中有声如雷,白气亘天,火光逆裂,落一石。大如小车轮,入地七尺余,遂有碎石迸出二三十里外,色青黑,气如硫磺,质甚坚腻。

(嘉靖)《江西通志》卷二十二临江府"祥异"门内载:

(正德)六年六月四日,夜有火星交流,复有火球大如车轮,尾长数丈,光焰灼天,坠府城东北角。

(成化)《山西通志》记载宋景祐四年(1059)十二月甲申地震情况,是中国地震史上的重要史料:

忻、代、并三州地震,坏庐舍,覆压吏民。忻州死者万九千七百四十二人,伤者五千六百五十五人,畜死者五万余;代州死者七百五十九人;并州死者千八百九十人。

沿海地带,海岸侵蚀常使得海岸地形发生变化,影响了人类的生产与生活。(弘治)《上海县志》载:

边海旧有积沙亘数百里,近岁漂没殆尽,无所障蔽,盛秋水涝,挟以飓风,为患特甚。

(万历)《上海县志》又载:

自清水湾以南,较川沙以北水咸宜盐,故旧置盐场。近有沙堤壅隔,其外水味较淡,卤薄难就,而煮海利亦微矣。

谈迁编撰(崇祯)《海昌外志》的李淑贞诗,生动反映了成化八年(1472)海潮带来的灾难:

飓风拔木浪如山,振荡乾坤顷刻间。临海人间千万户,漂流不见一人还。

七、反映了民间疾苦。

明代自荒怠无能、挥霍无度的武宗朱厚照后,日渐增加赋税和差役,使农民负担更为沉重,有的地方"民困已极,庐舍几空"。一些方志真实反映了农村的灾难。如(嘉靖)《鲁山县志》在"徭役"一目中，记载官府对人民敲诈勒索极为严重。其中力差、银差在 20 种以上。举凡建举人牌坊，儒学斋膳夫，官府祭祀，县堂各宅内的各种力差，以及作为贡品的活鹿等等费用，皆出自民间，而士绅享有免役权。(万历)《获嘉县志》卷三载：田赋、徭役开了 116 项。百姓不堪重负，有的不得不举家外逃他乡。(崇祯)《东莞县志》载有渔民下海采珠的惨状："凡采珠，以索系石，被体而没至，甚众。"(嘉靖)《真阳县志》揭露了明崇王府霸占三庄、二十七屯，"其地约有千顷，真阳之封疆虽有百里，然此庄、屯皆在封略之内，则真阳地寡可知矣。地既寡，其民有不贫者乎！"再如(万历)《内黄县志·田赋志》云：

洪武初两税农桑、丝棉与诸凡杂税，大较不过四五千金。二百年来，日益月加，不知凡几倍于洪武初矣！丰年谷贱出如粪土，除公税私逃外，室已若扫。一遇岁祲，即挟妻子，抛坟墓，转徙他方。

如遇旱灾，情状更惨。如(天启)《文水县志》载：嘉靖三十九年(1560)"大饥，饿殍盈野，民弃子女，食人肉"。万历十四年(1586)"大饥，民食草根白土，死者甚众"。

总之，明代方志的资料是多方面的，具有传古信今的作用。如成书于清康熙元年(1662)的《天下郡国利病书》，"北直隶"部分引用明代《宣府镇志》《永平府志》等 24 种；"山西"部分援用明《保德州志》《忻州志》等 17 种；"云南备录"部分，方国瑜考证，全出自天启五年(1625)刘文征修的《滇志》①。又如成书于康熙初期的《读史方舆纪要》，其叙述各地关隘、堡寨、古迹时多言"郡志"、"邑志"、"志云"如何。所谓的"志"，无疑为明代各地方志。

再如(嘉靖)《池州府志》卷一舆地篇古迹类关于杜牧《清明》诗中确指的"杏花村"记载，是最早的、也是无可争辩的事实依据②，为明彭大翼《山

---

① 王云：《天启〈滇志〉对学术界的影响》，载《云南方志》1989 年第 6 期。

② (嘉靖)《池州府志》卷一舆地篇古迹类："杏花村，在城西里许。杜牧诗：'借问酒家处有，牧童遥指杏花村'。旧有黄公酒垆，后废。余井圈在民田内，上刻黄公广润泉字。嘉靖间同知张邦教，访置教场，前立亭表之。联云：'胜地已无沽酒肆，荒村忽有惜花人'。"另在卷八艺文篇收有杜牧官池州刺史间写的 11 首诗。

堂肆考》与清康熙、乾隆两修的《江南通志》《增订广舆记》等著作所征引。

第五节　可喜的方志理论

明代的修志实践，促使方志理论探索也异常活跃。一些名臣大吏、硕学贤哲纷纷论述了方志的性质、功用、构架、体例和修志的基本要求。虽然没有形成鸿篇巨著，仅散见于志书的序跋、凡例中，但对当时修志发挥了"圭臬"、"鉴衡"的作用，对其后方志学的建立有着启发的作用。

一、关于方志的性质，多数论者认为方志属于史的范畴，为史的支流；但也有人认为属于地理范畴。

属于史者，如：

州郡之有志，犹国之有史①。

志，史类也。藩省郡县，类各有之。以记时事，其所贵者在真焉而已尔②。

国有史，郡有志……夫志，史之翼也③。

志者，史之案也。贵详载而直书④。

志也者，史之流也⑤。

夫志，史属也。故陈寿作三国史而以志名之。盖国史固一代之志，而郡邑之志，则一方之史也。国史公是非于万世，而郡邑之志实与之相表里焉，其所载虽有广狭，而关系之重，宁有殊乎⑥？

夫郡有乘，犹国之有史。体裁虽异，而编摩考据、彰往昭来，则未始有

---

① 明张居正：(嘉靖)《滦州志·序》。

② 明贾咏：(嘉靖)《临颍志·序》。

③ 明杨一清：(嘉靖)《九江府志·序》。

④ (嘉靖)《郾城县志·凡例》。

⑤ 明骆文盛：(嘉靖)《武康县志·序》。

⑥ 明石禄：(正德)《大名府志·后序》。

异也。是故国无史则不可以为国，郡无乘又奚为郡①？

志，末史，有史之法也②。

志，纪也。纪其事以为鉴，史之流也。天下有志，犹国之有史而褒贬劝惩之法明，天下有志而得失鉴戒之义彰，信今而传后一也③。

认为方志属于地理者，如：

地理有志何昉乎？昉于夏后氏之《禹贡》、《周官》之《职方》也。夫有地理，此有山川；有山川，此有人物；有人物，此有风俗。而山川有大小，人物有盛衰，风俗有美恶，自古迄今无乎不于志焉见之④。

《九丘》《禹贡》，志之祖⑤。

志者，详于地而略于人；史者，详于人而略于地⑥。

二、方志的功用，明朝诤臣李懋桧在(万历)《六安州志·序》中作了全面论述。

谓：

志有五善焉：为政者知其务，观风者采其俗，作史者核其实，立言者掇其文，尚友者论其世。

但多从资治理政、彰往昭来角度阐述：

治天下者以史为鉴，治郡国者以志为鉴⑦。

夫郡邑，人身也；郡邑志，方脉也。按方脉而知人身燥湿寒热之症，故治表攻里，针灸、药饵靡不效矣！按志而知郡邑疾苦忧危之形，故计今善后、因革兴除，无不宜矣⑧！

---

① 明张嘉谟：(万历)《隰州志·序》，载(康熙)《隰州志·旧序》。
② 明陆绅(弘治)《九江府志后序》。
③ 明龚用卿：《重刊辽东志书·序》，载(嘉靖)《辽东志》。
④ 明沈钟：(成化)《山西通志·序》。
⑤ 明邢珣：(嘉靖)《高淳县志·序》。
⑥ 明王世贞：(万历)《金华府志·序》。
⑦ 明杨宗气：(嘉靖)《山西通志·序》。
⑧ 明王有容：(万历)《重修应州志·后序》。

郡之不可无志，犹国之不可无史也。国无史，则一代之事莫得而寻；郡无志，则一方之述无由以考①。

郡邑有志，犹列国有史，所以彰往昭来，贵实录也②。

宜其民，因其俗，以兴滞补弊者，必与志焉是赖，则固王政之首务也③。

今之为志者，或纪建置，或纪山川，或纪土田、户口、祥异，或纪风俗、人才，盖建诸体而杂出者。志兼诸体，则其治官政益详，察民风益审，诚为政之不可缺焉者也④。

志者，世之大典，不可阙，不可略⑤。

志，记也；史，事也。有经纬之体，有详泛之用，有谱系之真，有案牍之实⑥。

（志可）洞隆替之原，而施补救之术⑦。

传千百年而不磨者，邑志是也⑧。

三、修纂方志的基本要求，明人多发前人之未发，提出许多很有价值的观点。修志思想较前代大有发展，今天看来仍值得借鉴。

其载欲悉，其事欲核，其书欲直。⑨

记载欲实，实则信；去取欲直，直则公；闻见欲博，博则赅；文词欲工，工则传。⑩

其事核，其文直，不虚美，不隐恶，谓之实录⑪。

---

① 明王江：(正德)《凤翔府志·序》。
② 明吕调元：(成化)《襄陵县志·序》。
③ 明王守仁：《阳明先生集要文章编》卷一《高平县志·序》。
④ 明杨廷和：(弘治)《蒲州志·序》，载(乾隆)《蒲州府志·艺文》。
⑤ 明胡汝砺：(嘉靖)《宁夏新志·序》。
⑥ 明胡汝砺：(嘉靖)《宁夏新志·序》。
⑦ 明荆州俊：(万历)《猗氏县志·序》。
⑧ 晋朝臣：(万历)《重修洪洞县志·序》，载(民国)《洪洞县志》卷末。
⑨ 明刘鲁生：(嘉靖)《曲沃县志·序》。
⑩ 明郭朴：(万历)《彰德府志·序》。
⑪ 明高擢：(嘉靖)《滦州志·序》。

不藻思以饰丽，不逸气以眩华，不虚誉以求奇，不妄削以没善[1]。

凡纪载之诡于圣经明宪者，勿书，贵正也；事物若风闻而非共见者，勿书，贵实也；扬榷去取非清议之至公者，勿书，贵当也[2]。

崇三善，去四病，可以言志矣?何以辨物，曰明；何以取舍，曰公；何以独断，曰勇。故辨物而后是非昭焉，取舍定而后君子小人别焉，勇断而后谗者莫之间、力者莫之奢焉。是良史所以跨百代而先王之所必与也。若夫华以眩实，伪以乱真，疑以侵信，辨以轧讷，其则古今所谓大患，不必病史之细而已矣[3]。

必广询博采，而后无遗迹；循名责实，而后无讹传；义正词确，而后无赘语；类序伦分，而后无乱章[4]。

方志既是包罗万象的类纂之书，类目孰先孰后，如何使内容井然有序，体现出逻辑性，明人也作了有益的探索。张沛在(嘉靖)《寿州志·序后》中具体说到：

有天地，然后有万物，是故乾坤定位，疆域辨焉，故首之以舆地。地必有险止，故次之以山川。因山川之势而创造之，故次之以建置。有建置而民无所养则穷，故次之以食货。食货之利，有司者治之耳，故次之以官守。有官守者必有法，而教典行焉，故次之以礼制。礼制兴而后才可论也，故次之以人物。有人物以有事，事穷则变，变则通，通则繁矣，故次之以杂志终焉。

总括上述，明代方志数量之众多，分布之广阔，体例之严整，资料之丰富，思想之丰富，均前所未有。但大河奔流，必泥沙俱下。明代方志也有若干缺陷，有的过于简略，有的缺乏考证，有的故弄玄虚，有的不够严谨，门目设置欠妥等。但不能以偏概全，也不能以清代方志之优长而讥贬明代方志"鲜知史学"、"昧于史法"，进而得出"明志无多大价值"的结论。我们认为，如果比较，只能同前代相比，看其是停滞了、后退了，还是前进了、发展

---

[1] 明张嘉谟：(万历)《隰州志·序》，载(康熙)《隰州志·旧序》。
[2] 明阎邦宁：(万历)《原武县志·序》。
[3] 明王崇庆：(嘉靖)《新刻内黄县志·序》。
[4] 明刘鲁生：(嘉靖)《曲沃县志·序》。

了；而不能以后世的水平苛求前人。评判前代的业绩，应该像列宁所说的那样："判断历史的功绩，不是根据历史活动家有没有提供现代所要求的东西，而是根据他们比他们的前辈提供了新的东西[①]"。总体看来，明代方志比宋元方志大有发展和提高，它在中国方志史上的地位不应低估。

附录1

大明永乐十年颁降《凡例》

建置沿革　分野　凡各布政司及各府州县治，自《禹贡》、周《职方》及历代相承建置废兴所隶之分，古今名号之更易，以及国朝之初叛乱、僭据、归附先后，俱各详述始末，仍载天文所属之次。

疆域　城池　里至　凡府、州、县所隶地理之广袤，所到疆域界限之远近，城池之大小高深，及历代修筑之由，俱合详载。至于里至所到，旧志多止本府、州、县所极之处，今合备载本处地理所至南京、北京之远近，及各府州县四至八到与邻境州县之相接，而路可通者载之，仍具各府县、城池、山川图。

山川　古志所载诸处山川，有与今图册所载名号差异者，或前代所载小山、小水之有名，而所收有未尽者，当据见今名目补收之。或古今名人有所题咏，并宜附见。

坊郭　乡镇　据见在所有坊巷、街市、乡都、村镇、保社之名收载之。若古有其名，而今已无者，则于古迹下收之，仍要见其今在某处。

土产　贡赋　凡诸处所产之物，俱载某州某县之下，仍取《禹贡》所赋者收之，有供贡者，则载上供之数，或前代曾有所产而后遂无者，或古所无，而今有充贡者，皆据实备载之。若有所赋田亩税粮，以洪武二十四年及

---

① 列宁：《评经济浪漫主义》，《列宁全集》第 2 卷第 150 页。

永乐十年黄册田赋贡额为准,仍载前代税额,以见古今多寡之数。

风俗　形势　凡天下州县所定疆域、山川,既有间隔,习尚嗜好、民情风俗,不能无异,宜参以古人之所论,与近日好尚习俗之可见者书之。若其形势,如诸葛亮论金陵云:"钟山龙蟠,石城虎踞"之类。

户口　取前代所载本处户口之数,及国朝洪武二十四年黄册所报,至永乐十年见在书之。

学校　前代建设学校,兴废不一,须考旧志所载,其始因何人而立,后因何而废,及今之见立者在某处。如有名人贤士碑记所存,则备录之。或学所出有何人物,与其学之规模、制度、斋堂、射圃,并收录之。

军卫　据见今治所在某郡县某处,创始于何年、月、日,中间有无更改,及前代并国朝守御将臣攻战勋绩之显著者,俱要收录。其有演武之处,亦宜详载。

廨舍　自布政司、按察司、都司、盐运司、府州县及市舶司、馆驿、巡检司、仓场、库务、河泊所等衙门及坛场、铺舍皆是,据今始于何年、月、日,起自何人,在郡邑某处。凡更易制度,俱宜详载。其有前代已废而不存者,俱于古迹下收之。古今碑记有存者,亦详录无遗①。

寺观　祠庙　桥梁　天下寺观、祠庙、桥梁,兴废不一,其遗迹故址及见存者,宜详考收载。其有碑记亦收载之。有新创建者,则载其始自何人、何时。其寺观洪武年间有并旧丛林而后复兴者,亦详载其由。

古迹　城郭故址　宫室　台榭　陵墓　关塞　岩洞　园池　井泉陂堰　景物　旧志图册所载有未尽者,并收录之。有虽载其名而无事实及无其地者,经询究其详收录。

宦迹　自郡县建设以来,至于国朝宰佐、贰幕,官居任而有政绩及声望者,后或升擢显要,为郡邑之所称颂者,并收录之。其布政司、按察司、都司、盐运司等衙门,官有善政者,亦宜收录。

---

① 自"户口"一则之"取前代所载本处户口之数"起,至"古今碑记有存者,亦详录无",国家图书馆藏(万历增刻本)《寿昌县志》缺,今据《明代南直隶方志研究》补。

人物　凡郡县名人、贤士、忠臣、孝子、义夫、节妇、文人、才子、科第、仕宦、隐逸之士，仗义以为保障乡间。尝有功德于民者，自古至今，皆备录其始末。其有虽非本处之人，后或徙居其地者，亦附收之。

仙释　凡自古所传神仙、异人、名僧、高道、方俗之流，及有奇术、异行显迹可见者，或非本处之人，而尝游历止息于此，时有显验可证者，皆备录之。

杂志　如山林、岩穴、物产、祥瑞，及花木、鸟兽、人事、幽怪之类，乡人之所传诵，有征验者，并收载之。

诗文　自前代至国朝词人题咏山川、景物，有关风俗人事者，并收录之。

（载明嘉靖四十年刻、万历十四年增刻《寿昌县志》卷首）

附录2

永乐十六年颁降《纂修志书凡例》

建置沿革　历叙郡县建置之由，自《禹贡》、周《职方氏》所属某州，并历代分合废置，与夫僭伪所据，逮国朝平定属某府所管。

分野　属某州天文、某宿之次。

疆域　在郡之上下左右，四方所抵界分若干里，广若干，袤若干。四至，叙邻县界府地名若干里。八到，叙到邻近府州县治若干里。陆路、水路皆叙其至本府若干、布政司若干、南京若干、北京若干。陆路言几里，水路言几驿。

城池　所建何时，续后增筑何人。有碑文者收录，及城楼、垛堞、吊桥之类悉录之。

山川　叙境内山岭、江河、溪涧之类所从来者。旧有事迹及名山大川，有碑文者皆录。其余虽小山小水，有名者亦录。

坊郭镇市　其坊厢都里，分镇市录其见在者。如古有其名而今废者，于古迹下收之。

土产　贡赋、田地、税粮、课程、税钞，自前代至本朝洪武二十四年并永乐十年之数，并悉录之。

风俗　叙前代至今风俗异同。形势，论其山川雄险。如诸葛亮论"钟山龙蟠、石城虎踞"之类。

户口　自前代至本朝洪武二十四年、永乐十年版籍所载，并详其数目。

学校　叙其建置之由，续修理者何人。廊舍、堂斋、书籍、碑记并收录。学官、科贡人才并详收录。有碑记者亦录之。

军卫　叙置建何代，衙门、廊舍、教场、屯田去处、田亩、岁纳子粒之数、武臣功绩，并采录之。碑记之类亦收。

郡县廨舍　自前代建置，以至本朝见在者详叙之；古时所建不在此及废者，于古迹下收之。所属衙门如馆驿、镇所、仓场、库务、申明旌善亭、坛场、铺舍，并详收录。有碑文者亦录之。

寺观　叙其创建何时，续修若何，及有碑文者并录之。如废，收古迹下。

祠庙　如文庙详录其创建、祭器、乐器、碑记，悉录无遗。其他祠庙，亦叙创建，因何而立。封敕、制诰、碑记之类，并收录之。

桥梁　叙创建之由，在于何处，继后何人修建，有碑记者亦收录之。

古迹　凡前代城垒、公廨、驿铺、山寨、仓场、库务，古有而今无或改移他处者，基址亦收录之。陵墓，前代帝王、名臣贤士者，并收录之。亭馆、台榭、楼阁、书院之类，或存或废，有碑记者亦备录于后。津渡，见在某处，路通何方。岩洞、井泉之有名者，亦收录。龙湫，亦载何处，或有灵异可验者。前代园池何由而建，本朝桑枣备载各都某处。陂堰、圩塘之类，见何代开渠；如无考者，止书见存某处。废者亦见因何而废。寺观、庵庙虽废亦录。

墟巷之类,凡废者俱收录之。

宦迹　自前代开创政绩相传者、有题名者,备录之。至本朝某人有政绩悉录之。见任者止书事迹,不可谀颂。

人物　俱自前代至今,本朝贤人、烈士、忠臣、名将、仕宦、孝子、顺孙、义夫、节妇、隐逸、儒士、方技及有能保障乡闾者,并录。

仙释　自前代至今,有名有灵迹者收录之。

杂志　记其本处古今事迹难入前项条目,如人事风俗可为劝戒,草木、虫兽之妖祥,水火、荒旱、幽怪之类,可收者录之,以备观考。

诗文　先以圣朝制诰别汇一卷,所以尊崇也。其次,古今名公诗篇、记、序之类,其有关于政教风俗、题咏山川者,并收录之。浮文不醇正者勿录。

（载明正德《莘县志》卷首）

第九章　兴盛时期（清朝）

　　清朝是一个由兴起于中国东北部边疆地区的女真族(明末改称满族)建立的王朝,在长达 267 年的统治中,通过继承汉、唐以至宋、明代以来形成的汉族社会经济文化传统,建立了巩固的社会经济文化基础。顺治皇帝是清朝入关后的第一位皇帝。康熙、雍正、乾隆三位皇帝都是中国历史上杰出的封建君主,共在位 130 多年。三帝治国风格不同,康熙宽大,雍正严酷,乾隆宽严并济,但都是志存高远,励精图治,乾纲独断。三帝统治时期,打击地方分裂势力,巩固中央集权。重视边疆经营,镇压西北地区叛乱,对西南少数民族地区实行改土归流,促进了边疆的稳定、版图的扩大。注意恢复和发展生产,奖励垦荒,推广农作物种植。实行地丁合一政策,并将人丁税固定下来,减轻了百姓负担。全国垦田面积由顺治末年的五亿五千万亩到康熙末年超过八亿亩。康熙六十一年(1722),户部库存八百余万两,乾隆四十二年(1777)增至八千一百八十二万余两。文化上,完成了《明史》编撰工作,编纂了仅次于《永乐大典》的一部类书《古今图书集成》和最大的丛书《四库全书》,特别是为编纂《大清一统志》而开展了全国范围的大规模修志活动。这些措施的推行,收揽了汉族士子的人心,扩大了统治基础,客观上大大推动了清代的文化事业。三帝统治时期,人口增加,耕地扩大,国库充裕,文化繁荣,形成了中国封建社会最后一个昌盛时期——康乾盛世。

　　康、雍、乾三朝还大力推崇宋明理学,实行严厉的思想专制,大兴文字狱,屡下禁书令,销毁了大量有价值的图书。在统治者的高压政策和诱导下,学者的学术研究只能走向远离实际和埋头于故纸堆中考据的落后方向。在这种动辄得咎的政治背景下,清代学术界形成了一个以考据见长,以阎若璩、戴震、惠栋、王念孙、段玉裁等为代表的乾嘉学派,几乎影响到整个清代的文风和学风。也正是在乾嘉学派影响下,清代方志从总体上说,构架之严整、体例之完善、内容之广博、资料之翔实、考订之精详,均达到前所未有的水平。

第一节 方志编修达到兴盛

清朝统治者夺取全国政权、确立统治之后，迫切需要了解全国的政治、经济、社会、军事、文化诸方面情况，加之在长达120多年的康熙、乾隆两朝，当政者都比较喜好炫耀其空前的文治武功，因而编绘(康熙)《皇舆全览图》与(乾隆)《内府舆图》、纂辑《四库全书》和《古今图书集成》、编修《大清一统志》等大型文化工程接踵兴起。特别是康、雍、乾三朝，为编修《大清一统志》，多次组织并督促全国各地编修省、府、州、县志，促使中国地方志在清代迈上历史最高峰。

清代率先修志的重要人物，当推顺治十四年(1657)任河南巡抚的山西曲沃贾汉复。他组织编修《河南通志》时，需要所辖府州县提供志书以供采择，曾令各州县普遍修报志书，以提供资料。据(顺治)《河南通志·沈荃序》称，当时河南"八郡十二州九十五县之志，渐次报竣"。顺治十八年《河南通志》五十卷修成后，贾汉复报呈朝廷，受到嘉赏。嗣后贾汉复调任陕西巡抚，又于康熙六年(1667)仿《河南通志》体例编成《陕西通志》。《河南通志》和《陕西通志》这两部最早完成的清代通志，为各省编纂通志树立了样板，也为筹编《一统志》做了准备。

康熙十一年(1672)七月，保和殿大学士山西曲沃卫周祚上疏进奏："各省通志宜修，如天下山川、形势、户口、丁徭、地亩、钱粮、风俗、人物、疆圉、险要，宜汇集成帙，名曰通志，以汇《大清一统志》之用"，以表彰"兴隆盛治"。康熙帝允其所奏，诏令"直省各督抚聘集凤儒名贤，接古续今，纂辑通志"。康熙二十二年，礼部奉旨檄催天下各省设局纂修通志，仍令遵照《河南通志》款式，限期三月完成。

康熙时期，尽管朝廷对方志编修十分重视，但由于经历了明末朝政懈怠，战乱日久，不少地方不仅长期没有修志，而且文献档册毁于兵燹，致使修志十分困难。康熙一再严厉催逼，且限期成书，一些郡县只得"接古续今"，草草了事。因而，康熙朝早期编成的志书不乏应付公事之作。

省志如赵祥星修、李焕章等纂《山东通志》，该志从康熙十一年（1672）开局，至康熙十三年定稿完成，六十四卷，约80万字。大体沿用明嘉靖《山东通志》，汰裁者十之二三，增补者十之一二，应付了事，难称佳作。王士禛批评是志："当事既视为具文秉笔者，又卤莽灭裂，不谙掌故。如人物一门，竟将曹县李襄敏公秉、单县秦襄毅公纮、沂州王泰简公景三巨公姓名事实削去，不存一字，其余概可见矣。"

再如成书于康熙二十二年（1682）檄催修志的《湖广通志》，全书八十卷，约202万字。体裁一仿《河南通志》，历时五月编成，则更是迫于朝廷诏令催办，仓促成书。《四库全书总目提要》未予著录。同年，广西巡抚郝浴主修的《广西通志》，虽有一些饱学之士如廖必强、黄裳吉等参与编纂，但由于文献无征、资料匮乏，且仅用两月时间匆忙修成，以致有"奉行故事，考稽较差，无何特色者"之讥。清代贵州第一部省志（康熙）《贵州通志》，用时六月，得书三十三卷，体例悉仿《河南通志》，强立篇目，多寡不一，失之简略。即使由清代名臣直隶巡抚于成龙主修的四十六卷《畿辅通志》，始修于康熙十九年，成书于康熙二十一年，也迭遭诟病，讥其编纂时间短促，内容简而有误，不为后世所重。

县志如康熙十六年（1677）知县贾弘文修《铁岭县志》。该志为铁岭第一部县志，也是东北现存最早的县志。是志序云："弘文未受简命之先，已奉有旨令省府州县各修志书数年矣。莅任以后，府檄频催而苦无以应。今岁秋冬之际，乃与绅士之隶籍兹土者谋所以终其事，但铁邑无旧志可考，弘文有责无可委，因不辞固陋，勉缀成篇。"

康熙时期修志的另一个特点是为使各地官修方志符合中央需要，朝廷及省府特别强调修志范式。通志如两江总督于成龙为《江西通志》制定凡例时，便明确指出："今遵部文，体例科条悉仿《河南通志》。"其他各省，亦皆如此。对府州县志的要求也同样如此。康熙二十九年（1690），河南巡

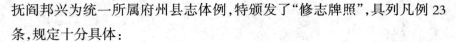

抚阁邦兴为统一所属府州县志体例,特颁发了"修志牌照",具列凡例23条,规定十分具体:

总图:须精详。

沿革:须照诸史考证,毋得混入,不必过多。

天文:略摘切要者,勿用混载,以分野所躔者广也。

四至:疆域要考证。

建置:城池需载明几时建,某人修,一一查明。学校止载其起修、修葺,不必载闲文。其新定乐午等宜增入。

河防:宜先叙前代,而以今近所开、所淤,备细入之。

乡村集镇:止载方隅里数,有古事者注之。

公署:止载创建始末。

桥梁:止载创建始末。

仓库、社学:止载方隅、建造日月。

街巷、坊第:须注明何处。以上凡有事实者,当详考而载之。祀典及书院考证,载之勿遗。

山川:须考果系封内者方载入而不可遗漏。河道要将近日祈开浚、淤塞、变迁等查明,其间事实详细说明,不可以小说搀入,如《宜阳志》之可笑也。

古迹:须考明某代某人,将事实注明,不得遗漏,不可以小说搀入,如《宜阳志》之全载野史也。

风俗:略载之,而不自加论断。

土产:非地所出及平常草木,可不必载,须载其特产者。

陵墓:须注明某代某人,有碑碣与否。

寺观:必奉敕建,或建置已久,有可考者载之,余删。

赋税:止载旧额若干,新增新减若干,不必一一细注,有关系者全载之。

职官:须载其爵里、时代、年月,有可纪,略书之。

人物：圣贤、忠贞并入。其科贡等，必载其家世、时代、年月、字某、号某，分别某科某项。若系乡贤，为立一小传于后。

流寓、孝义、烈女、隐逸、方技：各考实详核以载，其节烈务在阐发幽光，勿专载世家而遗寒素。

艺文：须择佳者，或关驿乘者载之。八景不可录，录必录其佳者。

灾祥、杂样：仿古为之。

之所以要对各级志书的门类和款式做如此详细具体的要求，是由于在当时，下级修志的最主要目的是为上级修志提供基础资料。府州县志修成，要报送省垣，以供纂修通志之要删；通志修成，则要报送《一统志》馆，以备编修《一统志》之采择。这种做法对于保证省志和一统志的顺利编纂、推动基层修志的开展，特别是对于方志体例的严谨和规范化起到十分重要的作用。但从另一方面来看，对于程式的过分强调，又不可避免地在一定程度上为方志的发展设置了理论障碍，致使这一时期编成的省志，或格于豫志，或沿自旧志，在内容和体例上多有雷同，创新与特色之志较少。后来，方志学家章学诚撰写了《方志辨体》一文，对这种"如修统部通志，必集所部府州而成"的做法作了严厉驳斥，称："统部自有统部志例，非但集诸府州志可称通志，亦非分析统部通志之分，即可散为府州志也；诸府之志，又有府志一定义例，既非可以上分通志而成，亦不可下合州县属志而成。苟通志及府州县志，可以互相分合为书，则天下亦安用此重见叠出之缀旒为哉！……今之通志，与府县志，皆可互相分合者也，既可互相分合，亦可互相有无。书苟可以互相有无，即不得为书矣。"

康熙早期编修的方志尽管内容上不免疏简舛误，体例上稍显呆板迟滞，但不少都是本省或本府州县入清后纂修的首部志书。在历经明清政权更迭之后，尽可能早地保存了许多珍贵文献资料，其开创之功不容低估。孔尚任纂的《平阳府志》，便是这个时期的佼佼者。

雍正时期，由于《一统志》迟迟未能编成，于是又迭次诏令各省编报志书，而且还亲自过问审阅志书的内容和质量。雍正皇帝曾严旨斥责广西巡抚李绂主修的《广西通志》"徇私"，盛怒之下，将其书焚。雍正六年（1728）十一月二十八日颁布上谕：

> 据编纂一统志总裁官大学士蒋廷锡等奏称：本朝名宦人物，各省书既多缺略，即有采录，又不无冒滥，必得详查确核，采其行义事迹卓然可传者，方足以励俗维风，信今传后。请敕谕各该督抚，将本省名宦、乡贤孝子、节妇一应事实，详细查核，无阙无滥，务于一年之内保送到馆，以便细加核实，详慎增载等语。朕惟志书与史传相表里，其登载一代名宦人物，较之山川风土尤为紧要，必详细调查，慎重采录，至公至当，使伟绩懿行逾久弥光，乃称不朽盛事。今若以一年为期，恐时日太促，或不免草率从事。即如李绂修广西通志，率意徇情，瞻顾桑梓，将江西仕粤之人，不论优劣，概行滥入，远近之人，皆传为笑谈。如此志书，岂堪垂世？著各省督抚，将本省通志重加修葺，务期考据详明，采摭精当，既无阙略，亦无冒滥，以成完善之书。如一年未能竣事，或宽至二三年内纂成具奏。如所纂之书，果能精详公当，而又速成，著将督抚等官俱交部议叙。倘时日既延，而所纂之书又草率滥略，或至有如李绂之徇情率意者，亦即从重处分。至于书中各项分类条目，仍照前例排纂，其本朝人物一项著照所请，将各省所有名宦、乡贤、孝子、节妇一应事实，即详查确实，先行汇送一统志馆，以便增辑成书。钦此①。

对时限的要求虽比康熙时"限期三月"明显宽松和实际，但语气之严厉，却颇有一票否决之意味。

值得一提的是，正是由于严厉催修，今《四库全书总目》著录的李卫等修《畿辅通志》、鄂尔泰修《贵州通志》等16种通志，都是在这一时期完成的。

康熙、雍正两朝迭次督修的《大清一统志》，延至乾隆八年（1743）才正式告竣，全书三百四十二卷。但《大清一统志》成书后，清廷因平定新疆回部叛乱及西南土司归附，再加上已发现该志存在不少编纂错误，遂决定重修。二修《大清一统志》于乾隆四十九年完成，共四百二十四卷，通计子卷

①《清实录·世宗实录》卷七五。

则五百卷,这又在一定程度上促进了各地的修志活动。

乾隆时期,像毕沅等学者出身的官员对志书的学术性和重要性有了更新认识,在设立志局志馆、领衔主修志书时,能邀聘学者大家或当地学士名流主纂。这种官督学办、官督绅办的体制性安排,使得名志纷出,斐然可观。其时,以考据见长的"乾嘉学派"著名学者戴震、洪亮吉、孙星衍等参与修志,章学诚等史学家也积极投身其中,将各自的学术观点带入修志实践中,并通过对方志理论的悉心研讨和切磋辩论,形成了风格迥异的方志学流派,极大地丰富了方志理论宝库,促使清代修志水平在乾隆时期迅速跃上了一个新台阶。

乾隆朝志书无论是数量还是质量,都相当可观。如章学诚撰《湖北通志》《永清县志》《和州志》《亳州志》及预修的《麻城县志》《常德府志》和《荆州志》,戴震参修《汾州府志》《汾阳县志》、并审定《应州续志》《寿阳志》,周永年主修《历城县志》,全祖望参修《宁波府志》,钱大昕纂修《鄞县志》,洪亮吉编《淳化县志》及与孙星衍合纂《澄县志》,孙星衍主纂《松江府志》《三水县志》,杭世骏纂修《西宁府志》《乌程县志》《昌化县志》《平阳县志》,李文藻纂修《诸城县志》《历城县志》,段玉裁纂《富顺县志》等,均为传世名志。

嘉庆朝,修志事业中最可称道者为嘉庆十六年(1811)启动《大清一统志》的三修工作,历时 32 年,于道光二十二年(1842)完成,后以《嘉庆重修一统志》闻名于世,成为三部《大清一统志》中最精良者。乾嘉学派的学者继续投身方志事业,一批省府州县志中的精品之作也于此时纂成。谢启昆修《广西通志》,阮元修《扬州府图经》《浙江通志》,洪亮吉编《泾县志》和《宁国府志》,孙星衍主纂《庐州府志》,姚鼐纂《江宁府志》《六安州志》,姚鼐、孙星衍合纂《庐州府志》,焦循、江藩参修《扬州府志》,李兆洛纂修《凤台县志》《东流县志》《怀远县志》等为其中的代表作。

道光朝,除完成《嘉庆重修一统志》的编纂外,还有邓廷桢主修《安徽通志》,阮元纂修《广东通志》《云南通志》,邹汉勋参修《宝庆府志》《武冈州志》、并纂有《贵阳府志》《大定府志》，郑珍纂《遵义府志》等多种名志闻世。其中，阮元修《广东通志》，在清代方志史上与谢启昆修《广西通志》齐名；郑珍等纂《遵义府志》，"时论配以《水经注》《华阳国志》，以为府志第一"①。

咸丰时期，政治上外忧（列强挑衅）内患（太平天国等农民起义）交迫，文化上无《大清一统志》等大型工程，因而全国性的修志活动不像康乾时期活跃，地方修志近似一种自发行为。中国现存清代方志，康熙朝最多，光绪朝次之，咸丰朝、宣统朝最少。考虑到宣统朝仅有三年，那么咸丰朝在整个清代方志史上地位当可想见。

同治三年（1864）清军镇压太平天国起义，清朝政权又进入一个相对较长的稳定时期。各地文献在战乱中亡佚严重，亟待整理，加之各级志书普遍辍修有年，各地也有修志要求。（光绪）《江西通志》的开修颇有典型性。该志始修于同治九年，当时，江西巡抚刘坤一鉴于太平天国革命运动已被镇压，奏请设局重修《江西通志》。奏疏称："江西……自军兴以后，纪载无闻。简毕俄空，谘诹非易。此日之补苴不事，异时之传信逾难②。"又吴增逵、宋延春、胡寿椿等在给总纂刘绎的信中说："吾乡志乘，岁久未修，迄今百四十年，列郡属邑，屡经兵燹，遗文多阙，故籍既湮，前此'粤逆'披猖，复遭贼扰，沦陷数十州县，蹂躏十有余年……若不趁此日旁搜博采，据事直书，历时逾久，文残献佚，无从考证，卒至湮没不彰，是今兹业败垂成，料将来势难再举。"这一时期志书中，可许者有李鸿章等修《畿辅通志》，王闿运纂《桂阳直隶州志》《清泉县志》，陈作霖参修《上江两县志》，何绍基纂《山阳县志》，刘绎纂《永丰县志》《吉安府志》，汪士铎主修《上江两县志》，陆心源主修《湖州府志》《归安县志》，俞樾纂《上海县志》《续天津县志》等。

光绪朝是清代修志的最后一个高潮时期。这一时期修志的特点是：一、出于编纂《大清会典》的需要，全国许多地方都重修或续修了志书。二、

---

① 金恩晖主编：《中国地方志总目提要·贵州》。
② （光绪）《江西通志》卷首进呈奏疏。

由于名宦主修、名家主纂，一些省、府、县的志书编纂达到该志在清代的最高水平。如有清代"志坛双璧"之誉的曾国荃修《山西通志》和刘坤一修《江西通志》，均为两省通志之翘楚；张之洞、缪荃孙总纂的《顺天府志》，集历代北京志书之大成，为研究北京史事最为完备的一部志书；李翰章、卞宝第修，曾国荃、李元度等纂《湖南通志》，堪称湖南的百科全书，是湖南方志的总结，又是湖南方志的典范；英翰、吴文炳、裕禄《重修安徽通志》，为安徽省最系统、最完备的通志。三、出现了为各地小学堂作教材用而编修乡土志的高潮。四、志书的资料性、文献性得到进一步重视。其重要表现之一是志书编纂趋向大型化，不仅通志卷帙浩繁，而且府州县志也不乏鸿篇巨制。通志中，如《重修安徽通志》三百五十卷补遗十卷，《湖南通志》二百八十八卷首八卷末十九卷，《续云南通志稿》一百九十四卷首六卷；府志中，如《台州府志》和《庐州府志》均一百卷，篇幅最多的府志《杭州府志稿》竟达二百二十卷，几与通志齐肩；县志中，如《婺源县志》六十四卷等。

清代行政区划主要分省、府（直隶州、直隶厅）、县三级，还在军事重地设置卫、所、镇，在少数民族地区设置旗、厅、司。与各级行政区划相适应，清代地方志具有十五个类型：通志（省志）、府志、直隶州志、州志、直隶厅志、厅志、道志、关志、卫志、所志、旗志、司志、镇志、井志和乡土志。据《中国地方志联合目录》统计，在现存 8264 种方志中，清代方志有 5685 种，约占 70%。居主流的为省、府（州、厅）、县三级官修志书，其中县志占 65%。以行政区划看，四川（含重庆）477 种居首，江西 404 种次之，山东 385 种再次之，以下依次是：河北（374 种）、河南（370 种）、浙江（367 种）、江苏（337 种）、广东（含海南）（332 种）、山西（332 种）、湖南（327 种）、陕西（288 种）、湖北（270 种）、安徽（258 种）、云南（203 种）、福建（168 种）、广西（133 种）、甘肃（130 种）、新疆（96 种）、上海（89 种）、贵州（76 种）、辽宁（69 种）、台湾（42 种）、北京（33 种）、吉林（32 种）、天津（19 种）、宁夏（19 种）、西藏（17 种）、内蒙古（16 种）、黑龙江（12 种）、青海（7 种）。

清代官修志书，绝大多数都是官督绅办、官督学办的产物。通志以总督巡抚领衔,知府、绅士、学者执笔;府州县志由知府、知州、知县领衔,绅士、学者执笔。北方重镇为军事单位,地位与关相等,镇志由当地高级军官领衔, 幕府或学者执笔(南方的镇属于商业交通据点, 镇志多为私人撰写)。设立了非常期性的志局或志馆作为修志机构,有的规模较大,如嘉庆年间松江府为修府志而设立的修志局,聘请 141 人参加,内分提调、总纂、总校、采访、绘图、捐梓、监刻等,仅采访员就有 47 人。官修的所有府州县志成书后,都由学政审阅,转督抚批示付刻。通志则径寄北京礼部审核。如发现志书著录"违碍"词句,则勒令停刊或销毁。

清代还有很多私家撰述的志书,梁启超在《清代学者整理旧学之总成绩——方志学》中,将这些著作胪列为七大类:一、纯属方志体例而避其名者,如师范《滇系》、刘端临《扬州图经》、刘楚桢《宝应图经》、许石华《海州文献录》;二、专记一地方重要史迹者,如采用编年体的汪容甫《广陵通典》和董觉轩《明州系年要录》,采用纪事本末体的冯苏《滇考》;三、专记人物者,如潘力田《松陵文献》、刘毓崧《彭城献征录》、马其昶《桐城耆旧传》、徐世昌《大清畿辅先哲传》;四、专记风俗轶闻者,如屈大均《广东新语》、田雯《黔书》等;五、不肯作全部志,而摘取志中应有之一篇为己所研究有得而特别渤成者,如全祖望《四明望族表》、孙仲容《温州经籍志》、刘孟瞻《扬州水道记》、林伯桐《两粤水经注》、陈述《补湖州府天文志》等;六、有参与志局事而不能行其志,因自出所见私写定以别传者,如焦里堂《邗记》、吴山夫《山阳志遗》等;七、有于一州县内复析其一局部之地作专志者,如张炎贞《乌青文献》、焦里堂《北湖小记》。梁氏所述诸书,有的属于方志或专志,有的则属笔记游记类的地理杂著。

清代私人著述的方志特别繁富,其中尤可称道者为记载边疆地区地理地貌、风土人情的志书。清代在康乾盛世时期,拥有广阔的疆域,而且实行了有效统治和管理。在巩固边疆统治的过程中,文官武将或幕宾往往采择其随军见闻,记载下来,保存了大量第一手资料,成为初具方志性质的边疆志书。

以西藏志书为例。西藏修志肇于清代康熙末期,迄民国初期共存省志类近 30 种,除民国年间编纂的两三种外,其他均系清代编纂,以康、雍、乾、嘉、道五朝为多,其中过半数即为私家所编,称为"纪述"、"纪略"、"记程"之类。早期多是作者随大军入藏参与征剿、平定噶尔喀之乱等战事的亲历亲见亲闻。如焦应旂《藏程纪略》、吴廷伟《定藏记程》两种,是记述由青海西宁入藏地拉萨,事毕再经四川成都而返原任驻地。而杜昌丁《藏行记程》则是由云南北上进藏,至洛隆宗(今洛隆县),再由原路返回昆明。此三种均成书于康熙五十九年(1720)。

自鸦片战争以后,清王朝处于内忧外患之中,帝国主义的侵略使士大夫倍感痛心疾首。所以,许多人是抱着"以求抚驭之宜"、"徐筹制夷之策"的目的进行了边疆考察或边疆史志撰述,如沈垚的《新疆私议》、张穆的《蒙古游牧记》、何秋涛的《朔方备乘》、龚自珍的《乌梁海表》和《蒙古图志表》、黄沛翘的《西藏图考》等。他们或旁搜博采,援古证今;或亲历边疆实地考察。因此,这一阶段除了一般的考证、见闻记述研究外,研究工作往往是与时政紧密相关。如黄沛翘在《西藏图考》中就说道:"今英吉利占据五印度,兼并廓尔喀、哲孟雄诸部,铁路已开至独吉岭,其言重在通商,而唐古特部众又复迭次阻挠,难保不发生变故。且边界汉番杂处,万一乘机窃发,处处堪虞。是则南界之防,尤今日之急务也。"何秋涛在《朔方备乘》"叙言"中称,该书为"备国家缓急之用"而作。

在编纂方志和进行方志理论探讨的同时,清代学者对散佚旧方志的辑佚工作也甚有成绩。如王谟《汉唐地理书钞》收古地记 70 余种,马国翰《玉函山房辑佚书》和王仁俊《玉函山房辑佚书补编》收唐以前地志约 60 种,陈运溶《麓山精舍丛书》收宋以前图经地记近百种。清修《四库全书》时,曾从《永乐大典》中辑出《嘉泰吴兴志》《嘉定维阳志》《嘉定镇江志》《至顺镇江志》《无锡志》等书,此后,全祖望又辑出《永乐宁波志》,徐松辑出《河南志》,文廷式辑出《寿昌乘》,胡敬辑出《淳祐临安志》,缪荃孙辑出《顺天府志》等。这些古地志的辑佚,对了解古代图经、地记的风貌,认识方志发展的历史，是难得的资料。

第二节 总志编纂

清代《大清一统志》的编修历康熙、雍正、乾隆、嘉庆、道光五朝，先后三次纂修。自康熙二十五年（1686）设馆，至道光二十二年（1842）《嘉庆重修一统志》完成，历时157年。顾祖禹《读史方舆纪要》以全国为记述对象，按地分述，具有全国总志的性质。以下一并予以简介。

一、《大清一统志》

康熙十一年（1672），保和殿大学士卫周祚奏请各省开修通志，供将来编纂《大清一统志》采择，得到诏准。二十五年三月，为"昭大一统之盛"①，正式设立《一统志》馆，设总裁7人，副总裁6人，纂修官20人，由陈廷敬、徐乾学实际负责。但康熙朝时，因《一统志》规模宏大，卷帙浩繁，且"必待移取各省通志而后从事"，以致历久未成。雍正即位后，于十一年（1733）八月任命方苞为《一统志》馆总裁，陈德华为副总裁，继续编纂。至乾隆八年（1743）告竣，次年颁行。此为清代第一部《大清一统志》。全书三百四十二卷，体例为："每省皆先立统部，冠以图表。首分野，次建

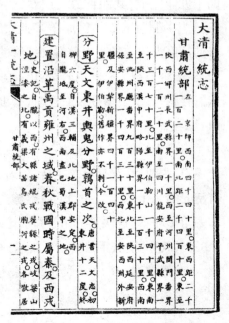

大清一统志

---

① 《清高宗实录》卷一百三十一，乾隆五年十一月甲午条。

置沿革,次形势,次职官,次户口,次田赋,次名宦,皆统括一省者也。其诸府及直隶州又各一表,所属诸县系焉。皆首分野,次建置沿革,次形势,次风俗,次城池,次学校,次户口,次田赋,次山川,次古迹,次关隘,次津梁,次堤堰,次陵墓,次寺观,次名宦,次人物,次流寓,次列女,次仙释,次土产。各分二十一门①。"

乾隆八年(1743)《大清一统志》成书后,清廷平定准噶尔部、回部及大小金川战役获得胜利,西南土司又相继归附,统一的多民族国家得到巩固与发展;内地各省户口蕃衍,田赋日增,人官物土之盛远非昔日可比。与此同时,新置的厅、监不断增加,府州县时有并改,政区变化较大。此外,该志本身"记载、体例、征引详略亦多未协",其他考稽失实等问题也在所难免,于是决定就已成之书酌加厘核,重修《一统志》。二修《大清一统志》于乾隆四十九年完成,共四百二十四卷,通计子卷则五百卷,并被编入《四库全书》。"门目仍旧,而体例加详。"此次续修突出了乾隆帝的文治武功,但与修的馆臣为让乾隆帝生前看到续修的《一统志》,编纂工作匆忙粗疏。有的门类"未曾析载",有的内容"悉仍前志"②;"考稽失实","挂漏冗复"的现象依然存在③。龚自珍任校对官时,指出二修的主要问题有18处,枝节问题尚且不论④。

嘉庆十六年(1811)开始三修《一统志》。此次纂修由穆彰阿、李佐贤、泮锡恩、廖鸿荃、龚自珍等主持,历时32年,至道光二十二年(1842)完成。有清光绪二十八年(1902)上海宝善斋石印本、民国23年(1934)上海商务印书馆影印本。这次重修始于嘉庆十六年,所辑资料断限于嘉庆二十五年(1820),故称《嘉庆重修一统志》。是书共五百六十卷。仍袭前例,按省、府州、县三级叙述。每省下设统部,综述一省之建置沿革、户口田赋、职官名宦。各省府皆绘地图,列建置沿革表。府州列门增至二十七门,有图、表、疆

① 《四库全书总目》卷六十八。
② (嘉庆)《清一统志》凡例。
③ 《清高宗实录》卷七百二十二,乾隆二十九年十一月戊申条。
④ 《龚自珍全集》第五辑《上国史馆总裁、提调、总纂书》。

域、分野、建置沿革、形势、风俗、城池、学校、户口、田赋、税课、职官、山川、古迹、关隘、津梁、堤堰、陵墓、祠庙、寺观、名宦、人物、流寓、列女、仙释、土产等项。

《嘉庆重修一统志》根据各省提供的资料，增补门类，完善体例，详今略古，正讹补脱，内容丰富，地名、人名、制度记述详尽，还详记各地设官分治情况，注出驻地和旧设以及新增时间，质量远出前两部《大清一统志》之上。该志是我国封建王朝所修的最后一部全国总志，也是官修总志中最好的一部。除侧重叙述疆域政区和建置沿革外，还包含着许多人文地理和自然地理的材料。

在人文地理方面，记载了城池、风俗、学校、古迹、户口、田赋、土产、关隘、津梁、堤堰、陵墓、寺观、驿站等项内容。每项下又分为若干细目，如"古迹"载故城、里、乡、村、垒、亭、台、楼、阁、馆、坛、街巷、园、苑、宫、圃、殿、堂、宅、碑、废卫、废所、废路、旧地等；"田赋"载田地数、地丁正杂银、屯田丁粮银等。有的资料具有很高的史料价值。如"户口"详载户数，不仅可用于研究人口分布和人口密度，还可用于研究人口构成和人口迁移。卷五一七载伊犁地区有"驻防满洲兵六千五百七十四名，锡伯兵一千十八名，索伦达呼尔兵一千十八名，察哈尔兵一千八百三十七名，绿旗兵三千九十八名，厄鲁尔特上三旗一千二百四十二名，下五旗二千四百八名。回户六千四百六户，二万三百五十六名口，民户七十一户，二百九名口。遣犯为民，五百三十名口"。这无疑是研究伊犁地区人口地理难得的资料。再如，"建置沿革"、"关隘"、"古迹"诸项中还保存了许多重要的碑文。

在自然地理方面，记载了各地区的地形大势，包括山、岭、冈、峪、坡、石、嶂、洞、洲、滩、岛、屿、礁、矶、江、湖、河、海、荡、溪、漳浦、港、湾、沟、渎、潭、泾、池、塘、泊、泉、井，以及沙漠、矿藏、气候和土壤等。其中，关于各地水体的记载尤为系统全面，述及水体之多、范围之广，任何水利专书和地志无法比拟。

讀史方輿紀要敍

寧都魏禧

讀史方輿紀要一百三十卷常熟顧祖禹所撰述也其
書言山川險易古今用兵戰守攻取之宜與亡成敗得
失之迹所可見而景物遊覽之勝不錄焉歷代州域形
勢凡九卷南北直隸十三省兄一百十四卷山川源委
凡六卷天文分野一卷職方廣輿諸書襲譌踵謬名實
乖錯悉據正史考訂折衷之祖禹沈敏有大署爲人奇
貧而廉介寬厚模摯不求名于時與寧都魏禧爲兄弟
交讙既篤服其書祖禹因請爲之敍禧愀然而歎曰有

读史方舆纪要

二、《读史方舆纪要》

《读史方舆纪要》是清初著名历史地理学家顾祖禹的传世之作。顾祖禹，字瑞五，号景范，江苏无锡人。生于明崇祯四年（1631），卒于清康熙三十一年（1692）。谙熟经史，博学多识，尤好地理之学。入清后，顾祖禹痛心于明末当政者不会利用山川形势险要，未能记取古今用兵成败的教训，因而遭致亡国。从29岁起至50岁止，将其全部精力用于著述是书，终于完成了这部举世闻名的历史地理巨著。

全书"首以历代州域形势，先考境也；次之以北直，尊王畿也；次以山东、山西，为京室之夹辅也；次以河南、陕西，重形胜也；次之以四川、湖广，急上游也；次以江西、浙江，东南财赋所聚也；次以福建、广东、广西、云南、贵州，自北而南，声教所为远暨也；又次以川渎异同，昭九州之脉络也；终之以分野，庶几俯察仰观之义与"。在记述舆地方面，纲目极为分明，二京十三布政使司下，按府州县分叙四至八到、历代沿革，各县载有编户里数并山川、关、城镇、古迹、驿站等内容，有关史事附系于各类地名地物之下。

每省首冠以总叙一篇，论其地在历史上关系最重要之诸点，次则叙疆域沿革、山川险要，务使全省形势了然。每府亦仿此，而所论更分析详密。每县则记辖境内主要之山川关隘、桥梁及故城等。记述史事的时间概念和空间概念十分清楚，为以往史学著作所不及。全书的体裁亦严整明晰，脉络连贯,条理清楚,主次分明,次序井然,在古今著作中罕有其匹。梁启超评价说:"专就研究方法及著述体裁上评价,则在今日以前之地理书,吾终以此编为巨擘。"是书选材不同于一般地志。其《自序》云:"禹之为是书也,以史为主,以志证之。形势为主,以理通之。河渠沟洫足备式遏,关隘尤重,则增入之。朝贡四夷诸蛮严别内外,风土嗜好则详载之。山川设险所以守国,游观诗赋何与人事,则汰去之。"故着重记述历代兴亡大事、战争胜负与地理形势的关系,而游观诗赋则为其所轻。但是书内容丰富,地名齐全,考订精详,结构严密,既胜于唐宋时期的《元和郡县志》和《太平寰宇记》,也超过明代成书的《寰宇通志》和《明一统志》,即使与此后集众家之手官修的《大清一统志》相比,也各有千秋,毫不逊色。它的许多研究成果,曾被《大清一统志》所采用。

第三节　省志举要

清代以前省志多以"总志"、"通志"题名。入清后,除四川省于康熙十二年(1673)纂修的《四川总志》因早于康熙二十五年敕修《大清一统志》诏谕而仍以"总志"题名外,嗣后纂成的各省省志均称"通志"。在清代,河北、湖南、湖北、江苏、安徽、黑龙江、吉林、辽宁等省编修了第一部以省名冠名的省志,内蒙古、新疆、西藏等边疆省份则历史上第一次开始编修通志。

河北省志的编修晚于他省有特殊原因。自元、明代实行行省制以来,河北一直就不是一个独立的行省,而是归中央六部直隶,因而也就没有自己的地方长官主持编修"省志"。河北编修省志是在清初设立直隶省之后,康熙十九年(1680)由直隶总督于成龙主持进行的。因为直隶省地处首都周围,历史上又称"畿辅"之地,故河北省志在清代称《畿辅通志》。湖南与湖北、江苏与安徽,这四省在清代始独立纂修省志,均缘于行政区划的变更。元、明至清康熙年,湖南、湖北两地合设湖广省,江苏、安徽两地合设江南省,因而只有《湖广通志》《江南通志》,乾隆时期才有了独立的《湖北通志》《湖南通志》，而《安徽通志》《江苏通志》则出现在清代后期。东北地区在清朝立国后相当长的时间内均隶属盛京内大臣管辖，因而康熙至乾隆时期，东北只有《盛京通志》，直到清代光绪时才有了分修的省志。清代绝大多数省志属于官修，官修通志以总督或巡抚领衔，由知府、绅士、学者执笔纂成。只有很少一部分由私人撰写的具有省志性质的志书，但也不用"通志"或"省志"题名，而且多出现于边疆地区。如西藏有(乾隆)《西藏志》(一说为果亲王允礼纂)、张海《西藏记述》、松筠《西招图略》等；新疆有祁韵士编《西陲总统事略》和《西陲要略》、徐松《新疆识略》、七十一《西域闻见录》等；云南省有谢圣纶《滇黔志略》、师范《滇系》、王崧《道光云南志钞》等；贵州有田雯《黔书》、爱必达《黔南识略》、李宗昉《滇记》等。

现存的清代通志有数十种，其中贾汉复修(顺治)《河南通志》首开通志先河，在康、雍、乾时期曾长期被奉为各省修编通志的范本；谢启昆修(嘉庆)《广西通志》、阮元修(道光)《广东通志》久为学术界推重；李鸿章修(光绪)《畿辅通志》、曾国荃修(光绪)《山西通志》都是继谢、阮之书而作；袁大化修(宣统)《新疆大志》前无所承，多所新创；章学诚纂(乾隆)《湖北通志检存稿》独创新志体，为章氏三书体之代表作。择要介绍如下：

一、(顺治)《河南通志》五十卷

贾汉复修、沈荃纂。贾汉复，字胶侯，号静庵，山西曲沃人，隶正蓝旗汉军，历任河南、陕西巡抚。沈荃，字贞蕤，号绎堂，江南华亭(今上海松江区)人，进士，由翰林院编修出任河南按察司副使，分巡大梁道。是志成书于顺治十七年(1660)，共五十卷，132万字。采用平列门目体，分为图考、建置沿革、星野、疆域、山川、风俗、城池、河防、封建、户口、田赋、物产、职官、公署、学校、选举、祠祀、陵墓、古迹、帝王、名宦、人物、孝义、烈女、流寓、隐逸、仙释、方伎、艺文、杂辨，计30门。为修是志，贾汉复还檄催所属各府州县均修报了入清后第一批志书，为是志的纂修提供了最新资料。是志以明(嘉靖)《河南通志》为蓝本，调整纲目，删繁存疑，纠谬正讹，并参稽新修的府州县志，增补了嘉靖后百余年事。其建置沿革，以府为单位，列表总述上起唐虞下至清朝时的沿革变化，颇为醒目；河防，对几千年来河患、截堵、视察等方面均作了详细记载。是志编竣后曾报送朝廷，颇获好评，康熙时诏令各省修志，即"著以是志为式"，因而其体例对清代以后志书的编纂起到很大影响。是志不足之处在于遗缺水利、漕运，又将远古神话传说当作史实，个别类目因袭旧志原文，未加考订。有顺治十七年（1660）刻本。

二、（嘉庆）《广西通志》二百八十卷

谢启昆修、胡虔纂。谢启昆（1737-1802），字蕴山，号苏潭，江西南康人。乾隆二十六年（1761）举进士，朝考第一，选庶吉士，授编修。官至山西、浙江布政使，擢广西巡抚。为官清正，颇有政声。谢启昆于经、史、文、目录、方志诸学甚有造诣，著作宏富。胡虔，字雏君，号枫原，安徽桐城人，嘉庆元年（1796）举孝廉方正，精于考据，尤长地理，尝助章学诚修《湖北通志》《史籍考》。著作有《尚书述义》《桐城制举荐辟考》《临桂县志》等。是志始修于嘉庆五年，次年修成付梓。二百八十卷，约260万字，分训典、表、略、录、传五大类二十二目，目下再分小目。略类占百六十一卷，其中，艺文略仿班固《汉书·艺文志》体例，纯收书目，不载诗文。舆地、山川略记载风俗、物产、山川等。以事统文，文附于事，将各种诗文分列于各目有关的事条下，用小字双行书写，颇便察考。训典类，列表详述历史沿革、职官、选举、封建等，极便对照查考。是志成书后，以内容丰富、体例完善而被推为各省志书之冠，清代著名学者阮元赞是志"载录详明，体例雅赡"。其后阮元修（嘉庆）《浙江通志》、（道光）《广东通志》和（道光）《云南通志》时，"一以谢志体例为本"，"全师蕴山"。张之洞在《书目答问》中称其为"晚出之善者"，"省志善本"。梁启超称"其价值与章氏鄂志（指章学诚《湖北省志》稿）等，且未经点污，较鄂志更完好"，"故后之作者皆楷模焉"。有嘉庆六年（1801）刻本、同治补刻本、光绪十七年（1891）重刻本及桂林蒋存远堂刊刻本。1966年、1977年台湾文海出版社、成文出版社曾出版同治四年（1865）补刊本影印本，1987 年扬州广陵古复刻印社出版光绪十七年桂垣书局补刊本影印本。

三、(同治)《畿辅通志》三百卷首一卷

李鸿章等修、黄彭年等纂。李鸿章，宁少荃，安徽合肥人，道光进士，任两江总督，直隶总督兼北洋大臣。有《李文忠公全集》。黄彭年，字子寿，贵筑(今并入贵阳)人，官至翰林院编修。是志修于同治十年(1871)，光绪十年(1884)开刻，十二年告竣。分十八门一百九十一目，子目若干，约 750 万字，为我国仅有的几部省志巨著之一。分帝制纪、表、略、录、传五体。是志特点为：一、不设"建置"一目，其内容归入经政门，与学制、积储合而并记述，避免了重复。二、增加漕运、海防、旗租、钱币、榷税、刑律等经济政治内容的记述，增强了资治功能。三、增设"前书"(即大事记)，并在艺文门开列"方志"目，为河北省志之首创。四、"舆地略"一目绘有直隶省府、州、县图一百六十七幅。五、"艺文"目详载书目，便于查检。此志面世后，曾称颂一时，被誉为"畿辅有志以来之所仅见"，"即在各省通志中亦且推为巨擘也"。有同治十年修、光绪十年刻本。

四、(光绪)《山西通志》一百八十四卷首一卷

曾国荃、张煦等修，王轩、杨笃等纂。曾国荃，字沅甫，号叔纯，湖南湘乡人，曾国藩弟，历官湖北巡抚、山西巡抚、两江总督。曾参修《湖南通志》。张煦，字南坡，甘肃灵州人，光绪年间曾任山西巡抚。王轩，字霞举，山西洪洞人，工金石、地理、算学，著有《洪洞县志稿》《勾股备算细草》等。杨笃，字稚刘，山西乡宁人，同治举人，长于金石、史学，纂有《西宁新志》《蔚州志》等十数种志书，为清末修志名家。是志于光绪五年(1879)设局开修，十八年成书付刻。分图、谱、考、略、记、录六门，约 340 万字。图分疆域及府州厅县二目，谱分沿革、量度、三代世谱、秦汉以来列谱及职官、贡举六目，考分府州厅县、山川、关梁、古迹四目，略分田赋、水利、盐法、秩祀、学制、营制、

公署七目，记分巡幸、荒政、大事、经籍、金石、风土六目，录分名宦、乡贤、忠烈等十二目。体例严谨，考证精详。梁启超将其与谢启昆《广西通志》、毕沅《广东通志》等同称为"皆出学者之手，斐然可列著作之林者"。有光绪十八年刻本，中华书局 1989 年点校本。

五、(乾隆)《湖北通志检存稿》

章学诚纂。此志又名《湖北通志未成稿》。章学诚，字实斋，号少岩，浙江会稽（今绍兴）人，乾隆进士。著名历史学家、方志学家。著有《文史通义》《校雠通义》等，其著书后合刻为《章氏遗书》。乾隆末年为毕沅修《湖北通志》。稿初成，逢乾隆皇帝巡幸天津，毕沅觐见，委托湖北巡抚惠岭照顾章学诚的工作。但惠岭不喜章学诚的文章。不久，毕沅他调，章学诚的稿本也因此未能刊行。章学诚把书箧所存志稿，汇订为《湖北通志检存稿》二十四卷、未成稿一卷。今据残稿和章学诚《为毕制府拟进湖北三书序》，略云："参取古今史志义例，分纪、表、图、考、略、传以为通志七十三篇。通志之外，取官师现行章程，分吏、户、礼、兵、刑、工以为掌故六门。取传、纪、论、说、诗、赋、箴、铭之属，分甲乙丙丁，又次第为上下以为文征。其轶事、琐语、异闻别为丛谈四卷附于后。"篇目为：

志序 1 篇，凡例 34 则；《通志》73 篇：

纪二（有赞）：皇言记（记当代帝王言论，而以前朝诏令退入文征）、皇朝编年纪（附前代）；

图三：方舆、沿革、水道；

表五：职官、封建、选举、族望、人物；

考六：府县、舆地、食货、水利、艺文、金石；

政略四：经济、循绩、捍御、师儒；

传五十三：序传、正史补遗传、襃祀乡贤传、宋陈规德安御寇传、开禧守襄阳传、嘉定蕲难传、傅王裴孙诸传……汉阳胡氏黄陂陈氏传……平流寇余孽传、平土寇传……理学传、文苑传、忠义传、孝友传、义行传、艺术传、列女传、仙释传、前志传。

《湖北掌故》66 目、66 篇：

吏科——分 4 目：官司员额、官司职掌、员缺繁简、吏典事宜；

户科——分 19 目：赋役、仓庾、漕运、杂税、牙行等；

礼科——分 13 目：祀典、仪注、文闱事宜、科场条例等；

兵科——分 12 目：将备员额、各营兵丁技艺额数表、武弁例马等；

刑科——分 6 目：里甲、编甲图、囚粮衣食、秋审矜恤等；

工科——分 12 目：陵寝祠庙、修建衙署贡院、城工、塘汛、江防等。

《湖北文征》将传记、论说、诗赋、箴铭等编为甲、乙、丙、丁 4 集（每集各分上、下）：甲集衷录正史列传；乙集衷录经济策划；丙集衷录词章、诗赋；丁集衷录近人诗赋。

《湖北丛谈》包括考据、轶事、琐语、异闻各 1 卷，共 4 卷。

此书为章学诚精心编修的一部方志。体例严正，创立了省志编修全新的义例，是其方志理论"三书体"的代表作。梁启超指出："向来作志者，皆将'著述'与'著述资料'混为一谈。欲求简洁断制不失著述之体耶，则资料之割舍者必多；欲将重要资料悉予保存耶，则全书繁而不杀，必芜秽而见厌……实斋三书之法，其通志一部分纯为'词尚体要'、'成一家言'之著述，掌故、文征两部分，则专以保存著述所需之资料。既别有两书以保存资料，故'纯著述体'之通志，可以肃括闳深，文极简而不虞遗阙[1]"。有民国11 年（1922）《章氏遗书》本，民国 25 年《章氏遗书》本。

第四节　府州县志举要

清代修志，大多数情况下府州县志以为编修省志提供材料服务，因而才有康熙二十九年（1690）河南巡抚为统一所属府州县志体例而特颁"修志牌照"。甚至连府志的编修也要在县志编修的基础上开始。正如（光绪）

---

① 梁启超：《清代学者整理旧学之总成绩》"方志学"。

《松江府续志·凡例》首条所云："七邑（按：松江府下辖的华亭、娄县、奉贤、金山、上海、南汇、青浦七县）新志次第告成，藉资参订其他。"这在一定程度上对于划一体例、减少粗制滥造起到一定作用。清代绝大多数府州县志为中规中矩之作。乾、嘉以后，章学诚、戴震、洪亮吉、孙星衍等不少学者受聘担任府州县志书的总纂甚至撰述，规划体例，详考史实，编纂了一批名志。兹举数种简介如下。

一、(乾隆)《汾州府志》十四卷首一卷

孙和相修，戴震纂。孙和相，字调鼎，山东诸城人，举人，乾隆三十二年（1767）任汾州府知府。戴震（1723－1777），安徽休宁人，清代考据学派的集大成者。在思想史上、学术史上均有卓越贡献，"声重京师"。著有《戴东原集》等。是志初纂于乾隆三十四年，三十六年成书。卷首有例言十则，反映了戴震的修志观点。强调修志应首重地理沿革，山川应记"切于民用"的水利等内容。反对方志记载"绘图星象，录步天歌"，主张去掉各州县所谓八

汾州府志

景、十景,以还雅。不录逸事异闻。风俗物产"无取乎泛常琐滥"。艺文者"以古今为先后,不区别文体……所有奏疏、论著于地无关者,例不当录。官斯土者及今在任一切士民颂美之辞,事涉导谀,亦例不当录"。又称:"史善恶并书,志详善略恶。"是志凡三十门,44万字。沿革门详考汾州所属县份的析置并分、地域范围,纠正旧志之误;山川门多据碑志记载历代水利情况;职官、流寓门考辨旧志误列之人。是志体例谨严,考据精审,文辞博雅,为考据派所修方志之代表作。《续四库全书提要》称其"实可作一切府志之绳例"。

二、(乾隆)《新修怀庆府志》三十二卷首一卷图经一卷

唐侍陛、杜琮修,洪亮吉等纂。唐侍陛,江苏甘泉(今江苏扬州市)人,乾隆五十一年(1786)任怀庆知府。杜琮,江西新建人,举人,乾隆五十四年任怀庆知府。先是乾隆十九年知府萨宁阿、二十四年知府沈荣昌,均曾修纂府志,而未竟。至五十二年唐侍陛方聘洪亮吉等,在前二志稿的基础上,重新编纂,至乾隆五十四年杜琮来任,参与其事始成书付梓。是志分十四门,约58万余字。考证精详、取材严谨、搜集宏博,为河南清代诸府志中之上乘,梁启超曾称之为方志中善本。河渠为本府首要,因详述由晋迄清之河流决溢、修复等有关文献达百二十八条。金石等目,所收实物极完备,分县记之,并考记其源流。对历史名人,认为其节义有亏者,则只列名,而削其传,如旧志中有司马懿、郭解、郭默、杨再思等人传记,是志则均删除之,以扬善警恶。河北监司,为明朝重镇,始驻于怀城,复移于卫郡,后被裁削。两府旧志均未载明。是志将历任监司姓名增入职官志,填补了旧志重要缺漏。有乾隆五十四年刻本。

三、(嘉庆)《松江府志》八十四卷首二卷图一卷

松江知府宋如林等修,孙星衍等纂。孙星衍(1753-1818),江苏阳湖(今武进)人,为清代著名学者、方志学家,一生中编纂过《澄城县志》《直隶

邠州志》《三水县志》等7部方志,(嘉庆)《松江府志》是其一生中所修的最后一部志书。是志分疆域、山川、建置、田赋、学校、武备、职官、名宦、选举、古今人物、艺术、寓贤、方外、列女、艺文、名迹、拾遗等门类,悉以所辖地域为记述范围。其特点是:一、注重采用地图。正如其《凡例》所云:"府境形胜绣错,建置罗列,非绘图不能解。"故而卷首除绘制了《建置图》、松江府及所辖各厅县《全境图》《城池里》外,还绘制了《乡保市镇图》《松江水利原委图》《九峰三泖图》《海防图》《府署图》等39幅地图,且"附说于后",颇便览阅。二、注重反映地域特色。松江府襟江负海,为东南泽国,水利为一郡先务。《山川志》按照《水经注》体裁,将府境河流湖浦及其支脉条分缕析,并述其源流、利病及浚治工程。其搜集的资料,从《禹贡》至清嘉庆二十年(1815),包括历代帝王谕旨、名臣奏议、古今图籍及金石,凡与水利有关的资料,莫不搜求齐全,内容十分丰富,对考究松江水利甚为有益。三、重视国计民生。明清二代,松江赋役之重天下闻名,明末几乎酿成变乱。《田赋志》不仅记载了历代田亩、田赋、各种杂派,而且记载了明万历年间上海、华亭、青浦等地百姓反对"勘绝田"、抗议加派赋额的经过,崇祯年间华亭知县"秘匿部文"、擅加赋税的盘剥行为,以及农民在苛税重赋下的沉重负担等情况。

四、(道光)《遵义府志》四十八卷首一卷

平翰修,郑珍、莫友芝纂。平翰,字樾峰,浙江山阴(今绍兴)人,监生,道光十六年(1836)至十九年任遵义知府。郑珍,字子尹,晚号柴翁,遵义人,道光举人,著名学者,有《巢经巢经说》、《巢经巢诗钞》等。莫友芝,字子偲,号郘亭,贵州独山人,道光举人,有《郘亭诗钞》、《郘亭知见传本书目》等。与郑珍齐名,世称"郑莫"。是志始修于道光十八年(1838),二十一年竣稿付梓,以后又略有增加。首有衔名、征引书目、目录一卷。正文分四十八卷三十三目,约80万字。全书广搜博采,征引400余种古代书籍及大量碑文墓铭及地方档册,考证精确,体例谨严。建置、疆域、水道考诸篇,博取载籍,精心参互,条纲件按,穷原竟委,于旧志不妥者,一一纠其所失,是考证的力作。金石一门,荒岩破寺,穷搜潜剔,著录自三代迄明吉金贞石,并注存佚,以资探讨,可藉此以证史传之讹谬,补前载之未备。农桑详载农宜、农事、农具、农候,又分述遵义、正安两地蚕业状况;物产就耳目所及、前籍可稽者分别汇次,是两篇研究清代前期遵义地区农业生产发展的重要文献。木政、坑冶分记采木课矿,可考当时力役赋税的繁重。年纪逐代编年,事求征载,无取约简,犹史之纲。人物慎考前载,严核见闻,以类序之,甄其品别,犹经之传。载人记事相互配合,既保存了较多的地方史迹,又颇得史家义例法度。杨氏是贵州大土司之一,自唐迄明,统治播州近八百年,世传二十九世,土官具录其世系事迹。此外,学校记载详尽,艺文搜罗宏富,户口载汉迄清数目,赋税据册籍甄载。风俗述习俗方言,祥异载自然灾害,都价值颇高。时论配以《水经注》《华阳国志》,以为府志第一。有道光二十一年(1841)刻本、光绪十八年(1892)补刻本、民国 26 年(1937)补刻本。

五、(光绪)《顺天府志》一百三十卷

万青藜、周家楣修,张之洞、缪荃孙纂。张之洞,字孝达,号香涛,直隶南皮(今属河北)人,同治进士,曾任翰林院侍讲学士、内阁学士等职,是清末洋务派首领,著有《张文襄公集》。缪荃孙,字炎之,又字筱珊,号艺风,江苏江阴人,光绪进士,曾任翰林院编修,创办江南图书馆、京师图书馆,长金石目录学,是近代著名藏书家和校勘家,著有《艺风堂藏书记》《艺风堂文集》等。是志于光绪五年

光绪顺天府志

（1879）开局草创凡例，历时八载，至光绪十二年刊刻行世。参与各志分纂者亦多为一时名儒硕彦。是志用《华阳国志》《临安志》例，分京师、地理、河渠、食货、经政、故事、官师、人物、艺文、金石等十志，子目六十九，350万字。卷帙宏大，内容丰富翔实，征引书籍、碑拓多达843种。李鸿章序云："至其体例之善，文采之美，则九能三长，授简缀辞，极天下之选，以成一代之书，信今传后无疑也。"瞿宣颖誉其为"近时诸志称首"。是志为清代北京地方志书中集大成之作。有光绪二十一年刻本。北京大学图书馆藏《府志》稿本十二册，残存京师志、释道志、灾祥志和杂事志。

六、(康熙)《灵寿县志》十卷末一卷

陆陇其修，傅维橒纂。陆陇其，字稼书，浙江平湖人，康熙进士，历官嘉定、灵寿知县，监察御史。傅维橒，直隶灵寿人。是志始修于康熙二十四年（1685），翌年秋刊行。卷末一卷附录陆、傅二氏修志议。正文十卷分十门二十九目，共约9万余字。是志最被人称道的是其"官以民为本"的清官思想。其《叙例》云："灵寿土瘠民贫，居官者不可纷更聚敛，土著者不可侈靡争竞。"章学诚称此言"尤为仁人恺悌之言"，并且认为"全书大率以是为作书之旨，其用心真不愧于古循良吏矣"。故此，是志以三分之一的篇幅记载有关民生的赋役内容。例如该县产一种制玉器用的解玉砂，该志称：产此物本应给灵寿人民带来好处，但由于官派征用，负担过重，成为一件"赘事"。但章学诚也对该志在体例、选材方面的一些做法提出批评，如地理志附纪事，建置志不载寺观，官师选举止详于本朝，后妃列于人物等。是志于后世流传较广，夙负盛名，编纂也较有义法，向为一般所称道，有"康武功，陆灵寿"之誉。传本除康熙二十五年刊行十卷本(乾隆间有石印本)外，另有《三长物斋丛书·三志合编》所收《灵寿后陆志节本》三卷。

七、(乾隆)《永清县志》二十五篇附文征五卷

周震荣修，章学诚纂。周震荣，字青在，浙江嘉善人，举人，永清知县。

章学诚,字实斋,浙江会稽(今绍兴)人,乾隆进士,官至国子监典籍,著有《文史通义》等。乾隆四十二年(1777),周震荣延章学诚开馆纂修,乾隆四十四年纂成是志。体例多仿史法,正文分二纪、三图、六书、一政略、十列传,共二十五篇,约19万字。体例严谨,行文流畅,内容翔实,考据确凿,"曾推为畿辅冠",是现存名志之一。其每篇前均有叙例,"明撰述之微旨,标去取之由来"。纪为皇言、恩泽,皇言止于诰敕,恩泽止于蠲免钱粮。职官、选举两表,皆本年经事纬之法,井然有序。舆地、建置、水道三图,有总图和分图三十余幅,皆开方计里,颇合志例,将庙宇、寺观、碑碣等名胜详列四乡村落之图后,便于查考。六书以吏、户、礼、兵、刑、工分类,取材于科房档册,但吏、刑、工三书内容有些空疏,唯户书所载乾隆四十三年银钱粮价之定数,绵布肉蔬等日用品之价格,以及县人之职业,实为极有价值之史料。政略单辟一篇,历数各代知县之政绩,有所褒贬。列传之十的前志列传为章氏首创志例,专记永清县志书源流。正文外另附《永清文征》五卷,分奏议、征实、论说、诗赋、金石五目,约5万6千余字,保存了有历史价值和社会价值的地方文献。有民国30年(1941)铅印本。

(乾隆)《热河志》卷三十五:避暑山庄烟雨楼图

八、(乾隆)《鄞县志》三十卷首一卷

钱淮乔修,钱大昕等纂。钱淮乔,江苏武进人,官鄞县知县。钱大昕(1728-1804),字晓征,一字及之,号辛楣,又号竹汀居士,江苏嘉定(今属上海)人,清代史学家、考证学家。曾历任编修、侍

读、侍讲学士、少詹士、广东学政等职，著有《廿二史考异》《潜研堂诗文集》等书。是志或据正史，或采地志，或名公诗文集，或稗官小说，或家传志状，体例仿南宋（咸淳）《临安志》，于各条下注出书名。公署、赋税、户口、兵制诸门，皆据公文案牍，也于各条之下注明某衙门来文，某科档册，以凭证信。是志所述水利较前志为详，卷三十有辨证，对旧志源流作详细考辨。金石一门，对宋、元以前之断碑残碣，悉著于录。对明以后碑刻文字，也择要著录，为清代方志之佳构。有乾隆五十三年（1788）刻本、道光二十六年（1846）重刊本。

九、（乾隆）《历城县志》五十卷首一卷

胡德琳修，李文藻、周永年纂。胡德琳，字书巢，广西临桂人，进士，乾隆三十一年（1766）任历城知县。李文藻，字素伯，山东益都人，进士，曾任广东恩平等地知县、广西桂林府同知。著有《南涧文集》。周永年，字书昌，一字静函，号林汲山人，山东历城人，进士，授翰林院编修，曾参与编纂《四库全书》。是志始修于乾隆三十二年，成稿于乾隆三十六年，乾隆三十八年付梓行世。正文五十卷首一卷：卷一至卷五十为总纪、地域考、山水考、建置考、古迹考、艺文考、金石考、封建表、职官表、选举表、袭爵表、貤封表、宦迹录、列传、杂缀，共计十五门，门下又分细目四十四，约50万字。体例严整，编次有序；甄采广博，考注精审。主纂者李文藻、周永年俱为清代山东著名学者，既长于金石目录，又精于考据训诂，故所作诸《考》尤为精要。如金石考所载金石文物皆详其尺寸，以存形制，以备后人考见；诗赋杂文不入艺文考，而分隶于各门之中，读后既明山川古迹之沿革，又如临其境之感。他如诸《表》，考索群籍，条分明晰，一目了然；列传人物，参稽史乘，剪裁成文，咏诵可读。通观全书，征引博洽，详赡赅备，只言片语，皆有依据，被推为清代方志纂辑派的代表作。有乾隆三十八年（1773）刻本。

十、（嘉庆）《泾县志》三十二卷

李德淦修，洪亮吉纂。李德淦，直隶延庆州（今北京延庆）人，进士，嘉

庆九年(1809)任知县。洪亮吉(1764-1809),江苏阳湖(今武进)人,清中叶著名学者,在经学、地理学、人口学方面卓有建树,编纂有(乾隆)《澄城县志》《固始县志》等七八部志书。《泾县志·序》集中反映了其修志观点,如"一方之志,苟简不可,滥收亦不可";"苟简,则舆图疆域,容有不详";"滥收则或采传闻,不搜载籍,借人才于异地,侈景物于一方"。主张"撰方志之法,贵因而不贵创,信载籍而不信传闻"。"博考旁稽,义归一是,庶乎可断踵前修,不诬来者矣"。是志始修于嘉庆九年,十一年付梓。分二十三门、九十一目,约47万余字。其目录如下:

卷首叙、例、图

卷一沿革(星野、疆域、形胜、风俗)

卷二城池(故城、街巷、坊表、乡都、市镇、桥梁、津渡)

卷三至卷四山水(诸条山、诸条水、陂泽、湖池井泉)

卷五食货(蠲贩、恩赉、田赋、杂税、户口、徭役、积贮、盐法、马政、屯田、囚田、物产、兵防)

卷六至卷七学校(学署、学田)

卷八书院(书院田)

卷九坛庙

卷十官署(仓库、公馆)

卷十一古迹(冢墓)

卷十二金石

卷十三职官表

卷十四至卷十五选举表(荐辟、例仕、吏仕、武选举、武职、赠封、荫袭、戚畹、乡宾)

卷十六名宦

卷十七至卷二十人物(名臣、宦业、忠节、孝友、儒林、文苑、武功、懿行、尚义、五世同堂、百岁、隐逸、艺术、寓贤)

卷二十一至卷二十四列女(烈妇、贞女、旌表节妇、孝女、寿妇、旧志所

载待旌节妇、新增待旌已故节妇,新增待旌现存节妇)

卷二十五寺观(仙释)

卷二十六艺文

卷二十七杂识(纪事、灾祥、轶事、异闻)

卷二十八辨证

卷二十九旧志源流

卷三十至卷三十二词赋(宦寓与本县诸贤赋、宦寓诸贤诗、本县诸贤诗)

是志考证严谨,内容翔实,最能体现考据学派治学严谨的风格。如弘治二年(1489)提学御使王鉴之,前志均误作王鉴,是志据碑文正之。又收四十九篇碑文,虽都来自旧志,但校正了不少碑文错处。叙泾县沿革时,通篇考证 20 处,皆注明资料出处;沿革不详者,皆明确说明;旧志中与沿革无关的内容,一概省略;旧志错误之处,皆附短篇考证于后,加以澄清或纠正。严谨程度,如同学术著作。是志为清修名志之一,梁启超称其为县志之最。其所列门类及编排,曾被誉为州县志典范。有嘉庆十二年(1807)刻本、民国 3 年(1914)石印本。

第五节　乡土志编纂

清代的乡土志在光绪初年即有私撰,最早的乡土志为光绪五年(1879)吴大澂编撰的山西《保德州乡土志》。但大规模的编纂是从光绪末年实行"新政"开始的。光绪二十九年,学部颁发《奏定初等小学堂章程》,规定初等小学堂开设历史、地理、格致等课。提出"历史……尤当先讲乡土历史……令人敬师叹慕,增长志气者。为之解说,以动其希贤慕善之心";"地理……尤当先讲乡土有关系之地理,以养成其爱乡土之心"。为统一规范,负责教科书编纂工作的京师编书局在光绪三十一年按照该《章程》要求,编订了《乡土志例目》,作为全国编纂乡土史地教材的指导方案。原文如下:

部颁乡土志例目

奏定学堂章程,所列初等小学堂学科,于历史则讲乡土之大端、故事及本地古先名人之事实,于地理则讲乡土之道里、建置及本地先贤之祠庙、遗迹等类,于格致则讲乡土之动物、植物、矿物。凡关于日用所必需者,使知其作用及名称。盖以幼稚之知识,遽求高深之理想,势必凿枘难入。惟乡土之事,为耳所习闻,目所常见,虽街谈巷议,一山一水、一木一石,平时供儿童之嬉戏者,一经指点,皆成学问。其引人入胜之法,无逾此者。故必有乡土志,然后可以授课。海内甚广,守令至多,言人人殊,虑或庞杂,用是拟撰例目,以为程式,共十五门:历史(包括本境何代何年置,未置本境以前,既置本境以后)、政绩录(包括兴利、去害、听讼)、兵事录(包括有在本境者,有涉及本境者)、耆旧录(包括事业、学问)、人类(包括有何民族)、户口(包括各民族的户数、男丁、女口数目)、氏族(本境有何大姓)、宗教(包括喇嘛教的黄教、红教,回教,天主教,耶稣教等)、实业(包括士、农、工、商)、地理(包括沿革、古迹、祠庙、坊表、桥梁、市镇、学堂)、山、水、道路、物产(包括动物、植物、矿物)、商务。(下略)

《乡土志例目》由学部下发各省学务处,并命令下发各属县遵照执行。编纂者满怀爱乡爱国之心和振兴中华的强烈愿望,以培育儿童爱乡爱国思想为己任,呕心沥血,执着地投入这一事业。由此掀起了编纂乡土志的高潮。

据1979年编《中国地方志联合目录》粗略统计,全国当时共编修乡土志600余种。其中从光绪三十一年(1905)至宣统三年(1911)短短的六七年间,达460余种,平均每年六七十种。

综观当时编写的乡土志,虽内容简略,但绝大多数乡土志中的物产部分之土特产品、加工产品及商务贸易等史料却颇具价值,可补方志之不足。以上海市为例,昝元恺《崇明乡土志略》记赋税种类即较县志为详;上海县之陈行、青浦县之西岑,因无乡镇志,而乡土志正可补缺。兹例举数种。

一、(光绪)《浏阳乡土志》

黄征纂。黄征,又名祖勋,字颖初,湖南浏阳人,廪贡生,擅文章,有经世之才,早年与谭嗣同同游,深受其思想影响。是书撰于光绪三十二年(1906),约三十三年末至三十四年初成稿,惜未付梓。由后人带往台湾,1967年,始由黄征之子彰任、彰健、彰位以"非卖品"形式在台北出版,面世后即受到方志界的推崇,被誉为晚清乡土志之翘楚。是志特点:一是篇幅大,共十五卷,约15万字,为海内乡土志所少见。二是取材谨严,于旧志"皆取其确实可据者","其为旧志所无,则悉凭此次调查所得,缀录成篇。事为其创,虽有不尽,究无不实"。三是重经济,实业、物产、制造、商务四篇内容占到全书的五分之一。各篇前缀简论,实业按士、农、工、商总计104种职业逐一序列,其余三篇均分类列表,以期文约事丰。对浏阳土特产,如浏阳鞭炮、浏阳菊花石雕的记述,更是浓墨重彩,详而无遗,并强调"极人工以良其品","为营业竞争之具","尽地利以报其源"。

二、(光绪)《莱州府乡土志》二卷

李恩祥、熙臣修,郑熙嘏、董锦章纂。李恩祥,河南河内(今沁阳)人,举人,光绪三十年(1904)署理莱州府。熙臣,满洲正白旗人,荫生,光绪三十一年署理莱州府。熙嘏、锦章,山东莱州人,举人。是志分上、下卷。上卷历史、建置、政绩录、兵事录;下卷耆旧录、户口、学校、实业、地理、山水、道路、物产、商务。全书约4万字。以莱州府所辖掖县、昌邑、潍县、平度四州县县情介绍为主。户口、商务、物产详载清末人口、主要农产品及商务进出口贸易额,颇有史料价值。是志为山东惟一的府级乡土志。有清光绪末抄本,藏国家图书馆和山东省博物馆。

三、(光绪)《延庆州乡土志》

纂者不详。是志分历史(包括建置及历史沿革)、政绩录、兵事录、耆旧(事业)、学问(附名宦祠祀,名宦传、乡贤传、节孝传)、人类、户口、民族、宗教、实业、地理、物产、商务等目,约 8 万字,记事至光绪三十三年(1907),但征引史书和旧志颇多,且各类下均加按语。新设宗教、商务类目。宗教目记载回教及回民在本地发展居留始末及天主教、耶稣教的情况;商务目记"本境运出"和"自他境运销本境"及本境产品销售情况。记述虽嫌简略,但均为前志所未有,有清抄稿本。为北京延庆最晚的一部志书。

第六节　其他志书编纂

清代编修的志书,除总志、通志、府志、州志、县志、乡土志外,还有厅志、道志、关志、卫志、所志、旗志、司志、镇志、井志。限于篇幅,兹就不太常见的司志、镇志(南方)、井志中各举一种,以窥其大概。

一、(道光)《白山司志》十八卷首一卷

王言纪修,朱锦纂。王言纪,字肯堂,号笏仙,壮族,广西白山司(今马山)人,祖籍江苏上元(今南京)。其祖王青于宋皇祐四年(1052)随狄青征侬智高有功,授以丹良堡土官。二十四传至明嘉靖七年(1528)受邮御使王守仁抚,知田州,授以世袭土巡检。又十二传至王言纪,随征西隆,叙功加军功授州同知衔。朱锦,字心池,湖南芷江人,任太平府凭祥州州判,嘉庆四年(1799)任谢启昆《广西通志》分纂。白山古无志,且档册残缺,故言纪于嘉庆五年邀朱锦修纂司志,历十一月修成,道光十年付梓。正文分十八目,约 7 万余字,冠图八幅,绘出山辖区山水。白山为土司制,土官由王家世袭,至道光历三十六世,民国初始改土归流,为广西一姓土司流传最长的地方。是志全面地记述了该司建置沿革、世系流传、疆域界限、山川关隘、水利设施、田赋数额、祠庙信仰、风俗方言、土特产品、土兵制度、人物事迹,是流传后世的一个土司建制标本。其白山司王氏世系表,尤富民族史料价值。其士兵目是了解士兵制沿革、发展变迁的民族军事制度标本;其风俗目对壮族的婚嫁、丧葬、服饰、居处、方言、生活习性均有评裁;诏令目记明末至清嘉庆间的诏令和奏议，据之可了解清朝对壮族的统治方式、政策、思想；人物列二十目，收宋至清嘉庆间二十人传记，可供研究土司民情查考之用。是志为全国最完整的土司志代表作，体例完善，采撷详实，世系完整，民俗风情生动，经济史料可贵，增补了通志、府县志资料之缺略，开创了广西纂修土司志的先河。

二、（嘉庆）《南翔镇志》十二卷

南翔镇，别称槎溪，清嘉庆年间属嘉定县（今属上海），"殷繁为诸镇之冠"，乡绅遂有修志之意。嘉庆十一年（1806），邑人程攸熙对乾隆年间张承先所修《槎溪志》加以订正，纂成是书，并改曰《南翔镇志》。乡镇志记述范围仅限一乡一镇，可供编纂的文献和素材相对较少，因此内容皆不及州县志丰富，所列类目也与州县志有所不同。

（嘉庆）《南翔镇志》目录如下：

卷一疆里（沿革、里至、乡都、水道、开浚、物产附）

卷二营建（官廨、书院、庙坛、婴堂、营汛、递铺、坊表、街巷、桥梁）

卷三小学（小学、义塾、乡饮）

卷四职官（分防县丞、巡检、汛弁）

卷五选举（进士、举人、贡生、例贡、例选、杂进、荐举、武科、封赠、荫叙）

卷六至卷八人物（贤达、孝义、文学、隐逸、耆德、艺术、流寓、列女、方外）

卷九艺文（书目、碑刻、文、诗）

卷十至卷十二杂志（寺观、庵院、神祠、尼庵、第宅、园亭、古迹、祠墓、纪事、轶事）

各门类内容也较少，沿革和建置的内容减少更加明显。（嘉庆）《南翔镇志》沿革云："槎溪，暧古也。萧梁时，建白鹤南翔寺于此，因寺成镇，遂以寺名。六朝迄唐宋属娄、属昆山，迨南宋析昆山置嘉定，乃改隶焉。历元明至国朝，皆因之。"一共只有56字。其余像官廨、职官、水道等项内容也较为简单。但乡镇志也有其独特的优点,(嘉庆)《南翔镇志》的特点在于:一、本乡镇内容记述十分详尽。如该志逐一记载南翔镇 52 条街巷的各种情况,而一般州县志受体裁或篇幅限制,往往只记县邑的街巷,市镇的街巷很少记载;再如宋元至明嘉靖间,市廛和民居多有徙移,镇区颇多拓展和变化,《南翔镇志》的记载也比县志详细。二、如章学诚所言,"地近则易核,时近则迹真",市镇志所载当时当地的情况,往往比州县志可靠。如镇区水道的走向、通航、开浚情形,以及营汛、递铺的置废和迁移等,皆比州县志准确。第三,对本地古迹、祠墓、物产的调查与统计,比州县志齐全。

三、(康熙)《黑盐井志》八卷

沈懋价修,杨璿纂。沈懋价,字尔蕃,浙江会稽(今绍兴)人,官黑盐井提举。杨璿,字襄辰,本邑贡生,黑盐井训导。云南盐井多在偏僻沟阱,方圆本不过数里,因其产盐,渐成集镇,经济逐步活跃,工商业日趋兴盛。既关系民生,又系政府课税财源,于是朝廷委任提举治理。康熙时朝廷诏令各府州县修志,黑盐井提举沈懋价以为"盐井之制,同于州县,不可以无志",于是纂修《黑盐井志》以呈,盐井有志始此。是志始修于康熙四十八年(1709),次年付梓问世。编端载沈懋价序、杨璿序,次载王允恭序,无凡例。内厘天文、舆地、疆域、山川、古迹、胜景、物产、风俗、气候、祥异、建设、衙署、秩官、关哨、兵防、桥梁、水道、学校、典祀、盐法、人物、贡选、乡贤、文行、孝义、列女、流寓、艺文诸目,下系子目十三,计八卷六册,约 18 万字。体例完整,内容丰富,突出了"盐政"特点。其盐政、井所、课额、盐法等目所载均为首录,志书体例同于州县志。是志及清代其他几部盐井志《白盐井志》《琅盐井志》等的编纂问世,反映出明清以来云南盐矿业的发展,保存了云南盐业生产和盐井文化的许多珍贵史料。有清康熙四十九年刊本。

第七节　清代方志学的建立

清代修志,由于政府的大力倡导,省府州县的重视,特别是有一批学术造诣深、文字素养高的学者参与到修志中来,并以修志为"著述大事",对志书的体例、编纂方法等作了多方探究,大大提高了志书的学术水平和存史价值,推动方志在清代迅速发展到鼎盛时期,并作为一门学问正式诞生。

一、清初学者顾炎武、卫周祚、方苞等对方志理论的研究

清初学者在方志学形成的过程中发挥了承上启下的作用。清初顾炎武、卫周祚、方苞等人对修志曾作过论述。

顾炎武(1613-1682),原名绛,曾居亭林镇,世称亭林先生,江苏昆山人。明清之际思想家和著名学者。学识渊博,对天文历算、河漕兵农、经史百家、音韵训诂之学,均有研究。清顺治年间参修《邹平县志》《德州志》。在参考和使用一千余部方志的基础上,撰成了《天下郡国利病书》和《肇域志》两大名著,开创了综合利用地方志之先河, 是大规模利用方志的第一人。他在《营平二州史事·序》中称:"昔神庙之初,边陲无事,大帅(指戚继光)得以治兵之暇,留意图籍,而福(指福建)之士人郭选卿在戚大将军幕府, 网罗天下书志略备;又自行历蓟北诸边营垒;又遣卒至塞外,穷濡源,视旧大宁遗址还报,与书不

顾炎武像

合,则再复按,必得实乃止。作《燕史》百三十卷,文虽晦涩,而一方之故,颇称明悉。"近代方志学家黄本诚认为这是顾氏修志的旨要,并将它概括为五点:(1)修志的人要有一定的学识;(2)要网罗天下书志以作参考;(3)要深入实地进行调查研究,反复勘对,必得其实而后止;(4)要有充裕的时间;(5)文字要通俗易懂[①]。

康熙初,保和殿大学士卫周祚在《曲沃县志》序言中提出了著名的"修志三长"之说。他说:"尝闻作史有三长,曰:才、学、识。修志亦有三长,曰:正、虚、公。"所谓"正",即修志者必须刚正不阿,不屈从权贵;所谓"虚",就是说修志者要虚己受人,广泛集纳众人的意见,不要主观和武断;所谓"公",就是说修志者要主持公道,不为门户之见所左右。这"三长"实际上就是对修志者提出的"志德"要求。有此三长,而又兼具史才、史学、史识,方志质量始有保障。

雍正时,《大清一统志》总裁方苞(1668-1749)在《与一统志公馆诸翰林书》中提出了自己的修志主张:(1)体例必须统一。他说:志书出于众手,"譬如巨室,千门万户,各执斧斤,任其目巧,而无规矩绳墨以一之,可乎?""体例不一,犹农之无畔也。"(2)由博返约,简明扼要。"所尚者简要,而杂冗则愈晦。"(3)要重视志稿的校勘。他说:"稿成,随命学子校勘,次山再之,仆三之,始发誊录。"(4)志稿要纵观整体,避免各府、州志间"犬牙相抵"。

此外,清代志书的序、跋、凡例中,对史志关系、撰志要义及编纂注意事项,也多所阐发。如王毓恂(顺治)《长子县志·序》云:"志与史异名而同功,史所载者朝廷纪纲法度,理乱兴替、忠贞金壬之迹,而于一郡一邑之事,千百无一焉。无一,则郡邑之山川、风物、钱谷、徭役、循良、荐绅、孝子、烈妇之实,文献不足,杞守无征,千百世之下,乌从而知千百世以上之所为乎?此留心方舆者志之所由作也。"莫有仁(康熙)《临县志·序》称:"邑志与

---

① 参见朱士嘉:《顾炎武整理研究地方志的成就》,载《文献》1981 年第 7 期。

国史相为表里,均所以信今传后……故载信不载疑,以实不以名,使当时听之者无异议,后世阅之者有考据也。"他还提出,史志详略不同,"盖史书寄耳目于采访,而志书则实亲见其所以也。"

冯达道在(顺治)《重修河东运司志·序》中概括修志有"三易"、"四难"。"三易"是:"天子不称制以断,宰执不秉笔以裁,挠掣无人,注涂在我,一易也;地迩则边幅有所必循,职专而搜讨不容旁猎,条例显设,编摩夙成,二易也;营私无斗米之乞,畏咎无百口之忧,参考传闻,使垂实录,三易也。""四难"是:"敬慎之难","详核之难","审定之难","裁制之难"。施闰章、白镇在(康熙)《江西通志·序》中分别概括出"三易"、"五难":"夫书约则易殚,地狭则易稽,人近则易辨",是为"三易"。"兹欲详于古矣,而后之所疑,或前之所缺,则征信难;欲考其实矣,而此之所非,或彼之所是,则折衷难;欲节其烦芜矣,而载籍所存,篇连牍累,则持择难;欲补其疏漏矣,而耳目所接,寡见鲜闻,则博稽难;欲去傅会,拒请托矣,而一手之所障,不敌众口之喧沓,以范成大为《吴郡志》,犹不免为流俗之掩厄,则绝情尤难。"是为"五难"。此与章学诚后来在《修志十议》中提出的修志有"二便"、"五难"的观点若合符节。

二、乾嘉时期考据学派的方志理论

清代乾嘉时,受"文字狱"等因素的影响,许多学问家转向经学考据,并参与了方志的编纂实践。一时间,志家辈出,形成了不同流派。其中,戴震、洪亮吉、孙星衍、李兆洛等人视地方志为地理沿革考证。他们倚重考据学的"崇古薄今"思想和"诠释故训,究索名物"的方法,"信载籍而不信传闻,博考旁稽",认为地方志即是地理沿革考证。这些学者被认为是考据学派。由于重视地理与资料,又被称为地理学派、纂辑学派。

戴震(1723-1777),字东原,安徽休宁人。博闻强志,对天文、数学、历史、地理均有较深研究,尤精名物训诂,是清代考据学派的集大成者。其对方志的贡献主要有主纂(乾隆)《汾州府志》《汾阳县志》《水地记》等方志,

戴震像

审定（乾隆）《应州续志》《寿阳志》等，又有《与段若膺论修志》《答曹给事书》等论修志文章。戴震将其治考据之学的学术思想和方法应用于修志实践，成为清代方志史上考据学派的代表人物。其主要方志思想是重视考据地理沿革。他在《汾州府志·发凡》曰："以水辨山之脉络，而汾之东西，山为干，为枝，为来，为去，俾井然就序。水则以经水统其注入之支水，因而遍及泽泊井泉。合众山如一山，合众川如一川，府境虽广，山川虽繁，按文而稽，各归条贯。"在《水地记》中也称："固将合天下之山为一山，合天下之川为一川，而自《尚书》《周官》《春秋》之地名，以及战国、历代史之建置沿革之纷错，无不依山川之左右曲折安置妥贴，至赜而不乱。"以水系辨山脉，以山川形势考察郡县建置和地理沿革，是戴震独到的地理学见解。戴震的治学方法就是按照这一规律，以本统末。

在《应州续志·序》中，戴震还提出：志之失，在于"郡邑志书，其于经史中地名山川、故城废县以及境内之利病，往往遗而不载，或载之又漫无据证"。因此，"古今沿革，作志首以为重"。在（乾隆）《汾州府志·例言》中也说："沿革不明，不可以道古。""疆域辞而山川乃可得而记。"他还反对方志记载"绘图星象，录步天歌"，主张去掉各州县所谓八景、十景，以还雅。不录逸事异闻。风俗物产"无取乎泛常琐滥"。艺文者"以古今为先后，不区别文体……所有奏疏、论著于地无关者，例不当录。官斯土者及今在任一切士民颂美之辞，事涉导谀，亦例不当录"。这都反映了戴震严谨求实的方志编纂思想。

洪亮吉（1746-1809），字君直，号北江，江苏阳湖（今武进）人。乾隆进士，授编修。嘉庆时，以批评朝政，遣戍伊犁，不久赦还，改号更生居士。博通史、音韵训诂和地理之学，工诗文。著有《洪北江全集》等。编撰有《泾县志》《澄城县志》《淳化县志》《长武县志》《登封县志》《固始县志》《怀庆府志》，后又主纂了《宁国府志》，并撰写其中的疆域表和舆地志。有丰富的修志经验，并著有若干论述地方志的文章。考据学派的代表人物。洪亮吉看到了宋以后州县志书的弊病在"舍地理而滥征名宿，略方域而博采词赋，有去本求末，流荡忘归者"①，因而主张方志言必有据。在《泾县志·序》中说："盖撰志之法，贵因而不贵创，信载籍而不信传闻。博采旁稽，义归二是，庶乎可继踵前修，不诬来者矣。"所拟方志体例援引古法，主张师古。所纂《淳化县志》广征博引，引文必注出处。引文之后又有"亮吉按"，或纠正旧籍之误，或依据作出论断，以求记载可信。

洪亮吉强调志书详简适度，要以载籍收录为准。他在《泾县志·序》指出："一方之志，苟简不可，滥收亦不可。苟简，则舆图疆域，容有不详，如明康海《武功志》、韩邦靖《朝邑志》等是也。滥收则或采传闻，不搜载籍，借人才于异地，侈景物于一方，以致以讹传讹，误中复误。"洪亮吉的看法，反映了当时人对明以来志书好标新立异的鄙视，称其尚简者失之略，尚繁者失之芜，皆不师前代良法。

洪亮吉认为，不仅方志叙事渊源有自，其体例规制亦有成例可依。他在《淳化县志·叙录》中述该志体例，无一不有来历。如"土地"仿齐刘澄《永初山川古今记》等，"道里"仿隋《西域道里记》，"户口"仿刘宋《元康六年户口簿记》，"宫殿"仿晋《洛阳宫殿簿》等，"学校"仿宋《崇宁学校新法志》等，"职官"仿唐杜佑《通典·职官》等，"士女"仿晋常璩《华阳国志》，"金石"仿宋郑樵《通志·金石略》等。洪亮吉赞赏史志体，其（嘉庆）《宁国府志》分为

① 清洪亮吉：《新修澄城县志·序》。

四表：沿革、疆域、职官、选举；八志：舆地、营建、食货、学校、武备、艺文、人物、杂记。

孙星衍（1753—1818），字渊如，乾隆进士。与洪亮吉同为阳湖人。一生参与多部地方志的编纂。他在《邠州志·序》中说："方志以考据存文献，关中甚称《朝邑志》《武功志》，皆非著述之体，徒以文笔简要为长，予不敢袭其弊也。"认为："山川、城阙、河渠、关隘、金石、名迹所存，逾古逾不可废，必得博闻强识之士订正之。若新志所增职官、科举、财赋额程之属，胥吏之有文者皆能为之。"因而其所纂诸志皆注重资料的考据工作。孙星衍与洪亮吉的"贵因不贵创"的修志主张类似，强调后世修志当依旧例续修。他在《重刻景定建康志后序》中说："蒙谓一方修志，如有宋元旧本，自宜刊刻原书在前，依例增续，或辨证人之得失，别为一卷。近时作志，动更旧例，删落古人牌版，引书出处，增以流俗传闻、芜秽诗什为不典。"他的《重刊云间志·序》也指出："余病今世修志，无著作好手，不如刻古志于前，以后来事迹续之。或山川古迹旧有遗漏舛误者，不仿别为考证一卷。"孙星衍纂修《偃师县志》时，遍历境内山川，搜剔金石文字，结合史传进行勘订。其撰述的《三水县志》《礼泉县志》《乾隆直隶州志》等六七种方志，也都是搜罗广泛，考证精核，尤注视史迹和地理的考订。

李兆洛（1769—1841），字申耆，晚号养一老人。江苏阳湖（今武进）人，嘉庆进士，授翰林庶吉士，曾官凤台知县，后主讲江阴暨阳书院。通音韵、史地、历算之学。清代地理学家、文学家、方志编纂家。先后主修或编纂凤台、东流、怀远、江阴诸县志及《武进阳湖合志》等志书。李兆洛在嘉庆《东流县志·序》中认为："志尚征实，所以传信，一事一语，必据其所自来。"又在《跋咸淳毗陵志》指出："前代郡邑之志存于今者，推宋人之书耳。类皆义例整赡、考证赅洽，识议深慎。"以考据的好坏，作为衡量方志质量的标准。他所编的志书以考据精核见长。如《凤台县志》每篇大致有本文、注释（双行）、出处、按语。《东流县志》也是记载一语一事，必有所本。李兆洛认为方志的编修直接关乎地方的吏治。在《凤台县志·序》中说："凡居百里之地，其山川形势,人民谣俗,苟有不晰,则不可以为治。"其(嘉庆)《凤台县志》每篇于正文外有双行注解及出处,另作按语。凡举出处,资料来源在一种以上者,先举其第一手资料,再列其他。

方志学家朱士嘉将考据学派的特点概括为四条:一、修志者当无语不出于人,详注出处,以资取信;二、"贵因不贵创";三、"信载籍而不信传闻";四、重视地理沿革的考订①。考据学派强调与重视志书资料的考据工作,旁征博引,详加按语,标明出处,所纂志书较多地保存了原始资料,史料价值较大。不足之处是:一、厚古薄今,只重视旧材料。极端者甚至以为修志就是搜集旧有资料,慎加排比,详注出处;二、注文过多过滥,有时给人以"芜杂"之感。

三、章学诚与方志学的建立

与考据学派相对立的是史志学派。该学派强调对各类资料分析概括,以成一家之言,而不是比类纂辑文献,所以又称为撰著派。其代表人物是清代杰出的史学家、方志学家章学诚。章学诚(1738-1801),字实斋,浙江会稽(今绍兴)人。乾隆进士,曾任国子监典籍。一生未入仕途,前后主讲于多所书院,毕生治史、修志。他对志书的性质、源流、体例、编纂等方面,进行了系统的研究和阐述,形成了较完整、系统的方志理论,使方志学成为一门专门学问。自乾隆三十八年至五十八年(1773-1793),纂修或参修了《和州

章学诚像

---

① 朱士嘉:《清代地方志的史料价值》,载《文史知识》1983 年第 3、4 期。

志》《永清县志》《大名县志》《亳州志》《麻城县志》《石首县志》《常德府志》《荆州府志》《广济县志》和《湖北通志》。方志理论著作有《方志立三书议》《州县请立志科议》《修志十议》等，奠定了方志学的基础。其著有《文史通义》和《校雠通义》。《文史通义》与唐代刘知幾的《史通》并立为史学理论名著。

章学诚通过长期修志实践和对方志渊源、性质、体例、功用及编纂方法的悉心研讨，形成一整套系统的方志理论，对近代方志学研究影响颇大。归纳起来，有以下几点：

一、志属史体。章学诚将方志作为历史与地理书的性质区别开来。他在《为张吉甫司马撰大名县志序》中说："夫家有谱，州县有志，国有史，其义一也。"认为："方志如古国史，本非地理专门。"在《报黄大俞先生书》提出："方志一家，宋元仅有存者，率皆误为地理专书……凡修方志，往往侈为纂类家言。纂类家言，正著述之所资取……方志纂类诸家，多是不知著述之意。其所排次襞绩，仍是地理专门见解……方志而为纂类，初非所忌，正忌纂类而以地理专门自画，不知方志之为史裁，又不知纂类所以备著述之资。""志乃史体"，"志之为体，当详于史。"他说："有天下之史，有一国之史，有一家之史，有一人之史。传状志述，一人之史也；家乘谱牒，一家之史也；部府县志，一国之史也；综记一朝，天下之史也。"[1]这些观点，一方面源自其"六经皆史"的主张，另一方面也与宋元以来，方志家视方志为史书之流别的种种提法有因承关系。

二、创立三书体。章学诚创立了完整的志书体例，提出方志分立三书的主张。三书即"仿纪传正史之体而作志，仿律令典例之体而作掌故，仿文选文苑文体而作文征"[2]。"三书"之中，"志"为主体。章学诚还为"志"设立了纪、谱、考、传四体结构，即"皇恩庆典宜作纪，官师科甲宜作谱，典籍法制宜作考，名宦人物宜作传"[3]。章学诚所设计的"四体"，在他以后所修志

---

① 清章学诚：《州县请立志科议》。
② 清章学诚：《方志立三书议》。
③ 清章学诚：《修志十议》。

书中，也有所发展和改易。如他所纂的《湖北通志》，即分纪、图、表、考、政略、列传六体。三书体的提出，是章学诚对中国方志理论的重要贡献。在此以前，宋元明志家虽多论及志兼诸体，但尚未有人明确指出著述与著述资料的区别，并以著述体作为撰志的主体。

三、辨清各类方志记载范围与界限。章学诚作《方志辨体》，指出通志、府志、州县志皆为各行政单位的史书，不可相互分合，相互有无。他说："如修统部通志，必集所部府州而成。然统部自有统部志例，非但集诸府州志可称通志，亦非分析统部通志之文，即可散为府州志也。""所贵乎通志者，为能合府州县所不能合，则全书义例，自当详人之所不能详。既已详人之所不能详，势必略人之所不能略。"

四、应设立志科。章学诚指出："今之志乘所载，百不及一，此无他，搜罗采辑，一时之耳目难周，掌故备藏，平日之专司无主也。"因此，"欲使志无遗漏，平日当立一志乘科房，金掾吏之稍通文墨者为之。凡政教典故，堂行事实，六曹案牍，一切皆令关会目录真迹，汇册存库，异日开局纂修，取裁甚富[1]"。他还撰写一篇《州县请立志科议》，强调将志科的设立"立为成法"，以"积数十年之久，则访能文学而通史裁者，笔削以为成书，所谓待其人而后行也。如是又积而又修之，于事不劳，而功效已为文史之儒所不能及"。

五、修志应遵循史家法度。在《与石首王明府论志例》中，章学诚指出："志为史裁，全书自有体例，志中文字俱关史法，则全书中之命辞措字，亦必有规矩准绳，不可忽也。"章学诚将唐代史学家刘知幾《史通》所述"史才"、"史学"、"史识"三长加以改造，提出修志人员也应具备"识"、"明"、"公"三长："识足以断凡例，明足以决去取，公足以绝请托。"章氏认为，"修志有二便：地近则易核，时近则迹真……有五难：清晰天度难，考衷古界难，调剂众议难，广征藏书难，预杜是非难。有八忌：忌条理混乱，忌详略失体，忌偏尚文辞，忌妆点名胜，忌擅翻旧案，忌浮记功绩，忌泥古不变，忌贪

---

① 清章学诚：《答甄秀才论修志第一书》。

载传奇。"他指出,只有乘二便,名三长,去五难,除八忌,立四体(纪、谱、考、传),方能归之于简、严、核、雅四项要义,编纂出合乎史法的方志。

六、重视文献。章学诚在《记与戴东原论修志》指出:"方志如古国史,本非地理专门,如云'但重沿革,而文献非其所急',则但作沿革考一篇足矣,何为集众启馆,敛费以数千金,卑辞厚币,邀君远赴,旷日持久,成书且累函哉?"他进一步指出:"若夫一方文献,及时不与搜罗,编次不得其法,去取或失其简,则他日将有放失难稽、湮没无闻者矣。"

章学诚以惊人的毅力,数十年投身方志撰著工作,并对方志展开全面系统的研究,对方志特征、利弊进行认真总结评论,比其他一些乾嘉学者眼界更为开阔,立论更为精湛。尤其是他从"六经皆史"的观点出发,将方志从地理学中独立出来,提出"方志辨体"、"方志请立志科"、"方志分立三书"等为过往修志者所忽视的问题,建立了比较完整的理论体系,因而被近代学者梁启超等人称为中国方志学的奠基人。

第八节　清代方志的史料价值

清代地方志,除方志所共有的建置沿革、疆域区划、人口、土地、田赋等传统内容外,还由于修志经验日趋丰富、科技进步、列强侵略、西学东渐、乡土志和边疆志的创修等,使得志书门类大为拓展,内容更加充实,实用价值和史料价值大大提升。特别是在以下几个方面,表现尤为突出。

一、自然地理史料

(乾隆)《黔滇志略》,对分布在贵州、云南的 42 个著名岩洞进行了精辟叙述,不仅对每个岩洞的所在位置、名称由来作了介绍,而且对洞内顶部倒悬的石钟乳、底部耸立的石笋和石柱,都作了生动介绍。

(光绪)《靖边县志》卷四对沙漠地形作了科学分类:"明沙、扒拉、碱滩、柳勃居之十之七八,有草之地仅十之二三。明沙者,细沙飞流,往往横亘数十县。扒拉者,沙滩陡起,忽高忽陷,累万累千,如阜如坑,绝不能垦。碱滩者,似平之地,土粗味苦,非碱非盐,百草不生。柳勃者,似柳条而丛生,细如人指,长仅三五尺……惟硬沙梁、草地滩,可垦者绝少。"(同治)《竹溪县志》卷十六对极光的记载生动逼真:"同治元年(1862)八月十九日夜,东北有星,大如月,色似铁炉初出,声则凄凄然,光芒闪烁,人不能仰视。倾之,向北一泻数丈,欲坠复止,止辄动摇,直至半空,忽如银瓶乍破,倾出万斛明珠,缤纷满天,五色俱备,离地丈许始没,没后犹觉余霞散彩,屋瓦皆明。"

二、自然灾害史料

(乾隆)《银川小志》"灾异"目,记载明清时期地震灾害有 20 余次。不仅准确地记录地震的时间和地点,更可贵的是记录了地震前兆、震时地表现象以及震后的损失破坏程度,对研究地震预测有着重要的科学价值。志载:乾隆三年十一月二十四日宁夏八点五级大地震,"积尸遍野","民死伤十之八九"。"是夜更初,太守方宴客,地忽震。有声在地下,如雷来自西北往东南。地摇荡掀簸,衙署即倾倒……地多裂,涌出黑水高丈余。是夜动不止,城堞、官廨、屋宇无不尽倒。"(光绪)《沁州复续志》"灾异"目,对百年不遇的光绪三年大旱灾情况的记载,长达 5000 字。

有些清代志书还记载了对灾害的预防或抵御方法:

(康熙)《怀柔县新志》卷二记载了灭蝗办法:"嘉靖三十九年,飞蝗蔽天,日为之不明,禾稼殆尽。县南郑家庄、高家庄居民,鸣锣焚火,据地挡之,须臾蝗积如山。无分男女,尽出焚埋,两庄独不受害。"

(康熙)《台湾府志》卷一"风信"记载了根据风信来减少台风灾害的方法:"风大而烈者为飓,又甚者为台。飓常骤发,台则有渐。飓或瞬发倏止,台则常连日夜,或数日而止。大约正、二、三、四月发者为飓,五、六、七、八月发者为台……船在洋中遇飓犹可为,遇台不可受也。过洋以四月、七月、十月为稳,以四月少飓日,七月寒暑初交,十月小阳春候,天气多晴顺也。

最忌六月、九月,以六月多台(风)、九月多九降也。"并告诫船民:"视天边点黑如簸,簸大则收帆,严舵以待之。瞬息之间,风骤甫至,随刻即止,若遇待少迟,则收帆不及而或至覆舟矣。"

三、农业生产史料

1. 农业种植

(乾隆)《罗江县志》强调播种要不违农时:"凡浸种宜清明节,播种宜趁谷雨节,插秧宜趁芒种节前后五日或十日……五六月阳和之气,所收必丰。稍迟则山雾熏蒸,秋凉冷,五谷多不结实。"

(光绪)《高明县志》记载了当地百姓种桑养鱼相结合的经验:"近年业蚕之家将洼田挖探,取泥覆四周为基,中凹下为塘。基六塘四,基种桑,塘蓄鱼,桑叶饲蚕,蚕矢饲鱼,两利俱全,十倍禾稼。"

嘉庆、道光年间后出现人口过剩问题,导致了农业的过度开发,出现了开垦梯田这种破坏生态的耕种方式。(光绪)《武昌县志》记载:"县境所隶,水居其七,山二,土田一耳。灵溪马迹乡多山,生齿繁,不足以供食,乃垦为地,螺旋而上,高下相承无少隙,播种番薯、秋豆之类。土脉浮薄,稍旱则槁,骤雨则沙土俱下,溪涧日淤,春夏霪雨乃有水患。"

2. 农作物及土特产品史料

明万历至清康熙年间,山西个别府县志中开始出现"玉米"的名称。乾隆年间,开始有了对玉米的形态特征的描述,如乾隆四十七年《大同府志》卷一"物产":"其苗叶脊似高粱,穗如秕麦,叶旁别出一苞,垂吐白须,久则苞拆子出,颗颗攒簇。"光绪年间山西的一些地方志中对玉米的描述增加了对玉米品种和种植技术比较详细的记载。从中可看出玉米这一作物在山西的传入和种植情况。

(康熙)《江西通志》"物产"门记述了宋代占城稻传入江西的经过:"稻种。有早、晚、赤、白,称名不一。本占城国种。宋大中祥符五年,遣使往福建,取占城稻三万斛,遍给江淮间播种。始及江西,列郡县皆有之。"对于研究农作物栽培史和区域开发史,都有重要价值。(同治)《石首县志》卷三"民政志·物产"载:"近者乡多种烟草,姚旋露书所云淡巴菰是也。种来八闽,收当三伏。县之艺以获利者,几胜五谷。而六湖山地尤胜此,亦不免妨农。而小民骛利,难以骤禁者也。"同治年间,已是"邑中随处种之"。(同治)《崇阳县志》卷四"食货志·物产·货类"记载了烟叶的种植和吸法:"秋叶黄时,采而阴干,粗者卷为筒,细则切为缕。吸用竹木长管,曰旱烟;用铜为筒,贮水其中吸之,曰水烟。"

(同治)《崇阳县志》卷四"食货志·物产·货类"记:"龙泉山产茶味美,见方舆要览。今四山俱种,山民藉以为业。往年,茶皆山西商客买于蒲邑之羊楼洞,延及邑西沙坪。其制:采粗叶入锅,用火炒,置布袋揉成,收者贮用竹篓。稍粗者,入甑蒸软,用稍细之叶洒面,压成茶砖,贮以竹箱,出西北口外卖之,名黑茶。道光季年,粤商买茶。其制:采细叶暴日中揉之,不用火炒,雨天用炭烘干。收者碎成末,贮以枫柳木作箱内,包锡皮,往外洋卖之,名红茶。箱皆用印锡,以嘉名者。出山则香,俗呼离乡草。"

《福清县志续略》卷二"土产"设盐、谷、茶、果、蔬、花、木、草、兽、禽、甲、鱼、虫等目,叙述备详。如对"盐"的记述:"盐,天下之盐品甚多,有驿盐、池盐、岸盐、石盐、土盐、木盐、蓬盐,皆由煎炼而成,具青、红、黄、白、黑五色。色既有异,味自不同。造化生物之妙,未易以言悉也。吾邑福清之盐,谓之海盐,居民于海边掘小坑,上布竹布,覆以蓬茅,刮晒卤土,积于炕上,以卤水淋之,沥汁于坑中,候盛夏烈日,取卤汁于盐埕曝之,不半日结成冰霜,其色莹洁,其味甘美,颇胜诸盐也。夫盐者,上至天子,下及士民,日用相需,时不可阙,百味赖是以调,五脏藉是而安,然不宜多食,多食则心倪气仰,凝血作渴,君子无慎乎! 附救急神方,备防不虞,谅不嫌赘;毒蛇伤螫,嚼盐涂之,灸三壮,仍嚼盐涂之;救溺水,以大凳卧之,后足放高,用擦脐中,待水自流出,均匀倒提;妊妇逆生,盐摩产妇腹,并涂儿足底,仍急爪搔之;妊娠心痛不可忍,盐烧赤酒服一撮;蜂虿螫叮,嚼盐涂之;目中浮翳遮睛,白盐生研少许,频点屡效,小儿亦宜;风热牙痛,槐板煎汤二碗,入盐

三斤,煮干炒研,日用揩牙,以水洗目。"

四、水利工程史料

水利与农业生产、人民生活的关系至为密切,明清方志对此亦极为重视。清代许多地方志都有水利门。(雍正)《河南通志》卷十七至卷十九"水利志"记载了南阳的陂五六个,渠十四个,堰近三十个;记载了汝南的陂、堰、堤、塘、港、湖、河、沟近二百个。明白写出每一道沟渠等的起、止、宽、深和开浚年代。

(康熙)《江西通志》"碑记"保存了许多重要水利资料,如《柏虔冉新创千金陂记》记载了唐上元、咸通年间临川境内兴修水利的情形,《筑五圩碑记》记载了修筑五圩的作用与用工经过,对于研究江西农田水利史有着重要价值。

(同治)《南漳县志集钞》记载:"朱铭,寿州人,万历间任南漳县,修复闸口水利,灌溉泥湾一万五千余亩,至今民受利益。"

(乾隆)《乐亭县志》卷十二总结了利用潮水修建潮田的经验:凡濒海之区,可为潮田,"其法临河开渠,下与潮通。潮来渠满,则闸而留之,以供车戽,中间沟渎地埂,宛转交通,四面筑围,以防水涝。凡属废坏皆成膏田。闻昔明袁中郎为宝坻令,尝行其法于壶卢窝等村,至今赖之。"

五、采矿冶炼史料

清代地方志中,"特产"、"物产"、"矿产"、"土产"等门类中,记载采煤、冶炼、手工业内容十分丰富,是研究中国煤炭史、冶炼史、手工业史等的珍贵资料。

如(乾隆)《淄川县志》记述采煤情景:"凡攻炭,必有井干焉。虽深百尺而不挠。已得炭,然后旁行其隧,视其炭,高者倍人,薄者及身,又薄及肩,又薄及尻。凿者跂,运者驰;凿者坐,运者偻;凿者蟠卧,运者鳖行。"

清代石膏业以湖北应城县最发达,有"应城石膏甲天下"之说。(光绪)

《应城志》卷一《舆地·物产·货之属》记载:石膏"出县西诸山洞中,光莹细腻,较胜他处。土人募人凿取,返运汉皋。额设膏关,收取其税"。

(乾隆)《徽州志》亦载采矿冶炼情况:"凡取矿先认地脉。租赁他人之山,穿入山穴,远至一里。矿尽,又穿他穴。凡入穴,必祷于神。或不幸而覆压者有之。既得矿,必先烹炼,然后煽炉者、看(火)者、上矿者、取钩沙者、炼生者,各有其任。昼夜番换,约四五十人。"

六、商业贸易史料

1. 店铺经营

(乾隆)《祥符县志》关于店铺的名称、性质、所在地以及推销叫卖的记载,勾画出当时祥符县商业发展的盛况。

(同治)《苏州府志》"杂记"门,对苏州孙春阳南货铺的沿革作了翔实具体的描述:"苏城阊门有孙春阳南货铺,天下闻名,铺中之物,亦贡上用。案:春阳,宁波人,明万历中年甫冠,应童子试不售,弃举子业来吴门,开一小铺,在今吴趋坊北门。其地为唐六如读书处,有梓树一株,基座成合抱,仅存皮骨,尚旧物也。其铺如州县署有六房,曰南北货房,海货房,腌腊房,酱货房,蜜钱房,蜡烛房。售者由柜上给钱,取一票自往各房发货,而总管者掌其纲。一日一小结,一年一大结。自明至今已二百三四十年,子孙尚食其利,无他姓顶代者。吴中五方杂处,为东南一大都会,百货云集,何啻数十万家。惟孙春阳为前明旧业,基店规之严,选制之精,阖郡无有也。"

2. 商业繁荣

(咸丰)《应城县志》"风土下·物产·布帛类"记载:应城所出棉布有大布、条布之分,山庄、水庄之别,"行北路者名山庄,行南路者名水庄。亦有染色而售者,四乡皆出,舟车负贩,络绎不绝"。

(同治)《汉川县志》卷六"疆域志·物产"载:"邑当水陆之冲……但使江汉安澜,百谷之余,产棉恒广。富商大贾携金钱而贩运者,踵相接也。租赋待于斯,家哺给于斯。一遇水夺,则裹足不入矣。布有大布,有小布。近而襄樊楚南,远而秦晋滇黔,咸来争市焉。当农事甫毕,男妇老幼共相操作,或篝灯纺绩,日夕不休;或机声轧轧,比屋相闻。"

(同治)《崇阳县志》卷四"食货志·物产·货类"记:"凡出茶者为园户,寓商者为茶行。邑茶引,旧四十八两。同治初,加六两零三分二厘五丝,茶非有加于旧也。自海客入山,城乡茶市牙侩日增,同郡邻省相近州县各处贩客云集,舟车肩挑,水陆如织。木工、锡工、竹工、漆工、筛茶之男工、拣茶之女工,日夜歌笑市中,声如雷,汗成雨。"

3. 贸易碍滞

(同治)《崇阳县志》记载了当时计量单位杂乱不堪的情况:"权量不一,物价之低昂因之。城中制斛,大于乡斛一二斗不等。秤,十六两为一斤,或二十两,有多至二十四两者,曰接半。近年,远客买红茶,多至三四十两售。田,上乡多计斗,下乡多计亩,丈尺长短亦略有不齐。山翁年老,稀至城市,故易受欺。"

(同治)《长兴县志》卷八将奸商的剥削手法描写得淋漓尽致:"长地向多丝行,城市乡镇不下数百家……新丝出市,卖者谓之丝客人,开行代买者谓之丝主人,亦曰秤手。秤手口蜜腹剑,狡猾百出。遇诚实乡民,丝每以重报轻,价每以昂报低。俟其不售出门时,又倍其价以伪许之,以杜其他处成交。俗谓'进门一锤,出门一帚'。锤,言闷头打倒;帚,言扫绝去路也。贫家男妇废寝忘餐,育蚕成丝,其苦不可言状。一岁赋税、租积,衣食、日用皆取给焉。虽善价而沽,犹虞不足,而市侩乃百般侮弄之。"

七、抵御外侮史料

明代东南沿海有倭寇之患,因而志书中出现了抗击倭寇的记载。清代,从边疆到畿辅,从沿海到内地,都有列强侵略及人民反侵略的活动,因而志书中出现了大量抵御外侮的内容,这也是清代方志的一大特点。

(乾隆)《澳门纪略》记载了葡萄牙强占澳门后压迫剥削中国人民的残

暴行为。(乾隆)《福州府志》认为(万历)《府志》于"兵戎志"内的"海防"一类，仅记明代防御兵目，未免疏漏。故专设"海防"一门，"何处可以防内，何处可以御外，均经详核而载之"，使后人"得以按籍而稽，权其利弊轻重，而不为俗识所惑"。对当今分析闽海地区海防形势与战备，仍很重要。

(道光)《海昌备志》附《梯学堂记事》，备载海宁知州许发和为抵抗英国入侵，巩固浙江海防的经过。

(同治)《番禺县志》载三元里抗英斗争，称：道光二十一年四月"初十晓，英吉利兵大至。村农拟与决战，振臂一呼，锄耰耕矜，至者以十万计。忽大雨如注竟夕，彼火药尽湿，枪无所施，且水满、泥深、路歧，奔踣稻畦中，或窜伏豆篱瓜圃，不知其数。村农悉脔割焉。有酋豪宝刀银甲，馘以献"。

(光绪)《广州府志》及其所属州、县、镇志，包括《佛山忠义乡志》，记述了广东人民在鸦片战争中浴血奋战、反抗英军侵略的英雄事迹。

(宣统)《新疆图志》特设《国界志》《交涉志》，记载沙皇俄国威逼腐败无能的清政府签订十多个不平等条约，使中国领土沦失数千百里，谴责俄国"巧取豪夺，以肆意鲸吞，此不仁不义之尤者"。

八、社会变迁史料

(乾隆)《直隶绵州志》"乡村"门，记载了明末清初绵州(今四川绵阳)一带从明崇祯七年(1634)张献忠入川到清康熙十九年(1680)吴三桂失败，张献忠、李自成、明朝官军、清朝官军、吴三桂叛军几股力量先后于此交战，造成的劫后残破之状："兵燹以来，人遗无几，烟火空寂，村落丘墟。"湖广等地移民初至，农村尚未建立乡、保、里、甲等基层组织，因而只能以移民姓氏称呼该地，如蔡户、王户；或以所处方位称呼，如州东户、州西户。知州屠用谦为便于管理，以涪江和川陕道为界，简单将绵阳(今涪城、游仙境)划为四乡，东西南北分别为文风乡、积善乡、富乐乡、太平乡，四乡仅31里，3090户。因为州衙所在，算是当时人口最多的地方了。而同期的德阳县只管辖6个村，梓潼县只管辖2个乡，罗江县仅管辖1个里，一里不过百十户人家。其余广袤之地,仍是荒无人烟。

清代后期,外国列强的入侵,造成上海等沿海沿江地区社会变迁,志书对此有很多记载。(同治)《上海县志》"序"称:"上海自咸丰以来,中外缔交,华夷错处,婆罗门教窟宅滋蔓,邪说诐行,视为故常,而士几非昔之士;峨舸大舰,捆载百物,贩运往还,万里若咫,而商几非昔之商;奇技异术,尽态极妍,人巧极而天工错,而工几非昔之工;且工商之势,积重其利,什佰倍于农,而农亦非若昔之力于田。"正是当时上海社会处于历史性大变化中的写照。(同治)《崇阳县志》卷四"食货志·物产·货类"载:"邑城乡市镇俱有烟店,士民老少男女吸者十居七八。宾客入门,必先奉茶烟,此旧俗也。近来西洋所传鸦片烟,别是一种,吸者大有损。"(光绪)《广灵县补志》"政令"门所收官府禁绝种植罂粟和吸食鸦片的告示,反映了当时"北路沃野千里,强半皆种此物,畎亩农夫吸烟者,十之七八",乃至经常出现"举室轻生,阖门仰药"的悲惨局面,均可见清末鸦片在各地为害之烈。

九、少数民族及边疆地区史料

随着统一的多民族国家的形成,作为方志组成部分的边疆地区的地志研究、著述,在清代有了突出的发展,大大丰富了清修方志中有关少数民族和边疆地区的史料价值。需要指出的是,其中不少内容都属于开创性记述,填补了方志史的空白。

1. 少数民族史料

一些志书中设立了专记少数民族的门类。如(同治)《桂阳直隶州志》,始设"洞徭志",详记瑶族源流、历史演变、民族特征、宗教信仰、风俗习惯,以及统治阶级对瑶民的统治和瑶民举行起义等情况。如:"徭……其于内民,初相见,格不入,稍习,亲爱骨肉不逮也。与人市,不二价,驯朴畏事,榛榛狉狉,有上古之风。""及宋、元所以致寇,由苛敛渎国威,非徭生祸也。道光时平徭,外所传将帅功烈矣,非州人所得知也。"

在少数民族聚居的厅、司、旗,所修的厅志、司志、旗志,可谓是少数民族史料专辑。如(乾隆)《口北三厅志》详载清代前期察哈尔左翼诸旗和公私牧厂的情况,对察哈尔八旗和锡林郭勒、昭乌达二盟部分蒙旗的情况也多有反映。《永顺宣慰司志》传为清初彭姓土司所作,记土司历代源流及顺治前后各类情况皆详实明晰,是考证土司制度及研究少数民族人物的珍贵原始文献。湖南永绥段汝霖甚至还撰修了专门的民族志《楚南苗志》,前五卷俱载苗人种类、风俗、物产、言语、衣服,及历朝"控御抚治"之法。

2. 边疆地区史料

边疆方志与乡土志,是清代志坛新生的两株奇葩。后者增加了方志的品种,前者则大大丰富了方志的枝蔓。这些边疆方志的撰著,集中保存了边疆各地的风土人情,后期的边疆志中,还出现了对外国交涉以及抵御外国入侵的内容。

(乾隆)《口北三厅志》是清代内蒙古最早的地方志之一。该志取材宏富,考证精审,为不可多得的一部边地名志。记载了口北三厅(张家口、独石口、多伦诺尔)的建置沿革、民土民风、公私牧厂等的情况。(乾隆)《钦定热河志》是一部清朝敕修书,由翰林院饱学之士参与编纂,编书质量"一般方志无法与之比较"。该志首次记载了卓索图、昭乌达盟各旗及所设州县的概况,侧面反映了清代前期喀喇沁、土默特诸旗的游牧社会向定居农耕社会的变迁概况。有类如此,均为方志中的新鲜内容,具有重要的历史文献价值。

十、民俗史料

台湾府 (康熙)《诸罗县志》以十二分之一的篇幅记载了当地风俗民情。志中分汉俗、番俗两大类。番俗又分状貌、服饰、饮食、庐舍、器物、杂俗和方言七项,一一详加介绍。此外还绘制十幅《番俗图》,画出高山族的乘屋、插秧、获稻、登场、赛戏、会饮、舂米、捕鹿、捕鱼与采槟榔的情景。文图并茂,极为珍贵。

（康熙）《诸罗县志》风俗图

（乾隆）《福州府志》在"风俗"门设"方言"一节，记述 27 条 48 事，为福建方志的首创。此后，嘉庆十五年（1810）《南平县志》和光绪二十六年（1900）《浦城县志》，也记述了一些方言资料。"风俗"门末附 8 篇告谕，即：宋知福州事蔡襄《教民十六事》《五戒》《戒山头斋会》；宋安抚使真德秀《福州谕俗文》《福州劝农文》；宋知州事温益《戒生口牙》；宋提刑吴达《去野葛谕》及清初藩司赵国麟《禁止搭台殉节告示》。谕示全是禁止不良风俗与倡导生产。

（光绪）《新疆图志》卷十二《礼俗门》，详记各少数民族的语言、服饰、婚丧、居位、饮食、取暖、礼让、娱乐、信仰、节日等。值得称道的是纂者王树楠不以猎奇取胜，而是尊重和团结少数民族，写出兄弟民族的习俗。如写蒙古族游牧天山南北，随水草而居，极为好客："客至必延坐尽饮。"维吾尔族"屋房多筑园林，沟以渠水，为消夏燕游之所"，"其俗纯朴"等。

十一、匡缪补阙内容，比较突出

1. 纠正史书记载之误

如章学诚所言，方志"地近则易核，时近则迹真"。清修县志对史书记载不实之处，往往有纠讹正误之作用。如明末农民起义领袖张献忠牺牲地点，吴伟业《绥寇纪略》谓诛于盐亭县，《明史·张献忠传》谓死于盐亭县凤凰山，毛奇龄则说病死在蜀中。（康熙）《西充县志》编纂者李昭治经过实地调查，纠正了上述说法："余西充人，少闻里中父老言当年手割献忠事……迄于今，过其结营故处，春冬间原谷枕骸遍地，不可胜葬。"并说："凤凰山，治南二十里，流贼张献忠伏诛处。"县志的说法，为今天治史者所接受。

再如春秋时晋国的曲沃，自东汉应劭认为在闻喜后，晋国的新城也就随之游移于今曲沃。经过杜预、韦昭沿用其说后，竟成了历史定论。但（乾隆）《曲沃县志》主修者张昉不盲从旧说，经过调查研究后，断定晋国曲沃在今曲沃县城南之古城新田，在今侯马，并将考证文章载入县志。中华人民共和国建立后，侯马新田遗址的发现，证实张氏说法完全正确。

2. 补充正史记载之阙

作为一方之百科全书，地方志保存了许多不见于正史或正史记载不详的史料。如（乾隆）《宁夏府志》卷一"恩纶纪"，逐日逐时地记载了康熙三十二年（1697）清圣祖玄烨巡边宁夏的史实，保留了大量在《清史稿》或其他史书上所没有记述的史料，对研究康熙生平乃至研究清初的历史都有重要的参考价值。

3. 辨正旧志记载之讹

受考据风气之影响，清修方志，特别是乾嘉学派著名学者参与撰修的方志中，在建置沿革、山川地理、人物等门目中，特别注重考证旧志之讹误。或纠正年代错误，或指出内容脱漏，或辨正旧志引文疏略，或证明有其他不同说法，起到了匡谬纠误的作用。

洪亮吉纂《泾县志》引《隋书·地理志》"泾，平陈，省安吴、南阳二县入焉"及《通志》"隋平陈,废宣城郡,仍并安吴、南阳二县入泾县"后,加按语云:"按南阳当为广阳。《隋书》《通志》并误作南阳,南阳盖唐武德时所置。"

(道光)《修武县志》对地理沿革的考证颇有代表性。修武从汉代以来,有大修武、小修武,及南、北、西三修武之别。其地犬牙相错,与邻县武陟、获嘉、辉县等时有参差,以前旧志多混淆不清。此志将其或析、或并、或侨、或移,旁征博引,条分缕析,作了较精核的考辨。修武有清水、长泉、吴泽陂等水,旧志以百家岩及涅盘峪瀑布为其源,并附绘"清水、长泉水、吴泽陂、覆釜堆总图",记载与《水经注》不合。编志人员亲自带粮入山探清,历经艰险,找到清水发源之处,正与《水经注》记载吻合,从而推翻了流传数百年的错误说法。此外,修武泉源甲于河朔,而旧志寥寥数则,此志又详加记述,比旧志增加数倍。对古迹的考证也颇谨严,其中对竹林七贤遗迹、韩愈之墓与故里等的考证最为详博,反映出纂修者乾嘉考据之风犹劲,当时即被誉为"近今邑乘中仅见之作"。

附录

顺治《河南通志·凡例》

一、通志与一统志不同。一统志别有会典,故职官、选举、户口之数不载焉;古今之文,皆艺文也,故艺文不载焉;通志系一方典制,概不遗得,因分类三十。

二、通志与诸史不同。史垂法戒,善恶并书;志以扶奖为主,故纪善不纪恶;要其指一也。

三、旧志圣迹一条,载孔子及诸贤列传。夫先圣先贤,非尽产中州也,何必饰以为重,故删之。

四、图考皆重核订正,至星野、河渠与旧图迥别,务期详确,不敢因循。

五、建置沿革,表、注相符,以便稽考,惟南北朝最繁,尚有未备,俟好古者增辑焉。

六、山川古迹,旧志遗缺颇多,今择其必宜录者,确订增入。

七、古迹见存者书,废置者亦书,既兴怀古之思,亦商存羊之意。

八、卫所业经奉裁,兹附载兵御一条,仍存前制,以备稽考。

九、户口、田赋,悉依顺治十二年刊定《赋役全书》及十五、十六年自首劝垦地亩粮数,细为开载,仍列历朝旧额于后,恐有损益,便于考镜也。

十、职官止载前朝,选举止于科目,皆失之简,今将历代荐辟甲科,广搜补入,并录举贡,以成伟观。其隆(庆)万(历)以后,河决会城,各署题名碑,灭没靡存,间或有遗,非敢疏忽。

十一、汉唐名臣,旧志多遗,一时促未及补传,止附见于职官之前。

十二、通志最慎重者,尤在人物。中州名贤代出,自上古迄明初,旧志已有定论其后续入,非勋绩品望卓然表著者,不敢滥及也。至孝义节烈,风化攸关,必确采舆情,用昭公道。

十三、寇蹂多年,屠戮甚惨,凡被难者,尽云忠义可乎?今概从实录,罔有所饰。

十四、州邑志中,有以人物称乡贤者,似不若人物为当。至孝义、隐逸暨列女、仙释、方伎则宜尽归人物,今别列之,从旧志也。

十五、艺文,各州县所载,近篇不啻充栋,今登选颇严。至前代诗文,旧志逸者,搜补十之三四,盖以古人旧作,流传已久,不可或略也。

十六、旧志诗文具载各条之下,惟赠言怀人诸作,则另载耳。今悉汇为一编,以便观览,仍各分体裁,复序世次,庶便展卷了然。

十七、奏议移文独详本朝者,皆系地方利害,尽为载入,不厌其芜。

十八、小序止言大略,意有未尽,复于题辟总论见之。

十九、旧志成于明嘉靖三十五年,距今百余岁矣。况兵燹之后,文献无征,兼以克期告竣,考订虽费苦心,采辑犹虞疏漏,观者谅之。

二十、是书观成虽速,然采辑之后,复加增订;雠校既详,剞劂亦善;方诸旧乘,或免鲁鱼帝虎之诮云。

第十章　嬗变时期（民国）

第一节　民国方志编修概述

伟大的民主革命家孙中山于清光绪三十一年(1905)提出的三民主义(即民族主义、民权主义、民生主义),是中国资产阶级民主革命的纲领,激荡着中华民族的心灵。在这一纲领指引下,终于辛亥革命推翻清王朝的统治,结束了延续两千年的封建帝制。但资产阶级的软弱性和革命的不彻底,并未使中国真正走上民主共和的道路。

五四运动的"红司令"陈独秀于民国 8 年(1919)元月,率先高举民主(Democracy)和科学(Science)两面大旗,促进知识界的大觉醒,迎来了马克思主义和中国工人运动的相结合,为中国共产党的诞生奠定了思想和组织的基础。中国共产党登上政治舞台后,反帝、反封建的洪流席卷而至。但在 1949 年取得革命胜利之前,毕竟不占绝对统治地位。中国仍处于半殖民地、半封建社会中。因而民国方志从总体上说,既有突破封建主义的改良与创新,而又不能完全摆脱封建的羁绊,形成破旧与守成、立新与因袭并存的态势。总体看,前者胜于后者,故可称民国时期为方志史上的嬗变时期。

民国时期方志的发展历程,可分四个阶段。

第一阶段　北洋政府时期(1912-1927)

袁世凯窃取辛亥革命胜利成果后,既要应付各派政治力量,又急于称帝,此时北洋政府无暇顾及方志事业。但一些地方却在政权甫迭、中央未曾下令修志的情况下筹组机构、编修新志。在袁世凯退位前有 4 个省成立了修志机构,即黑龙江省通志局(局长涂凤书)、浙江省通志局(总纂沈曾植)、山东省通志局(总纂孙葆田)、广东通志馆。同时有民国最早的一批县志问世。据统计,民国 2 年至 4 年有海龙县(今吉林梅河口市)、密云县、庆云县、昔阳县、海伦县(今黑龙江海伦市)、讷河县(今黑龙江讷河市)、瑷珲县（今黑龙江黑河市）、峨边县、独山县、安次县（今河北廊坊市）等 30 余县，编出辛亥革命后首批县志。这个强劲势头，显示了地方人士对编修新方志的迫切渴求。

民国 5 年（1916），教育部会同内务部通咨各省指令各县纂修县志。民国 6 年（1917）山西省公署颁发了编修新志的"训令"，"饬就各县自治机关，附设处所，纂修新志"。①次年，山西省公署即颁布由郭象升拟稿的《山西各县志书凡例》，规定县志应由图、略、传、表、考五部分组成，"图"包括方里、山脉、河道、城廓 4 图；"略"包括疆域、沟洫、赋税、丁役、礼俗、生业、物业、氏族、方言、兵防 10 略；"传"包括名宦、名贤、文儒、孝义、士女、杂传 6 传；"表"包括官师、选举、学校 3 表；"考"包括沿革、营建、古迹、金石、著述、旧闻、丛考 7 考。各目之下，均注明注意事项。与此同时，史学家邓之诚发表了很有影响的《省志今例发凡》，提出国体既变，省志体例必须改变的主张，认为新编省志应由图、表、通纪、志、传组成。还具体要求"图"应用科学方法绘制；"表"应列沿革、职官、人物、学制、户口、商务等；"通纪"即大事记，撰述本地古今大事；"志"要因时创新，不拘泥守旧；"传"要包罗各阶层各类人物②。上述《通咨》《凡例》和《发凡》，对当时修志起了指导推动作用。

在北洋政府时期，继黑龙江、浙江、山东、广东之后，建立省级修志机关者还有陕西通志局（总纂宋伯鲁）、福建通志修志局（总纂沈瑜庆）、江苏通志局（总纂冯煦）、贵州通志局、河南通志局（省长张凤台兼总裁）。县志编纂达 484 种③，其中名志有张相文纂《泗阳县志》、孙奂仑修《洪洞县志》、刘绍宽纂《平阳县志》、余绍宋纂《龙游县志》、张梅亭纂修《莱芜县志》、吴恭亨纂《慈利县志》、劳乃宣纂《阳信县志》等。

---

① 郑裕孚：《呈山西督军兼省长阎：论修县志办法文》，载《四家公牍选·抑过轩公牍》。
② 载《地学杂志》民国 6 年第 9 卷第 6 期。
③ 据来新夏主编《中国地方志综录》附录《中国历代方志概述》，黄山书社 1988 年版。

第二阶段　国民政府前期(1927-1937)

民国 16 年(1927),以打倒北洋军阀为口号的北伐战争取得胜利,南京国民政府成立。18 年国民政府令准通行的《修志事例概要》由内政部下发。《概要》22 条,要求省设通志馆,县设县志馆,并对志书的体例、结构、内容、表述手段及各门类的具体要求都有明确规定(详本章附录 1)。

《概要》颁布后,至七七事变前,可谓民国年间修志的黄金时期。其标志:

一、尚未建立修志机构的省、市大部分都成立。新成立的有奉天通志馆(张学良为总裁)、甘肃省通志局(后改为通志馆,馆长杨思、副馆长张维)、云南通志馆(馆长周钟岳)、绥远通志馆(馆长郭象伋、总纂李泰棻,后为傅增湘)、察哈尔通志馆、上海通志馆(馆长柳亚子、副馆长朱少屏)、湖北通志馆(馆长李书城)、广西修志局(总纂马君武)、山西文献委员会(主任阎锡山)、宁夏通志馆等。

二、编纂了 600 多种方志。影响较大的名志,省志有宋哲元修的《察哈尔省通志》,杨虎城、邵力子修的《陕西通志稿》,陈铭枢著《海南岛志》(其时未设省)。市志有叶楚伧、柳诒徵修的《首都志》,赵琪修、袁荣叟纂《胶澳志》,张维翰、董振藻编纂的《昆明市志》等。县志有黄炎培纂的《川沙县志》,李泰棻纂的《阳原县志》,傅振伦《新河县志》,耿步蟾《灵石县志》,安恭已修、胡万凝纂《太谷县志》,贾恩绂纂《定县志》,裴希度、董作宾纂《安阳县志》,刘盼遂纂《长葛县志》等。

三、出现了影响很大的方志学专著、刊物和目录,形成方志学研究的热潮,奠定了方志目录学的基石。见本章第四、五节。

第三阶段　国民政府中期(1937 年 7 月 -1945 年 8 月)

八年抗战中,西南、西北大后方的县,在极度困难条件下仍编纂不少方志。如地理学家张其昀,继编纂《夏河县志》后,又编撰《遵义县志》。顾颉刚、傅振伦纂《北碚志》。黎锦熙纂《城固县志》《同官县志》《洛川县志》,并校订《宜川县志》。王俊让、王九皋纂修的《府谷县志》,爱国将领马占山、邓宝珊为之作序,予以赞扬。陈荣昌、顾视高纂《昆明县志》,洪烈森纂《德阳县志》等。即使日本帝国主义占领浙江省会杭州,具有民族气节的余绍宋、孙延钊等人,也在避难于云和县的浙江通志馆,收集、整理重修浙江通志的资料。

日本帝国主义扶植的傀儡政权"满洲国",编出 69 种县志。在华北一些沦陷区也编了一些县志。这些志书自然带有汉奸色彩,宣扬"东亚共荣"、"王道乐土",为日本帝国主义侵略服务;但从保存历史资料考虑,也不应一概抹煞。

民国 33 年(1944)5 月,国民政府内政部颁布《地方志书纂修办法》,规定省志 30 年一修,市县志 15 年一修。而当时日本侵略军占领中国大半部分,自然这个《办法》只能纸上谈兵。

第四阶段　国民政府后期(1945 年 8 月 –1949 年 9 月)

民国 35 年(1946)10 月,国民政府内政部颁布了修订的《地方志书纂修办法》。但因国民党反动派发动新的内战,这个《办法》仍是一纸空文。然由于此前的多年耕耘,至此也产生一些成果。如龙云、卢汉修的《云南通志》与《云南通志长编》,任可澄纂《贵州通志》,黄诚沅纂《广西通志稿》,吴宗慈修《江西通志》,郑伯彬编《台湾新志》,戴朝纪纂《郫县志》《大定县志》《内江县志》《敦煌县志》,饶宗颐《潮州志》等等。

据统计,在短短的 38 年中,全国修出省志 45 种、市志 12 种、县志 1074 种、镇志 54 种、乡土志 124 种、关卫志 3 种、其他 259 种,合计 1571 种①。平均每年 41.34 种。这个数字大大超过清代 4889 种的年平均数 18.31 种。因而有人说民国方志处于"衰落"时期、"沉沦"时期,或谓"清代的余绪",是不符合历史的。

---

① 据来新夏主编《中国地方志综览》附录《中国历代方志概述》,黄山书社 1988 年版。

第二节　民国方志的新异与资料价值

综观民国方志，与明清方志相比较，有如下几点变化。

一、革除了封建尊君思想，确立了民本思想

在长达两千年的封建社会中，帝王君主享有至高无上的权力和尊严。表现在方志中，凡圣旨、皇言、训典、宸章、谕批，必冠于卷首，以大字书写；凡皇帝名字，必须避讳；凡文中"今上"、"皇朝"、"国朝"、"龙飞"等字，必须另起一行高出栏框，等等。这些封建旧习在民国方志中革除了，连帝王名的避讳也予废掉了。如(民国)《丽水县志》就明确指出：

庙讳系一朝崇典，易代后即无所讳。国体既更，此例自废。凡前志遇有敬讳字样，概为改正。

尊君思想既破，中国固有的重民思想、民本思想得以阐扬。方志界公然主张"方志平民化"、"方志为平民之书"[1]，"编纂用浅显文言，惟求详实明达，加以新式标点，使一般公民皆能阅览了解"[2]。赵兴德《义县志·序》强调，方志应一切从人民出发，谓：

凡所记载，纯从人民起见。为民即为国，而为治之道寓焉。舆图之精绘、新政之旁搜博集，罗列无遗。志地舆，人民之所处也；志建置，人民之所为也；志职官，人民之所爱戴也；志宦绩，人民之所歌颂也；志户口，人民之所生聚也；志财赋，人民之所输纳也；志学制，所以教化人民也；志民事，所以观察人民也；志选举，所以拔乎人民者也；志人物，所以表乎人民者也；志艺文，示人民以可经也；志武备，示人民以可卫也；至于记大事，有鉴于前，有儆于后。凡以为人民也，为治之道尽在志焉。

黄炎培特别重视反映底层社会，指出："苟欲深切探求一般邑人之思

---

① 曹锡福：《鄱阳县志·例目》。
② (民国)《南康县志·序》。

想与其性情,则语言、风俗、歌谣其尚已。"他认为这些"正底层社会思想之表现,得此才见民俗之真"①。因而民国方志在内容上普遍增加了与人们息息相关的劳动就业、社会福利、市场物价、灾情、方言、谣谚、民歌、婚姻、丧葬等,缩短了方志与人民之间的距离。

如灾荒历来常有,但明清方志记载极为简略。民国方志不然,《安邑县志·荒政记》载:

> 光绪三年(大旱),麦每石价至三十两,馍每斤价至一百六十文。人民饥饿,剥食树皮草根,以灰条、草籽为上品。人之绝粮,死尸枕藉。良懦者闭门自毒,强梁者铤而走险。于是狡黠之徒杀人而食,鬻人肉于市。

> 民国二十一年夏秋之间,虎疫流行,伤人无数,城镇罢市,道路不通。一时棺木为之一空,蒿葬者甚众。

民谣最能代表人民的心声,最能反映人民的生活与疾苦,《大足县志》即有大量谣谚,如:

> 劳力劳,苦力苦,背朝天,口朝土。两脚掌欲穿,双肩皮同腐。磨得筋骨枯如柴,梦中犹自呼痛楚。出门一旦遇凶人,壮丁老弱皆为虏。前如狼,后有虎,人捕人如猫捉鼠。

二、扩大了经济在志书中的比重

封建社会的方志,多重人文而轻经济。经济在志书所占比重极少。一般只有十分之一,甚至不及。如三十二卷的明代《吴兴备志》,经济仅有二卷;十四卷的清代《云中郡志》,经济仅有一卷。民国期间方志界明确提出:"社会经济,在今日应为全志之骨干②。"傅振伦亦谓:

> 自马克思唯物史观表扬于世以来,而社会嬗变(社会之嬗变,即人类之历史),恒视经济之变更为转移之理大明。故欲阐明事理,须求当代经济状况③。

① 黄炎培:《川沙县志·导言》。
② 李泰棻:《方志学》。
③ 傅振伦:《编辑北平志蠡测》,载《地学杂志》民国20年第1期、第2期。

因而民国方志经济部类扩大到十分之二，多者达十分之三四。如《察哈尔通志》二十八卷，经济就有十一卷，占全志十分之四；《崇义县志》分自然篇、经济篇、人文篇，而经济篇文字还多于其他两篇。经济篇幅的扩大，自然是志书由重精神向重物质、由重上层向重底层迈进的表现。

有些地方志不局限于单纯反映经济，还着眼于积极引导经济的发展。如(民国)《松滋县志》指出：

农以生物之质，而增加物之量；工以变物之形，而增加物之用；商以移物之位，而增加物之值。分工以尽其长，合作以补其短，执守虽异，生产则一……悉趋于工、商、农业成三角形之发展，则振兴有望矣!

(民国)《新绛县志·生业略》也指出农本经济必须辅之以工商经济始有出路。谓：

迩来欧风东渐，生活程度日益增高，向来单纯之农业，端不足应今日繁重之需求，于是工商兴焉。

至于商业发展对社会繁荣的重要作用，一些方志也充分作了反映。如(民国)《嘉定县续志》卷一"市镇"，载其曹王庙：

光绪初年只三四小户，其后日渐稠密，居有百余户，开设小茶肆、酒肆、杂货铺十余家，肉铺、药铺、染坊等相继而起，并有鱼市、水果各摊。下午茶肆尤热闹，已成市集。

三、突出了反帝爱国思想

近代中国饱受帝国主义侵略，中华民族之反侵略斗争从不间断。孙蓉图修，徐希廉纂的《瑷珲县志》，详记光绪年间沙俄侵略中国东北，黑龙江军民在瑷珲(今黑河市)抗击侵略者的斗争。《佛山县忠义乡志》载，咸丰六年(1856)英国侵略军入佛山，兵勇"击却之"。光绪二十一年(1895)鸦片战争中，"英夷犯虎门，乡铸造八千觔大炮四门数尊"，支援抗英的清军。还揭露帝国主义侵略使中国手工业、商业遭到排挤和打击："自五口通商，洋舶揽载而商窘，洋米挽夺而农窘，洋货充斥而工窘。"十六卷的(民国)《修武县志》，以两卷的篇幅反映了清光绪二十四年英商福公司在焦作（时属修武县）开办煤矿以来进行的经济侵略，以及工人、地方当局进行收回矿权的斗争。既有交涉始末、斗争史迹，又附各项条约文件，互相印证，是研究帝国主义侵华史的一项有用资料。《察哈尔通志·序言》指出，志书要"使人心团结、民气奋兴，拨乱而返治，振衰而致盛，弃弱而为强"。其"大事记"不仅详尽写下民国22年（1933）二十九军长城抗战，并提出"枪口绝不对内"的抗日第一思想，而且批驳了蒋介石"攘外必先安内"的主张。黎锦熙编纂的《洛川县志·跋言》谓：对于抗战，"凡一方一艺、一言一行、一事一物，犹谆谆不厌其详，务使人人知国家兴亡、匹夫有责之义，借以振衰起懦，敌忾同仇，共赴国难"。（民国）《方城县志》记录民国28年2月至12月，日军飞机4次轰炸方城全境，30年日军又侵占方城县城，人民之死伤、财产之损失都作了详细记载，使人民永志不忘帝国主义侵略罪行。再如《姚安县志·人物志》收载了抗日战争中荷戈卫国、沙场喋血的八百英烈名单，并论赞：

抗战军兴，万里跋涉；八百勇士，国耻同雪。前仆后继，奋勇喋血；气壮山河，光耀简策。

四、不为三从四德唱赞歌，反映妇女从封建枷锁中解放

中国长期的封建社会，一直是男权社会。男尊女卑、夫为妻纲，使女人一直处于最底层。特别是什么贞节，使男人可以一夫多妻，而女人必须从一而终；甚至未嫁夫死也得寡居一生。明清方志无不以相当篇幅为节妇烈女立传。但多数民国方志再也不为三从四德唱赞歌了，代之而起的是呼唤男女平等、婚姻自主。《河南新志》《古田县志》均将3月8日国际妇女节定为当地的节日，并号召妇女"参加国际妇女运动，解放也"。对有近千年历史的违反人道的妇女缠足大加鞭挞。如（民国）《江津县志》载：

女子缠足，妨害身体，种族强弱，所关甚重。邑中虽有天足会之提倡，而实行解放者寥寥。多数女童仍在苦海。断筋折骨，彻髓痛心，昼行扶壁，夜梦吞声。父母非不爱子，以束缚于风俗，故忍心残贼其所生。

再如《阳原县志》亦载：

清季本县贫富之家，妇女皆缠足至小。大者仅五寸，小者三寸，通常四寸余……民国以后，全县妇女皆放足，幼女皆天足。

五、初步揭示了阶级

在阶级社会中，统治阶级总是讳称阶级，掩盖阶级矛盾和差别。辛亥革命后一些具有民主思想的修志者，已用阶级分析方法反映社会现实。如李泰棻纂的《阳原县志》，在记载居民住宅时，划分为最富贵者、富贵者、中产阶级、农工阶级、贫农5个阶级。在"农别"目下，按富农、自耕农、半租农、全租农、全佃农5个阶层，分别记述其生产状况。婚姻状况亦有阶级之差别，云：

本县富贵之家，男子十五而娶，女则十七始嫁；工商阶级则男子二十而娶，女则二八而嫁；贫农则而立、不惑之年，始得积资聘妇，女则年仅十五即嫁。盖一则减轻负担，一则借得彩礼，实逼处此，非本愿也。

旧社会之一夫多妻现象，是富贵上层人家之特权，(民国)《清河县志》指出：

多妻习惯，大都中产以上之家，下等社会则无之。

董作宾纂的《续安阳县志》在记载"衣"时称：

除资产阶级、官僚家庭以洋布为衣料、间或着绫罗锦缎外，余则均以自织之棉布，加以颜色裁为服裳。一袭成就，间季浣濯，直至破烂而后已。

更有甚者，民国年间西康《定乡县图志》揭露了定乡县(今四川乡城县)藏族奴隶主惨无人道的"剥人皮"罪恶行径，在其"风俗门"内载：

土人有剥人皮之术，以活人皮为贵，价至数百元一张，卖给喇嘛为作法之符[①]。

---

① 据金恩晖主编《中国地方志总目提要》相关县志条。

六、一定程度上同情革命

民国 16 年（1927）蒋介石背叛革命后，疯狂镇压共产党、围剿革命根据地，迫使工农红军进行两万五千里长征。尽管国民党反动派极尽诬蔑、诽谤之能事，诋毁共产党及工农红军，少数县志如《宁冈县志》《瑞金县志》亦跟着鼓噪，但也有一些县志并不为虎作伥。

如《确山县志》记有共产党员马尚德（即杨靖宇）、李鸣岐于民国 16 年（1927）领导的确山起义。覃梦松纂的《沿河县志》，在其"前事志"中有"贺龙入沿"一节，比较客观地反映工农红军在贵州沿河县与印江一带进行武装斗争的情况。节末附有《湘鄂川黔革命军事委员会布告》及《中国工农红军第三军司令部布告》。吉光片羽，弥足珍贵。祝世德纂修的《汶川县志》，在其"艺文门"内，收载了该县参议会副议长高世枢撰写的《书红军事变》一文，详述民国 24 年夏季工农红军途经四川汶川，与川军战于雁门、板桥、簇头等地，最后北上青海、甘肃之史实。贺觉非纂修的《理化县志》，在其"大事记"中言及民国 25 年工农红军罗炳辉、萧克等部攻克四川里塘、北上陕甘之事略。邓典谟纂的《宜章县志》，涉及红军在湖南该县活动时，直书"朱毛大军"、"萧克大军"。再如《广元县志稿》记载了红四方面军建立川陕革命根据地的情况，提到了张国焘、徐向前、王树声、陈昌浩等人[①]。

这些志书当然不可能站在工农革命立场上，颂扬红军的伟大壮举；但在国民党统治下的官修方志中能够既不否定、也不肯定，而以中性文字、比较客观地保留工农红军有关资料，这就表明修纂者尚有一定的史德。

七、勇于离经叛道，将"贱业"、"贱民"写入志书

具有悠久历史的戏剧、说唱艺术，为城乡群众喜闻乐看；但历来被封建道学者视为"粗词滥调"、"伤风败俗"的"贱业"。劳动人民中涌现的能工巧匠，也被鄙视为"末民"、"下人"。因此，一律拒于明清方志之外。民国方志就大胆地离经叛道。《河南新志》卷三"戏剧"目内，详载九种戏剧之历

---

① 据金恩晖主编《中国地方志总目提要》相关县志条。

史、特点、流传情况后,指出:

> 全省百余县,无不有戏剧,而社会受其感化亦最深。河南人民识字者少,其历史及普通知识率得之于戏剧。故戏剧势力之宏大,无殊宗教之神权耳。

《西华县续志》,不仅详载当地剧种、剧目、角色、场景,也肯定了戏曲的教化功能:

> 戏曲能转移风化、调和性情、感动情绪,最为深切,故在社会上感人效力最大。

再如(民国)《新安县志》载:

> 梆子戏为土剧中之最有情趣者,大演国事,小演家庭……音节激昂,足动听闻,举止慷慨,便于观感。摹仿贤奸毕肖,又为愚夫、愚妇所能识别。虽不如京剧之雅正,然喜怒哀乐之声容,诚有可爱、可恶、可喜、可泣之态。

尝参加辛亥革命的景梅九,在其编撰的《安邑县志》中不仅将民间流行的戏曲剧种、剧目以及多种方式的儿童游戏写入志书,而且还为清末、民初的6位著名优伶(即演员)立传,列入"乡贤录",可谓破天荒。

民国7年(1918)《木渎小志》,就将江苏吴县木渎镇之制造银器、铜器、玉器的巧匠,以及制墨、刻书的名师共10人,各立小传,收入该志"人物"门。

八、显现了科学性

戊戌变法后,西方近代科学文明陆续传入中国,使得民国方志也尽量用现代科学手段反映客观事物。如地理位置普遍用经纬度,淘汰了星野说;山脉的高度用海拔代替了模糊的多少丈。记述方言时用了注音符号甚至国际音标,地图用现代测量技术绘制代替了单凭人工踏勘描绘出的方位、里程、图形等等。

另外有许多是新增设的内容。如厦门市,历来气候变化大,影响出海,然清方志盖未涉及。民国35年(1946)修纂的《厦门市志》增设"气象志",

对该市历年逐月的气压、气温、温度、湿度、风向、风力、雨量等，都用文字与图表详细记载。又如柳诒徵修的《首都志》，采用 62 幅表、75 帧照片、52 幅地图，其中财政收支表、历年物价指数表、商业分业统计表，进出贸易货值比较表，具有极高的史料价值。再如张其昀在抗日战争时期主编的《遵义新志》，详载地质、地形、气候、土壤、人口、土地利用、产业等等，被誉为"科学的以地学为主的新方志"。民国 37 年出版后，作者 1955 年在台湾重印，更名为《新方志举隅》。

历来方志多记而不论，使方志成了资料书。民国时期有些方志突破资料排比的局限，运用总结、综合、归纳的方法，从而提高了志书的科学性。如桑丹桂修、陈国栋纂的（民国）《隆德县志》卷四，详细记述民国 9 年(1920)甘肃隆德(今属宁夏)大地震灾情后，还参考中外有关地震文献，依据亲身经历，将地震前兆总结为"地震六端"，普及预防地震的知识。"六端"是：

一、井水本湛静无波，倏忽浑如墨汁，泥渣上浮，势必地震。二、池沼之水，风吹成縠，荇藻交萦，无端泡沫上腾，若沸煎茶，势必地震。三、海面遇风，波浪高涌，奔腾汹涌，此其常情；若风日晴和，飚飓不作，海水忽然浇起，汹涌异常，势必地震。四、夜半晦黑，天忽开朗，光明照耀，无异日中，势必地震。五、天晴日暖，碧空清净，忽见黑云如缕，蜿如长蛇，横亘空际，久而不散，势必地震。六、时值盛夏，酷热蒸腾，挥汗如雨，蓦觉清凉，如受冰雪，冷气袭人，肌为之粟，势必地震。居民如遇此六兆，急宜趋避，以防不测之灾。

时为隆德县第二完全小学校长的陈国栋这样的科学总结，直至今天对开展群众性预防地震仍有参考价值。

再如《灵石县志》出于学者耿步蟾之手笔，他采集 138 条农事谚语，分为择种法、耕地及施肥法、中耕及间苗法、灌溉及除虫法、察禾及收获法、占气候法 6 类，配以简短说明与按语，简直成了农民种田的经验总结。类似这样的总结和概括，无疑提高了方志的实用价值和科学价值。

第三节　九种方志简介

一、《新纂云南通志》

龙云、卢汉监修，周钟岳、赵式铭总纂。周钟岳(1875-1955)，字生甫，号惺庵，云南剑川人，白族，早年赴日入早稻田大学学习法政。曾任云南教育司长、云南省长、国民政府内政部长、云南通志馆馆长，新中国成立后为全国政协委员。赵式铭(1872-1942)，字星海，云南剑川人，白族，学者，著有《滇志辨略》《汉书补正》等。

云南是我国省级地方志书最多的一个省，据统计民国以前存佚方志近30种①。辛亥革命后，社会制度、思想观念发生显著变化，需要以新观念编纂新的省志。云南主政者乃于民国20年(1931)开设云南通志馆，聘请学者陈一得、方国瑜、由云龙、秦光玉等人撰写、编纂新志。历时十余年，于33年定稿为两编：上编为云南文化初开，至清宣统三年止，即《新纂云南通志》二百六十六卷，民国38年印行；下编自民国初元迄22年，定名《新纂云南通志长编》八十一卷。当时未及印刷，1984年云南省地方志办公室整理、印行。

《新纂云南通志》分记、图、表、考、传五部分，殿以附录。

记：卷一至卷六，大事记。

图：卷七至卷九，有云南所见恒星、历代沿革等9图。

表：卷十至卷十六，有历代建置沿革、历代职官等5表。

① 有汉杨终《哀牢传》(佚)、唐达奚洪《云南风俗录》(佚)、唐袁滋《云南行记》(佚)、唐韦齐休《云南行龙》(佚)、唐李德裕《西南备边录》(佚)、唐樊绰《蛮书》十卷、唐徐云虔《南诏录》(佚)、宋辛怡显《至道云南录》(佚)、宋檀林《大理国行程记》(佚)、宋嘉犹《西南备边志》(佚)、元郝天挺《云南实录》(佚)、元李京《云南志略》(佚)、明《云南志书》(佚)、明王景常《云南图经志书》(佚)、明陈文《云南图经志书》十卷、明周季凤《云南通志》四十四卷、明邹应尤《云南通志》十七卷、明谢肇淛《滇略》十卷、明刘文徵《滇志》三十三卷、清范承勋《云南通志》三十卷、清鄂尔泰《云南通志》三十卷、清阮元《云南通志》二百十六卷、清王崧《云南志钞》一卷、清王崧《云南备征志》二十一卷、清岑毓英《云南通志》二百四十二卷、清唐炯《续云南通志稿》百九十四、清刘慰三《滇南志略》等。

考：卷十七至一百七十七,有天文、地理、交通、物产等25考。

传：卷一百七十八至卷二百六十二,有名宦、儒林、寓贤等16传。

附录：卷二百六十三至卷二百六十六。

是志不仅记载了清末出现的邮政、电报、省道公路、个旧锡务公司,和从昆明起经蒙自、河口至越南海防的滇越铁路等诸多新生事物;还以现代科学观点撰写了"天文考"、"气象考"和"地理考"。对农业、蚕桑、盐政、民生、实业及少数民族状况,亦有翔实资料,足资参稽。云南是个多民族的省,志中所记除汉族、回族以外,有白子(今白族)、摆夷(今傣族)、爨(元以前称乌蛮为黑爨、白蛮为白爨,明以后专指罗罗)、罗罗(今彝族)、㑩黑(今拉祜族)、力些(今傈僳族)、侬(今壮族)、卡瓦(今佤族)、雅尼(今哈尼族)、载瓦(今景颇族)等兄弟民族的历史、语言、习俗,弥足珍贵。

云南,南连越南,西接缅甸。光绪十一年(1885)法国侵占越南,签订中法《越南条款》等一系列不平等条约后,使云南边陲门户洞开。同时英国吞并缅甸后,又不断袭扰滇边。边务事渐多,故志书设有"外交考",爱国精神跃然纸上。是志堪称上乘之作。

二、《胶澳志》

赵琪修,袁荣叟纂的《胶澳志》,是青岛市的第一部方志。袁荣叟,字道冲,浙江桐庐人,曾任山东省教育厅长。胶澳,原属胶州即墨之地,清光绪二十三年(1897)被德国武力侵占,次年辟为商港和军港。第一次世界大战期间又为日本强占。民国11年(1922)始归还中国。赵琪于14年任胶澳商埠总办后,以其昔日无志,

胶澳志篇目
卷一　沿革志
沿革志一　历代设治沿革
沿革志二　德人租借始末
沿革志三　日本占踞始末
沿革志四　中国收回始末
卷二　方舆志
方舆志一　境界
方舆志二　面积
方舆志三　山川
方舆志四　岛屿
方舆志五　地质

胶澳志

乃延聘袁荣叟编纂。是志始修于民国 16 年,次年成书梓行,凡 12 卷,即 12 志、52 目。计:沿革志(下分历代设治沿革、德人租借始末、日本占据始末、中国收回始末等目);方舆志(下分境界、面积、山川、岛屿、地质、气候、里程等目);民社志(下分户口、方言、风俗、宗教、生活、职业、工资、物价、结社、养植、犯罪、游览、移殖等目);政治志(下分设官、法制、警察、卫生、自治、司法等目);食货志(下分农业、林业、渔业、盐业、矿业、商业、工业等目);交通志(下分道路、邮电、胶济铁路、航运等目);教育志;建置志(下分港湾、沟渠、桥梁、水道、公产等目);财赋志;人物志;艺文志(下分书目、文存、金石等目);大事记。卷末附胶澳商埠区域图、青岛市街图等 8 幅地图。仅从篇目看便知是志确有创新。《续修四库全书提要》给了恰如其分的评价:"是志因时代变易,所增门类甚多,不泥于旧志体例,殊具特识。其考据往昔,记述近事,均极详明,盖新志中之模范也。"尤为可贵的是,修纂者站在中华民族立场上,详记列强的侵略行径和青岛人民反抗帝国主义的斗争,是半殖民地、半封建社会的一个缩影,为研究近代史提供了宝贵的资料。

川沙县志导言

三、《川沙县志》

著名教育家黄炎培编纂的《川沙县志》,是民国方志代表作之一。黄氏为川沙(今上海浦东新区川沙镇)人,出于桑梓之情,他亲自执笔,于民国 24 年(1935)编纂成了这部

24卷的县志。该志类目安排顺序独具创新,谓:"先天然、后人为;先生产、后教养;先经济、后财政;先科学、后宗教。而职官、选举、议会,凡偏于时间性者次之,司法、警务、兵防,凡不得已之设施又次之。故实杂记、地方故事又次之,而以叙录殿焉。"①其志书首为大事记,末为叙录,主体为舆地、户口、物产、实业、工程、交通、财赋、教育、卫生、慈善、祠祀、宗教、方俗、艺文、人物、职官、选举、议会、习法、警务、兵防、故实等22志。各志之前,均冠以概述,说明大要。体例得当,结构严谨,是其特点之一。

是志导言强调,方志不能仅仅着眼于所在一隅,应当驰神全国,乃至全世界。用现在的语言来说,就是把"小气候"放在"大气候"中去观察,因而该志大事记将县内大事同国内外大事联系起来写,使县人得以看清世界及全国形势,避免局限一隅、坐井观天之弊病,此为特点之二。

县志着手编纂之时,正当九·一八事变后,日军进而发动一·二八事变,妄图在上海建立侵略基地之际。川沙与上海接壤,直接受到威胁,因而黄氏把防备侵犯作为"唯一要政",详尽记述明代以来倭寇骚扰之危害,以及川沙人民抗击倭寇侵略的英勇斗争,使人民能温故知新,增强爱国主义精神,此为特点之三。

黄炎培对于劳动人民寄予极大的同情。县志对太平天国、刘丽川领导的上海小刀会起义,不像其他志书称之为"匪"、"逆"、"贼",而是正面反映了这些斗争。黄氏对"劳者歌其事,饥者叹其苦"的民歌极为珍视,正如导言中所云,认为"此乃底层社会思想之表现,得此才见民俗之真"。因而在《方俗志》中采集了川沙民歌90首,此为特点之四。故人称为"民国年间方志著作的翘楚"②。

四、《续安阳县志》

定稿于民国22年(1933)的《续安阳县志》,方策、王幼侨修,裴希度、

① 黄炎培:《川沙言志·例言》。
② 顾炳权:《略谈黄炎培与〈川沙县志〉》,载《中国方志家研究》,武汉出版社1989年版。

董作宾等纂。凡 17 卷：大事记、职官表、选举表、地理志、民政志、财政志、交通志、实业志、教育志、兵防志、社会志、宗教志、建置志、古迹志、艺文志、循政志、人物志。卷末附刊《续金石录和甲骨文》。是志经济史料特别丰富，凡工、矿、商各业的历史与现状均详加记载。特别是"财政志"收录的清光绪十三年（1887）《河南善后支应局布告》、民国 7 年河南省长赵倜《丁漕改折布告》、李时灿《河南五十八县减赋纪念碑》等等，均为河南地方史的第一手资料。此外，最大特点在于所记甲骨文惹人注目，极富学术价值。

安阳小屯，商代盘庚以后曾在此建都 272 年。周武王灭商后，昔日繁华的殷都遂沦为废墟，埋入地下，几千年来无人知晓。清光绪二十五年（1899）郭葆昌、王懿荣发现甲骨文后，清末民初大批古董商云集于此，大肆收购出土的甲骨。民国 17 年（1928），中央研究院历史语言研究所派李济、董作宾等来此发掘，安阳县即聘请董氏参与编纂县志。董作宾，字彦堂，河南南阳人，为甲骨文专家，与王观堂（国维）、罗雪堂（振玉）、郭鼎堂（沫若）并称"甲骨四堂"。是书所附《续金石录和甲骨文》即为董氏编定。书中设有《殷墟文字著作书目一览表》《殷墟古物发现年月考》《殷墟出土古物表》等。所收甲骨均系精品，并附王国维、郭沫若诸家的释文。这些成了甲骨学珍贵文献。

五、《鄞县通志》

《鄞县通志》，张传保修，陈训正、马瀛纂。浙江鄞县（今宁波市）旧为宁波府治，清道光二十三年（1843）开作商埠，经济繁荣，文化昌盛，是志为现存鄞县志的第六种。陈训正，浙江慈溪人。字无邪，号天婴，曾参加辛亥革命，后任浙江省参议会议长、西湖博物馆馆长，生平著述甚多。民国 21 年（1932）受聘主纂《鄞县通志》，民国 24 年脱稿，开始分册铅印，直至 1951 年全部印就。是书不分卷，装订为 36 册。首册为序、例言及 26 幅地图。志书主体为舆地志、政教志、博物志、文献志、食货志、工程志 6 部分，各志根据需要设篇，共 51 篇。篇下设目，目下又设子目。共约 500 万字，为中国县

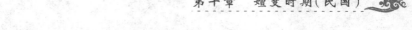

志中篇幅最大者。是志体例完善，也是民国方志之佼佼者。看其《例言》，便可知其与众不同。它在阐明宗旨时指出：

盖县志之本为用，本为一邑建设改革之参考，绝非如封建时代官绅阶级所想像，以为表扬先世、恭敬桑梓或游览名胜及茶余酒后作谈助业编纂也。

至于编纂原则，《例言》所写更为精辟：

本书重近世而轻古代，一也；重现在而轻过去，二也；重改革而轻保守，三也；重演变而轻固定，四也；重群众而轻个人，五也；重社会团体而轻家族及少数个人，六也；重通俗文艺而轻寻章摘句，七也；重耳目实验而轻引经据典，八也。此为本书不易之原则。

在半殖民地、半封建的旧中国里，如此大破大立之胆识，不同凡响，大有振聋发聩之作用，即使现代也不失积极意义。

志书内容极为丰富，资料极为详尽，给后人留下了宝贵的精神财富。如"食货志"中设农、渔、林、工、商、产销、金融、生计等篇，"产销篇"中又分生产、输入、输出、运输、统计等目。"生计篇"分物价、工价、就业、劳资纠纷等目。均以经济学观点，不厌其详地记载了许多实用材料。

用科学方法修志，为是志的又一特点。如对于植物，按植物分类学分类，既载其当地名称，又书其学名，这在民国方志中是不多见的。特别是为了便利读者查阅，还编制了按笔划顺序排列的"子目分编索引"，在方志界尚属首例。

六、《洛川县志》

由著名语言学家、方志学家黎锦熙主编的《洛川县志》，亦是一部佳志。抗日战争期间，黎氏曾应邀在陕西主编城固、黄陵、同官、宜川、洛川等五县志书。是志 28 卷，首为序、凡例，末为丛录、跋。主体为 25 志，即大事年表、疆域建置志、气候志、地质志、山水志、人口志、物产志、地政农业志、工商志、交通志、吏治志、自治保甲志、社会志、财政志、军警志、司法志、党团志、卫生志、教育志、宗教祠祀志、古迹古物志、氏族志、风俗志、方言谣谚志、人物志。其排列顺序很科学,从自然到社会,从经济基础到上层建筑。而在上层建筑领域又是从政治到文化。黎氏为了充分发挥方志的科学资源、地方年鉴、教学材料、旅行指导的四大作用,对仅有6万人口的洛川县志书,即撰写了40多万字,用心良苦,令人敬佩。如"地政农业志"对全县土地、房屋、窑洞数量及分配占有以及各种家畜家禽作了详尽统计,还将家畜家禽的常见病及医治办法,也都写进了县志。"方言谣谚志"中设置"方音谱"、"方音分类词汇"、"俗谚类征"、"歌谣小集"等篇,约6万字,既是洛川方言的专著,也对研究陕北、关中的语言,有极大的参考借鉴作用。

评论认为该志"体例纲目,条分胪列,应有尽有,备载靡遗。至于抗战,凡一才一艺、一言一行、一事一物,犹谆谆不厌其详,务使人人知国家兴亡、匹夫有责之义,借以振衰起懦,敌忾同仇,共赴国难"[①]。

七、《海南岛新志》

陈植,江苏崇明(今属上海市)人,早年留学日本。归国后,曾任中央大学农学院教授,后为全国人大代表。抗日战争胜利后,国民政府派农矿部专员陈植前往接收海南岛。他周游全岛后,了解到岛上资源丰富,条件优越,很有发展前途。为唤醒国人,撰写了《海南岛资源开发》。民国36年(1947)又编撰这部著述性的《海南岛新志》,民国38年2月由商务印书馆出版。是志最大特点有三:

一、破除传统的门目体,采用了章节体。全书分11章,章下为节。既方便记述,又能使各章节间有机结合,避免了旧志那种互不联系的弊病。其书第一章绪言,第二章沿革,第三章自然环境(分地势、地质、面积、气候、河流、港湾、都市、各县概况八节),第四章本岛与国际间之关系(设本岛与西洋各国间之关系、日本侵略本岛之远因、日本占领本岛后之设施三节),第五章行政,第六章社会组织(设民族之构成、人口之构成、农民之构成、

① 韩庚:《洛川县志·跋言》。

农村状况四节),第七章文化(设风俗、教育、卫生、宗教四节),第八章资源(设农作、森林、水产、畜牧、矿产、水力六节),第九章产业(设农、林、渔、牧、工、矿、盐、商等八业八节),第十章交通(设陆上交通、海上交通、空运、电讯四节),第十一章结语。如第三章第四节"气候"下分三目:"其一温度","其二雨量","其三风"。层次分明,分类合理,标题醒目。

二、具有明显的著述性。作者陈植精于造林及园艺,曾为中央大学农学院教授,著述颇丰。基于深厚的学养,使该志不限于资料的积累排比,而是有分析、有阐述、有论点,堪入学术之林。如第一章绪言首先将地方特点作了精辟的概括:

本岛地处热带,天赋独厚,稻可三作,薯竟六熟。诸如他省不可发育之橡胶、椰子,以及奎宁、咖啡、香蕉、菠萝之属,分布全岛,莫不随处滋繁,实为我国唯一热带资源……而环岛海面,渔场棋布,鱼类特饶,盐场星罗,物产丰美。他如森林之蓄积、畜牧之富源,尤属所在皆是。

三、运用横向比较方法,致力探究规律,预测未来,从而大大提高了志书的科学性和资鉴性。陈氏在掌握大量资料的基础上,将海南岛与台湾对比。他认为:海南岛面积"三百四十二万公顷左右,较之台湾约小百分之五",二者幅员相近。气候方面"其积算温度,则海口(8807.7度)、三亚(9113度),视台北(7919度)、台南(8494度)为大,故以一般植物发育条件视之,本岛当视台湾更胜一筹也。"作者进而明确地说:"本岛为我国唯一的热带圈地,如能善为经营,则其经济价值,尤在台湾之上。"其结论是:台湾能够开发,海南亦能开发,海南与台湾两岛,同为中国"海上双目",阐明了开发海南岛的必要性与可行性。当然这在当时是根本无法实现的梦想。全国解放后,开发海南岛才逐步成为现实。

八、《汲县今志》

这是中国唯一的女性私撰的县志。撰人魏青铚,汲县(今河南卫辉市)人。以"对乡邦文献素所究心",于20世纪20年代末金陵女子大学毕业后,返回故里,立志要编撰一部新县志。她认为康熙县志义例不明,乾隆县志缺漏尚多,故在体裁、方法上不循旧志,另创新例;而且"略古重今","以撮述近事为要"。

是志 20 章,依次为:疆域、沿革、地势及山脉、河流、气候及雨量、户口、风俗、自治及保甲、赋税、教育、交通、农政、水利、农产、矿产、工业、商业、人物、名胜及古迹、今昔形势之变迁。开首有武进顾实惕序,魏青铿自序。民国 24 年(1935)铅印本行世。

沿革、人物、古迹等门,于考订上下了一番工夫,订正了《嘉庆重修一统志》《河南通志》《卫辉府志》以及旧县志的舛误。随文辨析,征引典籍,事事有据。水利篇,对于卫河做了详细记述,包括河道长度、河面宽度、河底倾斜度、弯曲情况、含沙量、堤防情形、桥梁以及卫河现状等,并提出治理规划。教育篇,因民国以来汲县教育一时为全省重点,故记载特详。此部县志由于是私家纂修,在资料上还不够完备,也未能接触本县的档案资料,因此许多重大事件被遗漏。在纠谬辨伪方面多据历史文献,民国后的事件则一般根据公开发表的官方文献,如省政府年刊、公开报告等,缺乏进一步的社会调查与核实。尽管如此,正如顾实惕序云:"此部县志盖足为辨方经野之资,非徒采风问俗而已。"民国《汲县志稿》总校阅刘盼遂亦谓此志:"人物、沿革、古迹数章,随文辨证不敢以讹承讹;人物篇之推究两晋南北朝衰落原因;今昔篇之比勘古今形势;实能目烛千古,卓然史识。"其评价中肯,并将这几部分吸收到《汲县志稿》(未刊)中。

九、《潮州志》

总纂饶宗颐 1917 年生,字伯谦,号选堂,广东潮安人。自幼秉承家学,有扎实的国学基础。民国 23 年(1934),年仅 17 岁即继承父业,续就了《潮州艺文志》。及长,历任广东文理学院教授、香港大学中文系教授,并被台湾省和日本、法国、美国等国大学或研究所聘为客座教授,还任国务院古籍整理出版规划小组顾问。著有《殷代人物通考》等 30 余种著作。

是志启动于民国 35 年(1946),至 38 年 8 月脱稿。原稿 30 门、50 册。由于时局变迁,延至 1950 年付印时,仅为 15 门 20 册。15 门即沿革志、疆域志、大事志、地质志、气候志、水文志、物产志、交通志、实业志、兵防志、户口志、教育志、职官志、艺文志、丛谈志。2004 年潮州市地方志办公室获得 5 册未刊稿及 4 篇序文后,加以厘定,重刊《潮州志》。重刊本增加有卷首、民族志、山川志、实业志五(工业)、风俗志、戏剧音乐志、补编志末。全志 230 万字。各志均延聘有关专家,以新法撰写,总纂又有高深的学养和文字驾驭能力,该志堪称民国方志佼佼者。

　　人们习称的潮州,清时为潮州府,辖潮安、饶平、澄海、潮阳、揭阳、普宁、惠来、丰顺、大埔等县。虽然民国废府,但数百年形成的以潮安为中心的经济文化圈,促使饶氏仍以潮州府为范围(包括民国析增的汕头市、南澳县)记述。潮州府志曾五次修纂。饶志在吸收旧志基础上,自立义例、新增篇目者达十之六七,如民族、地质、土壤、地形、水文、政治、交通、实业、侨况、社会、宗教、方言、戏剧音乐、金石,为历代旧志所无。充分反映了民国时期的社会状况。如"实业志"内分设农业、林业、渔业、矿业、工业、商业、金融等 7 个门类,各门类下再设若干子目。从而将各行业的生产力配置分布情况、生产经营方式、发展统计数字等等,尽收志中。潮汕地区明清以来有大量人口外出东南亚谋生,致富后又捐财、献物资助家乡建设,修建了潮汕铁路。《潮州志》增设"侨况"一目,记载侨务状况。使侨乡潮州驰誉海内外。

　　饶氏的首创精神值得赞誉。如具有 400 多年历史、流传于潮汕与闽南的"潮音戏"(今称潮剧),明清潮州方志概不记载。饶氏广搜博采,首次写下了潮剧的形成、发展和当时的情况,使得该志贴近了大众。再如艺文志著录唐代以来潮人著述 1200 种之多,并别记其存佚、版本与著录情况,间载序跋,略附解题,是一部地区性目录学上乘之作,为研究潮汕文化学术必不可少的工具书。

　　蜚声政界文坛、新中国成立后任政务院文教委员会委员的叶恭绰,

1949 年夏为该志写序，并给予高度评价，谓："盖民国建立后，吾粤以旧府属为范围所新编之方志，此尚为第一次也。因加搜绎，此书之善有二大端。融通新旧、义取因时，纂组裁量，各依条贯，不取矜奇立异，亦非袭故安常，分类三十，统称为志。依附各表，以省篇幅而醒眉目，殿以'丛谈'、'叙录'，若网在纲，别为卷首、志末，以存全貌，可谓斟酌至当，兼备众长，此体例之惬当为全书之特色者，一也。义取求真，事皆征实，如山川、气候、物产、交通之类，皆务根测验，一以科学为归。更重调查，期与实情相副，非同扪䈂，可作明灯，此记载之翔确，为全书之特色者，二也。综此二长，联为一贯，非直侈篇章之富，实足供时代所需，值此弥天氛祲之时，有此精心结撰之作，所谓鸡鸣不已，凤举孤搴，诚空谷跫音，荒年颖秀矣。"

第四节　方志学研究之盛

民国时期的方志学研究，呈现前所未有的活跃景象。张相文创办的《地学杂志》，于民国 6 年（1917）率先发表邓之诚的《省志今例发凡》一文。民国 13 年，国学大师梁启超将其《中国近三百年学术史》讲义中的《清代学者整理旧学之总成绩——方志学》在《东方杂志》第 21 卷第 18 期发表后，立即引起学术界的瞩目。民国 21 年，地理学家张其昀将竺可桢于民国 17 年创办的《地理杂志》改名为《方志月刊》，张其昀在改刊卷首语中谓："余尝谓中国人地学之前途应从事两种工作，一曰方志学，一曰国势学，可称为人地学之双轨。"出版三卷二十期后停刊。民国 23 年，史学家顾颉刚与其门人谭其骧创办了以沿革地理和方志学为主的《禹贡》半月刊。出版七卷八十二期，因七七事变停刊。这几个刊物以及其他学术刊物，发表了学术界关于方志学研究的大量文章，据统计有张国淦、万国鼎、邓之诚、侯仁之、金毓黻、向达、谭其骧、史念海、傅振伦、朱士嘉、瞿宣颖等著名学者及历史工作者的文章 200 多篇。特别是近十种方志学专著的出现，标志着方志理论之日渐成熟与理论研究之纵深发展。现介绍其中四种。

一、梁启超《方志学》

梁启超(1873-1928),字卓吾,号任公,室名饮冰室,广东新会人。他淹经贯史,学渊识博。康梁变法时,他那犀利而有卓识的檄文,为知识界和社会人士所折服,以致毛泽东曾一度以梁启超为其人生"楷模"。还说读梁启超的文章"读了又读,直到可以背出来"①。民国 6 年(1917)他退出政界后,致志于从未忘情的学术,《清代学者整理旧学之总成绩——方志学》就是他于民国 12 年在清华国学研究院讲授的《中国近三百年学术史》中的一部分。次年应《东方杂志》之约,又以《方志学》为题刊发。

梁启超像

中国方志源远流长,研究方志理论者代不乏人,特别是章学诚的方志思想与理论贡献更为巨大。尽管梁谓"方志学之成立,实自实斋始也",但章氏著作中并无方志学这个概念。"方志学"这个科学概念是梁启超首创的。马克思主义认识论告诉我们,经过科学抽象而产生的概念,标志着人的认识已从感性认识上升到理性认识。梁启超正是经过系统研究方志的渊源、发展、功用、编撰,评判方志的优劣得失,等一系列的理论与实践,始提出"方志学"这个概念。历史也告诉我们,方志学这个概念,启发人们更深入、更全面研究这门学问,梁氏循名责实,以名举实,导引方志学迈向了学术之林。

梁文系统探究了方志史,他说:

最古之史,实为方志。如《孟子》所称《晋乘》《楚梼杌》《鲁春秋》;《墨

①〔美〕斯诺:《西行漫记》。

子》所称周之《春秋》、宋之《春秋》、燕之《春秋》;《庄子》所称百二十国宝书。比附今著,则一府州县而已。

梁文历陈汉晋宋明方志轨迹后,重点评述了清代方志的佼佼者和章学诚的方志学说(第九章已述及,此处从略)。

尽管梁氏要求很严格,认为"方志中什之八九,皆由地方官奉行故事,开局众修,钞撮陈案,殊不足以语于著作之林",但仍认为方志具有很高的使用价值,可补史之缺漏。他说:

> 其间可宝之资料乃无尽藏。良著固可宝,即极恶俗者亦未宜厌弃……畴昔史家所记述,专注重一姓兴亡及所谓中央政府之圆图画一的施设,其不足以传过去、现在社会之真相明矣……吾侪所渴需之资料,乃摧剥而复遗,犹幸有芜杂不整之方志,保存所谓良史者所吐弃之原料于粪秽中,供吾侪披沙拣金之凭藉,而各地分化发展之迹及其比较,明眼人遂可以从此中窥见消息,斯则方志之所以可贵也。

方志概念的外延,是否仅限于府州县志,梁启超洞晓典籍作了否定回答,他说还应包括"方志集合体"——总志。称:

> 自《汉书》创设地理志,而此学(地理学)始渐发展也。其后衍为方志之学……现存之古地理书,如唐代之《元和郡县志》、宋代之《太平寰宇记》《元丰九域志》等,其性质可谓方志之集合体。盖皆以当时郡县为骨干,而分列境界、风俗、户口、姓氏、人物、土产等。后此明清一统志皆仿其例也[1]。

因而,梁启超把方志列为史学书籍十大部类之一[2],还明确提出对地方史志的研究和编撰,是新编中国通史必须首先要抓好的五种专史之一[3]。

二、李泰棻《方志学》

李泰棻(1897-1968),字革痴,察哈尔省阳原(今属河北省)人。北京师

---

[1]《中国近三百年学术史》十五《清代学者整理旧学之总成绩——方志学》。
[2]《说方志》,载乙丑重编《饮冰室文集》卷六十七。
[3]《中国历史研究法补编》。

范大学史地系毕业。曾任北
京大学、北京女子师范大学
历史系教授,绥远省(今内蒙
古自治区)教育厅长,《绥远
通志》总纂,北平特别市教育
局长等。解放前著有《中国史
纲》《西洋大历史》等。其《西
洋大历史》得到陈独秀、李大
钊、章士钊的赞誉①。1958 年
又出版《老庄研究》。在任《绥
远通志》总纂时研究方志学,
民国 23 年(1934)回北平(今
北京)住所撰著《方志学》,民
国 24 年商务印书馆出版。这
是中国最早运用进化论即发
展变化的观点研究方志学理

李泰棻著《方志学》

论的专著。全书 14 章,20 万字。其内容用李氏序说:"前论方志之性质,次
论旧志之偏枯,中述余之方志主张,末陈余之编志方法。"

　　关于方志的性质,李氏继承章学诚"志即史"的观点,认为:"在中央者
谓之史,在地方者谓之志,故志即史,如某省志,即某省史,而某县志,亦即
某县史也。"然而李氏说的史比章氏所谓的史有所创新。他认为人类社会
由原始至今世,无时不在变化发展,故:"史者,乃纪载并研究人类之进化
现象者也。""方志者,乃纪载及研究一方人类进化现象也。"

　　李氏针对旧志的缺陷,主张新编方志应增加四方面的内容:(1)"应增
记录有史以前之史实",即根据考古之新发现,将史前人类活动写入志书。

---

① 王森然:《李泰棻先生评传》,载《近代名家评传》,三联书店出版社 1998 年版。

（2）"应增社会经济之资料"。李泰棻认为："社会经济，在今日应为全志骨干。吾人之衣食住行，商工各业，经过先民若干努力，始有今之文明。修志者自应将以上各事，追述经过。至少亦须将现代社会经济，全部编入……而政府之历年苛捐杂税，亦必分列无遗，则今日之到处民穷，农村破产，始藉以表现。"（3）"应增贪官劣绅之事实"，要求新志立"劣绅"、"人祸"等目。李氏批评旧志"有善无恶"，不足以资治。"今后作志无论其为官为绅，凡与兹土民生民智有关之善恶事实，一律同载，方合史例。"（4）用"学术"目代替旧志之"艺文"或"经籍"。其收录范围不局限"本省人之著作"，还要收"省外人有关本省之著作"、"国外人有关本省之著作"，可以扩大人们的视野，广泛采纳地方文献资源。

现代科学技术的出现，使社会生活发生了巨大的变化，适应时代发展需要，李氏要求方志修纂人员必须具备多种学科知识，如地理学、社会学、年代学、考古学、古文学、语言学、经济学、法政学等。只有这样，"始能以科学名词解释产物，更以科学方法分析载明"，始不失为科学的方志"。这些主张，不仅顺应当时时代之潮流，至今也不乏借鉴参考之价值。

《方志学》一书，既不乏真知灼见，也有今日看来不合时宜的地方。对此，我们不能苛求前人。

三、傅振伦《中国方志学通论》

傅振伦（1906-1999），字维本，河北新河人，民国18年（1929）北京大学史学系毕业后，曾任北京大学史学系、北平大学女子文理学院讲师，沈阳中正大学图书馆主任兼历史系主任，东北大学历史系主任。解放后任中国历史博物馆研究员。著有《中国史学概论》《刘知幾年谱》等。早在民国16年，傅氏即主持编纂《新河县志》。19年河北通志馆成立，傅振伦与王重民教授为《河北通志》拟订发凡起例。后北平市政府计划修纂《北平志》时，傅氏受其委托，草拟方案，发表了《编辑北平志蠡测》一文。民国21年，他在北平大学女子文理学院史地系讲授方志学，其后撰成《中国方志学通论》，商务印书馆于24年出版。此书八篇，第一篇，方志之意义及其范围，包括方志之名称、种类、性质、功用；第二篇，方志在学术上之位置，包括方志之价值、地位；第三篇，过去之方志学界（上），包括方志之起源、发展；第四篇，过去之方志学界（中），包括方志之派别、通病；第五篇过去之方志学界（下），包括《越绝书》《华阳国志》、章学诚之方志学；第六篇，方志之收藏与整理（上）；第七篇，方志之收藏与整理（下）；第八篇，方志之撰述。

傅振伦著《中国方志学通论》

各篇之下，根据需要设若干章，为民国时期影响最大的方志学著作。

《通论》认为方志之所以可贵，是因为：一曰"载事周悉完备"，无论研究历史、地理、自然、社会、人物，"于兹取材，必有所获"；二曰"记事亲切可信"，有鉴正史之曲笔虚美，而地方志书却"差免此病"；三曰"志材多平民化"，"其着重之点，全在民众。"同时对方志存在的通病，作者归纳十条：一、取材无当，旨趣乖僻；二、因袭模拟，书多类同；三、剽窃拼凑，无异类书；四、割裂诸志，无所断制；五、片断记载，几不成书；六、门类琐碎，意义浮泛；七、载文纪事，猥琐不典；八、叙述无谓，立论可厌；九、逐于景物，不求实际；十、官家修志，失之简陋。傅氏的深刻剖析，对人们正确认识方志，正确继承方志传统，有引导和启发作用。

对于新方志之撰述，《通论》要求"略古详今，侧重现代"；"博采详志，注重实用"；"特详悉于社会方面"，偏重于"物质方面"；"广辟类目，注重科学"。这些修志主张，今天看来仍然是正确的。

值得特别指出的是,傅氏不局限国内,还把目光面向世界,引进西方史学家的方法。他在第八篇方志之撰述"史料之采集"一章中,分别介绍了法国史家摩罗德(G·Morod)将史料分为前人遗著、文契官书、纪念实物三大类,和英国史家文森特(J·M·Vincet)分史料为有意遗传、无意遗传的两种办法,使方志界开阔了视野,学习到西方的科学知识。

史学家万国鼎评述傅著谓:"书中条引各家言论及批评各志优劣之处甚多,足证其阅览之富与札记之勤。所论大都为方志学本身。故篇幅虽不及李氏《方志学》之半,而内容之结实则远过之。①"

此书1966年台湾商务印书馆再版。而作者自觉陈旧,文间亦不免有些拉杂,故于1979年修订,易名《中国方志学》在《河北师大学报》连载,后由福建省地方志办公室及河北师大方志学讲习班印行。

四、黎锦熙《方志今议》

黎锦熙(1889—1978),字劭西,湖南湘潭人。早年参加同盟会,曾任燕京大学、西北联大教授,解放后为中国科学院哲学社会科学部委员。著名的语言学家、方志学家。民国27年(1938)黎锦熙在陕西城固县主编《城固县志》,其时写了《城固县志续修工作方案》。后经增订修改易名《方志今议》,交由商务印书馆于民国30年出版。全书分十门:一、建议因缘;二、先明三术;三、次立两标;四、次广四用;五、终破四障;六、结前原则;七、县志拟目;八、纂修总例;九、材料来源;十、总结全文。其中,第七门内容最富,为直接修志所依者,下分:(1)全志之总纲;(2)关于自然方面者;(3)关于经济方面者;(4)关于政治方面者;(5)关于文化方面者。黎氏探讨方志性质、地位、作用及其编纂方法,颇有新意。

关于方志的性质,黎氏认为章学诚之"历史说"、戴震之"地理说"各有片面性,指出:"方志为物,史地两性兼而有之。"为此,作者创造性地提出了"两标"说,即"地志之历史化"、"历史之地志化",从而拓广了方志的领

① 万国鼎:《方志体例偶识》,载《金陵学报》1935年第5卷第2期。

域,将方志学向前推进了一步。

方志之功能,黎氏概括为"四用",即:科学资源、地方年鉴、教学材料、旅行指导。如"科学资料"方面,黎氏指出:方志应对一地的地质、土壤、山势、水文、气候、生物,作一番精密之调查,详确之记载。如是,将大有助于发展科学、振兴工业。作者不仅此处强调修志为现实服务,而且将这种精神贯穿全书之中。

《方志今议》提出的破"四障",很有改革精神。自章学诚提倡后,方志多以文体分为纪、谱、考、传四纲。黎氏认为不问内容、只图形式的四纲,成了发展方志事业的障碍,必须破除。他明确指出:"以后方志,决不当再以文章体裁分类。"应以内容分类,类相近者,聚为部门。至于分类标准,作者提出:"分类宜以学术系统为纲,方能涵括一切。"

书中以大量篇幅,详尽研究了县志所包括的地质志、气候志、人口志等29个专志,一一介绍其特点、主要内容、采辑资料、编写方法、基本要求及注意事项。如此全面研究各专业志的编写,在中国方志领域中尚属首次。

第五节　方志目录学之大兴

"目录者,经籍之簿录、为学之津逮也。"清儒刘汝贤这番话,点明了目录之性质和功用。中国目录之学,始于西汉刘向、刘歆父子《七略》。著名的《汉书·艺文志》,就是根据《七略》编撰成书的。此后,历代目录均有发展和创新,蔚为大观。而方志目录专书却出现较晚。现已知其嚆矢为清初徐乾学《传是楼书目》所著录的《天下志书目录》和乾隆年海宁人周广业编的《两浙地方志录》二书,惜已不传。民国时期所编制的方志目录,为现存方志目录之最早者。而且种数多,类型全,探讨方志目录之文章,也常见诸刊物,为构建方志目录学奠立了基石。现将三种类型的目录分述如下:

一、书目类

此类目录多著录书名、卷数、修纂者、成书年代、版本。如民国 2 年（1913）缪荃孙编的《清学部图书馆方志目》，故宫博物院民国 20 年编的《故宫方志目》及次年编《故宫方志目续编》，谭其骧民国 22 年编的《国立北平图书馆方志目录》，北京大学民国 22 年编的《国立北京大学图书馆方志目》，朱士嘉民国 23 年编的《中国地方志综录》，武汉大学民国 25 年编的《国立武汉大学方志目》，万斯年民国 30 年编的《国立北平图书馆西南各地方志目》等公藏志目。

私藏志目有宁波冯贞群编的《天一阁志目》，宜兴任振采（凤苞）编的《天春园方志目》，杭州王绶珊编的《九峰旧庐方志目》等。

以上为全国性书目，地方性志目有张维的《陇右方志考录》、薛澄清的《闽南方志经眼录》等。

书目类中，涵盖最广、收载最富、著录最详、影响最大者，当推朱士嘉的《中国地方志综录》。朱士嘉（1905-1989），字蓉江，江苏无锡人，民国 17 年（1928）燕京大学毕业。先后任职燕京大学图书馆中文编目部主任、美国国会图书馆东方部编目部主任。31 年入哥伦比亚大学深造四年获博士学位。1950 年归国后曾任湖北省文史馆馆长、中国地方志协会副会长、国务院古籍整理出版规划小组顾问。毕生研究方志学与历史文献，著述宏富。胡乔木誉之为"方志宗师"①。

从民国 19 年（1930）起，他以一己之力，历时五载，遍访平、津、沪、京等地公私藏书单位，并致函其他城市图书馆征询资料，终于编成《中国地方志综录》。初刊于《地学杂志》，民国 24 年 4 月由商务印书馆出版。该书共著录宋、元、明、清、民国方志 5832 种，93237 卷。其体例以行政区划为纲，依通志、府志、州志、县志、乡镇志次第，分别著录书名、卷数、修纂者、成书年代、版本、藏书单位。并列有宋、元、明、清、民国方志分类、分地统计表 17 幅。其后朱氏又历三载，著成《中国地方志综录补编》，新增著录方志

① 李泽：《朱士嘉方志文集》胡乔木题词，燕山出版社 1991 年版。

730 种，8187 卷，发表于《史学年报》民国 27 年第 2 卷第五期。《中国地方志综录》出版后，受到学术界的高度重视。顾颉刚评价《综录》"直接为目录学家创一新例，间接为史地学者开一大道……学者拥此一编，智珠在握，左之右之，俱足以达津梁"①。

其后，朱氏自觉其著尚有不少疏漏、讹误，又进行修订、增补，1958 年商务印书馆出版了增订本《中国地方志综录》。

1985 年，中华书局出版的中国科学院北京天文台主编《中国地方志联合目录》，就是在朱氏《综录》基础上，并仿照其体例、形式而编成的，可见其影响之深远。

二、提要类

提要，古代又称叙录、解题，肇始于汉代刘向之《别录》。其后宋代晁公武《郡斋读书志》、陈振孙《直斋书录解题》，均为不朽之作。清代《四库全书总目提要》更为中国古籍提要之登峰。上述三书均包括方志提要在内。然方志提要专著却始于瞿宣颖之《方志考稿》。

瞿宣颖（1892-1968），字兑之，亦署蜕园，湖南长沙人。清末军机大臣、外务部尚书瞿鸿礼之子。早年任国务院秘书、国史编纂处处长、河北省政府秘书长、河北省通志馆馆长等。解放后为上海市政协委员。精文史，著述颇丰。对方志学情有独钟。他说："余之得略窥方志之学也，实初启于髫龄。先君文慎公轺车屡出，所至必检阅其旧志……自余能识文字，常窃取而缮帋之②。"

《方志考稿》系瞿氏据居于天津的宜兴任振采（凤苞）所藏方志所作。民国 19 年（1930）北平天春书社出版。全书六编，共著录直隶（今河北）、奉天（今辽宁）、吉林、黑龙江、山东、山西、河南、江苏 8 省方志 600 余种。每省首为通志，次府志、直隶州志，次县志、散州志、厅志，再次乡镇志。瞿氏

---

① 顾颉刚：《中国地方志综录·序》。
② 瞿宣颖：《方志考稿·序》。

自序称:每书必首严其名称,次述其纂修之年月与修纂者名号,次述其旧志之沿革,次述其类目,次辨其体例,最后评其得失,尤注意所包之特殊史料。如(乾隆)《丰润县志》条记特产桃花碱、丰腴、麦笠、煤窑、粳酒等事;(光绪)《五台新县志》条记农工商贾的生活状况。(光绪)《顺天府志》条,将张之洞为修该志厘订的《修书略例》二十七条,摘其切要者十一条,瞿氏认为"颇有足矫近代方志弊习者"。(民国)《庆云县志》条,批评主修者马龙潭将其自传塞进志书,公然违反了"生不立传"义例等,以引起人们的注意。瞿氏在序中总结的方志六大功用(第一章第五节已述),更是发前人未发的箴言。

瞿著为近代很有影响的提要。任凤苞序称此书"仰自有方志以来未有之盛举矣",可称"书中之上乘","为今后治方志学者之津梁"。余绍宋评此书"体例既佳,考论亦当"。

三、考录类

古代考录类书目,以元代马端临《文献通考·经籍考》、清代朱彝尊《经义考》最著。二者均汇辑众多前人关于某书之叙录、考证、评判为主要内容,对治学者很有参考价值。对方志进行考录者,以张国淦之《中国地方志考》最具代表性。

张国淦(1876-1959),字乾若,号石公,晚号潜园,湖北蒲圻人。清光绪二十八年(1902)举人,以内阁中书入仕,后任黑龙江省调查局总办等。辛亥革命后,历任国务院秘书长、教育总长、黑龙江省长等。从政时不曾废学,并纂有《黑龙江志略》十四卷。北洋军阀覆灭后,远离政界,潜心治学。解放后任中国科学院近代史研究所特约研究员、全国政协委员。张氏博览群书,孜孜不倦,致力于两项学术研究,一是编撰《历代石经考》,民国19年(1930)由燕京大学国学研究所出版;一是撰著《中国方志考》,此项研究费时最久、用力最勤。尝谓:"方志者,乃一种最完备、最广博,史家有用之故实。史家资之,惟必合全国之方志,方能得此无穷之收获。以其时则数千里,以其地则数万里,以其书则数千部。勿论官私庋藏,断不易荟萃一处,莘莘学子,又何以得其要领乎①? 历时 20 余年对方志进行考录,撰写《中国地方志考》数百卷,分三编。第一编为秦汉迄宋元方志考,第二编为明代方志考,第三编为清代方志考。从民国 24 年起,连续在《禹贡》第 4 卷第 3、4、5、7、9 期,第 5 卷第 1 期摘要发表其旧江宁府、旧苏州府部分。如"旧江宁府"部分,先"志目",列举南朝刘宋以来存佚方志 11 种之书名、撰人、时代、出处。次"叙论",记其沿革与各志被征引的情况。次"《江宁府志》见存卷目异同表",次"江宁府县名沿革表"。仅这一部分即参考、引用《昭明文选》《太平御览》等古籍 80 余种,涉猎之广,功力之勤,着实使人钦佩。其后仍不断加工。1962 年中华书局将其 1956 年定稿的第一编,更名为《中国古方志考》出版。全书 76 万字,著录方志近 3000 种,是有史以来规模最大、收录最全、考证最详的方志考录,被誉为 20 世纪研究古志之翘楚。遗憾的是第二、三编遗稿在"文化大革命"中亡佚了。

张维著的《陇右方志考录》,是地区性方志考录之最佳者。张维(1889-1950),字维之,号鸿汀,甘肃临洮人。辛亥革命后创办《甘肃民报》任总编。尝任甘肃省议会议长、甘肃省通志馆馆长。编纂《甘肃通志稿》一百三十卷,并为兰州大学创始人之一。《陇右方志考录》著录存佚的甘肃、青海、宁夏地方志书 256 种。是书分为省志、郡志、县志、古今志四大类。省志类录通志;郡志类录府志、直隶州志;县志类录散州志、厅志、县志;古今志类录图志、方物志、耆旧志、山川志。每志皆述其时代、纂修者、纲目、内容大要,间有按语评其优劣得失。是书于民国 23 年(1934)由北平大北印书局印行。

---

① 任嘉尧:《方志学家张国淦》,载《文汇报》2000 年 7 月 11 日。

第六节　民国时期方志论文简目

邓之诚《省志今例发凡》《地学杂志》第9卷第1~6期（1917）

梁启超《清代学者整理旧学之总成绩——方志学》《东方杂志》第21卷18期（1924）

薛澄清《闽南地方志经眼录》《中大图书馆周刊》第5卷第1、2、5、6期（1928）

梁园东《方志学》《人文月刊》第6卷第9期（1935）

王葆心《方志学发微》《安雅月刊》第1卷第4~6、8、12期

甘鹏云《方志商》《图书季刊》第2卷第3期

黎锦熙《方志今议》《图书季刊》第1卷第2期

黎锦熙《方志今议序》《读书通讯》第3卷第4、6~9期

黎锦熙《方志今议续编》《文教丛刊》第7期

张树棻《章实斋之方志学说》《禹贡》第2卷第9期（1935）

傅振伦《方志之性质》《禹贡》第1卷第10期（1934）

瞿宣颖《志例丛话》《河北月刊》第1卷第1期、《东方杂志》第31卷第1期

瞿宣颖《读李氏〈方志学〉》《禹贡》第3卷第6期（1935）

高迈《李泰棻〈方志学〉》《出版周刊》128号（1935）

《禹贡》半月刊

季岭《李泰棻〈方志学〉评》 《浙江图书馆馆刊》第 4 卷第 1 期(1935)

王以中《地志与地图》 《禹贡》第 2 卷第 2 期(1934)

姚士鳌《历代地志平议》 《地学杂志》第 12 卷第 1~3 期

胡行之《论方志的编辑》 《文化建设》第 2 卷第 12 期

万国鼎《方志体例偶识》 《金陵学报》第 5 卷第 2 期(1936)

张崟《最近三年来之方志学界》 《图书展望》第 1 卷第 4 期

张其昀《县志拟目》 《方志月刊》第 7 卷第 7 期

刘光汉《拟编辑乡土志序例》 《国粹学报》第 2 卷第 9~12 期

赵燕声《馆藏乡土志辑目》 《中法汉学研究所图书馆馆刊》(1946)

王沈《关于地方志》 《食货》第 2 卷第 1 期(1935)

鞠清远《地方志的读法》 《食货》第 1 卷第 2 期(1934)

陶希圣《搜读地方志的提议》 《食货》第 1 卷第 2 期(1934)

寿鹏飞《方志本义管窥》 《国学丛刊》第 14 期

朱士嘉《方志之名称与种类》 《禹贡》第 1 卷第 2 期(1934)

张国淦《中国地方志考》 《禹贡》第 4 卷第 3、4、5、7、9 期(1935)

王重民《清代学者地理论文目录》(方志上、下) 《禹贡》第 3 卷第 9、12 期(1935)

朱士嘉《中国地方志统计表》 《史学年报》第 1 卷第 4 期(1932)

罗季林《朱士嘉编中国地方志备征目》 《文史学研究所月刊》第 1 卷第 4 期

朱士嘉《〈中国地方志综录〉例目》 《禹贡》第 1 卷第 5 期(1934)

朱士嘉《〈中国地方志综录〉序》 《禹贡》第 2 卷第 4 期(1934)

朱士嘉《〈中国地方志综录〉校勘记》 《禹贡》第 5 卷第 12 期(1936)

黎光明《〈中国地方志综录〉质疑》 《禹贡》第 4 卷第 8 期(1935)

冯贞群《天一阁志目》 《燕京大学图书馆报》第 103 期(1937)

朱士嘉《〈天一阁方志目〉跋》 《禹贡》第 7 卷第 1、2、3 期合刊本(1937)

傅振伦《编辑〈故宫方志考〉略例》《禹贡》第 3 卷第 12 期（1935）

袁同礼《北平图书馆方志目录序》《图书馆学季刊》第 7 卷第 2 期

顾颉刚《九峰旧庐方志目录序》《燕京大学图书馆报》第 72 期

朱士嘉《燕京大学图书馆善本方志题记》《史学年报》第 2 卷第 5 期（1938）

徐家楣《民国二十三年以来所修刻方志简目》《禹贡》第 1 卷第 3 期（1934）

朱士嘉《宋元方志考》《地学杂志》第 24 卷第 2~4 期、第 25 卷第 1、2 期（1935~1936）

梅辛白《〈寰宇通志〉与〈明一统志〉之比较》《禹贡》第 2 卷第 9 期（1935）

钱穆《跋康熙丙午刊本〈方舆纪要〉》《禹贡》第 4 卷第 3 期（1935）

周行保《浙江省地方志统计》《西湖博物馆馆刊》第 2~4 期

蒋梦麟《续修〈浙江省志〉提议》《语言历史研究所周刊》第 7 卷第 81 期（1929）

朱士嘉《临安三志考》《燕京学报》第 20 期（1936）

孙峻《拟〈杭县县志〉序例》《浙江图书馆馆刊》第 4 卷第 2 期（1935）

孙延钊《瑞安县志问题之过去及将来》《浙江图书馆馆刊》第 3 卷第 5 期（1934）

绍兴修志委员会《暂定绍兴县志采访类目及编纂大意》《浙江图书馆馆刊》第 4 卷第 5 期（1935）

郑永禧《衢县志稿自序》《文澜学报》第 1 集（1935）

郑永禧《衢县志稿序例》《浙江图书馆馆刊》第 3 卷第 2 期（1934）

郑永禧《释衢志源流考》《浙江图书馆馆刊》第 3 卷第 4 期（1934）

杨敏曾《镇海县志序例》《浙江图书馆馆刊》第 2 卷第 1 期（1933）

余绍宋《衢县新志序》《浙江图书馆馆刊》第 3 卷第 2 期（1934）

余绍宋《龙游县志序例》《浙江图书馆馆刊》第 2 卷第 4、5 期（1933）

陈训正《定海县志序例目》《浙江图书馆馆刊》第 3 卷第 4 期(1934)

陈训正《鄞志人物类表诸序目辑录》《文澜学报》第 2 卷第 1 期

柳诒徵《鄞县通志序》《制言》第 18 期

张公量《缙云小志》《禹贡》第 2 卷第 7 期(1934)

胡传楷《金华志略》《禹贡》第 3 卷第 8 期(1935)

毛健爽《余姚志略》《禹贡》第 6 卷第 1 期(1936)

孙诒让《温州经籍志叙例》《国粹学报》第 5 卷第 5 期

孙延钊《温州经籍志校勘记》《瓯风杂志》第 2 卷第 1 期

孙延钊《温州文献述概》《文澜学报》第 3 卷第 1 期

潘光旦《江苏通志增辑族望志议》《东方杂志》第 27 卷第 6 期

金钺《江苏艺文志》《江苏省立国学图书馆年刊》第 6、7、8 期

胡焕庸、王维屏《江宁地志大纲》《方志月刊》第 7 卷第 1 期(1934)

陈诒绂《金陵艺文志》《国风》第 4 卷第 5 期,第 5 卷第 11、12 期,第 6 卷第 5、6 期

柳诒徵《首都志略序》《国风》第 7 卷第 4 期

王焕镳《首都志略序录》《国风》第 7 卷第 4 期

刘文兴《朱彬〈宝应邑乘志余手稿〉跋》《禹贡》第 6 卷第 11 期(1936)

唐文治《太仓志稿序》《学术世界》第 1 卷第 12 期

陈钟凡《续修盐城县志叙》《学术世界》第 1 卷第 10 期

钱基博《无锡县新志目说明书》《东方杂志》第 15 卷第 9 期

黄炎培《〈川沙县志〉导言》《人文月刊》第 7 卷第 1 期(1936)

滕固《〈月浦里志〉序》《国光半月刊》第 5 卷第 8、9 期

王叔平《〈安徽通志稿艺文考〉质疑》《学风》第 5 卷第 8 期

刘道章《大中华安徽地理志序》《地学杂志》第 10 卷第 3 期

吴景贤《安徽文献述略》《学风》第 4 卷第 8 期、第 5 卷第 1 期

王集成《绩溪县志序目》《浙江图书馆馆刊》第 4 卷第 2 期(1935)

萨士武《记道光〈福建通志稿〉被毁事》《禹贡》第 7 卷第 10 期（1937）

薛澄清《〈金门志〉及〈湄州屿志〉概述》《禹贡》第 4 卷第 2 期（1935）

庄为玑《泉州方志考》《厦门大学学报》第 7 卷第 1 期（1936）

林翰《大中华福建省地志序》《地学杂志》第 10 卷第 7、8 期

金云铭《上海徐家汇天主堂藏书楼所见福建方志》《福建文化》第 3 卷第 17 期

黄典诚《龙溪小志》《禹贡》第 3 卷第 11 期（1935）

瞿宣颖《广东方志要录》《新民月刊》第 2 卷第 3 期（1936）

朱希祖《广东通志略例及总目》《文史学研究所月刊》第 1 卷第 3 期

朱希祖《广东通志总目说明书》《文史学研究所月刊》第 1 卷第 3 期

朱希祖《广东通志馆征访条例》《文史学研究所月刊》第 1 卷第 4 期

饶宗颐《广东潮州旧志考》《禹贡》第 2 卷第 5 期（1934）

饶宗颐《顺治〈潮州府志〉考证》《禹贡》第 7 卷第 10 期（1937）

韩锋《番禺县古坝乡志》《南华月刊》第 1 卷第 1 期

邬庆时《宝安县志例言》《文史学研究所月刊》第 2 卷第 1 期

邬庆时《高要县志序例》《文史学研究所月刊》第 2 卷第 5 期

叶鸣平《广西方志今昔观》《广西通志馆馆刊》第 3 期

韦燕章《广西民国以来各县志书之研究》《广西通志馆馆刊》第 3 期

方国瑜《明修云南方志书目》《教育与科学》第 1 卷第 4 期（1938）

聂崇岐《介绍四川郡县志》《禹贡》第 5 卷第 7 期（1936）

姚师谦《〈华阳国志〉、〈晋书地理志〉互勘》《禹贡》第 2 卷第 4 期（1934）

林思进《华阳志总分诸序》《华西学报》第 2 期（1934）

林思进《华阳人物志世族表》《华西学报》第 2 期（1934）

羊磊《巴安小志》《川边季刊》第 1 卷第 4 期（1935）

瞿宣颖《河北省通志馆近况纪》《河北月刊》第 1 卷第 4 期（1932）

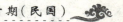

《河北省通志馆近况续纪》《河北月刊》第 1 卷第 12 期（1932）

于鹤年《纂修〈河北通志〉闻见录》《禹贡》第 4 卷第 10 期（1935）、第 5 卷第 10 期（1936）、第 7 卷第 5 期（1937）

万福曾《河北乡谈叙例》《禹贡》第 6 卷第 10 期（1936）

傅振伦《评〈蔚县编修县志纲目初草〉》 《禹贡》第 3 卷第 12 期（1935）

于鹤年《关于〈河北通志·县沿革表〉通讯》《文史学研究所月刊》第 3 卷第 1 期

陈铁卿《河北省县名次序之衍成》《河北月刊》第 3 卷第 8 期（1934）

邓汉材《河北省县志调查》《河北月刊》第 4 卷第 8 期（1935）

杨仲衡《清苑县东高家庄志》《河北月刊》第 4 卷第 5 期（1935）

于鹤年《天津卫考初稿》《河北月刊》第 2 卷第 3、4 期（1933）

徐一士《一个小型方志——北平宛平县齐家司的地方志》《逸经》第 4 期

张璿《香河小志》《禹贡》第 5 卷第 2 期（1936）

李泰棻《阳原县之沿革》《禹贡》第 4 卷第 1 期（1935）

杨效曾《临清小记》《禹贡》第 4 卷第 5 期（1935）

刘熹亭《李泰芬之〈阳原县志〉评述》《西北论衡》第 4 卷第 8 期

姚师谦《〈山东通志〉人物类地域分布表》《禹贡》第 2 卷第 4 期（1934）

刘复《重修山东通志事例商榷》《山东省立图书馆季刊》第 1 卷第 1 期（1931）

丁稼民《潍县疆域沿革》《禹贡》第 5 卷第 1 期（1936）

丁稼民《临淄小记》《禹贡》第 7 卷第 6、7 期合刊（1937）

林占鳌《滨县小志》《禹贡》第 3 卷第 2 期（1935）

赵九成《河南林县沿革考》《禹贡》第 4 卷第 8 期（1935）

赵九成《林县小志》《禹贡》第 6 卷第 10 期（1936）

刘盼遂《汲县新志序》《北平图书馆馆刊》第 10 卷第 4 期

王幼侨《复孙麒阁、庞少炎商榷〈嵩县续志稿〉函》《河南博物馆馆刊》第 7、8 期

周仁术《湖南澧县志略》《方志》第 7 卷第 4 期

甘鹏云《湖北通志义例商榷》《安雅》第 1 卷第 5 期

王葆心《重修湖北通志条例》《安雅》第 1 卷第 5、6 期

朱士嘉、张鸿舜《西北图籍录》《禹贡》第 5 卷第 8、9 期合刊（1936）

张其昀《甘肃省夏河县志略》《方志月刊》第 9 卷第 3、4 期

吴丰培《卫藏通志著者考》《史学集刊》第 1 期

徐瀛《西藏风俗志》《西陲宣北使公署月刊》第 1 卷第 3 期（1935）

蔡元本《青海乡土志》《新青海》第 2 卷第 11 期（1935）

顾廷龙《绥远方志麟爪》《禹贡》第 2 卷第 7 期（1934）

刘嘉亭《归绥县志略评》《西北论衡》第 5 卷第 2 期

周之风《四库全书中之方志与本院图书馆所藏方志考略》《国立沈阳博物院汇刊》第 1 期（1947）

金毓黻《辽海丛书总目提要》《禹贡》第 6 卷第 3、4 期（1936）

卜鸿儒《馆藏东北地志录》《辽宁图书馆馆刊》第 1 期（1930）

金毓黻《重印吉林通志序》《东北丛镌》第 1 卷

金毓黻《锦县志序》《东北丛镌》第 5 卷

王华隆《沈阳史迹》《禹贡》第 6 卷第 3、4 期（1936）

朱士嘉《天启〈文水县志〉跋》《燕京大学图书馆报》第 90 期

许桂馨《山西地理考察》《地学杂志》1932 年第 2 期,1933 年第 1、2 期|

张鸿汀《甘宁青方志考》《新西北月刊》第 3 卷第 3、4 期（1940）

万斯年《国立北平图书馆西南各省方志目录》《图书季刊》新第 3 卷第 3、4 期（1941）

于乃仁《方志学略述》《建国学术》创刊号（1942）

职方氏《东南方志经眼录》《东南》第 1 卷第 1 期（1943）

洪焕椿《〈浙江通志〉纂修源流考》　《浙江通志馆馆刊》创刊号(1945)

洪焕椿《浙江方志综录》　《浙江通志馆馆刊》第 1 卷第 1~4 期(1945)

洪焕椿《雍正〈浙江通志·两浙志乘篇〉考异》　《文汇报史地周刊》第 22、24 期

宋慈抱《论省志体例》　《浙江通志馆馆刊》第 1 卷第 2 期(1945)

余绍宋《答修志三问》　《浙江通志馆馆刊》第 1 卷第 3 期(1945)

章乃羮《略论修志意见》　《浙江通志馆馆刊》第 1 卷第 1 期(1945)

郝瑶甫《东北方志略初稿》　《国立沈阳博物院汇刊》第 1 期(1947)

郝瑶甫《东北方志提要未定稿》　《国立沈阳博物院汇刊》第 1 期(1947)

第七节　历史的反思

中国地方志经历了由无到有、由简到繁、由单一到综合、由各自为体到渐趋定型的发展过程。其所以能够存在和发展,根本在于它能全面反映当地地情,有服务当代、惠及后世的功用。

但方志作为官修文献,在新中国成立前,它是封建社会和半殖民地半封建社会的产物,修纂者受其阶级立场、所处地位和认识观念的局限,其中存在大量封建意识和对历史的歪曲。同时,有些修纂者并不具备严谨、求真、务实的学风,而多有虚夸浮饰、矜持不实和标榜政绩的恶习。因而旧志中确有不少低劣之作。即使一些公认的名志,亦常有纰误和不实之处。对于旧志的弊端,历代学者非议颇多。

早在唐代,史学家刘知幾就批评方志有矜夸的弊病。他说:

郡国之记,谱牒之书,务欲矜其州里,夸其氏族。

颜师古亦曾批评汉唐方志多有穿凿附会,在其《汉书地理志注》中指出:

中古以来说地理者多矣。或解释经典,或纂述方志,竞为新异,妄有穿

凿,安处附会,颇失其实。

元代许汝森的《嵊志·序》亦批评有些方志:

纪山川则附以幽怪之说,论人物则偏于清放之流。版图所以观地理,而仅举其例;诗话所以资清谈,乃屡书不厌。它如草木禽鱼之诘,道馆僧庐之疏,率皆附以词而过其实。

清代纪昀在(嘉庆)《安阳县志·序》中亦指出方志通病:

莫大于夸饰,莫滥于攀附。一夸饰,而古迹人物辗转附会;一攀附,而琐屑之事迹,庸沓之诗文,相连而登。

清代方志学家章学诚针对方志的通病,在《修志十议》中提出过"八忌"。即忌条理混杂,忌详略失体,忌偏尚文辞,忌妆点名胜,忌擅翻旧案,忌浮记功绩,忌泥古不变,忌贪载传奇。此说在当时影响较大,不少修志者奉为圭臬。

李兆洛总结方志多有陋、疏、暗"三蔽"。他在(嘉庆)《怀远县志·序》中指出:

邑之故事,杂见于经史百家之篇者,有一字遗于采录,其蔽也陋;当代之务,典章法度之损益,一时之贤俊孝弟贞廉之行,有一事之遗于胪列,其蔽也疏;参详于古今,而其识不足以衡是非,言不足以经事变,浮而寡当,冗而无序,其蔽也暗。

民国初年历史学家张维(1889-1950)将古方志的弊病归为"四蔽六习",他在《陇右方志录·序》中称:

何为四蔽?蔽乎古者,疏乎今也;蔽乎文者,疏乎质也;蔽乎人者,疏乎事也;蔽乎撮抄者,疏乎系统也。何为六习?习夫天官之说者,侈著星野事应矣;习夫堪舆之说者,侈著龙脉结穴矣;习夫神仙之说者,侈著神话传说矣;习夫辞章之说者,侈著诗赋文辞矣;习夫《方舆胜览》之说者,侈著八景十景矣;习夫《通鉴纲目》之说者,侈著褒贬删削矣。此四蔽六习,弥漫于方志之域,是故所谓详而能征者,盖十不得其一二。

傅振伦《中国方志学通论》指出旧志通病有十:一曰取材无当,旨趣乖僻；二曰因袭模拟，书多雷同；三曰剿窃拼凑，无异类书；四曰割袭诸志，无所断制；五曰片断记载，几不成书；六曰门类琐碎，意义浮泛；七曰载文纪事，猥烦不典；八曰叙述无谓，立论可厌；九曰逐于景物，不求实际；十曰官家修志，失之简陋。

以上批评未免过苛，有的也未必确当，但八千多种旧方志中确有不少芜杂低劣之作，就是名志、佳志，也有瑕疵。

今天我们以历史唯物主义观点研究方志史，在肯定历史功绩的同时，就不能不看到阶级局限和历史局限。马克思说：

统治阶级的思想，在每一个时代都是占统治地位的思想。这就是说，一个阶级是社会上占统治地位的物质力量，同时也是占统治地位的精神力量。支配着物质生产资料的阶级，同时也支配着精神生产的资料①。

这也就是说，所有方志无不具有阶级烙印，都是为统治阶级利益服务的。总括起来，旧志之弊病有六：

一、历来旧志对帝王、达官、显宦、士绅等，均树碑立传、歌功颂德，而劳动人民却无一席之地。

对反抗残酷剥削压迫的农民起义斗争，则视为"寇"、"逆"、"祸"、"乱"，加以污蔑。

二、三纲五常是封建社会的道德规范和精神支柱，旧志不惜篇幅，将封建礼教的牺牲者——贞女、节妇等大量载入志书，对封建、愚昧、落后的封建礼教着力渲染。

及至辛亥革命后也未彻底根除。(民国)《龙游县志》就登载近千名节妇、烈女，一般守节三四十年，最多者守节七十年，甚至未婚妻夫亡也得守节终身。

三、以天命论解释自然灾害和祥瑞，以天人感应论说明社会治乱及人

① 《马克思恩格斯选集》第 1 卷第 52 页，人民出版社 1972 年版。

生祸福,堪舆之说流行城乡,迷信色彩浓厚。

四、某些县志出于俗绅腐儒之手,他们多钞撮陈案,或听信传闻,不在考证、稽核上下功夫。

加以狭隘的乡土观念,穿凿附会,将外地名人轶事载入当地志书。如东晋著名医学家王叔和为高平(今山东邹城市)人,但清代山西《高平县志》竟载为山西高平人,还称当地有王叔和使用过的药碾、碌碡和石臼。其实今山西高平在晋代称泫氏县,在北魏永安年(528-529)始名高平,将山东王叔和称为山西高平人,显然是郢书燕说。再如清(乾隆)《历城县志》,山东大学历史系教授指出在地名、人物、时间、引文等方面的错误达四五十处[①]。谭其骧说"旧志资料不可轻信",值得人们重视。

五、昔时科举入仕,文人多擅文墨,又尚清淡,旧志遂侧重艺文。

但艺文中所收上乘之作并不多,常有八股之风。如清湄潭知县杨玉柱所修(康熙)《湄潭县志》,收入本人及其亲友之诗文,竟占"艺文志"一半以上。

六、中国地域辽阔,各地风景亦不相同,志书本应反映其自然景观与人文景观,但明清方志非要凑成八景、十景、二十景,甚至四十景,徒其虚表,华而不实。

诗亦连篇累牍,影响志书质量。

以上种种,说明封建时期和半封建半殖民地时期的方志,阶级局限和历史局限十分明显。正如毛泽东在《实践论》中所说:

在很长的历史时期内,大家对于社会的历史只能限于片面的了解,这一方面是由于剥削阶级的偏见经常歪曲社会历史;另方面,则由于生产规模的狭小,限制了人们的眼界。人们能够对于社会历史的发展作全面的、

① 刘纬毅:《援引旧志应详加考证》,载《中国地方志》1987年第5期。

历史的了解，把对于社会的认识变成了科学，这只是到了伴随巨大生产力——大工业而出现近代无产阶级的时候，这就是马克思主义的科学。

毛泽东的精辟论断，是我们研究和看待旧地方志的指南。因而，对历代方志既不能采取历史虚无主义一概予以否定，亦不能不加批判地全盘接受，应当用辩证唯物主义与历史唯物主义观点，本着"取其精华，去其糟粕"和"古为今用"的精神，批判继承这项历史文化遗产。

附录1

修志事例概要

（中华民国十八年十二月内政部奉行政院转奉国民政府令准通行）

各省应于各省会所在地设立省通志馆，由省政府聘请馆长一人、编纂若干人组织之。

各县志馆成立日期、地点，暨馆长、副馆长、编纂略历，并经费常额，应由省政府报内政部备案。

各省通志馆成立后，应即由该馆编拟志书凡例及分类纲目，送由省政府转报内政部查核备案。

各省通志馆应酌量地方情形，将本省通志成书年限，预为拟定，送由省政府转报内政部备案。

志书所采材料，遇有关系党务及党务解释，须向中央请示者，可随时由省政府咨达内政部转请中央核示。

志书文字，但求畅达，无取艰深。遇有用满、蒙、回、藏文字，注音字母，以及外国文字时，得附载原文。

旧志舆图，多不精确。本届志书、舆图应由专门人员以最新科学方法制绘精印，订列专册，以裨实用。

编制分省、分县市舆图时，对于国界、省界、县市界变更沿革，均应特加注意，清晰划分，并加附说明，以正疆界而资稽考。

各省志书，除每县市应有一行政区域分图外，并须将山脉、水道、交通、地质、物产分配、雨季分配、雨量变差、气候变差，以及繁盛街市、港湾形势、名胜地方，分别制绘专图，编入汇订。

地方名胜、古迹、金石拓片，以及公家私家所藏各种古物，在历史上有重要的价值者，均应摄制影片编入，以存真迹。

各地方重要及特殊方物，均应将原物摄制影片编入，并详加说明，以资考证。

志书中应多列统计表，如土地、户口、物产、实业、地质、气候、交通、赋税、教育、卫生以及人民生活、社会经济各种状况，均应分年精确调查，制成统计比较表编入。

各省志书，除将建置沿革，另列入沿革志外，并须特列大事记一门。

艺文一门，须以文学与艺术并重。如书画、雕刻及其他有关艺术各事项，均宜兼采。武术技击，可另列一门。

收编诗文词曲，无分新旧，应以有关文献及民情者为限。歌谣戏剧，亦可甄采。

旧志艺文书目，仅列书名、卷数及作者姓名，颇嫌简略。本届志书，应仿《四库全书提要》例，编列提要，以资参考。

乡贤名宦之事迹及革命烈士之行状，均可酌量编入，但不得稍涉冒滥。

天时人事发现异状，确有事实可征者，应调查明确，据实编入，以供科学之研究，但不得稍涉迷信。

全书除图表外，应一律以国产坚韧纸张印刷，订为线装本。

本概要所定办法，各省兴修志书时，得体察地方情形，斟酌损益之。

各县及各普通市兴修志书，应行规定事项，由各省通志馆参照本概要定之。

各特别市兴修志书，准用本概要之规定。

附录2

地方志书纂修办法

(中华民国三十五年七月十六日行政院第751次会议通过,内政部三十五年十月一日修正公布)

第一条　地方志书之纂修,依本办法行之。

第二条　地方志书分左列三种:一、省志,二、市志,三、县志。

第三条　志书纂修期间,省志三十年纂修一次,市志及县志十五年纂修一次。

第四条　各省、市、县纂修志书事宜,应由各省、市、县政府督促各省市县文献委员会负责办理。

第五条　各省、市、县文献委员会编纂志书时,应先编拟志书凡例、分类纲目及编纂期限,层转内政部备案。

第六条　纂修志书应依左列规定:

一、志书文字遇有用满、蒙、回、藏文字,注音字母,以及外国文字时,得附载原文。

二、志书舆图,应以最新科学方法制绘精印,订列专册。

三、编制分省、分市、县舆图,对于国界、省界、市县界变更沿革,应清晰划分,并加附说明。

四、省、市、县志书应绘制行政区域分图,并须将山脉、水道、交通、地质、物产分配、雨计分配、雨量变差、气候变差以及繁盛街市、港湾形势、名胜地方,分别绘制专图。

五、地方名胜古迹、金石拓片以及公家私家所藏各种古物,在历史上有重要价值者,应摄影片编入。

六、各地方重要及特殊方物,应将原物摄制影片编入,并详加说明。

七、各省、市、县土地、户口、物产、实业、地质、气候、交通、赋税、教育、卫生以及人民生活、社会经济各种状况，应分年精确调查，制成统计比较表编入。

八、各省、市、县志书应特列大事记一门。

九、各省、市、县志书艺文一门，应文学、艺术并重，如书画、雕刻及其他有关艺术事项，均宜兼采。武术技击另列一门。

十、编列诗文词曲，无分新旧，但以有关文献及民情者为限，歌谣戏剧亦可甄采。

十一、各省、市、县志书艺文书目，应仿《四库全书提要》例，编列提要。

十二、凡乡贤名宦之事迹及革命先烈暨抗敌殉难诸烈士之行状，均可酌量编入，但不得稍涉冒滥。

十三、天时人事发现异状，确有事实可征者，应调查明确，据实编入，但不得稍涉迷信。

十四、省、市、县志书，除图表外，应一律以国产坚韧纸张印刷，订为线装本。

第七条　各省、市、县志书编纂完成，应将志稿送请内政部核定，俟核定后，始能付印。

前项志稿之核定，由内政部组织志书审核委员会办理之。

第八条　各省、市、县志书印刷完成后，应分送行政院、内政部、国防部、教育部、中央图书馆暨有关机关备查。

第九条　本办法自公布日施行。

（原载《中华民国国民政府公报》第 2666 号）

第十一章 大繁荣大发展时期
（中华人民共和国）

1949 年 10 月 1 日中华人民共和国的成立，开辟了中国历史的新纪元，标志着中国社会进入了一个全新的时代。社会制度发生了根本性的变化，植根于其上的社会思想也随之而发生重大的变化。在这个新的国家里，占社会统治地位的思想，已经不再是中国两千多年来根深蒂固的封建思想，也不再是封建社会末期产生的微弱的资本主义思想，而是马克思列宁主义毛泽东思想。但是，社会制度和社会主导思想的变革，与文化传统的变革不是一回事。文化传统的变革不是也不可能是割断和完全抛弃历史的，它只能是在原有历史基础上的变革和创新。因此，历史原有的优良传统不但不会中断，而且必然在新的社会里得以继承和发扬。

编修地方志是中国文化上诸多优良传统之一。那么，在这个新的国度里，作为中国文化优良传统之一的、延绵了二千余年的中国修志传统，是否得到继承和发扬？在新中国又出现了一种什么样的状态？都是人们关心的问题，也是方志史研究者必须回答的问题。对于这些问题的研究，其意义不仅在于续上中国方志发展的历史链条，也从一个侧面反映出当代中国人是如何对待自己历史遗产的。

总的说来，在新中国成立以来的 60 年里，中国方志事业经历了一个数学根号式的发展历程。有如从登上一座小山停下来稍事休息之后，再登上另一座高山的发展轨迹，以 20 世纪六七十年代的"文化大革命"为界分为前后两段。

第一节　20 世纪五六十年代的探索

一、探索过程

在新中国建立初的头几年，由于面临的是旧中国遗留下来的一个烂摊子，千头万绪，百废待兴，加上大规模的抗美援朝运动的负担，使得文化方面的事情，也包括修志之事，一时还难以排上重要议事日程。所以，从

1949 年至 1956 间,中央政府还无暇正式关注修志之事。1954 年 9 月第一届全国人民代表大会第一次会议期间,虽有郭沫若、马寅初等著名学者和山东省代表、山东省教育厅副厅长王祝晨等,向大会提出了"早早编修地方志"的建议,但没有被落实到人大的议题之中。在这几年里虽也有一些志事活动,但都只是民间自发地在一些地方零星闪现。

到 1956 年,当社会诸多大局问题关系理顺、国家经济建设步入正轨之初,修志工作就被提上了议事日程。是年国务院科学规划委员会制定的《十二年哲学社会科学规划方案》中,编修地方志的任务便被列为该方案的 20 个重点项目之一,并准备先从具备条件的市、县着手,逐步推广。计划在 10 年之内,全国大部分市、县编出地方志书。

为落实此项任务,在国务院科学规划委员会之下,专门成立了以曾三为组长的地方志小组,以加强对各地修志工作的指导。

1958 年 10 月,该小组根据国务院科学规划委员会《1956-1967 年哲学社会科学规划纲要》,提出了《关于新修地方志的几点意见》。这是新中国成立以来,关于地方志编纂原则的第一个带纲领性的文件。1961 年 3 月,中国科学院地方志小组和国家档案局向全国发布了《新修地方志提纲》(草案),以及《新修地方志体例(草案)》《县志编纂条例草案》(讨论稿)等,下发各地征求意见。

1963 年 7 月,中国科学院哲学社会科学部、国家档案局联合向中共中央宣传部上报了《关于编写地方志工作的几点意见》。该《意见》针对已经修出的志书和志稿的情况,提出的主要内容有三条:一、建立审阅制度,控制出版发行。出版新的地方志和地方革命斗争史料,都必须经过省、市、自治区一级党委宣传部审查,发行范围和发行量都要经过批准,严格控制。二、编修地方志是一件很复杂的工作,应当有计划有步骤地进行。应当积极收集各种有关资料,除了供编写村史、社史、厂史、文艺创作、科学研究等使用以外,也为以后编写新地方志打好基础。三、加强组织领导,发挥档案馆的作用。建议各省、市、自治区党委宣传部和县级党委宣传部,加强对这项工作的领导。8月,中央宣传部向各省、市、自治区党委宣传部批转了这个文件,要求各地"参照办理"。

修志工作之所以被正式纳入国家科学规划,除了学者们的呼吁(除前述郭沫若、马寅初等之外,1956年5月、6月,金毓黻、傅振伦亦先后在《新建设》杂志发表文章,呼吁编修新志,并提出了新修方志的方案。同年6月,王祝晨再次提出《早早动手编辑地方志》的建议,亦在《人民日报》发表)和地方自发修志的推动之外;传统旧志在行政管理、科学研究和为经济建设服务以及预防自然灾害等方面所显现和发挥的作用,以及社会的实际需要,也是重要原因之一。几个明显的例子是:早在1950年,为了加强对广东海岛的管理,根据省委书记叶剑英的指示,中共广东省委办公厅秘书处材料组曾编纂了《广东海岛资料》一书,该书主要依据的就是广州各图书馆所存的旧方志。从1954年前后至1956年间,国家地质部编的《祖国两千年铁矿开采和锻冶》,北京图书馆编的《方志报矿资料》,旅大图书馆编的《全国方志目录及物产提要》,四川省编的《四川各地矿藏提要索引》,中国农业科学院中国遗传研究室编的《方志综合资料》《地方志分类资料》《地方志物产》,上海文管会编的《上海物产资料汇编》以及著名地质学家章鸿钊编著的《古矿录》等,都对国家五年建设计划的制定发挥了作用,这些著作的资料来源大多都是来自地方志书。1955年《天文学报》所发表的《古新星新表》一文,开列了18世纪以前的90颗新星,成为在天文学界得到广泛好评、具有重大影响的科学论文,其主要也是依据地方志的资料。1956年中国科学院地震工作委员会所编成出版的《中国地震资料年表》,汇集了从公元前12世纪到1955年间的1180次大地震资料,在其所引用的8000余种资料中,地方志就占了5600余种。所有这些,都充分说明了方志在经济建设和科学研究中的价值。

自中国科学院地方志小组成立之后,湖北省于1956年3月成立了方志编纂委员会,采取的策略是先由各县简志入手。至1958年,在全国率先出版了《咸宁县简志》和《浠水县简志》等。在县级以上的省、市志编纂方面，最先动作的是湖南省。1958 年 6 月，中共湖南省委作出成立湖南省志编纂委员会编修《湖南省志》的决定。该编委会在主抓省志编修的同时，还部署了全省各市、县的修志任务。1958 年底，中共北京市委也决定编修《北京志》，成立了由邓拓、蒋南翔、胡锡奎、陈克寒、杨述、廖沫沙等组成的领导小组。到 1960 年左右，编成铅印稿、打印稿和誊印稿共 40 部，并先行出版了《北京植物志》《北京鸟类志》和《北京气候志》等。继之，青海省也成立了以省长袁任远为主任委员的省志编纂委员会，至 1961 年 5 月编成部分专业志稿，其中的《青海省志·青海历史纪要》曾内部印行，成为当时新编《青海省志》的第一卷。

据国家档案局 1960 年统计，当时有 20 多个省、市、自治区的 530 多个县，开展了编修地方志的工作，其中约有 250 多个县编写出了县志初稿，此外还有大量的公社志、专业志未加以统计。正式出版的省、市、县级志书，仅笔者所知的就有 29 部。连处于边远地区的西藏，也编出了《西藏大事记(1949-1959)》公开出版。

可惜的是，这次修志活动还没有在全国全面普及，就因"文化大革命"的到来而被迫中断。

如前所述，修志之事在新中国成立最初的几年里，曾有一段沉寂期，没有成为新政权的政府行为，这并非是新中国的领导人不重视此项工作。其实，以毛泽东主席为首的、深谙中国历史传统的老一辈无产阶级革命家、党和国家领导人，对于这项中国的历史传统是了然于胸的。对于地方志的价值，早在革命战争年代，他们就给予了充分的重视，并运用于为革命战争服务。就是在全国解放之初那样一个千头万绪的情况下，他们对于此项事业也未曾忘过。

早在 1957 年毛泽东主席在杭州期间，就提出了要编修乡土教材，要让大家懂得本地的地理和历史、过去和现在，要由近及远。"1958 年 3 月，毛泽东首次到成都参加中央工作会议，3 月 4 日一到蜀汉古都，立即要来

《四川通志》《蜀本纪》《华阳国志》阅读①"。"在这次会议上，曾倡议各地编修地方志②。"同年 4 月 29 日，周恩来总理在邀集 60 岁以上政协全国委员的茶话会上，也特别提到地方志之重要。8 月 9 日同北京大学图书馆学系邓衍林教授的谈话中说："我国是一个文化悠久的大国，各县都编有县志。县志中就保存了不少关于各地经济建设的有用资料。我们除编印全国所藏方志目录外，还要有系统地整理县志及其他书籍中的有关科学技术资料，做到古为今用③。"也是在当年，当知道编修《北京志》的工作开展起来之后，他又特别向北京市副市长万里指示，要把《北京志》修好。

在同一时段内，国家副主席董必武、内务部长谢觉哉等高层领导人，对修志工作也都发表过重要的讲话。

毛泽东和周恩来、董必武、谢觉哉等老一辈无产阶级革命家和国家领导人的这些倡导和讲话，都有力地促进了此时启动的修志工作的开展。可以说从 20 世纪五十年代中期到六十年代中期这一轮较大规模的修志活动，与他们的关心和倡导是分不开的。

二、基本情况

在那个时段内所修成的志书，由于受当时强调"阶级斗争"和宣传新中国"伟大成就"以及"大跃进"等"左"的思潮的影响，多数志书内容都较简略，或有浓重的宣传色彩，或引用当时夸大失实的许多浮夸的数字资料，有的甚至完全不合志体（如有的完全用抒情的文艺笔调的写法），其不成功之处是明显存在的，教训也是深刻的。但那一段的修志活动也绝非一无是处。对于那一次全国性的修志，后人存有不尽相同、甚至完全不同的看法。有种看法认为那是一次完全不成功的尝试，加以一笔抹煞④。对此，我们是不敢苟同的。认为那一轮修志绝非一无是处，修出来的也绝非全是

---

① 龚育之、逄先知：《毛泽东读书生活》，三联书店 1986 年版。
②③ 刘纬毅：《中国方志史初探》，载《文献》1980 年第 4 辑。
④ 诸葛计：《中国方志五十年史事录》，方志出版社 2002 年版。

废品,应当客观地评价那次修志活动的历史功过。它的历史功绩主要是使中国修志传统得以延续,并在新形势下有所发展,对于 70 年代末以后新的修志高潮的到来,起了承前启后的作用。其主要表现在于:

一是以全新的思想为指导,对新型志书的编修和志书体例的创新进行了大胆的探索。在它之前中国一两千年中所修的志书,几乎都是以封建正统思想为指导的。到清末和民国时期,虽然新兴的资产阶级思想也开始了在方志中之浸润和渗透,提出了"民志"的主张,但并未成为多数志书的指导思想。在此之前占压倒多数的志书中,记述的重点都是帝王将相和各级封建官吏的文治武功,地方绅商的嘉行懿德,节妇孝子的忠孝节义。作为社会基本群众的劳动人民,在志书中是没有地位的。而 20 世纪五六十年代所修的志书则一改过去的陈规,将被颠倒的历史颠倒了过来,肯定了人民群众的历史功绩和创造精神,努力恢复他们应有的历史地位。以这样的思想为指导,对新志书的体例也进行了初步的探索。如安徽省哲学社会科学研究所历史室王茂撰成的《六安县新志提纲》,就具有一定的代表性,成为当时该省新志编修的范例。在它的影响下,安徽当时共修出 18 部志稿。由于成绩突出,曾受到国家档案馆的表彰。类似的探索在其他省、区也还有例子。正如著名方志学家傅振伦在后来评论河南省的一部县志稿中所说的,当时(五六十年代)修成的这些志稿,体例、资料和观点上,都已不同于旧志。可是由于当时"左"的思想影响,且仓促成稿,不免带有"左"的倾向,而且比较粗糙。但这批志稿成为 1980 年 10 月中国社会科学院及中国地方史志协会研究拟定《县志编纂条例草案》以及 1981 年 1 月中国地方史志协会筹备小组拟定《新县志编纂方案》(草案)的参照本。

二是修成出版了一批有一定质量的新志书。当时公开出版的志书中,有的达到了一定的水平,个别甚至是较高的水平。如 1958 年 12 月出版的《浠水县简志》和《咸宁县简志》,据读过其书的人认为,是较好反映了该地的地情和历史变化的。有些志书甚至成为可以传世的珍品,如河北省昌黎县与中国科学院语言研究所联合编纂的《昌黎方言志》。全书 36 万字,是运用现代科学方法,对一个县的方言进行了上百个点的调查之后,写成的一部体大思深的方言著作,出版之后就曾受到国内外的好评,成为高校汉语言文学系学生的基本读物。直到 30 多年后,还被有的语言研究者称之为"是我国正式出版的方言专志,也是我国用现代语言学编写的一部代表作,它对于以后的方言语法入志产生了很大的影响"①。是书于 1984 年由上海教育出版社再版。

三是编成的志书和志稿,为 80 年代以后的社会主义新方志的编修准备了较好的基础。如《湖南省志·近百年大事记述》,曾连续三次公开出版,后又成为 80 年代以后新修的《湖南省志》的第一卷。其《地理志》上、下册,也成为后来新修省志的一个专卷。青海省修成的《青海省志·青海历史纪要》,也成为 90 年代新修《青海省志》的第一卷。

另外,有些地方虽未修成志稿,但通过调查积累了大量有用的资料,有的甚至是很宝贵的资料。如昆明市编出了史前至民国 25 年(1936)的史事资料长编。广西当时为了编《广西通志》进行资料准备,曾做了大量的实际调查,编成了《太平天国在广西调查资料汇编》和《中法战争调查资料实录》等。前者是深入滇、粤、桂 169 个县,在收得 1000 多万字的档案、地方文献、碑刻和口碑资料的基础上编成的,出版后受到学术界的高度评价。广西《临桂县志初稿》中关于解放初期土地改革的记述,保留了许多鲜活难得的资料,比其后 1996 年出版的新编《临桂县志》还要充实得多,可读性也强得多。

第二节　全面兴起新方志编纂的准备

一、传统力量的推动

基于中国文化优良传统的地方志事业,有着顽强的生命力。20 世纪五六十年代那一轮的修志活动,虽因"文化大革命"的十年动乱而遭到人

---

① 诸葛计:《中国方志五十年史事录》1960 年 7 月条。

为的扼杀，修志机构被撤消，人员被遣散，志稿和修志资料也成为"破四旧"的重点而大量遭毁、散失。但志事活动也如古语所云，是野火烧不尽，春风吹又生。随着"文化大革命"之后，经过拨乱反正，在中国大地上一个科学春天的到来，修志事业也重新兴起。从七十年代末八十年代初开始的新一轮修志活动，不但来势猛烈，蓬蓬勃勃，而且很快就在全国形成规模，出现了中国方志史上从未有过的修志新高潮。

在"文化大革命"闹得最猖獗的恐怖年份里，地方志的生命力也有顽强的表现。表现之一，就是在那样残酷的岁月里，冒险抢救和巧妙保护志书、志稿的事例也层出不穷。有的人把志书、志稿藏于夹墙中、房梁上、炕洞里。有的甘冒危险，硬从行将焚毁的灼火之中，巧妙抢出加以保存。如1966年夏，造反起来的红卫兵，冲进山西寿阳县文化馆，将馆藏的所谓"封、资、修"图书都付之一炬。其时自身"右派"问题都还未得以改正的岳守荣，不顾个人安危，趁人们忙乱搬书之际，将一部（光绪）《寿阳县志》偷出，藏于灶炕炉窝之中，使是志得以保存至1981年点校重版。"文化大革命"结束之后，他受命到农村清理"黄色书刊"。在缴"黄"时，又将一部（乾隆）《寿阳县志》悄悄地保留了下来。

表现之二是志事活动也以不同的方式时时闪现出来。1966年，正是"文化大革命"的"破四旧"高潮期，黑龙江省呼玛县社教工作团漠河分团就敢于编成一部11万余字的《呼玛县志》油印稿，记载了1860-1966年间漠河地区的政治、经济、文化及人民生活的历史变化。陕西省科技情报研究所铅印了陕西师范大学地理系于20世纪50年代编成的《陕西汉中专区地理志》。1972年著名科学家竺可桢在《考古学报》第一期发表的《中国近五千年来气候变迁的初步研究》中，运用大量从方志资料中得来的数据，论证了中国长江流域和黄河流域近五千年来气候冷暖变化规律，提出了一整套关于历史气候的理论、方法和研究成果，是一篇有着很高学术价值和现实意义的科学论文。其文中的分期，就特设了一个"方志时期"。1974年中国科学院、教育部、国家文物事业管理局共同举行的"中国天文整理研究规划座谈会"，就确定了《地方志中天象记录的整理和研究》的专题等，都可以看作是科学界充分肯定中国方志的价值，是具有卓识的科学家们为中国方志大声呼号的例子。

表现之三，就在于只要在社会相对稳定的条件下，即使没有中央政府的统一部署和大力倡导，修志也会自发地萌生起来。1978 年中国共产党十一届三中全会的召开，标志着"文化大革命"的彻底结束，拨乱反正的全面完成，中国社会又回复到正常行进的轨道。这次中央全会决定把全党的工作重心转移到经济建设上来。地方志工作也被一些地方领导重新排上了议事日程，萌生了方志工作的新势头，开启了中国修志的新局面。

仅在中共十一届三中全会结束到年底的短短几个月之内，恢复和新建的县一级以上的修志机构就达数十处之多。步子最快的是 1978 年 10 月，中共湖南省委决定恢复《湖南省志》的编纂工作。市（地区）、县级建立修志机构有记载可查的，就有黑龙江虎林、山西代县、阳高、左权、临汾、安泽等地、县，广西的横县、武宣、大新、宁明、南宁、梧州等市、县。山东除威海市的市志之外，德州市则从基层的公社、大队志抓起，至 1981 年，公社完成修志任务的达 100%，大队一级完成 61%。1979 年之后，修志势头就更为可观了。辽宁省的台安县，从 1979 年 8 月至 1981 年 7 月，遵循"尊重历史，以史为镜，总结经验，汲取教训"的原则，以近两年的时间，五易其稿，修成一部约 40 万字的《台安县志》。

除了各地修志机构纷纷出现的修志要求之外，相关人士也起了推波助澜的作用。1978 年方志学家朱士嘉曾给中央领导胡乔木、方毅上书，说明地方志书在社会科学和自然科学研究中的史料价值，提出整理旧志、编修新志的建议；1979 年 5 月 1 日，山西临汾市干部李百玉投书中共中央宣传部建议修志；《红旗》杂志、《光明日报》也发表文章呼吁在全国开展修志工作。

正是在这种强烈要求的形势下，1979—1980 年间，出现了促成这一轮修志高潮到来的三件关键性的事情：一是 1979 年 7 月 9 日，中共中央总书记胡耀邦对山西李百玉上书的批示："大力支持全国开展修志工作"，并建议由人大常委会来承担。二是 1980 年 2 月 14 日，中共中央、国务院以〔1980〕16 号文件，批转国家档案局关于全国档案工作会议的报告。其中提出了要"号召编史修志，为历史研究服务"。三是 1980 年 4 月 8 日~12 日在北京举行的中国史学代表大会。在此次大会上，中共中央政治局委员、中国社会科学院院长胡乔木作了重要讲话，指出："地方志的编纂，也是迫切需要的工作。现在这方面的工作还处于停顿状态，我们要大声疾呼，予以提倡。要用新的观点、新的方法、新的材料和体例，继续编写好地方志。不要让将来的历史学家责备我们这一代的历史学家，说我们把中国历史这样一个好传统割断了。"他特别强调："我国向来就有编史修志的优良传统，必须把这个传统继承和发扬光大起来，否则我们就上对不起祖宗，下对不起子孙后代。"

　　二、中国地方史志协会开创之功

　　中共中央政治局委员、中国社会科学院院长胡乔木在中国史学代表大会上的讲话中，号召编写地方志。不久便成立了以梁寒冰为召集人的地方史志研究会筹备小组。经过筹备小组的一番努力，1981 年 7 月 25 日~8 月 1 日，中国地方史志协会成立大会暨首届地方史志学术讨论会在山西省太原市举行。这次大会，推举王首道、曾三为中国地方史志协会名誉会长，梁寒冰为会长，侯仁之、傅振伦、廖沫沙、谭其骧为学术顾问。最后通过了《给党中央、国务院的建议书》，建议"重新组建'中国地方志小组'或'中国地方志编纂委员会'，来负责这项（修志）工作"。

　　中国地方史志协会自 1980 年筹备小组成立，到 1983 年 4 月中国地方志指导小组正式成立前的两年多时间里，在推动全国地方志工作的开展以及对地方修志工作的指导方面，做了许多踏踏实实、卓有成效的工作。除了以各种方式向全社会大声呼吁重视地方史志工作之外，还组织起草了《关于新省志编修方案的建议》（草案）、《关于新市志编修方案的建议》(草案)、《关于新县志编纂方案的建议》(草案)和《关于旧志整理研究计划》等4个草案，并在此基础提出了《关于新编地方志工作条例的建议》；组织了由来新夏主编、全国8所高校合作的《方志学概论》的编写；主编了《中国地方志总论》《中国地方志分论》等文集；委托地方高校等举办了4期大型的方志研究培训班；召开了中国地方志整理、编纂座谈会，初步制定了《中国地方志整理规划》；还进行了许多调查研究和举行许多有质量的小型座谈会。在它的影响下，一些地方的史志协会也迅速建立起来。在地方志指导小组成立之初，中国地方史志协会又成为指导小组的常设办事机构，初期的许多工作也都是由地方史志协会出面组织开展的。

第三节　中国地方志指导小组的成立

主持新一轮修志工作的中国地方志指导小组的出现，要追溯至20世纪五六十年代的地方志小组。这个小组对当时新志书编修的探索，起了不小的推动和指导作用。它虽在"文化大革命"的十年浩劫中被迫自行消亡，但它是80年代初出现的中国地方志指导小组的滥觞。

1982年7月10日，中国地方史志协会名誉会长、原中国地方志小组组长曾三致信中共中央政治局常委胡启立，建议中共中央指定一位同志负责地方志小组工作，并由中国社会科学院承办。经中共中央书记处批准，中国地方志指导小组于1983年4月正式成立。中国地方志指导小组的主要职责是：

一、下情上呈和上意下达的枢纽工作

修志开展之初，全国发展不很平衡。有的省、市由于领导重视不够，存在着修志机构没有设立，或虽已设立，但人员没有落实、工作条件没有保证等情况。中国地方志指导小组虽知推动这种状况的改变是自己的责任，

但由于它本身缺乏行政的权威性,与地方由政府主持修志的格局在性质上不很协调,各地对改变这种体制也普遍反应强烈。故它在相当长一段时间内,便是为改变各地发展不平衡和自身的领导体制状况而努力。除了通过自己的各种渠道向中央反映之外,还多次请求以中国社会科学院的名义向中央正式报告。

1985年3月7日,指导小组请求以中国社会科学院的名义,向国务院上呈《关于加强全国地方志编纂工作领导的报告》。4月19日,国务院办公厅以国办发[1985]33号文件,转发了这个《报告》,要求各地参照执行:要"对地方志编纂工作进行一次检查,进一步加强领导,充实人员,加强队伍建设,切实解决地方志编纂工作中的问题;尚未建立地方志编纂班子的地方,要根据本地区情况,逐步组建班子,把这项工作开展起来;有关编制、经费、出版等问题,由地方各级政府根据实际情况,予以适当解决"。这个33号文件的下发,对各地的修志工作起了很大的推动作用,它表明地方志工作已正式纳入各级政府的工作日程,标志着全国修志工作已进入一个新的发展阶段。

1995年7月25日,国务院领导根据当时的情况,同意中国地方志指导小组进行调整,以中共中央政治局委员、国务委员李铁映为组长,指导小组成员增至27人,力量得以大大充实。此后,中央关于地方志工作的相关精神,大多由李铁映通过指导小组向下传达。

1996年11月9日,经指导小组和中国社会科学院的努力,国务院办公厅以国办发[1996]47号文件形式,发出《关于进一步加强地方志编纂工作的通知》。在建立社会主义市场经济体制的新形势下,为进一步做好地方志编纂工作提出了五项要求。这是本届修志以来国务院办公厅发出的第二个专门文件。这个47号文件与1985年的33号文件相比较,有两处较显著的变化:一是明确了志书"每20年续修一次",要"推动地方志的不断发展",实质是国家明确了地方志工作的长期性和连续性。二是明确"各地应把地方志编纂工作列入政府议事日程","地方志编纂委员会办公室应是地方政府直属的具有行政职能的一级单位"。这种变化,反映出对地方志工作指导思想上进了一步。

二、推动全国修志工作的开展

在推动全国各级修志机构的组织建设和方志工作全面开展方面,指导小组采取了多种形式进行工作。有小组及其办公室人员利用与各地相关负责人接触的机会,通报全国修志形势,介绍其他省、市修志机构的建立以及其属下基层修志的要求情况,提请他们予以重视,加强领导;有以下发文件的形式,传达上级有关修志工作的指示精神加以推动;但更重要的是采取各级各种会议的形式。其中推动力度最大的当数经国务院同意,由指导小组主持召开的两次全国地方志工作会议。

全国地方志第一次工作会议于 1986 年 12 月 22 日~24 日在北京举行。这是新中国方志界第一次全国性的盛会,也是中国方志有史以来的首次全国性的会议。会议的主旨是落实国家第七个五年计划第 27 章对地方志工作提出的要求,提高认识,明确方针,加强领导,制定规划,推动全国修志工作的健康发展,为"七五"期间开创修志工作新局面创造条件。地方到会的大都是各省的副省长,有的是省长。这次会议对全国地方志事业的健康发展,对方志理论建设和地方修志机构的建立和完善,起了重要的推动作用。尤其是胡乔木在闭幕式上代表党中央和国务院的讲话中,提出的地方志书应是一部朴实的、严谨的、科学的资料汇集,是一部科学文献的定性,几乎影响了整个这一轮修志。

全国地方志第二次工作会议,于 1996 年 5 月 4 日~7 日在北京举行。会议的主题是,总结 15 年来地方志工作的经验,认清形势,明确方向,研究和部署如何加强领导,高质量地完成社会主义时期第一轮新方志的编纂任务,为迎接下一世纪地方志事业新发展做好准备。

三、对地方的修志工作实行具体指导

一是实行专业分类指导。指导小组为了便于分类指导,在其下设了旧志整理委员会、城市志指导组、民族志指导组、中国地方志协会和年鉴专业委员会。这五个专业性组织,都是指导小组领导下的工作班子,并对指导小组负责。这些工作班子在推动和指导各自专业范围内的修志工作,都做出了不少的工作成绩。

二是通过指导小组办公室,批发文件和在《中国地方志》刊物上发表评论员文章或文章"编者按"等形式,通报地方修志中对一些共性或带敏感性问题的处理办法,供各地借鉴参考。如1991年4月1日,转发黑龙江省《关于进一步稳定和加强全省修志机构、队伍的通知》;4月5日,转发四川省保密委员会、四川省地方志编纂委员会《关于地方志编纂工作中保密问题的通知》;1992年3月16目,转发新疆维吾尔自治区政协副主席、地方志编委会第一副主任富文关于志书中记述省(区)界纠纷问题的意见等。以这种形式对地方修志中出现的一些带倾向性的做法,表明是倡导或劝阻的态度,对一些较明显的错误亦给以及时指出。《中国地方志》还发表了大量修志经验交流和表彰先进的文章。

三是采取多种形式推动地方修志人员的遴选和培训,研究志书编纂的技巧和方法。这方面的工作早在指导小组成立之前,中国地方史志协会已经开始做了不少。中国地方志指导小组成立后,基于全国已有了一定数量经过初步培训的人员,同时各地的修志工作已经纷纷上马的实际情况,故在队伍培训方面,不再采用大规模办培训班的方法,而是改为采用多种形式、规模大小不等的座谈会、研讨会、志稿(书)评论会和经验交流会等,采取以会代训的方式。培训的内容亦已不限一般的方志知识的普及,而是进入志书篇目的设置、资料的收集利用和具体写法。有地方志指导小组办公室自行组织的,也有委托地方组织的。这些会议都结合修志实践中遇到的实际问题,内容务实,效果亦较明显。据我们极粗略的统计,自中国地方志指导小组成立,至2007年5月底以前的24年多的时间内,举办类似的研讨会、座谈会、评稿会、经验交流会〔全国地方志工作会议、年度工作会议、指导小组召开的全性大型会议以及指导小组（含地方史志协会）自身的会议除外〕共达 70 次以上。第三届指导小组成立之后，基于第一轮修志临近全面完成，不少第一轮修志骨干的离岗退休，第二轮志书修纂的起动，方志队伍涌入了大量的新人，指导小组又重新采用了办培训班的办法，对新人员加以培训。

四是指导小组成员或其办公室工作人员深入基层，发现问题，提出意见进行具体指导。如 1987 年 6 月 2 日，中国地方志指导小组副组长梁寒冰，在江西省直和南昌市各修志部门的干部会上讲话，提出新方志的四条质量要求；1988 年 5 月，他在山西、陕西两省调查之后，指出当前志书对新中国 39 年来的一段历史的记述中，存在四种值得注意的偏向；1988 年 3 月，指导小组成员、陕西省地方志编委会主任陈元方，针对该省已经出版的不少志书中，对"左"倾失误和"文化大革命"的记述存在的问题，提出要注意加强对"文化大革命"的记述；1993 年 2 月，指导小组成员邵文杰根据河南省相当部分市、县已经完成第一轮志书的实际情况，在全国首先提出修短期志书（续志）的建议，此建议被河南省政府接受，以豫政〔1993〕5 号文件向全省发出要求等。

五是举办志书的展览、评奖工作，将新志书推向社会，并引导读志用志，开发方志资源。由地方志指导小组出面组织全国性的大型新志书展览共有三次。第一次是 1993 年 3 月，中国地方志指导小组与中国革命博物馆联合举办的全国新编地方志成果展览，共展出除西藏自治区外全国 38 个省市自治区及计划单列市的 5000 余种新志书、年鉴、地情书和方志理论著作。第二次是 1999 年 10 月，中国地方志指导小组在北京举办第二次全国修志成果展览，展出全国三级志书 4000 余种，加上部门志、行业志共达上万种。

由指导小组组织的全国性新编志书评奖活动亦有三次。第一次是 1993 年 9 月，指导小组办公室在京举行全国新编地方志首次评奖会，共评出《如东县志》《山西通志·地震志》等一等奖 164 部、二等奖 247 部、三等奖 129 部，获奖志书占至该月底以前出版志书总数（1379 部）的 39.2%。第二次是 1997 年 7 月，共评出优秀奖志书 51 部、荣誉奖志书 127 部。获奖的 178 部志书，占 1993 年 7 月至 1996 年年底以前出版的 1718 部志书的 10%，8 月在宁波举行了颁奖大会。第三次是 2004 年进行的首届中国地方志年鉴评奖，12 月在海南海口市举行颁奖和总结大会。

除了志书评奖之外，中国地方志指导小组还与国家人事部联合举行了一次全国方志系统评选和表彰先进的活动。这个活动始于 2005 年 4 月，至年底整个活动结束，共评出由人事部、中国地方志指导小组表彰的全国地方志系统先进集体 31 个，全国地方志系统先进工作者 10 名；由中国地方志指导小组授予全国方志先进工作者荣誉称号者 484 人（其中特别嘉奖者 21 人），授予全国先进集体荣誉称号者 244 个。2006 年 4 月 1 日，在北京人民大会堂举行了表彰大会。

附:第二次所评全国地方志获奖志书目录

一等奖（51 部，按地区顺序排列）

《天津通志·城乡建设志》《静海县志》。

《秦皇岛市志》《晋县志》。

《山西通志·民政志》《榆次市志》。

《内蒙古自治区志·大事记》。

《辽宁省志·地震志》。

《吉林省志·军事志》《通化市志》。

《黑龙江省志·共产党志》《佳木斯市志》《哈尔滨市志·自然地理志》。

《上海县志》。

《江苏省志·财政志》《苏州市志》《江都县志》。

《绍兴市志》《宁波市志》。

《安徽省志·邮电志》《桐城县志》。

《福建省志·金融志》《仙游县志》。

《江西省志·交通志》《峡江县志》。

《山东省志·孔子故里志》《淄博市志》《文登市志》。

《河南省志·民俗志》《洛阳市志·文物志》。

《湖北省志·财政志》。

《湖南省志·军事志》《湘潭县志》。

《广东省志·华侨志》。

《广西通志·侨务志》。

《海南省志·农垦志》。

《四川省志·地理志》《西昌市志》《北川县志》《大足县志》。

《贵州省志·检察志》《瓮安县志》。

《云南省志·广播电视志》《鲁甸县志》。

《陕西省志·农牧志》《渭南地区志》。

《甘肃省志·农业志》。

《青海省志·地质矿产志》。

《中卫县志》。

《新疆通志·畜牧志》《库车县志》。

二等奖（127 部），略。

第四节　《地方志工作条例》的实施

中国地方史志协会及中国地方志指导小组成立后，便开始了地方志工作条例制定的起草工作。最先是 1982 年 7 月 25 日~31 日，在太原举行的中国地方史志协会常务理事会一届二次扩大会议上，起草了一个《关于新编地方志工作条例的建议》，共 18 条。1985 年 4 月，中国地方志指导小组第五次会议,在《关于新编地方志工作条例的建议》的基础上,讨论修改成为一个《新编地方志工作暂行规定》,并于当年7月15日正式予以公布。这是指导小组成立后,由国家授权发布的第一个修志文件,它在其后的13年内,为全国各地所遵循,基本指导了整个第一轮的修志工作。1997年5月,指导小组二届第三次会议在总结前十余年工作经验的基础上,又修改为《关于地方志编纂工作的规定》。这个《规定》经报请批准,于1998年2月10日由中国地方志指导小组正式予以颁布。

2001年12月第三届指导小组成立之后,仍将地方志工作法制化作为其工作的一个重点,为争取国务院颁发正式的修志法规而努力。指导小组办公室于2003年开始《地方志编纂管理条例》的起草工作。仅在2004年一年之内讨论修改就达12次之多。至该年底,基本完成了地方志立法的论证报告和《地方志编纂管理条例》(代拟稿)的起草工作。经过多次汇报、沟通,2005年4月,国务院法制办终于要求指导小组办公室正式向国务院报送《条例》送审稿。6月,指导小组办公室通过中国社会科学院正式向国务院报送。8月,国务院法制办将《条例》送审稿转发各省、市、自治区和20多个有关的国家部、委、局、办征求意见。指导小组办公室又配合国务院法制办于2005年9月和11月,先后到河北易县和北京市昌平区进行调研,在听取地方和国务院法制办意见的基础上,对代拟稿又进行了数次修改,并将文件易名为《地方志工作条例》,而被国办发[2006]2号文件列入国务院2006年的立法计划,最终立法工作完成。于2006年5月18日,由国务院总理温家宝签署,以中华人民共和国国务院第467号令,予以公布施行。

由国务院公布的这个《地方志工作条例》,是迄今为止最完善的一个由中央政府正式公布的地方志行政法规。它的出现,与中国地方志指导小组这个修志中枢机构的出现一样,在中国方志史上也具有划时代的意义。这是中国方志两千年来第一次立的法规,是中国方志两千年来,尤其是近20多年来全国大规模修志实践活动的收获和经验总结,反映了当代人们

对方志事业所达到的认识高度。诸如：

第一，将地方志书定性为"全面系统地记述本行政区域自然、政治、经济、文化、社会的历史与现状的资料性文献"。

第二，突破了传统的将方志工作仅仅视为编纂一本书的局限，而是包括了地方志书的组织编纂、管理、开发利用的工作等。

第三，地方志包括了地方志书和地方综合年鉴。

第四，地方志工作应由当地人民政府领导，所需经费列入本级财政预算。

第五，明确国家设立地方志工作指导机构，其任务是"统筹规划、组织协调、督促指导全国地方志工作"。各省、自治区、直辖市的地方志工作规划，要报国家地方志指导工作机构备案。

第六，明确县以上人民政府设立地方志工作机构，负责主管本行政区域内的地方志工作，包括组织指导督促和检查地方志工作；拟定地方志工作规划和编纂方案；组织编纂地方志书、地方综合年鉴；搜集、保存地方志文献和资料，组织旧志整理，推动方志理论研究；组织开发利用地方志资源。以县级以上行政区域名称冠名的地方志书、地方综合年鉴，只能由本工作机构按照规划组织编纂，其他组织和个人不得编纂。

第七，地方志书编纂成为制度，每20年左右编修一次。每一轮志书完成之后，修志机构在编纂地方综合年鉴、搜集资料以及向社会提供咨询服务的同时，启动新一轮志书的纂修工作。

这个条例的公布，标志着中国的地方志工作正式进入了规范化、法制化的轨道，其对后世的影响是不言自明的。

第五节　修志模式的创新

自20世纪七十年代末开始的新一轮修志，做法与历史上修志有许多的不同，从而形成了这一轮修志的若干特点，出现了一种全新的修志模式。其特点粗略归纳如下：

一、志书纂修与常设机构建设并进

历史上志书的修纂，由于没有常设的机构，每奉命修志时，都只是由主修者聘请有名望的人作总纂，临时组建班子开展工作。这一轮修志却是将新志书的纂修与地方常设方志机构的建设同步进行的。在胡耀邦总书记的批示、中共中央和国务院〔1980〕16 号文件、全国史学大会的推动下，全国修志机构纷纷建立起来。1980 年 3 月，湖北省人民政府发文，成立省地方志编纂委员会，这是"文化大革命"之后最先成立的省级编委会。继之各省亦陆续成立。至 1984 年 2 月底统计，建立修志机构的省、自治区、直辖市已达 20 个，占当时全国 30 个省（市、区）级单位的 2/3；地区（州、盟）级 80 个，占当时全国 209 个地区（州、盟）级单位的 1/3 强；市级 104 个，占当时全国 313 个市的 1/3；县（旗）级 1094 个，占当时全国 2137 个县（旗）级单位的一半以上。至 1989 年 1 月统计，除西藏自治区外的 30 个省、直辖市、自治区均已成立地方志编委会。西藏由于情况较为特殊，自治区一级的修志机构延至 1996 年 6 月方正式成立。

由于五六十年代开展修志面的局限，加之"文化大革命"十年的荒芜，开始时许多领导者，尤其是广大干部和人民群众，对方志这项事业颇为生疏，甚至出现过以为方志学是方志敏之弟的笑话。所以，这些机构初成立时，其性质和工作任务并不十分明确，带有明显的摸索性质。经过相当一段的摸索之后，各省、市、区的编委会，才逐步定格为省政府直属常设的主持领导全省、市、区修志工作，具有一定行政权威的行政业务一把抓的事业机构。省级以下的市、县级大多修志机构也逐步明确为同级政府之下常设的事业机构。初期各地的修志机构并不十分统一。据 1984 年底统计，这些省、市、区级机构中，明确为正厅级的 14 个，副厅级 9 个，正处级 4 个，未定级别者 2 个。省以下市（地）、县的修志机构亦大体有明确规格者，亦有未明确者。直至 2006 年 5 月《地方志工作条例》公布之后，才正式统一明确县以上人民政府设立的地方志工作机构，是同级政府属下的一级事业机构。

随着这一轮所修志书的相继完成，各地建立起来的地方志机构曾经历了一番考验。由于政府机构改革，许多事业部门变成了经济实体，修志之事无人过问。又因第一轮所修志书的完成，常设方志机构的任务和工作内容需要转为日常工作。故一些地方的地方志编委会又开始演变为方志馆，这些方志馆为政府领导下的常设机构，其目标是要成为地情资料的收集开发利用中心、志书收藏和编纂中心。这个变化过程也是逐步进行的。截至 2000 年 10 月底的统计，建成省、直辖市、自治区一级方志馆的有上海、山东、浙江、湖北、湖南、广西、四川、云南、新疆等。正在筹建中的有河北、吉林、江苏、安徽、河南、广东、贵州、陕西等，其他省、区、市还在酝酿之中。除了省、直辖市、自治区一级之外，下属市、县，甚至乡镇一级亦有建立方志馆的。

二、在修志实践中培训方志人才

中国方志虽有两千年的历史，但长期以来从旧式教育到新式教育中，并没有方志专业方面课程的设置。民国时期出现可数的一些方志学家，也都是在学校完成其他专业学习之后，通过自学或从事这方面研究才成为方志专家的。从民国时期到新中国成立后的 20 世纪 80 年代以前的高等学校史、地系，有一些教师开设了这方面的课程，但都只是作为选修课。有些学生学过这方面的知识后，由于新中国成立初期志事的一度中断，也很少有专门从事此业者。故这一轮的志事开展起来时，除了思想理论准备不足外，就是方志人才的奇缺。

当时解决这个尖锐矛盾采取了多种形式的办法，主要就是举办培训班。有高等学院校帮助举办的，也有方志系统组织的。其中由中国地方史志协会主持举办了四期较大规模的短期研究培训班。这四期研究班，参加人数共达 1300 余人。北京社会科学院主办的北京社会函授大学也增设了中国方志学系,聘请地方志专家讲课,仅第一届就培训了各地学员3200多人。由省、市级地方自行举办的中、小型培训班,次数更多,几乎贯穿了整个这一轮修志的始终,培训面也几乎遍及全国各地。

进入80年代中期以后,中国地方志指导小组在修志人才培训方面,未再采取培训班的形式,而是改为采用多种形式、规模大小不等的座谈会、研讨会、志稿(书)评论会和经验交流会,采取以会代训的方式。这些会议,举办者的初衷,当时可能只是为研讨和探索志书编纂中遇到的亟待解决的问题,但同样起到了结合实际问题,培训修志骨干的作用。

无论是举办培训班,还是实行以会带训,这些做法,都是方志史上的创新之举,也是从当代修志中摸索出来的一条重要经验。

通过这多种形式的教育、培训,尤其是20多年的实际工作磨练,铸就了中国历史上最庞大的一支修志队伍,造就了一大批政治、业务素质较好,会调查地情、研究地情、熟悉地情,能反映地情,苦干实干的修志人才。据1994年6月底的统计,当时有专职修志人员22956人(其中有正高职称者162人,副高职称者1639人,中级职称者6788人,初级职称者6698人,这个数字尚未包括实行公务员制的青海省和北京市的人数),兼职者91162人,专兼职合计为114118人,故有"十万之众"的号称。随着第一轮修志的完成,部分人员退岗,但又补充了不少新鲜血液。到2001年12月,专职人员仍维持在2万多人,加上兼职人员,总数仍在10万以上。在专职人员中,具有正高级职称者已达1114人之多。

这支在修志实践中成长起来的队伍,不但数量庞大,而且思想和业务素质也是过硬的。许多人长期冷凳寒灯,默默无闻,自甘淡泊,铁心修志,不图名,不图利,甘愿奉献,一干就是几年、十几年。他们的敬业精神甚至成为了社会的楷模,有的被评为全国劳动模范,有的被誉为"十佳公仆"。山西交城县志办主任燕居谦临终时还手不离志稿,成为全国方志界的楷模。

新成长起来的一代方志工作者,还具有较强的当代意识,思想开放,知识面较宽，在修纂志书的同时，又注意经验的总结和对方志理论的研究。不少人有见地，有著述成果，已经成为了名符其实的方志专家。据中国地方志指导小组办公室2006年编就的《新方志理论著述提要》一书所载，其间出版的方志理论专著66部，个人论文集56部，集体论文集74部。这些著作，除了极个别是书斋学者所为外，绝大部分都是方志工作者在志书编纂中实践经验的理论升华。

　　三、修用结合，推动社会文明建设和学术研究的开展

　　修志为用、修用结合，在这一轮修志中是一个主导思想。无论是在志书修纂中，还是修成出版之后，对于方志资源的开发利用都是修志工作者们十分注意的。因而，其在推动社会文明建设和学术研究方面发挥作用的事例，不胜枚举。《中国地方志》主编诸葛计曾辑有《新编地方志资源开发与利用集例》，以《中国地方志》增刊形式刊行。其中分列为13大项，各项中选例多少不等。主要分类：有为各级领导者决策提供依据的（61例）；有在经济建设中为开发地方资源提供线索的（100例）；有为招商引资牵线搭桥的（27例）；有为申报各类项目做出贡献的（23例）；有为城市布局和工程设置、选址、建设出谋献策的（21例）；有为防灾、抗灾、救灾服务的（27例）；有为促进环境治理、保护生态平衡提供借鉴的（12例）；有为落实政策、解决历史和现实疑难问题提供资料的（29例）；有为进行爱国主义和革命传统教育提供乡土教材的（27例）；有为联系海外侨胞、港澳台胞感情，推动祖国统一的（52例）；有为联系乡友，增进乡情，开发人才资源的（17例）；有为沟通中外联系，增进中外友好往来的（10例）；有为推动学术研究工作服务的（133例）。这里汇集当然不可能是很全的，但大体面貌如此。

　　其中最值得专门提出来一说的是，联系海内外侨胞、港澳台胞感情，推动祖国统一这一项。这是在特殊历史条件下的志书所承担的一项特殊使命，故有其特殊的功效。地方志一个显著的特点，就是其地域性和时代

性都特别强。不同时代编修的志书,不但具有浓重的时代色彩,而且往往各具特殊的功效。这种特殊功效随时代条件的不同而各异。如民族矛盾上升时期修出来的志书,往往都能通过其所记的人和事,激发一种爱国的情绪,起到唤起人们同仇敌忾、共同对敌的作用。处在社会变革的大动荡年代修出来的志书,则要么为新事物的产生和成长呐喊助威,要么为旧事物的命运而感伤、悲泣。

我们今天所处的是改革开放、建设中国特色社会主义的时代,是海峡两岸经过四五十年阻隔之后,面临着完成祖国统一大业的时代。在这样时代潮流面前所修的志书,除了为改革开放、促进三个文明建设服务之外,还负有为实现祖国统一服务的使命。当代修成的志书,也确实发挥了这方面的特殊功效。

当代所修的志书,详明地记述了各地区在新中国建立以来,尤其是改革开放以来的发展变化,是外部世界了解新中国几十年来的历史和现状的一扇窗户,也是港澳台同胞、海外侨胞,散居世界各地的炎黄子孙了解家乡,重温乡情,慰藉乡思的重要窗口之一。随着新志书的公开出版发行,流传到海外的日渐增多,它在促进海峡两岸相互了解交流,增进海外侨胞与家乡的联系,增强中华民族的向心力,扩大我国对外开放等方面的作用,便日益显现出来。

有的志书中一个人物传记,甚至一条资料的收入,就会激起许多人的思乡之情。上海《崇明县志》中为本县籍人、中国第一个远洋船长陈干青立传后,散居在世界各地的陈氏后裔、亲属21人遂相率回来向崇明县政府表示感谢,并进一步提供资料。1990年夏,原国民党一位将军吴先生偕夫人回广西上林县探亲,县政府送他一部新修的《上林县志》。当他将志书带回台湾,在同乡会上传示时,乡友们无不欢呼雀跃。由于人多而志书只有一本,就选择人们最急迫知道的章节来当众朗读。在同乡会聚会的几天里,志书从一个人之手传到另一人之手,甚至有人彻夜不眠抢时间轮流来读。大家对家乡数十年来的变化赞叹不已。不少人表示要在有生之年,为家乡做点好事。随之便有人捐资为家乡架设电线、修筑公路、建设学校，还有人回来投资建厂，推动了上林的基础设施建设。

不少人对于新志书中民国时的史事，甚至他们本人的行事，给以客观公正的记述，尤为感动。有人长期心存的疑虑，就是看了志书之后才消除的。上海川沙县籍台胞张先生原是国民党的一位少将。当台湾当局开放民众到大陆探亲后，很想回来，但又心存疑虑，于是让其经商的孩子先回来看看。其子将《川沙县志》中对其本人情况的客观记述回报后，张先生等不及其子返台便赶了回来。浙江《青田县志》中，为民国时期的要人陈诚立了一个一千余字的传，并配发了照片一帧。传中比较客观地记述了陈氏的一生，记述了他于民国 16 年（1927）在龙游、桐庐战役中击败孙传芳部的历史功绩，及卢沟桥事变后国民党政府抗战之议未决时，他提出"与其不战而亡，孰若战而图存"的主张。虽只直书其事，但褒贬之义已明。这部志书不但使许多青田籍旅外人士受到感动，也使不少陈氏僚属及国民党军政要人为之感激、动容。时任台湾当局设计委员会委员及淡江大学教授的朱先生，看过新编江西《瑞昌县志》后，大发感慨说："过去我在江西省任政府委员时，也曾有帮家乡发展的愿望，但由于基础太差，愿望终成泡影。没想到我去台湾四十年，家乡发展得这么快，由过去的三等小县而升级为市了，真不简单。盛世修志颂太平，看来中国的希望在大陆。"这样的例子是不胜枚举的。

四、编修新志与整理旧志相结合

中国方志代代赓续，修志形成传统，基于志书连续性的特点，后代整理前人所修的志书也成为传统。这里所谓的整理，包括了方志书目的编纂，方志资料的汇集、使用，志书的考评提要，佚书的辑佚等方面。远的且不去说，至少在清代，所有这些方面都已经有人着手做了。

中华人民共和国成立后，这一传统同样得到了继承。在 20 世纪 70 年代末开始的新一轮修志中，便是修新与整旧相结合的。在这轮修志中，不但继承了旧志整理的传统,而且在整理的内容方面还有所拓展,包括了现存志书的家底清查、志书目录的编制、志书的考录与提要、志书索引、旧志的整理重印、志书资料的汇集、旧志的辑佚、散流于域外志书的引回等。

首先,是在清查方志家底方面。新中国成立后,进行过三次旧志的大普查。前两次所得集中反映在1985年出版的《中国地方志联合目录》中。但这两次所查,基本上都仅限于省、市级以上的藏书单位,清查单位不及200家。第三次是从20世纪70年代末起全国新一轮大规模修志活动的推动下开启的。各省、市、县修志机构成立后,都对各地旧志存、佚情况作了广泛的普查。不仅大体摸清了省、地、县三级数千个藏书单位的志书收藏情况,还通过张贴布告、开调查会、个别采访、深入民间搜集等方式,发掘出了一批私藏于民间的志书、志稿等。各省新发现的,少者十数种,多者达百种以上。这些新发现者当中,有的是从来无人知晓者,有的则是虽知修有此书,但以为早已亡佚者。这次的普查所得,目前尚无权威的统计。在进行志书普查摸清家底的同时,一些省、市、县还实行了"旧志还家"和"藏志于省"、"藏志于县"的努力。

其次,在方志书目编制方面。清查家底所得,最直接的表现是在方志书目的编纂上。到目前为止,全国性的方志书目,以1959年出版的朱士嘉《中国地方志综录》(修订本)和1985年1月出版的《中国地方志联合目录》最为权威。在这两部全国权威目录出版前后,各地一些大的藏书单位的馆藏地方志目录和地方性的方志目录也有大量的出现,据不完全统计约有八九十种。

其三,出版的一地旧志概况、综合介绍和地方志书考评、提要一类的著作,约有50余部。其中著名者如张国淦的《中国古方志考》、王重民的《中国善本书提要》、骆兆平的《天一阁明代方志考录》、崔建英的《日本见藏稀见中国地方志书录》、陈光贻的《稀见地方志提要》等。其中份量最大的是吉林省地方志编委会和吉林省图书馆学会合编的"中国地方志详论丛书"(每个省、自治区、直辖市为一种)和金恩晖、胡述兆主编的《中国地方志总目提要》,全书 600 万字,收录方志 8577 种,每种方志有 400~1000 字不等的内容介绍。是目前收录最多、篇幅最大、提要最祥的方志工具书。

其四,是编成方志专题资料汇编、方志专题索引,旧志论述序跋凡例选录、旧志辑佚等多种。各种专题资料汇编,约有 70~80 种,规模之最大者如北京天文台组织全国 300 多人参加编成的《中国天象记录总集》和《中国天文史料汇编》,中国社科院近代史研究所编成的《中国地震资料汇编》,中国农业科学院遗产研究室编的《方志综合资料》《方志分类资料》《地方志物产》,丁世良、赵放主编的《中国地方志风俗资料汇编》,宋正海主编的《中国古代重大自然灾害和异常年总表》,黄苇主编的《中国地方志历史文献类编》等。方志专题索引较大者约在 10 种以上,如朱士嘉的《宋元方志传记索引》,福建师范大学方品光编的《〈福建通志〉传记兼艺文志索引》《福建七十五种方志传记兼艺文志索引》,吉林省图书馆编的《东北地方志人物传记资料索引》,沈宏、王蓉贵编的《中国地方志宋代人物资料索引》等。旧志辑佚方面有刘纬毅《汉唐方志辑佚》,李裕民《山西古方志辑佚》,黎传纪、易平的《江西古方志考》等。此外还有若干方志工具书的出现,如黄苇主编的《中国地方志辞典》,董一博为主任的编委会编的《中国方志大辞典》,来新夏主编的《中国地方志综览》等。

其五,是流散域外志书的引回。新中国成立之后,对流散域外中国地方志书的引回,做了大量的工作。20 世纪 80 年代以前,由中国科学院、北京图书馆从日本以胶卷摄制回来的方志有 100 多种,这在《中国地方志联合目录》中已有著录。新一轮修志开展之后,通过私人关系引回的,据笔者所知又有:厦门大学明清史研究专家傅衣凌先生从日本东洋文库复印回来的(隆庆)《惠安政书》;厦门大学林仁川教授从荷兰莱顿大学汉学研究院复印回来(乾隆)《鹭江志》;杭州大学陈桥驿教授从美国国会图书馆复印回来(乾隆)《越中杂识》,又从日本宫内省图书寮以缩微胶卷引回(康熙)《常山县志》、从日本东京大学东洋文化研究所引回(光绪)《新市镇再续志》、通过其在美国学习的研究生乐祖谋从美国斯坦福大学图书馆复印回(康熙)《象山县志》、通过其在日本的研究生钟翀君从京都大学复制回(顺治)《秦州志》；在美国任教的王伊同教授从哈佛大学图书馆复印的(崇祯)《江阴县志》，通过侨眷章紫女士带回；宁夏社科院吴忠礼先生从日本京都大学图书馆翻拍引回(宣德)《宁夏志》；广东也有(嘉靖)《程乡县志》通过私人引回。

通过学术等相关单位引回的则有：1987 年新疆社科院在与日本学者的交流中，接受日本学者片冈一忠先生赠送的《林出贤次郎携来新疆乡土志三十种》一书(其中有 4 种是《中国地方志联合目录》未著录者)；广西的(万历)《滇粤要纂》，50 年代北京图书馆已从日本通过胶卷摄制回来，1991 广西社科院历史研究所通过前来实习的日本留学生菊池秀时，再次复印回来。

由于对流传海外而国内已经缺藏的中国地方志书的情况还不是十分了解，故引回的任务重到什么程度尚难估计。中国地方志指导小组在 2005 年 7 月举行的全国地方志系统旧志整理与开发利用的一次研讨会上，已经正式提出了要"逐步开展国外收藏的旧地方志的引进、整理与出版工作，力争在若干年内编出一本反映国内外收藏旧地方志的目录或提要，为研究者提供指南"。

其六，是旧志的整理出版。由于省市县级方志机构都进行了这方面的工作，成果的具体数字很大，一时难以统计。其中部头较大的有明代的《八闽通志》、清代《台湾府志三种》、(嘉庆)《广西通志》、(光绪)《山西通志》、(民国)《重修浙江通志稿》、(民国)《江西通志稿》、(民国)《西藏志》、(民国)《续云南通志长编》、(民国)《河南新志》、(民国)《河北通志》、(民国)《江苏通志》、(民国)《北京市志稿》等。

五、开门修志，广泛吸收各方面专家参与，实行众手成志

一部志书的修成，往往有数百人参与。一些省、自治区、直辖市和一些省会城市和省辖市的志书，参与的人更多，有的超过千人。除了地方志办

公室的专职人员和特聘的编纂人员之外,还有众多资料收集者及专业志、部门志、乡镇村志的修纂者。除了域内众多人员的参与之外,不少志书还注意与域外的交流与协作。

其中特别值得注意的是吸收各方面专家的参与,或聘为顾问,或聘请参加审读志稿,参加志稿评议。有一些专业性较强的专志,则是由专家,甚至是众多的专家编纂而成。如 1997 年在全国地方志第二次评奖中获奖的《甘肃省志·农业志》,在参加撰稿的 53 人中,属省农业科技部门、省农业科学院、甘肃农业大学等 15 个单位具有丰富实践经验的农业专家、教授就达 30 多人。《陕西省志·农牧志》就是由省农牧厅一位年近七旬的资深老专家牵头,组织西北农业大学和农业科研机构共 80 多位教授、副教授,历时数年完成的。《四川省志·地理志》由西南师范大学、四川省地矿局、四川省气象局、中国科学院成都分院、西南农业大学、四川师范学院等 150余位专家通力合作完成。《浙江省科学技术志》在编写过程中,组织了近百个单位的 462 名学者、专家参与。直接撰稿的有 220 人,编写资料长编的207 人。参加评稿的更有不少一流的专家,如中国科学院院士、浙江大学朱祖祥教授,中国工程院院士、浙江大学岑可法教授等。

专家、学者参与修志,不仅保证了志书的质量,有利于志书科学性和学术品位的加强,而且大大提高了方志的社会知名度。这是一条很值得重视的成功经验。

第六节　新志书的数量与质量

一、新修志书的数量

截至 2005 年 11 月的统计,全国省、市、县三级志书已正式出版 4808部(其中省级志书的专志 2176 部、市级志书 261 部、县级志书 2371 部),这还只是总规划 5445 部的 88.8%。加上其后出版原规划的志书,以及第二轮修成出版的志书，至今总数当已超过 5000 部。除了纳入国家规划的三级志书外，乡镇志、村志、街道志、机关志、学校志、工矿企业志、公司志等各式各样的"小志"，其数字更是惊人。据 1993 年出版的《中国新方志目录》收录，截至 1992 年底已出版（包括内部印行）这类志书 9500 余种。如果按该书的收录标准，至今成书数不会低于两万种。

二、新修志书的总体质量

当代所修的志书，与历史上的志书相比较，有许多特别之处。不但在体例上有所创新，而且记述内容极为丰富，科学性和学术性方面也大为增强，总体上大大优于历史上的旧志。

首先，这一代志书记述所含时段长，社会发展五个形态的内容都有。既有刚经历过的农奴制时期、农奴制向封建地主制过渡时期、封建制时期、半殖民地半封建时期和中国特色社会主义初级阶段的近期情状的记述，也吸收了大量当代考古方面所获得的新资料，将志书记述的上限大大前推至原始社会、奴隶社会，比旧志追记得更远、记述得更具体。

其次，大范围地集纳当代学术研究成果，有的更写成了很具价值的学术专篇。如新疆《巴音郭楞蒙古自治州志》记载的楼兰卷、甘肃《敦煌市志》的敦煌学卷、山西《运城地区志》的关公文化卷、浙江《绍兴市志》中的绍兴师爷、堕民章等，都被学界视为是该门学问研究的总结性成果。各省省志中的"社会科学志"，更是注意追溯社会科学每一门学科在该省的发端，历史发展轨迹和现状，各学科研究中的学术观点、学术思想、学术成就、学术地位、社会影响和作用，反映了各学科最新的重大研究成果，俨然是一个省的学术发展史专著。

其三，不少志书中集纳了颇能反映事物发展规律的有价值的系统资料。如《山西通志·气象志》中所载的《山西气象灾害历史年表》，收录了从公元前 730 年到 1995 年约 2700 余年山西地区主要气象灾害资料；江苏《如东县志》中所载《如东邻近地区地震年表》，从所列资料颇能体现该地区的地震有一个"平静——活跃——平静——活跃"的规律,每一活跃期一般为 20~30 年,每一平静期多在 30 年以上。

其四,志书的综合性大大加强,很多志书中除了概述和篇、章、节的无题序言注意综括之外,还设有专门的"综述"卷、篇,如"经济综述"、"政治概述"等。

其五,创出了一些新的志种。如城市区志;诸种新型的合志:政区与水域的合志(如《巢湖志》),政区与军制合一的市、师合志(如《农八师垦区与石河子市志》),同级政区志书的集合体(如《浙江名镇志》《浙江名村志》《江苏名镇志》《江苏名村志》),一些省市专门的市场志等;还有同类专志的集合体,如记述大范围学校群体的"学府志"等。

其六,出现了诸多反映新的社会内容的新篇目和新专志。如专记环境与生态内容的环保志、专记科学技术发展情况的科技志、专记女性这一社会群体的妇女志;跨越政区范围的《长江黄河澜沧江源志》《唐蕃古道志》《黄土高原志》等;两大区域之间的关系志,如《穗港澳关系志》《闽台关系志》等。

其七,新技术的引入,如影视版志书的出现。不少志书文字版出版之后,又制成光碟,图文、声像俱全。

其八,大大地改变了中国志书地域分布的格局。历史表明,直到清康熙年间,从东北的黑龙江到西南部西藏的沿边地区,在修志史上依然是一片空白。其后,这些沿边省份才开始有志书的修纂。尽管如此,直至民国时期,各地修志的发展仍是极不平衡的。新中国成立近 60 年来,尤其是 20 世纪 70 年代末以来的修志中,除西藏自治区开展稍晚之外,其他边远、民族地区都是与全国同步的。据中国地方志指导小组办公室编《中国新编地方志目录》统计,全国 5 个自治区中,内蒙古自治区志已出版 11 部分志;广西壮族自治区的《广西通志》已出版 49 部分志;宁夏回族自治区志已出版 14 部专志;新疆维吾尔自治区的《新疆通志》已出版 32 部分志。全国30个自治州中, 有 15 个修出了州志;8 个盟中有 6 个修出了盟志;117 个自治县中,有 82 个修出了县志;49 个旗中,有 28 个修出了旗志;3 个自治旗的旗志已全部修成出版。又以今划定的"西部地区"的 11 个省、区进行统计,已出版省(区)级志的分(专)志 315 部,地、市志 236 部,市、县、旗志 555 部,城市区志 34 部,合计出版三级书 1140 部,占全国已出版三级志书总数的 32.1%。边远民族地区的志书中,有的除了全国通行的汉文本之外,还出版了一批以少数民族文字出版的志书。过去在东北、西北和西南地区很少见的乡镇一类的志书,也开始大量出现。于此可见,中国地方志的分布格局,已经大大改观。

三、仍需重视的几个问题

新中国成立 50 多年,尤其是近 20 多年来,方志事业所经历的道路虽有曲折,但终于将中国方志事业推向了一个更高的新层面。无论就修志规模之宏大,修志高潮期历时之长,修成志书数量之多,质量之提高,方志理论之进步,对方志体例方面探索面之广,方志机构之建立健全,取得组织方志工作经验之丰富,以及方志工作之正式立法,走向制度化、法制化的诸多方面,都是历史上不可比拟的。

当然以科学的态度对待,用我们已经认识到的志书应有标准进行检查,就会发现,少数志书中存在一些带共性的欠缺,值得认真总结和吸取的教训依然不少。总体说来,有这样的一些方面:

1.继续革新修志观念。一些志书中,表现出思想认识不能与时俱进,往往以一些僵化过时的政策、法规和政治信条,作为衡量和评价人物或事件的标准。如个别志书中,简单地以姓"资"姓"社"来对待事物;对"三大改造"毫无保留地持完全肯定的态度;仍以计划经济的观念来看待生产,追求数量,忽视经济效益等。这些非科学的是非观念的存在,都影响了对事物的正确认识和评价。有些志书在运用旧志书、旧史书资料时,往往有直接抄来的痕迹,甚至造成思想观点的错误。

2.要坚决克服形而上学的表现。其表现是思想的绝对化。早期出版的有些志书中存在"三个一"的现象:"解放前一团漆黑"、"解放后一片光明"、"三中全会以来一帆风顺"。对解放前有好的也不敢提。最明显的是对抗日战争的记述,不是以事实为依据,而是想当然地把"国民党政府实行不抵抗政策,国民党军队节节败退"等话语,变成了记述公式。对新社会的记述则多报喜少报忧,记挫折、失误和经验教训则不足。最典型的是对"三大改造"、"反右斗争"的记述,几乎都是套抄《关于建国以来若干历史问题的决议》,不作具体的据实记述。关于1949年以来重大政治事件的记述,硬要遵守"宜粗不宜细的原则",其负面影响在不少志书中都有表现。一些志书对人物存在履历表式、鉴定式、悼词式的"三式"写法。

3.**重视记述经济建设的同时,加强人文社会生活的记述。**一些志书中,经济方面的内容过于膨胀,在内容比例上有的达到百分之四五十,个别的甚至是百分之六七十。人文内容受到挤压,出现了如有的学者所指出的"经济繁荣,人烟稀少",写成经济志了。

4.**综合性志书一定要淡化部门志的痕迹。**由于综合志书的编纂,多由各部门承担初稿编写或提供资料,故往往把专业志写成了部门志的集合,每个都小而全;部门管不了但实际属于本专业的东西就不写或少写。如关于青年、妇女、工会方面,只写了青年团工作、妇联工作、工会工作,而对青年问题、妇女问题、职工问题以及社会犯罪问题、就业问题、治安问题,还有社会结构等,都很少写,有的甚至基本没有写。不少志书记人民生活,只记人均收入,而实际存在的贫富差距的问题很少道及。

5.**志书一定要突出地方特色。**不少志书取材多局限于党政部门的档案资料,而少面向社会的调查资料、口碑资料。对于志书,一般群众觉得它资料多,专家又觉得它资料少,读来都不过瘾。对事物的发展过程记述得简单笔直,没曲折,只有结论、结果,缺少过程。缺少鲜活生动、反映个性的地情资料,使人有"千志一面"之感。

6.**一定要消灭"硬伤"。**"硬伤"表现之一,是数字差错明显,行文中互不兼顾,往往前后矛盾,文、表不符。表现之二,是有例不依或遵例不严。有的志书凡例不完整。即使有了比较完备的凡例,运用起来也有依例不严,随意违例。表现之三,是事物归类失当。有的志书中,将作物的害虫也归于"资源"之中,把反动会道门也归于"宗教"之类。表现之四,是存在缺项。一是一些不该去掉的传统篇目去掉了,如基本上都没有艺文志、金石志之目。金石方面往往以在文物志中例举几条以为代替。艺文变成单纯的"诗文选辑"。有的将其纳入"附录"。既使许多该收的收不进来,又使附录内容过于庞杂,不胜其重负。二是多数志书没有索引,动植物没有二名记述。三是多数志书都不注资料出处。

所有这些,都是在今后志书的修纂中值得改进和提高的。

第七节　方志理论的创新与发展

一、方志理论的创新

按照传统的观念,所谓方志工作就是编纂志书,仅此而已。在这新一轮的修志实践中,这种观念已被突破、更新。首先是突破了"志书"等同于"方志"的观念,实现了将"方志"由编一本书到一项社会事业的跨越。在20世纪70年代末80年代初,大规模修志兴起之初,不少人对方志工作的理解仍是"一本书主义",即如有人所概括的,是组织三、五个人,花三、五万元钱,用三、五年时间,编出一部三、五十万字的志书。但在修志实践及研究中,人们逐渐认识到这种传统的观念,实际上是将"志书"与"方志"涵义,也就是将方志的"表现形式"与方志的"运动形式"搞混淆了,把志书的性质与方志的性质等同起来。

在实践中,人们逐渐认识到,由方志的特性导出方志的内涵:方志是人们对一地客观世界的知识体系。这个知识体系包括:一套认识观念、观点,即方志观;一套研究方法;一套表达形式。广义的方志,应当包括方志工作、方志理论、方志成果、方志应用。方志工作又包括行政工作和业务工作两个方面。方志理论包括方志观(方志认识论)、方志方法论、方志成果、方志应用理论。方志成果主要是指志书、年鉴、旧志整理、方志理论文章和专著等。对于方志观念,有人归纳有四个方面的更新:一是由临时任务观念变为长期事业观念;二是修停相间观念变为持续发展的观念;三是为修而修变为为用而修的观念;四是由单一效益变为综合效益观念①。又有人提出了地方志事业应该包括 5 个方面的内容,即地方文献的整理和收藏;地方志书的编纂;地情研究;地情信息收集、储存与检索利用;地情宣传和地情咨询服务②。

正是因为有了这样的认识,才有了方志立法、方志机构的常设、方志馆的建立和地情中心等的出现。

二、方志理论的发展

关于方志理论的新发展,概括起来,有如下几点:

1.对方志功能归纳出"存史、资治、教化"的"六字经"

从现在能见到的旧方志序跋和相关的理论著作之中,人们可以看到,此前的先行者们对地方志这种著作功能的表述是各式各样的。存在的诸多说法中,到底以何说为是?是否应当有一个比较科学的概括?在继承前人这些思想资料的基础上,后人能否前进一步?这是新中国这一代方志工作者面临的课题。近 20 多年来的方志论著中,出现频率最高的用以表述方志功能的是"资治"、"存史"、"教化"的六个字三方面。这三个方面,前人都有从不同方面分而述之者,但在前人的研究所得的基础上,归纳成这六个字三方面,则是我们这一代的修志中才正式提出来的。这是对先贤们各类卓见的综合、归纳、提炼,也融入了这一轮修志初期的实践探索所得。

其经过大体是,1982 年 10 月,武汉市志办形成了一个《武汉市地方志编纂工作纲要(草案)》,这是当时全国较早出现的一个编纂工作大纲。在这个《纲要》中,归纳、综合了同年 5 月在武汉举行的中南、西南九省地

---

① 韩章训文,见《黑龙江史志》1998 年第 4 期。
② 黄勋拔文,见《中国地方志》1995 年 6 期。

方志研究班和地方志整理、编纂工作会议上专家们的看法,率先提出了方志功能的"六字"说:即资治、教化、备查。当时未公开发表。至1983年3月,在一次研究《中国地方史志通讯》刊物问题的小型会议上,武汉市志办朱文尧就此向与会者请教。不少人都发表了意见。其中董一博建议要改四个字,即"资治"改为"资政","教化"改为"教育","备查"改为"存史"。朱文尧只接受了将"备查"改为"存史",其余未改。此后,"资治、教化、存史"六个字遂流传开来,被人们加以沿用①。

对于这个归纳,其后虽也还有不同的看法,在方志刊物及相关的论著中,不时地有驳议性的文字出现;也有人从不同方面试图进行补充、修正,如山西省社科院艾斐研究员于《沧桑》2000年二、三期合刊上发文,提出地方志有五个方面的功能:忠实记录史实、鉴别优劣得失、构筑文化基座、弘扬人文精神、服务变革现实。林衍经在《中国地方志》2001年第6期再次提出,在资治、教化、存史之外,还应增加"兴利"的功能;也还有就这三句话中,谁主谁次,排列上孰先孰后的问题之议。但毕竟多数人都认为,在还没有更合适、贴切的归纳出现之前,这是目前比较满意的了。这应当是这一轮修志中最先得出的一项重要的理论收获。

2.明确地提出地方志书要反映忧患意识

地方志就是志地方。一地之地情,自然是既有优势,也有劣势。但是在中国方志发展过程中,尤其是魏晋南北朝的门阀氏族制度盛行阶段,为了服务于世家大族,在带有地方志性质的郡国之书中,形成了一种夸耀地方的习惯。在那些书中给人一种印象就是,人皆圣贤,地皆乐土。所以唐人刘知幾在《史通》中评价说:"郡国之记,谱牒之书,务欲矜其乡里,夸其氏族。"受这种风气的影响,所以夸饰地方就成为了地方志书中的一种通病。

有鉴于此,后世有识的方志学者已经注意到,志书在反映一地优势的同时,也要反映其劣势和存在的隐忧。有的人甚至在自己的志书中夹进长段的议论,为民呼吁,以期引起当政者的重视。尽管历史上不少的方志编

①《广西地方志》2001年第2期。

纂者,都在自己所编的志书里,记述了现实中堪忧的诸多现象,但并没有人将"忧患意识"作为一种方志思想正式提出来。直到这一轮修志中,才由山西《阳城县志》主编刘伯伦先生首次提出。他这种认识的产生,源于两个方面:一是源于中国旧志中的传统。他认为,爱国主义是中国方志一个思想源泉,而忧患意识又是爱国主义的组成部分。二是源于对现实的悉心观察研究。他认为,作为以"资治、存史、教化"为己任的地方志,要敢于正视中国潜伏着的诸种危机:人口的压力,使中国人民的有限生存空间受到了严重威胁;自然生态的不断恶化和环境的严重污染,已危及 13 亿中国人的生存;当时的全民"经商热",导致的农业危机和教育危机,也动摇着我们的国本;党风不正和物价飞涨,严重地降低了党的威信,影响到改革开放的正常开展。更令人堪忧的是,我们已经出版的一些新志书,对这些现实存在的问题没引起足够的重视,只写优势,不写劣势。写经验和成绩是锦上添花,浓墨重笔;写教训和挫折则是蜻蜓点水,敷衍了事。因此,他于 1993 年的一篇文章中,最先提出了"与其危机在后,孰若警钟在前;只有正视危机,才是克服危机的正确途径","只有具备忧患意识的知识分子,才配作方志工作者;只有深谋远虑、高瞻远瞩之人,才配作志书的主编"①。为了实施自己的主张,在他所主编的《阳城县志》中,多方面地体现了这种思想,将该志写成了唤起人们忧患意识的一个范本。

值得注意的是,刘伯伦的这种主张不但反映了不少人的共识,而且很快就得到了方志界的赞同,其后不少的志书中,都体现了这种意识。

3.爱国主义思想的进一步拓展和升华

爱国主义是中国地方志中一个传统的主题。早在图经阶段,唐人贾耽就因为陇西州县设于吐蕃,朝廷失去管辖,故专门"绘布陇右山南九州,具载河所经受为图,又以洮、湟、甘、凉屯镇额籍、道里广狭、山险水源,《别录》六篇、《河西戎录》四篇"②。其用意就在于为朝廷恢复失地,用兵经略

---

① 刘伯伦:《忧患意识与地方志编纂》,见刘伯伦文集《方志新议》,海潮出版社 1994 年版。
② 《玉海》卷十五。

作参考，表现了作者期望国家统一的爱国思想。北宋乐史撰《太平寰宇记》，对于已为石敬瑭割给契丹的燕云十六州，也列名加以记述，表示了不忘恢复统一之意。欧阳忞撰的《舆地广记》，同样记述了当时不在宋朝统治范围之内的燕云十六州等"化外州"。并不是他们不经意地违背了"越境不书"的原则，而是要表明一种不忘故土，不忘收复失地，经略中原的心绪。南宋时，因为北方大片土地失陷于金，一些爱国的文人学士，除了投笔从戎、执戈参战者之外，有的就是通过修纂地方志书的方式，用以激发乡邦人士爱家乡爱国家、为国出力的情怀。这种传统，一直延续到近代。

　　当代所修的志书虽然多数都是统合古今的通志，但其记述的重点则是从1840年以来近一百多年的历史。这是中国遭受帝国主义列强疯狂侵略的历史，更是中国各族人民前赴后继、誓死抗争、反对外来侵略的历史；尤其是在抗日战争中，中国人民的民族精神发挥到了极致，也是斗争最为惨烈的阶段。自修志工作一开始，层层领导都要求要将志书写成爱国主义的教材。各地的志稿评论中，也将此作为衡量志书思想质量标准重要的一条。因此，无论东西南北的修志中，都程度不同地体现了这一主旋律，抓住了革命和爱国这根主线，在志书中作了较充分的记述。一些地方也确实在这方面下了较深功夫，注意了发掘这方面的内容，并有所拓展和突破。如上海的宝山县基于此地历为江海要冲、国防前线，历史上多次遭外敌入侵，这里都是重要的战场，故在写反对外敌入侵这一篇时，就进行了反复研究。除了下大功夫收集相关资料之外，就是考虑以什么样的立足点确定卷名。是用"外侮志"还是"御侮志"就颇费了一番思考。在讨论中，逐渐统一到一点上，即中华民族的民族性格就是不畏强暴，在外敌侵略面前，历来都表现出高度的爱国热情。近代以来虽然大都以失败而告终，但是从未屈服。认识到"外侮"与"御侮"两者的提法，虽只一字之别，立意却差异甚大。明确了此卷的立意，不能只写敌人的残暴和凌辱，更要写出中国人民的浩然正气和奋起反抗的光荣传统。在这一卷中，既要写敌人入侵之无理，又要写中国人民抗敌的决心；既要写战争的惨烈，又要写中国军民在艰苦条件下赤心报国的气概;既要充分暴露敌人的残暴,更要写出国人不畏强暴、奋起反抗。不应记成单纯受屈辱的灰色场面,更要写成吹响火红战斗号角的正气歌。最后确定了用《御侮志》的卷名,就是对传统的爱国主义思想的进一步升华。

此外,将不畏艰险,世代相承地开发祖国的自然资源,改造祖国的山山水水;以自己的努力,不断丰富和发展中华民族的物质文化财富,为人类做出贡献,也作为爱国主义加以体现。尤其是在海峡两岸间隔,祖国统一大业尚待完成的特殊历史时期,不少志书中都注意了体现台湾自古以来就是中国领土不可分割的组成部分,两岸同胞同根同源的骨肉亲情。将促进两岸交流,反对"台独",推动祖国统一进程的人和事,都纳入爱国主义的范畴,这些都是对爱国主义内容的拓展。

4.对"详今略古"传统原则的扬弃

"详今略古"是一切史类著述的一条通则。它是受人们所面对事物的认识和了解程度所制约的必然。历来在修志中也坚持了这条原则。在这新一轮修志初期,由于有的地方在执行这条原则时,不明何为"古",当略,何为"今",当详,因而一些志书(稿)中出现了"详今无古"、"详今虚古"的现象。开始时人们只注意在古今的划分上下功夫。如1984年6月的全国五部县志讨论会上,就提出应当对"古"和"今"作出解释,认为所讨论的几部志书中其所以出现新中国成立以前的资料偏少,主要出在对"古"、"今"的划分上。主张以1840年以前为"古",以后是"今",这个"今"就包括了近代、现代和当代,如果只把当代视为"今",就会把近代、现代视作"古"而略去。早期修出的一些志书中,对新中国以前的史事记述不充分,与这种理解不无关系。

面对这种情况,一些方志工作者开始了进一步的探讨。1988年7月,峨眉县志办骆坤琪在《四川地方志通讯》第3期上发文提出,应当以志书断限来区分。"今"是指断限之内,"古"则是断限之外。如果不加区分地笼统提"详今略古",不但不科学,且易造成混乱。1989年12月,魏桥在浙江省地方志第四次工作会议上所作的《八年修志的回顾及今后设想》讲话中,首次提出了以"详今明古"代替"详今略古"的主张。所谓"明古",就是不能采取简单化的对待历史,而是要求用严肃的态度,审慎地对待历史资料,把历史上发生的事尽可能弄个明白,弄清事物的发端、发展和变化,而不是一问三不知。以后他还多次申述了这一主张。

"详今略古"与"详今明古",这两个提法,虽只是一字之差,但在内涵上却有很大的不同。"详今略古"包含的是"量"的区分,而"详今明古"则是"度"的把握。对人类社会事象的记述,很难用"量"的多少来区分详与略(在讨论中,确实有人曾提出过古今分量在志书中应当确定一定的比例),但却可以在一定的"度"上加以把握。志书中对古代部分的内容,只要达到说清当时的情状,就可以说是适得其度了。这个提法的出现,在修志界有较大的影响,以后有些志书就把它写进了自己的"规划"或"凡例"之中。

在其后的实践中,各地还在继续探索,并有所发展。如1993年12月出版的《东阳市志》的修纂中,就进一步发展为"特点所在,重点所在,规律所在,价值所在",就是当"详之所在"。著名方志学家黄苇先生是不主张将新方志修成断代志的,而是主张要"统合古今"。在当时讨论气氛的推动下,他将自己尚未正式出版的《方志学》中的一节先行在《上海修志向导》1991年第3期上刊发。文章提出,"统合古今"和"详今略古"是修志的惯例,必须强调"详今略古",但不能"详今无古"、"详今虚古"。方志记事载人,可略而不可断,其上限不宜作硬性规定年份,应从实际出发因人而异,因物而异,要尽可能往上追溯,直到源头。又有人认为,"详今略古"这个口号不具有普遍性,如在自然灾害记述中,就不应当"详今略古",而应当"古今俱详"。有的主张应视具体情况而定,当详则详,当略则略,不必有古今之分。古事之重要者,过去记载又略者,今则不能不详;今事之琐屑者又何必详?如果当地多年未修志,上接古事,其间距离较远,则古亦不能不详。尤其是有些从未修过志书的少数民族地区,古事更应当尽可能地详,并举出一些少数民族地区的志书,因采入特有的历史资料而成为志书的亮点。

5.由"秉笔直书"到"实事求是"

在 20 世纪 80 年代头几年的修志中,大家都尊奉秉笔直书的传统,认为这是表明志人品德的重要标准之一,必须坚持。当时对"秉笔直书",强调的是不要为长官意志所左右而"御笔行事"。其后在实践中又有"存真求实"的提出。"存真求实"比"秉笔直书"已经进了一步。因为"秉笔直书"只是直书秉笔者的所见,而这种所见可能有不反映本质的的虚假现象,所以未必都"真"都"实"。而"存真求实"则要求避免假象的渗入。但是单提"存真求实",还是使修志者在实践中遇到扞格,即遇到一些不能、或暂时不能进入公开发行的志书之中的一些事的处理问题,避之则不实,采之又不能。"实事求是"的提法正是在这种困扰中出现的。"实事求是"的完整含义是,从事实出发,求索真相,不夸大,不缩小,正确对待和处理问题。在求索真相这一点上,它与"存真求实"是一个意义,所不同的是它比"存真求实"多了了"正确对待与处理问题"这一层意思。

"秉笔直书"与"实事求是"在内涵上也是相同的,都要尊重历史,不能歪曲事实,但在外延上却有区别。所谓实事求是,就是从事实出发,求得真相,求得正确的结论,并给以正确的处理。它要求不唯书,不唯上,不唯定论,而唯实。它比"秉笔直书"和"存真求实"都更为完善,且具有可操作性。以秉笔直书与实事求是相比,"秉笔直书"要求的是据实的写照,它比掩盖真相、歪曲历史的做法是难能可贵的,故它成为中国历史的优良传统。但它也有局限性,主要是没有笔录者更多的主观选择。对于单纯记录资料来说,这是最高的标准。在修志中如果严格按"秉笔直书"来处理,只能是原始资料的汇编和堆积。而对于志书运用资料进行编纂来说,就显得不够了。志书是通过对资料的分析、研究、综合、提炼、选择和编纂,形成反映本质、体现规律的科学性资料著述,显然单靠据实记述的"秉笔直书"是不够的。只有实事求是的态度,就是从事实出发,反映事物的实质和规律才有可能。"秉笔直书"有如拍照,"实事求是"则如进行绘画创作和摄像。绘画者可以对目击的事物有选择地入画,摄像则可以进行剪辑,拍照则没有这可能。

6.从"述而不作"到"述而有作"

"述而不作"一语源于孔子的《论语》。其本意是说只记事实,不加评论。后被引入方志编纂中,成为方志记事的一条传统原则。当代修志中加以继承,称为"述而不论",并在实践中加以了发展。先是将"寓褒贬于叙事之中",即"寓论于述",作为检查是否符合志书体规范的标准之一,后又发展为"述论结合"、"述而有作"。

其探讨过程,最先是1983年4月来新夏在《中国地方志通讯》第2期上发表《关于地方志编写工作中的几个问题》一文。其中提出地方志与历史文章不同,历史文章可以发表个人见解,地方志则不允许这样,它不能按自己的意见,"成一家之言"。它对史事的记述应该是寓论断于叙事之中,在事实讲清楚的情况下,把编纂者的论点自然而然地渗透进去,融为一体。1984年11月在中国地方志指导小组委托湖南举办的全国省志评稿会中,接受了这一提法,称之为"寓论于述"。它在相当长的时间里,成为各地修志中所共守的原则。所谓"论"就是编纂主体意识的体现,是对所述事物阐发己见,表达观点,作出评断。这些观点和评论,来源于编者的认识水平和判断能力,要求论之有据,言之成理。"寓"是体现观点的方法,是编者把从资料分析研究中得出的理性认识,再返回到资料的筛选、组合和记述中去,即用资料说话。"寓论于述",是对"述而不论"的补充和完善,无论从内容的深度和表述的准确性方面,都超过了"述而不论"的范围。这样的提法,一度成为志界的共识。

但探讨并未就此而止步。就在来新夏文章发表两个月之后的《中国地方志通讯》第3期上,顾炳权发表的《略谈黄炎培与〈川沙县志〉》一文中,提出了"议论未必不能施之于志,只要运用得当,是完全可行的"。1989年8月,胡嘉楣在《黑龙江史志》第4期上发表《加强方志著述性,提高志书质量》的文章中,更明确地提出了要改"述而不作"为"述而必作"。认为所谓方志的著述性,即指在编纂者的主观意识支配下,集中表现于方志的整体性、理论性、资料性和导引性。整体性即方志的概括性;理论性即方志的点睛立意;资料性即方志的学术价值;导引性即方志的锲入纵深。四性之要皆发轫于纂志人的主观意识,故应当摒弃纯客观记述,改"述而不作"为"述而必作"。只有鼓励编纂者"破门而出",站在存真求实的立场上,高视雄踞地议论、点拨,以揭示事物的本质规律、横陈门类的因果联系,才能赋予新方志以强大的思想力量。

进入 90 年代以后,要求突破"述而不作"这条原则的呼声更有增强之势。1991 年 6 月,江西分宜县志办王建成发表在《中国地方志》第 3 期的《"述而不作"析》,举出大量实例说明,自来史、志都是述而有作的。志人应当在"作"字上做文章,研究如何"作",且作得更好,作得更活。认为"述而不作",降低了地方志的地位和作用,至少有"是非不明"、"因果不彰"、"规律不见"、"真假难辨"等四大弊病。

如何"作"法呢? 重庆市志办余楚修在《中国地方志》1996 年第 5 期上,发文试图来进行探讨。他认为,就整部志书而言,并不排斥议论,但以记述客观史事为其根本任务的志书本体部分,是不应该有议论的。在本体部分中,虽也要反映编纂者的观点和倾向性,但是要将观点和倾向性隐藏起来,并且隐藏得越彻底越好。志书的议论可以出现在《概述》之中,也可以出现在《后记》里,甚至在篇前、篇后、篇中亦可以有议论,但必须遵循三条原则:一要分得开。志书不宜采取夹叙夹议的手法,一定要把客观的记述,同主观议论严格区别开来。二是要联系得紧。志书中的"论"总是要以记述事实为基础,"论"要与所记的史事紧密相连,切忌离开史事空发议论。三是议论要"精意深旨",切不可作泛泛之论。

有人则认为,志书要褒贬是非,总结经验,揭示规律,就应当可以画龙点睛,可以以事论事,可以夹叙夹议,应有点睛之论。旧史志中尚且有"太史公曰"、"臣光曰"、"异史氏曰",我们今天对真、善、美与假、丑、恶应有更鲜明的态度。适当的议论,可以提高志书的档次,增强志书的深度与力度。更有的认为,摆脱"述而不论"羁绊的新方志,将会更有作为,更趋完善,更富于实用价值。魏桥在一篇讨论续志的文章中,提出了"述而精作"。他认为地方志中该当以"述"为主,也不应排斥"作"。一是"作"于修正传统的错误观点;二是"作"于揭示地情和人情的基本特点;三是"作"于志书的总体设计;四是"作"于志书的篇章设计,注意志书规范化的同时,突出自己地方的特点也是一种"作";五是"作"于志书篇、章前的无题小序①。

如果说前述的这些所论,都还限于理论上的探讨,那么,有的志书主编,不但这样认为,而且在自己主编的志书中加以实践,并作为经验加以介绍。如1993年8月出版的《西充县志》主编李仲华认为,修志不能泥古不化,应大胆破除"述而不作"的禁区,在志书中"有时记事言理,述而有作"。1994年12月出版的《枣强县志》主编步进,在其志书中实行"亦叙亦议,叙中有议"。志书完成出版任务之后,还准备编出《枣强县志》寓议于述一百例。1997年出版的《桐梓县志》在"凡例"中,申明其编写原则之一,是"主著述,辅纂辑,述而略作,作必合道"。该志主编胡大宇认为,"述而不作"的提法太武断。他们的"述而略作",就是在关键部位予以适当点拨,以补资料于反映规律方面之不足。当然这个"作"的原则和掌握的"度",只能是符合客观实际,合乎客观规律,这就是"作必合道"。这个"道"必须以精当为原则,必须做到观点正确,立论有据,文字处理精练,切忌冗言,而且只能神龙偶见,绝不泛滥,做到添一字太多,减一字太少。常常可能是一字见规律,一字定褒贬。他们的这一主张,很快就为不少评论者所首肯。

7.从"越境不书"到"越境可书"

地方志记述内容的地方性特点,衍生出"越境不书"这条准则。在封闭的小农社会里,这条原则是行得通的。但在已经由小农经济为主过渡到当今的以市场经济为主的社会,由"越境不书"发展到"越境可书"是历史的必然。"越境可书"并不伤害方志地域性的特征。因为它仍是以本地域为大本营,其记述的中心、重心、主体仍是本地。其所写的越境内容,仍然是以本地为依托、为圆心的辐射性记述,辐射源仍在本地,仍由本地的统摄和

---

① 魏桥:《续志三思》,载《内蒙古地方志》2000年9月。

制约①。当代修志中创出了不少成功的例子。安徽《桐城县志》在记述桐城文派时，就记到桐城人方苞、刘大櫆、姚鼐分别在山东、湖南、扬州、南京等地讲学时创立这个学派的经过。其后，这个学派分别在江苏、湖南、福建等地产生支派，而且漂洋过海，东渡扶桑。如果严守越境不书，对桐城派的记述就只能是支离不全的。一些志书的华侨志，往往要写到华侨在世界各地的创业发展情况。今天不少的跨国企业，如果不写其在外的分公司，也是不完整的。

8.关于志书质量标准的探讨

使自己的志书成为良志、佳志，是编纂者争取的目标，成为合格志书则是起码的要求。那么志书的质量标准何在，对一部志书的质量水平如何界定？是修纂者不能不清楚的，这是在修志中讨论比较热烈的一个问题。张伯伦于《方志研究》1990年第2期发文，曾提出考察志书（稿）质量的七个方面：一是要反映历史的全局；二是要反映历史的轨迹；三是要恢复被抹杀的历史；四是要澄清被篡改的历史；五是要有历史的突破；六是要有历史的填补；七是要有历史的警觉。张景孔在同刊1994年第2期发表的《新志批评散论》中，提出对新志评论的五条标准：一是是否坚持马克思主义实事求是的思想路线和运用辩证唯物主义、历史唯物主义观点；二是体例结构是否科学合理并在继承优良传统的基础上有所创新；三是内容和资料是否丰富翔实；四是是否突出反映了地方特色；五是文字、图表和印刷是否精炼、精当与精良。欧阳南轩在《史志文萃》1992年第1期发表的《对当前方志问题的几点思考》中则提出，评价一部志书优劣的最基本标准不在其他，而在史料的客观实在性程度。如果要把观点是否正确当成评价志书好坏的基本标准，那么就一定会出现为某一事物达到一种所谓定型观点去寻求素材，与这个观点相适应的就采用，甚至"引进"、臆造，反之就丢弃。这样志书就会出现全国统一的一个政治化公式：解放前一片黑暗，解放后一片光明，"文化大革命"一事无成，中共十一届三中全会以后

① 单辉：《新方志变革途径》，载《黑龙江史志》1994年第4期。

一帆风顺。李明、薛兴祥在《中国地方志》1993年第5期《试论良志标准》中,提出了良志五个方面的特征(五条标准):一是"独创",即体例上要有所创新;二是"辩证",认为众多事物经历了几种不同的社会形态,即使在同一社会形态中,也是错综复杂的,充满着地情与国情、古与今、新与旧、正与误、是与非、革新与守旧、前进与曲折、宏观与微观、相对与绝对、质与量等等矛盾,因此,对各种事物的记述必须持辩证的观点,分析的方法,正确处理好各种矛盾,切忌片面性;三是"精确",要求精确性要最大限度地提高,特别是"硬伤"要接近于零;四是"美观",其美体现在多方面,如结构美、运事美、文字美、风格美、色彩美等;五是"实用",实用性越大,它的价值就越高,生命力就越强。

1993年5月广西通志馆举行的方志质量研讨会提出,衡量志书的质量,可以从各种角度列出许多条标准,但最根本的一条,是看它是否正确反映了地情。这就要求志书所提供的资料应当准确、全面、系统,符合它所记述对象的客观实际。志书载录的每个事物定性定量准确,没有时间、空间、人物的误差,这是记述的起码要求。但是只有各单个资料的准确,志书不一定就能达到高质量。只有将各单个准确的资料组合起来,形成一个全面的、系统的有机整体,才能鲜明地反映地情特点,反映优势与短处,反映历史的发展变化,看到事物的兴衰起伏,并从资料中(不是从编者的议论中)看到某些相应的因果关系,这样的志书才是真正的高水准。

1993年4月,中国地方志指导小组办公室向全国发出的全国新编地方志优秀成果评奖办法的通知,其中提出评奖五条标准,被一些论者认为是当代良志的五条标准:一是指导思想正确,能贯彻马克思主义实事求是的思想路线和党的方针政策;二是志书的体例结构科学合理,在继承旧志优良传统的基础上有所创新;三是志书内容丰富,资料翔实;四是能够较好地反映地方特色;五是文字精练、流畅,图表运用得当,印制及装帧精美。

上述诸种标准的提法,虽未达成统一,但关于志书质量要求的基本方面都已提了出来,这也可以视为当代修志的一项理论收获。

第八节　方志体例的探索与革新例说

在方志体例创新方面也取得了若干成果。

一、"概述"成为志书中的一种体裁

在当代所修的志书中，除了 20 世纪五六十年代探索阶段出现的志书，以及 80 年代初期极少的几部外，其余的数千种社会主义的新志书，都设有"概述"（或称"总述"），而且是志首的重要组成部分。

"概述"，不是当代修志者的发明，它在方志中的出现，可以追溯到民国时期，也就是 20 世纪 30 年代。民国 24 年（1935），王维屏撰《江阴志略》，其卷一是"导论"，卷二是"概述"。次年黄炎培纂《川沙县志》设有"导言"和"概述"。同年，殷惟龢纂成《江苏六十一县志》，也首列了"总述"。对这几部志书稍作分析便可发现，当代志书中的"概述"，就是黄志"导言"和"概述"内容和名称上的结合。即取其概述之名，摄其导言内容之实。

在本轮修志中提出全志要设概述，最早是 1981 年 7 月在山西举行的全国首届地方史志学术讨论会。在这个会上，提出了省、市、县志编修的三个建议草案。在省志草案中提出，"按省志卷次，一般首卷为总述（或称概述），系提纲挈领、综合叙述一省今昔之轮廓，各业之全貌及其发展的总过程，为省志之纲"。除了列入篇序这一点之外，其内容要求与后来各书对全志概述的理解已基本一致。在县志草案的基本篇目中，首篇也是"概述编"，设计其下辖 5 卷，即历史大事记，建置沿革，区域、区划，县城、乡镇，人口、民族等。这只是一个县最基本的情况，与后来对全志概述的理解和要求则相去甚远，按照这种理解，最初出现的几部志书的概述，其内容大体都只是建置沿革、疆域区划、自然地理、社会风俗、人口姓氏等，而略了政治、经济、文化等内容，显然存在着以偏概全的不足。至 1984 年在北京举行的五部县志讨论会时,才逐渐达成共识,明确全志的概述,应是总揽一地之全貌,集其大要精华,沟通各部类联系,反映特点、规律等。

以这样的认识为指导,在其后的实践中,摸索出了概述的多种写法。如有人归纳出的全书内容浓缩式、地情特点串连式、史纲式、策论式、诸体综合式的五种写法。在一些志书中,不但全志有概述,各大部类及篇、章之前,也多有概述,如大类前的经济综述、政治综述、人文综述等。概述不但在当代修志实践中被广泛应用,而且成为固定的一种体裁。这是当代志人在旧志的记、志、传、图、表、录六体之外,又创增了一个"述"体。

二、"大事记"的革新

运用编年方法记述史事,在中国史学当中是由来已久的传统了。远者如《春秋》《左传》和各种正史中的帝王本纪,以及司马光的《资治通鉴》,还有《续通鉴》和《明通鉴》等都是。对于这种体裁在方志中的最早出现,方志界还有不同的说法。一种认为是南宋绍熙三年(1192)曹叔远纂的《永嘉谱》(永嘉,今温州),另一种意见认为是从南宋嘉定七年(1214)高似孙编纂的《剡录》(即《嵊县志》)而开其端。本书则追溯到唐代的《瓜沙两郡大事记》。此后的志书中,多有沿其例而设专篇记一境之大事者,于是方志中便有"记"的一体。旧志中的大事记,名称虽有多样,但基本上都是采用编年体的写法。当代修志中,则出现了编年体、纪事本末体、纪事本末与编年结合体三种体式。

一是编年体。编年体是一种将历史事件按年、月、日时序排列的写法。这种类型的大事记,在新志书中占绝大多数。纪事本末体的特点,就是以历史事件为纲立目,而后按时序展开记述。将编年体与纪事本末体的大事记略作比较就会发现,这两种体式,各有优长也各有不足。编年体的大事记,最明显的优点是时序脉络清楚,记事简明扼要。但也存在很大的局限,最主要的就是严格按时序一事一记,往往造成一事分为多条,同一事件割裂,使其首尾不相连贯。尤其是记一些重大事件,寥寥几句话,难以写清其发生、发展、变化、结局、作用、影响等。纪事本末体的大事记，虽然弥补了编年体记事割裂、首尾不贯的弊端，但它也有自身的不足，最主要的就是一事一记，难以表明同一时段发生的各类事件，看不出各个事件的相互联系和影响的关系，且不可能事无巨细列目过多。

所以，在 70 年代末启动的新一轮修志开始不久，大事记写法的改革就被提了出来。如中国地方志指导小组副组长梁寒冰早在 1985 年就在江西的一次讲话中指出："我去年看了一个市的大事记，完全是编年体的写法，像一本流水账……对今天的生产和建设毫无意义，只有查考作用①。"正是在这种呼声的推动下，修志中对大事记的写法和处置，在继承传统的前提下，进行了多方面的探索和试验，可以说是出现了一个多花并放的局面。

二是纪事本末体。1990 年 10 月出版的湖北《枝江县志》，设篇名为"大事纪略"，是从 1866 年到 1985 年的诸多事件中，选取出 65 件，每件都在一个小标题下述其因果始末。这是纪事本末体的大事记。同年 12 月出版社的《湖北省志·大事记》是从 1840－1985 年中，共选取出 685 条。其中，新中国成立前的是纪事本末体，每条一事，每件事都首尾毕具。新中国成立后的，则用编年体。在一部志书中，两种体式这样分法交用，是旧志中未曾见过的。

三是编年体与纪事本末体的结合体。可以把这种体式称之为大事记在内容和体式上的两分法。主要形式就是分为"大事编年"（或称"大事年表"）和"要事纪略"两大部分。有些志书中除了"大事记"和"要事纪略"之外，还在诸如政党、政权篇中，设立"重大斗争纪略"、"重大政治运动"，在经济部类中设"生产关系及经济体制改革"等，分述减租减息、土地改革、三大改造、实行联产承包责任制等等。这种从篇目的文字在形式上，看不出是大事记的组成部分，实际上也是大事记两分法的一种变体。

此外，有的志书的"大事记"中，还创行了纳入大量图、照的做法。如1996 年 11 月出版的《绍兴市志》的大事记中，就编有 60 张图、照。有实

① 载《江西地方志通讯》1985 年第 4－5 期合刊。

物、建筑和人物活动的照片,有原件拓片和书影等。这样做既避免了多数志书将图、照完全集中于全书之前,造成远离文字内容的不足,又增强了大事记的学术价值,提高了学术品位。

三、史志合体的志书

史志关系,在方志史上是长期讨论的一个问题,说法也多多。有谓史志互补者,有谓史与志相互发明者,有谓史与志相表里者,有谓志举史之全者,有谓志为史之遗者,有谓志为史之余者,有谓志为史之隅者,有谓志为史之流者。这些说法,都是要说明史、志之有别。当然亦有谓志为史者。

无论是持史、志之有别、无别,甚至认为志属于史,但在写法上如何区分,如何结合,实际探讨的并不多。在当代修志中,则大胆地提出了引史体入于志书之中的主张,并加以实行。在一些志书中或称史略,或称历史沿革,或称历史纪要。除了置于志首代替全书的"概述"之外,更有另立为专篇的。最典型者有三部志书。一部是 1993 年 12 月开始分册出版的钱成润主编的云南《楚雄彝族自治州志》。该志在《自然地理》篇之后设有历史沿革,下分三部分:(1)"简述",简略记述其历史大要;(2)是该篇的主体部分,包括"远古至西汉初期"、"西汉中叶至唐朝初期"、"南诏大理国时期"、"元明清时期"、"清末及民国时期"、"中华人民共和国时期"等 6 章 26 节,记述了从元谋人起,到改革开放、建设中国特色社会主义的百余万年的历史;(3)附录《大事年表》。

另一部是荀德麟主编 1995 年 12 月出版的《淮阴市志》。其所设的史略,分为古代的淮阴、近代的淮阴、现当代淮阴等三章 15 节,共约 10 万余字,是目前所见一部市志中用史体述论分量之最大者。还有一部就是 1994 年 8 月,开始分册陆续出版梁冰主编的内蒙古自治区《伊克昭盟志》,全书共分 6 册,至 1997 年 12 月出齐。是志除概述、大事记之外,设立了历史纪要一个专卷,置于区域建置、辖区简介之后第三卷的位置,以 10 万字的篇幅,分先秦时期、秦汉时期、三国两晋十六国时期、隋唐时期、五代十国宋辽金时期、元明时期、清民国时期等 7 章,记述了自夏商而下至中华人民共和国建立以前近 4000 年伊克昭盟这个地区的历史。将历史悠久、独特而又头绪纷繁的这个地区的历史轮廓,勾画得十分清楚,这对于该地区有史以来第一部志书而言,是很有必要的。有的评论者称,这种做法,是"史志共向发展",是"取史之长为志所用的有益尝试"。

四、图志(图记)又以新的面貌重新成为方志大家族中的一员

在中国方志的发展史上,曾经有过一个"图经"的阶段。图经是以"图"为主,附有说明的文字,叫做"经",合称为"图经"。可能由于技术上或其他一些什么原因,后来修的"图经"中,"图"逐渐减少,说明的文字越来越多,直至最后就变成以文字为主,图反而降到附载的从属地位,有的甚至基本无图了。到了清代和民国时期,以"图经"命名的志书虽然还有,但已经很鲜见了。更多的是图经成为了志书中的一个卷、篇。

当代修志中,又出现了一种新式的图文结合的志书。从形式而言,也是以图为主,附以文字说明,类似旧式的图经。但绝不是古代图经的照搬,而是在继承的基础上有了很大的创新和发展。出现专记某一历史事件的图志,如 1986 年出版的《"西安事变"与第二次国共合作》,1991 年出版的《"九一八"事变图志》,1995 年出版的《甲午战争图志》,中国历史博物馆编的《清代民族图志》等。也有反映一个地区历史与现状综情的综合图志,如 1989 年 12 月出版的《建德古今图记》,1992 年 12 月出版的《天津近代图志》,1994 年 6 月出版的《慈溪市图志》,2000 年 1 月出版的河北《临西图志》等。

《建德古今图记》以 274 幅彩色照片,衬以少量(只有 2 万)文字,直观、生动地反映了建德设治 1700 多年的历史,新中国成立 40 年来的变化和改革开放以来的现状。内容分为概述(含有图片 3 幅)、严陵问古、今日新安三大部分,下设 16 个门类。这本以照片为主的图志,除了一般画册所具有的直观性、形象性、艺术性之外,更强调资料性、真实性,强调艺术性

服从存史价值。是书出版后,被评论者称为是"编纂以图片为主的新方志的一项新的探索"①。

如果说《建德古今图记》以照片为主,还看不出与古代的图经有多少继承性的话,那么《慈溪市图志》则表现了对古代图经明显的继承性。除了市、县级的综合图志之外,还有省级的图志,这便是福建、浙江两省先后编纂出版的。1998年8月和1999年9月,《福建省志·自然地图集》《福建省志·普通地图集》相继出版,它构成了《福建省志》中的特色卷本。

浙江省志丛书中的《浙江省情地图集》(1999年1月出版),实际是浙江省志的一部图体概述。这部图集中所收的图共分四大类:第一类是序图类,包括浙江省政区图、历史沿革图、地势图、国民生产总值图、产业结构图、城乡人民生活状况图等,共9幅(其历史沿革包括元、明、清、民国四幅);第二是专题图类,包括人口、气候、矿产资源分布、森林资源分布、水资源分布,到医疗卫生图、名胜古迹分布图等23个专题共27幅;第三是市县图,包括全省35个市、39个县以及《杭州西湖—黄山旅游图》1幅,共72幅(其中绍兴、金华、衢州均为市县合为一图);第四是城镇图,包括全省32个市、33个县的78个镇共87幅。这些图的特点是形象直观,资料丰富。

其后又有专门的"照片志"的出现。《天津通志》中就设有"照片志"一个分志。来新夏认为,这是当代的新图经,把志书内容专以照片来表现,以图作史,在整个方志史上具有里程碑的意义,是中国方志体式上的一个创新。1999年4月苏州市出版的《老照片》也属此类。

在图志、照片志基础上进一步的发展,就是编制成声、像兼具的地志,先出者如福建省的《晋江》《龙岩地区地方志》《龙岩市地方志》《永定县地方志》《武夷山市志》,湖北省的《历史文化名城——江陵》,江苏省徐州市邮电部门编制的《古彭鸿雁》等录像片。继之者便是影视版与书面文字版并存的出现。陕西省地方志编委会于1996年专门下发了一个《关于摄制新编地方志影视版的通知》,1997年该省第一部县志影视版——《黄陵》

---

① 载《浙江方志》1991年第1期封三。

（《黄陵县志》）即已制成，并在全国第二次志书颁奖会上演示。一些省的省志出齐之后，也相继制成文字、声、像兼具的省志光盘。人们从《河南省志》的光盘中，就能聆听到常香玉的豫剧唱段。

五、新"三宝体"的出现

"三宝体"是旧志中的一种体式。其得名源自《孟子》"尽心"篇中的一句话，"诸侯之宝有三，土地、人民、政事"。旧志中有一种将地情划分为土地、人民、政事三大类进行记述的，人们称之为三宝体。这种体式在明代较为多见。但由于它的结构过于简单，各种社会事物很难机械地分别纳入三大类之中，故这种体式就是在明代也并不盛行，清嘉庆以后就很少见了。

在当代修志中，一种经过改造的新的三宝体又重新出现。它经历了一个较长时间的酝酿和探索的过程。在修志之初，曾出现了要改变旧志重人文轻经济内容格局的一个口号。这个口号应当说正击中了传统旧志的要害，是完全正确的。但是在执行过程中，却出现了矫枉过正的毛病。经济方面的内容过于膨胀，人文内容受到挤压。这种现象的出现，引起了一些方志工作者的思考。有人从地情大类的划分上找原因，认为应当将自然和社会的两分法，改变为自然、人和社会的三分法。于是便有新三宝体的出现。

标志新三宝体正式出现的，是1993年3月出版的河北《冀县志》和同月出版的浙江《东阳县志》。前者的居民篇包括人口、姓氏、方言、宗教信仰、风俗、人民生活6个专志，与人物相联，置于志书的后部，成为一个专门的部类。这种居民篇后置，有照顾人物传后置传统习惯之意，但因此而造成整个居民部类后置的格局，使人感到还有可商榷之处。在这方面，《东阳市志》显得更果敢。该志除志首和志末之外，其主体部分按四大部类来排列：（1）环境——包括政区、自然环境、灾异；（2）居民——包括居民、方言、民俗、人物；（3）基础设施——包括土地、水利、交通、邮电、能源、城乡建设；（4）社会——包括经济、政治、文化。其中的三、四两大部类其实可以归并为社会一大类，这样整部志书的基干部分就是环境、居民、社会三大块,一种完整的新三宝体志书就正式出现了。将居民部类置于自然和社会的结合部,正体现了先有自然,而后出现人类,人类创造了社会,同时也改造环境的辩证关系。

随后出版与《东阳市志》属同一模式的志书还有:1995年10月出版的新疆生产建设兵团《农七师志》、1996年10月出版的浙江《文成县志》、同年12月出版的黑龙江《黑河地区志》。河南巩义市的一部村志——《白沙志》,也属于这一种体式。1996年12月出版李传授主编的四川《大足县志》,将人口、人物、社会、方言和建置、自然地理,合并成为"环境与社会之部",与"经济之部"、"政治之部"、"文化之部"平列为四大部,大体也属此类。

六、正续合编的特殊作法

对于地方志这种著作的基本特点,有人归纳为四点、五点,甚至更多的点。其中的连续性,都是共同承认的,这一点是它类著作所不具备的,它是由方志本身性质所决定的。地方志是一定区域历史和现状的记述,地情总是在不断地发展变化,总有新的内容可记,而且必要记。正因如此,所以志书所记的下限与地情发展存在差距这个矛盾总是存在的。解决这个矛盾的一个办法,就是对志书的内容随时进行续补,这就是一个地方的志书有一次次重修和续本出现的原因所在。

历史上无论是正式重修或续补前志,还是随时进行零星添补,都是由成书之后的人来做的。而当代所修的志书中则采取了更为特殊的做法,出现了由志书的编修者自己进行续补的做法,这就是将志书统一的下限之后,至正式出书之前的地情内容,作补充记述,纳入本志之中。这就出现了许多正篇和续篇合编出版的志书。这些续、补部分的名目和形式,起码有下述的几种类型:

(1)续志类——在志书中设立"续志"、"续编"、"续记"、"增篇"等篇目;(2)志补类——有"志余"、"志补"、"补记"等名目;(3)志存、备稿类——将所补志书下限后的内容写成"备稿"。浙江《镇海县志》将县志下限至撤县设市期间的内容,分别写成《镇海区志备稿(1986-1991)》和《北仑区志备稿(1986-1991)》。江西《石城县志》在附录中设《志存》一篇;(4)志后类——这一类是补记志书下限后史事的一种简单做法,采用这种做法的志书也最多。有称为志后简况的,有称为限后大事记要、要事纪略的,有称为限外辑要的;(5)增记类——如上海《徐汇区志》的下限是1990年,"增记"则是记1991至1995年区内改革开放、发展经济的重大举措和成就;(6)限外拾要类——如山西《岚县志》设"限外拾遗"等;(7)概述、大事记的时限延伸,也属于自续的性质。

古代修成或出版一部志书的时间不太长,社会发展变化也相对缓慢,所以当时修成的志书都有明确的断限,在短时间内用不着立即进行续、补。当代修通志,时间夸度大,内容多,一部志书之成到出版,往往要六七年,甚至要十几年。志书虽然也规定有下限,但志书下限到志书修成,往往要隔若干年,下限与志书正式出版的距离更长,这种矛盾更为突出。当今社会发展迅速,尤其是改革开放以来,面貌日新月异,新生事物层出不穷。一个地区几年之内,甚至一两年之内,也会变得叫人难以相识。作为用志的人,都希望了解最新的情况和新的经验,以便进行各种各个不同层面的决策。为了避免现实与断限的脱节,尽量给读者提供近期的资料信息,在志书中尽可能地摄入新的资料,反映新的情况,就是社会的共同需求。了解了这样的历史背景和现实,对于志书中这种正、续合编的出现,就很好理解了。

如果说以上所开列的这些还只是带有正、续合编的性质的话,那么河南《商丘地区志》就是一部更完全意义上的正、续合编的志书。《商丘地区志》始修于1982年,至1996年8月出版上、下两册。志书的下限是1985年。当时商丘地区和全国一样,尚处于改革开放的初期,各方面的改革刚刚起步,虽已初见成效,但整个社会面貌变化还不是十分明显。从志书下限至志书正式出版的12年间,是商丘地区改革开放大刀阔斧进行的12年。1996年出版的一部志书,居然缺了如此重要12年的内容,不能不说是一件很大的憾事。以杨子健主编为首的修志一班人觉得,仅用前述各地弥补性的做法,已难于济事,于是从 1998 年 5 月开始,至 2003 年 10 月,又修成出版续卷一册。与原出版的《商丘地区志》合成上、下、续三大卷,各卷占三分之一的篇幅,合成一部完整的地区志。

志书出版后又写成续编的例子还有《宁波市志外编》《青州村镇大观》《滨州市小康村志》《招远市村庄简志》等。

七、志书构架上多系列的出现

旧时的志书也有系列,不过那只是由行政建置形成的自然系列,如总志、通志、府志、州志、县志等。在当代修志中则出现了志书的多种形式的系列。除了各省、市(地)、县组成的三级志书系列之外,还有同一政区简、繁结合组成的系列,如浙江有"省志、省志丛书、简志"系列,即由一部"《浙江省志》精编本"与"分则独立,合则系列"的"浙江省志丛书",再加"浙江简志丛书"组成;南京市的做法是先修一部《南京简志》,继修南京市志丛书,而后形成一部《南京通志》,也成系列。1999 年中国地方志指导小组副组长王忍之主编的"中国优秀地方志简本丛书"第一集出版,使一些县志也出现了繁、简两个本子。还有形成纲目系列的,如上海市是"一纲三目"的系列,以一部约 2000 万字的《上海市志》为纲,下分上海市县志系列丛书、上海市区志系列丛书、上海市专志系列丛书。山西省除了省、市、县三级志书外,还编纂出版了山西重点工程志系列丛书、山西省重点乡镇村志系列丛书、山西旅游景区志系列丛书等。一些地(市)级,甚至县级志书也有形成系列的,如河南《新乡市志》的凡例中说,市志为新乡市本体志,记述范围以市区为主,与所辖县、市、区的志书及市直各专业志、基层志共同组成新乡市地方志系列丛书,各有侧重,互有详略。山西乡宁县的县志出版之后,又决定以 5 年时间完成专业志和乡镇志的编纂,使之与县志形成"乡宁县地方志丛书"系列。

除此之外,还有各专业志自成系列的,如中国海湾志编委会编的《中国海湾志》就分 10 个分册,分记沿海各段海湾及重要河口;中国石油志编委会编的《中国石油地质志》分 16 个分册,分为总说、各油田、各气区、沿海大陆架油气区等;中国科学院植物志编委会编的《中国植物志》更是多达 80 卷,100 多个分册。

八、集撰著与纂辑于一炉

历史上修志中有撰著(著述)派与纂辑派之争。纂辑之法,是辑录、剪裁历史资料而成,"无一语不出于人","字字皆注所自出","无一字不注来历"。这在方志史上曾是主流派,所以许多志书都是这样修成的。而撰著(著述)一派则是清代章学诚才首揭派旗的。这一派的做法是,将所得资料加以融会贯通,用编者的语言自笔写出,"无一语不出诸己"。

当代修志中则有糅合了两派的优长,有汇著述与纂辑于一炉的做法。典型者如 1993 年 11 月出版的江西《临川县志》,在相关的章节之后,附有大量原始资料的节录和新形成的典型、系统资料。1996 年 9 月出版的《辛集市志》,在相关的编、章、节之后设有 49 个"附",共约十八九万字,几占志书总字数的十分之一。它们所附的,有早已成文的历史资料,也有本次修志中新形成的资料。这些资料的附入,与正文恰当地配合,极大地丰富了志书的内容。

第九节　具有代表性志书类型选介

本节就各种类型的志书,选择有代表性的一种,略作介绍。

一、可作为图集式省志概述的《浙江省情地图集》

由浙江省测绘局和省地方志编委会编制,虞乐南、金福新主编,于 1999 年 1 月出版的《浙江省情地图集》,为"浙江省志丛书"中的一种。虽未明确其为整部丛书概述的地位,但实际上可看作是"浙江省志丛书"的一部图体概述。图集中所收的图分为序图、专题图、市县图、城镇图四大类。第一部分图示了浙江省的政区、历史沿革、地势、国民生产总值、产业结构、城乡人民生活状况；第二部分图示的是浙江省的人口、气象、各种资源、产业、交通、各项社会事业以及名胜古迹等；第三、四部分，则是图示浙江省所属各市、县以及城镇。各图都有长短不同的说明文字，以市县图的说明较详，内容包括建置沿革、地形、水系、特产、风景名胜等。如平湖市幅的说明是这样的：

　　明宣德五年（1430）析海盐东北境武原、齐华、华亭、大易四乡，于当湖镇置平湖县，1991 年撤县设市。1995 年被命名为小康县（市）。

　　平湖地形属浙北平原，地势平坦，略呈南高北低状，平均海拔为 2.8 米，高差在 1 米左右。南境有天目山余脉，濒海而立，走向自西往东，为沿海天然屏障，陈山为市的最高峰。近海有大盂山、小盂山、外蒲山等，王盘山立于杭州湾。

　　平湖物产丰富，历史上有"金平湖"之誉。经济作物和特产有棉花、油菜籽、桑蚕茧、西瓜、圆青豆、糟蛋等。棉花是全省重点产区之一，油菜籽是传统经济作物，为浙江油料商品基地之一。著名特产西瓜，尤以戴家浜的"三白瓜"为最佳；元青豆为出口名贵大豆品种。糟蛋制作已有 130 余年的历史。水产养殖罗氏沼虾育苗产量为全国第一。工业有服装、针织、纺织、化工、印刷、电力等。平湖已进入全国农村综合经济实力百强县（市）和农村初级电气化县（市）行列。乍浦炮台、莫氏庄园是省级重点文物保护单位。乍浦海滨为游览胜地。

　　第三部分的市、县图，以图为主，图文结合的形式，与古代的图经颇为类似。整个这一部分，俨然就是浙江省所有市县的图经总汇。全书则是一种浓缩式的浙江省志丛书的概述。

　　二、列入省志专卷的一部湖志：《青海湖志》
　　谢佐总编，丁文超主编，1998 年 6 月出版，为《青海省志》中之第 8

卷。翻开中国方志史，人们可以看到，在传统的山水志之中，湖志是并不鲜见的一种。凡自然景观、人文景观较有特色的一些大小湖泊，历史上多数都有专门湖志的编纂。但像《青海湖志》这样列入省志系列的特别的湖志，却是历史上未曾有过的，它是在 20 世纪末的第一轮社会主义新方志编纂中，才出现的一部特殊的湖志。

说它之特，一是特在其规格之高。一个湖志竟列成了省志中的一个专卷，这是由此湖特殊的历史地位所决定的。它是世界上海拔最高的咸水湖，也是中国面积最大的湖泊。更为重要的是，青海建省就是以此湖而命名的。同时也是由其特殊的自然景观和人文特点所决定的，湖流域美丽的湖光山色，喧闹的鸟岛，辽阔的牧场，古老的寺院，独特的民族风情，凡此种种都决定了其他湖泊的不可比拟性。二是编目和记述内容之特。从篇目上说，除了一般湖志所共有的篇目外，本志还设有反映其特有事物的专章，如"鸟类栖息地"、"考察研究"（中华人民共和国成立前后的科考研究）等章。至于目一级之特者就更多了。如自然地理章中的冰川、冻土、沼泽、盐渍池等；生态环境章中的草原保护与沙丘治理、鸟岛的保护等。从内容上来说，在注意湖区及其流域范围内自然景观的记述，显示了居于"世界屋脊"青藏高原上的青海湖的成因、独特气候环境与水环境变化规律与现状的同时，特别加重了湖区与流域区内人文内容的记述。凡环湖地方的行政区划、建置沿革、民族与人口、城镇、交通、畜牧业、工业、农业、渔业、水利建设、名胜古迹、神话传说、诗画影视等，都有详细的记述。通过这些记述，体现了这一区域社会、人文历史发展变化情况，尤其突出了民族特色，显示了古代先民，特别是羌人以自己的勤劳和智慧创造的卡约文化等，这也是过去历史上任何一部湖泊志所不可比拟的[①]。

三、记述范围相对模糊的《长江黄河澜沧江源志》

韩荣主编，1996 年 9 月出版。"地方志，志地方。"至今所见的地方

---

① 徐锦华：《显山露水，高原增辉——喜读〈青海省志·青海湖志〉》，载《中国地方志》1999 年第 3 期。

志书所记述的无不有明确的地理范围。本志则是一部特殊的、记述地理范围相对模糊的志书，记述的是三大河流的源头范围。长江和黄河，是中国最大的两条河流，一南一北贯穿中华大地，被称为中华民族的母亲河，这两河及著名的国际河流澜沧江，均发源于素有"世界屋脊"之称的青藏高原来腹地。从政区来说都在青海省内，青海省亦因此而有"江河源"省之称。这部江河源志就理所当然地就被列为《青海省志》中的一个专卷。

正因为它是这样一部记述特殊地区特殊事物的志书，故其体例和篇目亦有别于其他的志书。除概述外，全书分 3 大章，第一章为长江源；第二章为黄河源；第三章为澜沧江源。各章之下再分若干节，详细地记述了各源区的水系、自然环境、资源、社会、经济、考察探险等方面的历史与现状。

正是这部志书，以现代科考资料数据，真实地揭开了三大河源地区长期以来的神秘面纱。长江有三源，水系最大，干流江源段达 630 公里，流域面积 10.27 万平方公里；黄河水系次之，干流河源段长 280 多公里，流域面积 2.09 万平方公里；澜沧江水系最小，源区内干流长度近 200 公里，流域面积 1.05 万平方公里。三个源区总流域面积 13.41 万平方公里，汇集了一级支流 444 条，大小湖泊 16500 多个。黄河源头海拔近 5000 米，长江源近 6543 米，故古人有"黄河之水天上来"、"长江通天"的说法。长江源区为整个江河源区的主体，位于青藏高原的腹地，总体地貌属高平原区，北有昆仑山，南有唐古拉山。区内还分布着多条山脉。唐古拉山千余平方公里内，高大雄奇的冰川雪山和世界上唯一的中低纬度的大面积多年冻土。黄河源区在巴颜喀拉山北面，属青藏高原东部，地貌类型除了山地河谷之外，还有以扎陵湖和鄂陵湖为中心的湖盆地貌。整个河源区气温低，四季如冬；降水量少，气候干旱，冬季多风，空气稀薄，含氧量少，气压较低，天气多变，一日之内往往晴、阴、雹数变。

江河源区资源丰富，包括土地资源、水资源、水力资源、矿产资源、野生动植物资源和和旅游资源，至今基本尚未开发。虽然如此，这一地区的人文内容却已相当丰富。志书的记述直追至远古而详于当代。至 1986 年的统计,江河源区有人口 33878 人,属长江源区的 14934 人,属黄河源区的 7144 人,属澜沧江源区的 11800 人。辽阔的草原上都有牧帐炊烟。兴旺的畜牧业,繁忙的交通运输,通过编纂者之笔墨一一呈现在读者的面前。尤其是流传于这里的许多古神话传说和历史遗迹,颇能引人入胜。关于江河源的科学考察的相关节内,追述了历代人们对长江和黄河之源的探索与认识,详记了新中国成立后,进行的科学考察情况及所取得的科研成果,是更为重要的科学资料。志书所设的三江源区总图和源区景物照片以及行文中所配的墨线插图、数据表等都有很强的资料价值。按照省志统一规定,分志不设大事记和人物传,本书采取以时系事、以事系人法,写入相关的节目之中。

是书一出,即受到学界的特别重视。在 1999 年 10 月 18 日举行的全国地方志书成果展览会开幕的当天,中国科学院赴青海考察的科考队,在临出发前的半天内,还特地赶来会场购得此书直赴机场①。

四、集一个省(区)语言文字大全的《新疆通志·语言文字志》

陈毓贵主编,2000 年 9 月出版。在中国传统的志书中,有专设语言志者,却无专设文字志者。所谓的语言志,记的就是一地的方言,故历来的志书中只有方言志之名,却无语言志之称。《新疆通志》中,首设了一部语言文字志。这样的设置完全是从新疆地情的实际出发的。新疆是一个少数民族聚居的地区,少数民族众多,境内有维吾尔、汉、哈萨克、回、蒙古、柯尔克孜、锡伯、满、塔吉克、乌孜别克、塔塔尔、达斡尔、俄罗斯等 13 个世居民族,加上东乡、壮、撒拉、藏、苗、彝、布依、朝鲜等共有 40 多个民族,少数民族人口占自治区总人口的 60%以上。

在漫长的历史发展长河中, 勤劳智慧的新疆各族人民共同创造了丰

---

① 杜文忠:《江河源景,荟萃一志——〈长江黄河澜沧江源志〉推介》,载《中国地方志》200 年第 1 期。

富的历史和文化,其中作为重要文化载体的各民族语言文字,是最具特色的绚丽瑰宝。据有关历史考证,曾经在西域繁衍生息的古代部族或民族有30多个,使用有30多种语言,主要有匈奴语、犍陀罗语、于阗语、汉语、焉耆-龟兹语、突厥语、粟特语、回鹘语、中古波斯语、吐蕃语、蒙古语、满语等。文字也有近20种,主要有汉文、佉卢文、焉耆-龟兹文、于阗文、突厥文、粟特文、叙利亚文、回鹘文、吐蕃文、摩尼文、波斯文、哈卡尼亚文、察合台文、契丹文、回鹘蒙古文、托忒蒙文、八思巴字、满文等。其中的突厥、回鹘语言文字和察合台文,对西域语言文字的发展影响相当大,使用的民族也最多;汉语言文字则在西域沿用了2000余年。现今的13个民族中,汉、回等民族使用汉语言文字;维吾尔、哈萨克、蒙古、柯尔克孜、锡伯、俄罗斯等少数民族有自己的语言和文字;塔吉克、乌孜别克、塔塔尔、达斡尔等少数民族有自己的语言。这些语言分属于汉藏语系、阿尔泰语系、印欧语系。在众多的语言文字中,有西域土著居民使用的语言文字,也有从境外传入而得以发展的语言文字。

志书共分7大篇:第一篇《语言文字》,分列8章:(一)西域语言文字;(二)维吾尔语言文字;(三)汉语言文字;(四)哈萨克语言文字;(五)蒙古语言文字;(六)柯尔克孜语言文字;(七)锡伯语言文字及满语言文字;(八)其他民族语言。其余6篇的篇目为:第二篇《管理与规范》;第三篇《调查与研究》;第四篇《文字改革》;第五篇《推行与推广》;第六篇《翻译与互学》;第七篇《机构队伍》,另加附录。编者坚持志书为资料性著述的原则,而不作学术性著述。除了重视语言文字本身之外,也重视语言文字工作,把语言文字工作作为政府行为来看待。单纯的语言文字内容相对较少,学术性的研究工作大多弃而少用,只记述研究的成果。故在书中,对古往今来在新疆使用过的语言文字作恰当的原汁原味的记述的同时,对语言文字工作的重大事件也一一加以记述。鉴于新疆古今地域范围的差异,上古西域古文字一直被历史的尘埃所掩埋,对西域史,尤其是对西域古文献资料的研究,国外先于国内,内地先于新疆的现实;又鉴于新疆文字改革尚

无结论的现实等难题，志书均作了恰当的处理①。

五、一部史志合体的内蒙古《伊克昭盟志》

梁冰总纂，全书分6册，自1994年8月至1997年12月出齐。鄂尔多斯是明代蒙古族鄂尔多斯部落与该部落驻地的名称，今内蒙古的伊克昭盟地域正是当时鄂尔多斯重要的组成部，也是其中心地带。一部电影《鄂尔多斯风暴》和"鄂尔多斯羊绒衫，温暖全世界"的一条广告词，曾使多少人对这块土地产生无限的神往。这部盟级志书以翔实的资料，给人解开了沙漠和草原深处所潜藏的粗犷、豪迈、神奇的难解之谜。

盟志为了记述本地地情的诸多特点，进行了大胆的探索。最有特色的是专设了一个历史纪要专卷。全卷以79个页码约10万字的篇幅，分先秦时期、秦汉时期、三国两晋十六国时期、隋唐时期、五代十国时期、元明时期、清民国时期7章，记述了自夏商而下至中华人民共和国成立前近4000年伊克昭这个地区的历史。在本届修志之初，曾出现过可否设立历史纪略专卷的讨论，有的志书将志前的概述写成了县史述略。但列为专卷，据笔者所见，除此之外则只有《楚雄彝族自治州志》和《淮阴市志》，本志是继楚雄志之后的第二部。这一专卷，为人们勾勒出了一个清晰的历史轮廓。原来在夏商周时期，生息繁衍于此的游牧部族已与中原地区的华夏族有交往；秦代在全国所设的三十六郡中，有榆中、九原等四郡与今伊盟之地有关；隋朝时，北方的东突厥为西突厥所逼而南下归附，被置于伊盟境内；唐太宗时分全国为10道，今伊盟之地分属6州，统归关内道管辖；从13世纪起，伊盟这块地方便与蒙古族紧紧地联系在一起；明朝于此先后设立9镇和许多卫所；明成化以后，蒙古族各部又重新回到伊盟境内；清入关统一中国之后，对蒙古族实行分而治之，蒙古民族作为中华民族大家庭的一员，其向心力更是越来越强。盟志在查阅大量资料的基础上，将这样复杂的历史内

---

① 陈云华：《〈新疆通志·语言文字志〉编纂丛议》，载《中国地方志》2002年第2期。

容，理出一个清晰的头绪，实属难能可贵之举。有一些方志学者称这是值得肯定的"史志共向发展"的产物。

除了本卷体例之特外，在编纂思想上也比同期出版的有些志书略胜一筹。明显的就是对地方特点的理解上，既写了地下资源丰富等自身的优势，也不讳言劣势。特别对其面临最大的沙漠化的问题也给予了充分的记述。盟内沙漠面积达 4 万多平方公里，占全盟面积的 47.95%。在其自然环境要素卷的地貌一章中，专设了沙漠一节；在自然环境质量卷内，又专列有土地沙漠化一章；在环境改造章中，亦把沙漠治理列为第一节。从不同的角度体现了一种警醒世人的忧患意识。在这些章、节中，特别从探求沙漠的成因中，指出除了自然的因素外，滥垦、过度放牧、滥伐采、滥猎都是不可忽视的原因。书中特别指出"垦荒种地又无防护设施，开荒一亩，沙化三亩，可谓毁草开荒，农牧两伤"的历史教训。

六、军事建置与行政建置合体的《农八师垦区与石河子市志》

黄登来总纂，1994 年 8 月出版。合体志书在历史上曾有两个政区的两县、厅县、乡镇合修之例。也偶有边镇合志之例，但极为少见。本志则是一个从事屯垦戍边的军事编制的农业师与一个政区市的合志，为历史上所仅有。这是由特殊的地情所决定的。

农八师，在组织建制上属于军队的编制，但在性质上又与正规军队不同。在这里，师、市是合而为一的，一个党委领导，职能部门合署办公，一个班子，两块牌子，接受自治区和兵团的双重领导。市是有明确行政区划的，面积 460 平方公里，当时人口 21 万。师则没有行政区划，但其垦区范围达 7529 平方公里，人口 54.9 万。两者同源而生，多数事物结为一体，一些事物又一体两制，史实难分。密切的历史渊源和特殊的体制关系，导致垦区与市形成工农结合、城乡结合、农工商一体化的经济结构模式和互为依托的经济发展区，构成师、市经济的两大支柱。形成互相帮助、支援、协调发展的局面。在城乡一体化建设中，垦区以石河子市为中心；石河子市以垦

新方志一瞥

区为辐射面。石河子市不是由原来只有 13 户小店铺的荒僻村镇自然发展起来的,而是垦区的兴起才推动了它的发展。农八师的大批工商企业、文教

卫生事业,单位在市区。这些单位既是农八师从事生产和社会活动的实体,又是石河子市建设的组成部分。市区居民中,兵团驻本单位的职工及其家属占 90%以上。他们同来自"兵",有着共同的经历,在生产斗争和社会生活中接受的思想教育、文化熏陶相同,采用的生产、生活方式相同,因而形成的几代人风俗习惯、道德风尚、民风民情相同或相近。

面对于此,志书写成了与历史上的合志大不相同的独特的新式合志。在篇目的设置上坚持以合为主,合中有分,完全打破师、市限制。对同类事物不论是师管的还是市管的,也不论谁多谁少,不分彼此地合在一起划项列目。根据实际情况也有分的,但在分级设目和记述时,尽可能地提高合设合记的级次,压低分的级次。能在目中分的,绝不在节中分;能在节中分的不在章中分;能在章中分的不在卷中分。在卷一级上尽量不分,以保持合志结构的协调和内容形式的统一。如建置区划,师、市各有范围,各有系统,不能合记,则采取了分记法。在建置区划卷内,先设为:"区域位置"、"建置沿革"、"行政区划"等章。章之下分为"农八师"、"石河子市"两节。又如"财政"章内,下设"农八师财务"、"石河子市财政"、"财务管理"、"国库券发行"、"审计监督"。章是合的,节里面前二节是分的,后三节是合的。个别事项也有独事独记的,如政权方面,市属的有人大、政府、政协等。属于

事业方面的有城市建设、税务、物价、邮电等,都采取独立设卷、章、节进行记述。全志102章中,有95章是贯通的。

本志从当地实际出发而设立了一些特有的篇目,给人以耳目一新的感觉。如垦区开发、新城创建、垦区与地方互相支援等卷,"军垦第一犁"、"崇尚绿化"等章,都是其他市县志所不可能有,也为其他农垦志所不可能有的。

本志是在中国有两千年屯垦史以来出现的首批屯垦志之一,它在诸多屯垦志之中,又因一个农垦师与一个新兴城市的特殊渊源关系,而编成师、市的合志。从书名到体例、篇目和记述内容之新、之特,都在志界受到特别的关注。凡读过此书的相关人士,无不肯定它是一部具有创新精神的特体志书。此志在1997年全国优秀志书评奖中荣获优秀奖①。

七、总体质量上乘的历史文化名城志:《绍兴市志》

任桂全总纂、何信恩、刘效柏副总纂,1996年11月出版,是绍兴有史以来规模最大的一部志书。全书45卷,247章,747节,5718个子目。正文544万字,索引74万字,收录图照966幅,表格398张。本志在编纂思

绍兴市志

想、编纂体例、编纂方法上都有所继承,有所创新,有所突破。在资料的系统真实、内容的深度和广度以及著述性较强等方面,形成了自己的特色。

---

① 黄登来文,载《中国地方志》1995年第4期。

绍兴是国务院公布的第一批 24 个国家历史文化名城之一。历史文化名城最重要的标志就是历史悠久,文化积累丰厚。本志为了体现历史文化名城这一最本质的特征,全书主要就是围绕"历史悠久,文化灿烂,人才辈出,经济发达"这四句话做文章。如为了反映文化灿烂,特别加大了文化部类的内容。全书 45 卷,文化部类占 15 卷,为全书卷数总量的 1/3,在文字安排上,文化部类更占到全书文字总量的 2/5。在"文化"篇中,分设了文学艺术图书、文物古迹、戏曲曲艺、艺文、报刊广播电视 5 卷。使有关文化内容,能够在较为广阔的范围之内,作较为深入层面上详细的记述。如在戏曲曲艺卷内,对越剧以及新昌高腔、绍兴莲花落等剧种、曲种都分章给以详记,每一剧种又从剧本、音乐、表演、舞美、团体、艺人、演出场所等方面,较充分地反映了各自的艺术形式和内容特色。为了反映人才辈出这个特点,书中特别加大了人物收录的分量,除了人物卷之外,还通过人口、社团、戏曲、文学、卫生、宗教、丛录等卷,从人口总体、人才群体、人物个体三方面作了立体的记述。全志立传者525人,以事系人者13619人。

为了提高志书的学术品位,志书还特设了两个有特色的专卷:名家学术思想卷、专记绍兴师爷和堕民的丛录。于前卷内,在广泛搜集资料和研究成果的基础上,按哲学、政治、经济、教育、历史、文学艺术、语言文字等学科,分门别类地记述了他们的主要学术观点、学术著作和对后世的影响。从古代的王充、王羲之到其后的"浙东学派",尤其是近现代出现的诸多大师级的人物,如蔡元培、鲁迅、马寅初、范文澜等,都给予了较充分的记述。这样让意识形态的内容入志,不仅丰富了志书的内涵,也提高了志书的学术品位。对绍兴师爷和堕民这两种在全国都有影响,而今又已消亡的历史文化现象,志书专设丛录卷,对绍兴师爷的源流、类别、学幕、幕道、游幕以及它在明清吏治中的作用和影响等,作了有史以来第一次系统的记述。对堕民也是第一次系统的记述,从它的起源、分布、职业、习俗到社会地位。内中还存录了一批有关堕民的圣旨、奏章、书契、调查报告等原始资料。这两卷尤其引起了学者们的极大兴趣，并得到他们的首肯。

是志收入的图照，不但数量多，品种也齐全，而且严格把握了其存史价值的标准。在配置上也一改多数志书都把图、照集中于卷首的做法，除了当代的彩照外，大多数的黑白图、照都尽可能地随文而出，图文结合，真正做到了图文并茂。就是在大事记中，也插入 60 幅之多，其中许多都是极具价值的历史图、照，如秦会稽刻石、唐代日本高僧进入越州的"过证"（护照）、太平天国时的"合挥"（结婚证）、蔡元培的殿试手迹等。

此外，卷章前的无题小序的写法，也颇得要领，真正做到了画龙点睛。

正是由于其资料丰富，特点显著，全面质量较优，故在 1997 年全国优秀志书评奖中，是唯一为专家们全票通过者①。

八、一种新三宝体的《东阳市志》

王庸华主编，1993 年 12 月出版。本志一经出版，即获得志界一致好评。《浙江方志》刊物曾设有一个专辑，集中刊发了 25 篇评论文章，这在本轮修志中是仅见的。这些文章除了肯定它观点正确、内容丰富、博大精深、特点鲜明、体例完备、文字朴实、图文并茂、装帧精美之外，多数集中在探讨其体例上的继承与创新，肯定了它是一部新型的三宝体志书。"三宝体"是旧志中的一种体式。这种体式的志书在明代较为多见，但由于它的结构过于简单，各种社会事物很难机械地分别纳入这三大类之中，故这种体式就是在明代也并不盛行，清嘉庆以后就很少见了。

在当代修志中，又出现了若干部这种体式的志书。它曾经历过一个摸索和逐渐形成的过程，主要的就是个体的人物，与群体的人群与全体的居民部类的靠拢到合并。在这当中，本志在做法上是最果敢的一部，因而也是最有代表性的一部。编纂者归纳东阳的地情是得天非厚，土地不多，人

---

① 任桂全：《努力提高地方志的学术品位——编纂〈绍兴市志〉的一点体会》，载《中国地方志》
　　1997 年第 5 期；孔令士：《历史文化名城的精品意识——〈绍兴市志〉读后》，载《中国地方志》
　　1997 年第 6 期。

均占地甚少。然而东阳人不为天然条件所限，勤奋过人，才华横溢，人才独丰，一改了传统所说的地灵人杰，硬是做到了"地瘠人灵"，成为了名符其实的人才之邦、教授之都、巧匠之乡。全书处处见物见人，以事系人，以绩带人，立传树人，将人的活动通贯全书。将当时许多志书中那种改变旧志重人文轻经济而矫枉过正的做法，来了一个正确的回归。

尤其为评论者们所肯定的是，它修成了一部新的三宝体的志书。该志除志首和志末之外，其主体部分分为政区、自然环境、灾异、居民、方言、民俗、人物、土地、水利、交通、邮电、能源、城乡建设，然后才是经济、政治、文化等类目。不难看出，它的内容是按四大部类依次排列的：(1)环境——包括政区、自然环境、灾异；(2)居民——包括居民、方言、民俗、人物；(3)基础设施——包括土地、水利、交通、邮电、能源、城乡建设；(4)社会——包括经济、政治、文化。其中的三、四两大部类其实可以归并为社会一大类，这样整部志书的基干部分就是环境、居民、社会三大块。成为了一种新三宝体的志书。将居民部类置于自然和社会的结合部，正体现了先有自然，而后出现人类，人类创造了社会，同时也改造环境的辩证关系。

说它是一种新的三宝体，新就新在其每一个部类中，都扩充了旧三宝体"土地、人民、政事"三类的内容。这里的政区、自然环境和灾异，远非旧体的土地一项所能概括；写人的部分，旧体中的所谓人民，也无非是官师、人物之类，本志真正写到全体居民，进而及至方言、民俗，也大大地超出了原来"人民"的内容；旧体的所谓政事，所记的更是旧志重人文轻经济的典型表现。而今新的社会部类，不仅包括了政治、军事、文化，更包括了人类社会最基本的物质生产和交换等方面。

九、一部有新编纂思想的《阳城县志》

刘伯伦主编，1994年11月出版。是书无论是在编纂思想，还是在方志体例的继承与创新方面，都有不俗的表现。正如当代著名方志学家傅振伦先生所言，该志"虽出于古而不泥古，有所革新；详于今而不略于古，事必溯其源,故能切合实用"。

在体例方面,首先是将多数志书均设的"概述",或作全志内容之浓缩,或述其提要的做法,一改而为"综说"。"不作浓缩全志的概述,而为纵观古今、横陈利弊的策论",迎难而上,写成了一篇策论的宏文。其次是承方志学大家章实斋之遗意,在正志之外,另设丛谈和文征。前者专门条述弃之可惜的人间佳话、奇谈趣事、故旧传闻和民间口碑,备载地方掌故;后者则专载有关乡梓具重要史料价值、可以辅志而行的原始文件,为后来修志者储料备征。多处在认真继承和吸收别处经验的基础上又有所创新。如为了体现科技兴国、兴市、兴县的新观念,而将"科技独为一篇,且置于前,以便体现其重要";将传统的大事记两分为要记和大事年表置于志后。在要事中,分别记述处于历史发展关键环节上的大事,如"十二月事变"、"大跃进"、"文化大革命"、"农业学大寨"等;以及虽不属历史关键环节,但在本地属大事者,如彭德怀五经阳城、赵树理在阳城、阳城史志工作座谈会等。在图照的设置方面,除了多数志书所共有的照片、地图、图形等之外,又增加了绘画图案,图绘了清朝以来阳城居民的衣服、帽子、首饰、发形、鞋样等 52 幅,反映了随着人们生活水平的提高而更新换代的演变过程,具有较高的存史价值。

在方志思想方面,最值得注意的,是书中一改了"溢美乡曲"的传统思想,强调了志书要反映忧患意识。本书主编

阳城县志

刘伯伦是在方志界最早、最明确提出地方志要反映忧患意识的第一人。他提出"只有具备忧患意识的知识分子,才配作修志工作者;只有深谋远虑、高瞻远瞩之人,才配作志书的主编"。他的这种思想在他主编的志书中得到了较充分的体现。就历史而言,书中记述了在日本侵略者入侵中国期间,阳城这么一个山间小县,也受尽侵略者的屠戮。县城及乡村屡遭敌机轰炸;敌军实行"三光"政策的"大扫荡",制造了多起惨案。县人被杀者达5649人,因饥饿而死者达4060人,损失近万人,几占当时全县人口的1/10。财产损失更是难以数计。以此无声的语言,唤醒国人莫忘国耻,为加强国防、反对可能的外来侵略而做好准备。

就现实而言,阳城在中国共产党的领导下,经过数十年的努力,尤其是改革开放以来,县貌已经焕然一新,人民生活水平有了很大的提高。但改革开放也并非一帆风顺,只有一片光明。书中列举了不少事例说明曾出现的问题。尤其指出对于阳城今后发展来说,令人堪忧的因素依然不少。如"阳城十年九旱,农业收成不稳;交通不便,电力不足,可利用的水资源低于全省平均水平,影响着经济的发展;日趋严重的环境污染,令人深为忧虑;人口素质不高,传统观念负荷较重,带来了变革的艰难"。还有决策者有时出现的决策失误,如只凭主观意志,不顾客观规律,遭受规律的惩罚;只顾眼前,不顾长远的短期行为。从所列的事实中,提醒人们值得引以为忧的种种因素是存在的,绝不可在已有的成绩面前盲目乐观。

在方志思想方面值得注意的还表现在人物入志的不拘一格。志书行文中所系的人有不少是平凡的"小人物",如汽车司机、厨师、理发师、修理工、个体业主和民间的能工巧匠。入传人物也不以职级为标准,不以正、反面人物而简单划线。

十、一部图经式的浙江《慈溪市图志》

周乃复主编,1994年6月出版。在中国方志史上曾有过一个图经的阶段,其特点是"图则作绘之名,经则载言之别",以图为主,加以相关的说明。其后图经逐渐被志书所取代。在本轮修志中，又出现了一些古代图经式的新型志书。本书是其中的最有代表性者。

全书以 62 幅地图、15 幅统计图、1 幅影象图及 18 万字的说明文字组成，并附载有交通、邮电方面的实用资料多种。地图中有 45 幅专业地图和分镇、乡的地图。每幅专业图后附有 3000 多字的记载资料，记述该项专业的历史发端至 1992 年间的发展概况；各乡镇地图后，则附政区沿革、人口、人民生活、农副业、工业、交通、邮电、商业、教育、文化、卫生和主要工厂企业简介，同时附记反映全市和各乡镇地方特色的专题资料，是在继承古代图经基础上的创新之作。陈桥驿教授为该书所写的序言称："从形式上说，《图志》继承了盛行于北宋的图经，这是我国地方志的古老传统。从内容上说，图志又不同于古代图经。古代图经的地图，是没有数值意义的示意图。而《图志》的地图，是以现代地图科学和测量技术为基础的计量地图。通过比例尺，图面上一切注记符号之间关系，都可以求得可靠的数值。把这种古老的志书传统继承下来，用崭新的内容使之成为一种富于科学性、直观性和实用性的现代志书，这称得上是地方志修纂中古为今用、推陈出新的范例[1]。"

十一、在前一轮新志基础上续修的《三河市志》

金城、刘亚寰主编，2001 年 8 月出版。是志虽因三河撤县设市的原因，名为《三河市志》，但实际仍是继 1988 年 12 月出版的《三河县志》后的一部续志。在河北省是首部续志，在全国也是属于较先出版的一部。在全国志界还处于对续修志书如何进行开展探讨的时候，它的率先出版，其意义不应低估。是志的修纂者们以自己的修志实践，回答了续志理论研讨中提出的一些重要问题，故一经出版，即在河北省首届志书评奖中荣获特等奖。

在是"修'续志'"还是"'续'修志"的问题上，他们持的是"修'续志'"，也就是修断代续志的理解，注意在续志对前志的续、补、纠、创四字上作文

---

[1]《陈桥驿方志论集》第 489 页，杭州大学出版社 1987 年版。

章。在理论讨论中,有一种意见提出自然环境和社会风俗,在短期内不会有大的变化,故在续志中可以不续。他们的做法是不但续了,而且续中有创。如在自然环境编的"气候"章内,不但续记了1985~1996年这12年的连续数据,而且与《县志》时限内的气候进行了比照。从比照中显示的是:这12年内,三河的年平均日照时数比有确切数据记载的1964~1984年的平均时数,减少了321.1小时;无霜期增多了9.1天;降水量增加了58.4毫米;风速减少了1米/秒。出现这种情况的原因,修志者可能一时还不一定解释得很清楚,但记出这些确切的数据是非常有用的。如果全国不同经纬度的地方,在新一轮续修志书中,都提供出该地类似的数据,对于人们去观察全国气候变化总的趋势,也许不是无益的。

同样,在"风俗习惯"章内,其所记述的内容也表明,三河近年来的民情习俗不是无多变化,而是变化相当显著。诸如饮食方面,过去多数家庭都是有什么吃什么,基本上都是自炊自作;现在多数人家则是想吃什么就买什么。城镇居民中,买熟食、购餐者已为数不少,乡村中农民出远门自带干粮者已几乎绝迹。交际方面,称呼上过去通行的"同志"、"大哥"、"大嫂",已多为"老板"、"老总"、"先生"、"小姐"、"女士"等所取代。提着点心远行登门探访者日渐减少,电话联络者日益增多。观念方面,过去浓重的安土重迁、重农轻商的观念,已变为远行谋业、经商发财致富为荣,等等。

在补前志之缺方面,《市志》注意了补充前志未收集到的重要资料。如原《县志》的"教育"编内,记宝苅中学,只记了从建校到"因洪水冲毁校舍,师生分别并入到县师范和牛栏山中学"。《市志》则在附录内补了《宝苅中学兴亡记》一条。除补记兴办经过及该校的办学效果的一些内容外,特别补记了有关学校被解散情形的一大段文字:"学校经历军阀混战、盗匪骚扰、洪水天灾。及至沦陷日伪政府统治之手,抗日活动如火如荼的民国二十九年农历正月二十日,时任校长的申框芝召开全校师生大会,宣读日伪河北省教育厅新集中学(宝苅中学时改为河北省立第二十初级中学,俗称新集中学——引者注)停办令。接着,年近花甲的教务主任赵鼎勋饱含热泪讲话:

'日本人对我们不放心,国破校亡,我们永远不能忘记今天。等到哪一天国土光复,母校重开,你们千万回来看看。如果我死了的话,请你们不管是谁,到我坟前大喊一声,宝蓟中学又开学了!那时我就合上眼了!记住我是滦县人!'片刻,寂静的校园充耳一片哭声。学校到此在悲愤哀泣声中夭亡了。随后,申框芝校长带走学生档案、课桌、课凳、教具和部分师生并入顺义县牛栏山中学。"这样一补,显然比原先《县志》的一般性记述,具有了更强的思想性,对后人的教育作用也更大。解放前,"三河老妈"是很有名的。前志编写时,由于恐县人于感情上不好接受,故而采取了有意回避。市志中则就此问题写成专文,与志首的三河历史概况并列,补了这一重要之缺。

此外,如对人民生活,从收入差别上写出了乡镇之间、村街之间、户与户之间的差别,反映出存在的贫富差别;从三河进一步发展存在的"隐忧"出发,给当政者提出的建议和忠告共有 6 项;结合自身特点而设立的燕郊经济技术开发区、浩然文艺绿化工程等编,都是很有特色的。对他处修续志有借鉴意义的地方还有不少。

十二、一种小志集合型的《江苏名镇志》和《江苏名村志》

《江苏名镇志》,汪文超、朱锡通、李明、奚永照、薛兴祥、缪小咏总纂,1993 年 11 月出版。《江苏名村志》,汪文超、朱锡通、季文通、张尚金、吉祥总纂,1993 年 11 月出版。中国原先是典型的农业国,村落是中国社会的基础。在长期的历史长河中,又逐渐形成了大批的集镇。尤其到封建社会末期,随着资本主义萌芽的出现,在江、浙等经济比较发达的地区,集镇有了进一步的发展。在悠长的岁月中, 无论是村或集镇都因主客观条件之异,而形成了各自独特的风貌,形成了自己的特点。改革开放以来,乡镇企业异军突起,涌现出了一大批明星村、镇(乡)。作为以记述一地地情为己任的地方志,不能不予以重视。所以各地乡、镇、村志的修纂,也如火如荼地开展起来。有的地方在中国地方志指导小组主管的三级志书之外,提出了"四级修志"的口号,江苏省便是其一。但将各地的村、镇编成志书,集束出版，则只有江苏和浙江两省。

《江苏名镇志》收录了江苏省现有的 2000 多个乡镇中的 247 个建置镇修成的志书，集合而成。所选择的有近一半为古镇。这些集镇各有特点，或为兵要形胜之地的军事险要之处；或为交通要道，商民云集之所；或为特色手工业生产中心，货物集散之地；或曾为州、县治所，是一地的政治、经济、文化的中心；或为某些历史名人留下遗迹，值得后人怀念瞻仰者。其余多为 20 世纪 60 年代、70 年代以来以农林牧副渔兴旺发达起来的集镇；或为改革开放以来，以乡镇企业而出名的明星镇等。仅从这些镇志，就颇能反映江苏历史发展的大体轨迹。

《江苏名村志》则是从江苏 36000 个村中选出的有代表性者 314 个修纂成志结集而成，也注意了选择各类特殊的典型。如有被称为"中国农村希望所在"的江阴市华西村，在这里家家都是万元户，但又没有一家暴发户；江苏第一个亿元村，无锡县的西塘村；有被誉为"苏州第一村"的张家港市城西村，拥有全国最大的村级牛奶场和全省最大的乳品生产工厂，产品打入国际市场，形成贸工农一体化的生产经营联合体；有被称为"苏北第一村"的通州黄金村，其绣衣厂生产的真丝绣衣，被称为"东方的艺术珍品"、"皇后的夜礼服"，曾轰动世界时装之都的巴黎。

这两部志书均采用条目体。镇志以镇设为一条，目下再分子目，村志则先分为三类，类下村为一条(目下亦有子目)。内容上统合古今，一般从建镇建村时写起。对于建村建镇之前，在文献或考古中发现有重大影响的事也予以适当记述。每条皆先有一段无题文字，概述所属市、县，具体位置，基本情况，而后以其最突出的特点立目，展开记述。皆不设大事记及人物专目，采取以事系人的方法解决。两书之前均有彩色照片，约有一半左右的村、镇，均选其有代表性的彩照一张刊出。

十三、记述一个特殊民系的志书：《闽西客家志》

张东民、熊寒江撰，1998 年 6 月出版。人以群分，社会中的人有各式各样的群体。"客家人"就是有着自身独特风格的思想文化、伦理道德、语言和风俗习惯的民系,是具有一种特殊文化形态的一个群体。这个群体历史悠久,源远流长。至今客家现象几乎遍及世界各地,专门研究客家人群的客家学,已经成为一门国际性的学科。福建的闽西(龙岩地区)是客家人的祖地,也是当今客家人居住最集中的地区。本届修志以来,龙岩地区各县的修志工作者,对客家人的历史和现状进行了较深入的调查研究,推动了世界客家学研究第二个高潮的到来。《闽西客家志》就是在这样的背景下出现的。

本志打破志书传统的体例,采用学术体式写成。除志首的概述和志末的附录外,其主体部分分为 9 章。第一章客家源流,追述了客家人这个群体的来源,它是中原汉族人民由于种种原因而从黄河、淮河和长江流域辗转迁徙至赣、闽、粤一带山区,与当地原住居民融为一体而成;记述了客家人南来之后,于古汀州(今宁化、清流、明溪等县)一带形成了客家大本营,而后又由这个大本营向粤、赣、湘、桂、川、台等省(区)分迁,以至远涉重洋,足迹遍及世界五大洲。而今分布在世界 70 多个国家和地区的客家人,总数已在 5000 万人以上。第二章客家经济与社会事业,记述了中原汉人将中原先进的生产技术带来,带动了原来较为落后的经济,推动了生产事业的一步步发展,达到了与全国取齐的水平;随着经济的发展,各项社会事业也得到同步的发展。第三章客家民居,特别详记了土楼民居。第四章客家文化,记述了雅俗并举、内容丰富、特色鲜明的客家文化。第五章客家民俗和第六章客家方言,从风俗习惯到语言等诸方面,写出了最能反映客家民系的特点。第七章客家人物是本书的重点,充分地记述了客家人在推动社会进程中所作出的重要贡献。注重自身文化教育、提倡刻苦耐劳精神、勤于创业、勇敢拼搏的客家人,在不同的历史时期,不同的地方,都为推动中国和世界社会进步有着不俗的表现。在坚持生不立传的前提下,从五代至当代入传人物就达 110 人之多。其中有人们熟知的全国人大常委会原副委员长张鼎丞、陈丕显;全国政协原副主席杨成武和中国人民解放军空军原司令员刘亚楼;历任国家卫生部副部长、中华医学会理事长的傅连暲等。实业和其他界属者,如"锡矿大王"胡子春(曾被英王封为矿务大臣);"万金油大王"胡文虎;著名小说家游亚皋;旅居海外曾出任新加坡国家财政部长的胡赐道;曾当选为马来西亚槟榔屿州议员的胡榆芳等。在人物表中,开列的中国人民解放军将领就达 62 位,正厅级以上干部 316 人;获得高级技术职称者 250 人。真正写出了客家人的骄傲。第八章客家风景名胜。第九章客家学研究。此章虽对世界客家学研究状况反映得较少,但对 20 世纪 80 年代闽西开展客家学研究以来的研究状况记之颇详,也得到学界的重视。

附录1

中华人民共和国国务院令
第 467 号

现公布《地方志工作条例》,自公布之日起施行。

总理　温家宝
二○○六年五月十八日

地方志工作条例

第一条　为了继承和发扬中华民族优秀文化传统,全面、客观、系统地编纂地方志,科学、合理地开发利用地方志,发挥地方志在促进经济社会发展中的作用,制定本条例。

第二条　中华人民共和国境内地方志的组织编纂、管理、开发利用工作,适用本条例。

第三条　本条例所称地方志，包括地方志书、地方综合年鉴。

地方志书，是指全面系统地记述本行政区域自然、政治、经济、文化和社会的历史与现状的资料性文献。

地方综合年鉴，是指系统记述本行政区域自然、政治、经济、文化、社会等方面情况的年度资料性文献。

地方志分为：省（自治区、直辖市）编纂的地方志，设区的市（自治州）编纂的地方志，县（自治县、不设区的市、市辖区）编纂的地方志。

第四条　县级以上地方人民政府应当加强对本行政区域地方志工作的领导。地方志工作所需经费列入本级财政预算。

第五条　国家地方志工作指导机构统筹规划、组织协调、督促指导全国地方志工作。

县级以上地方人民政府负责地方志工作的机构主管本行政区域的地方志工作，履行下列职责：

（一）组织、指导、督促和检查地方志工作；

（二）拟定地方志工作规划和编纂方案；

（三）组织编纂地方志书、地方综合年鉴；

（四）搜集、保存地方志文献和资料，组织整理旧志，推动方志理论研究；

（五）组织开发利用地方志资源。

第六条　编纂地方志应当做到存真求实，确保质量，全面、客观地记述本行政区域自然、政治、经济、文化和社会的历史与现状。

第七条　省、自治区、直辖市人民政府制定本行政区域地方志编纂的总体工作规划（以下简称规划），并报国家地方志工作指导机构备案。

第八条　以县级以上行政区域名称冠名的地方志书、地方综合年鉴，分别由本级人民政府负责地方志工作的机构按照规划组织编纂，其他组织和个人不得编纂。

第九条　编纂地方志应当吸收有关方面的专家、学者参加。地方志编纂人员实行专兼职相结合,专职编纂人员应当具备相应的专业知识。

第十条 地方志书每20年左右编修一次。每一轮地方志书编修工作完成后,负责地方志工作的机构在编纂地方综合年鉴、搜集资料以及向社会提供咨询服务的同时,启动新一轮地方志书的续修工作。

第十一条 县级以上地方人民政府负责地方志工作的机构可以向机关、社会团体、企业事业单位、其他组织以及个人征集有关地方志资料,有关单位和个人应当提供支持。负责地方志工作的机构可以对有关资料进行查阅、摘抄、复制,但涉及国家秘密、商业秘密和个人隐私以及不符合档案开放条件的除外。

地方志资料所有人或者持有人提供有关资料,可以获得适当报酬。地方志资料所有人或者持有人不得故意提供虚假资料。

第十二条 以县级以上行政区域名称冠名、列入规划的地方志书经审查验收,方可以公开出版。

对地方志书进行审查验收,应当组织有关保密、档案、历史、法律、经济、军事等方面的专家参加,重点审查地方志书的内容是否符合宪法和保密、档案等法律、法规的规定,是否全面、客观地反映本行政区域自然、政治、经济、文化和社会的历史与现状。

对地方志书进行审查验收的主体、程序等由省、自治区、直辖市人民政府规定。

第十三条 以县级以上行政区域名称冠名的地方综合年鉴,经本级人民政府或者其确定的部门批准,方可以公开出版。

第十四条 地方志应当在出版后3个月内报送上级人民政府负责地方志工作的机构备案。

在地方志编纂过程中收集到的文字资料、图表、照片、音像资料、实物等以及形成的地方志文稿,由本级人民政府负责地方志工作的机构指定专职人员集中统一管理,妥善保存,不得损毁;修志工作完成后,应当依法移交本级国家档案馆或者方志馆保存、管理,个人不得据为己有或者出租、出让、转借。

第十五条　以县级以上行政区域名称冠名的地方志书、地方综合年鉴为职务作品，依照《中华人民共和国著作权法》第十六条第二款的规定，其著作权由组织编纂的负责地方志工作的机构享有，参与编纂的人员享有署名权。

第十六条　地方志工作应当为地方经济社会的全面发展服务。县级以上地方人民政府负责地方志工作的机构应当积极开拓社会用志途径，可以通过建设资料库、网站等方式，加强地方志工作的信息化建设。公民、法人和其他组织可以利用上述资料库、网站查阅、摘抄地方志。

第十七条　县级以上地方人民政府对在地方志工作中作出突出成绩和贡献的单位、个人，给予表彰和奖励。

第十八条　违反本条例规定，擅自编纂出版以县级以上行政区域名称冠名的地方志书、地方综合年鉴的，由县级以上地方人民政府负责地方志工作的机构提请本级人民政府出版行政部门依法查处。

第十九条　违反本条例规定，未经审查验收、批准将地方志文稿交付出版，或者地方志存在违反宪法、法律、法规规定内容的，由上级人民政府或者本级人民政府责令采取相应措施予以纠正，并视情节追究有关单位和个人的责任；构成犯罪的，依法追究刑事责任。

第二十条　负责地方志工作的机构的工作人员违反本条例第十四条第二款规定的，由其所在单位责令改正，依法给予处分。

第二十一条　编纂地方志涉及军事内容的，还应当遵守中央军委关于军事志编纂的有关规定。

国务院部门志书的编纂，参照本条例的相关规定执行。

第二十二条　本条例自公布之日起施行。

（原载 2006 年 5 月 31 日《人民日报》）

附录2

国务院法制办负责人
就《地方志工作条例》答记者问

新华社北京 5 月 30 日电　2006 年 5 月 18 日，国务院总理温家宝签署第 467 号国务院令公布《地方志工作条例》，该条例自公布之日起施行。国务院法制办公室负责人日前就《地方志工作条例》的有关问题回答了记者的提问。

问：国务院为什么要制定《地方志工作条例》？请您介绍一下《地方志工作条例》出台的背景和意义。

答：持续不断地编纂地方志，是我国独有的延续两千多年的优良文化传统。自隋、唐确立史志官修制度以来，历代都把修志作为一种官职、官责，并颁布政令对修志进行统一规范。新中国成立后，党中央、国务院高度重视地方志工作。1957 年，国务院将地方志工作纳入国家 12 年哲学社会科学规划纲要（草案）。"文革"期间，地方志编修工作因故中断。改革开放以来，地方志编修重新启动。全国首轮省、市、县三级志书规划编纂六千余部，截至 2005 年，已出版五千余部。地方志工作作为一项承上启下、继往开来、服务当代、有益后世的文化基础事业，已成为社会主义先进文化建设中的一项系统工程，发挥了资政、存史、教化的重要作用。目前，全国首轮新编地方志工作已基本结束，第二轮修志工作正在全面展开。总结首轮修志工作的实践经验，地方志工作面临以下问题：一是，地方志工作涉及社会生活各个方面，在社会主义市场经济条件下，仍靠过去的行政命令方式组织编纂地方志，已难以适应形势的需要；二是，由于没有全国性的法律法规可以遵循，修志工作随意性大、主观性强，各地发展不平衡等问题日益突出，迫切需要通过立法加以规范。

《地方志工作条例》的制定,充分体现了党中央关于"加强文化法制建设"和"重视哲学社会科学领域立法工作"的精神。相信该条例的出台,将为保障地方志事业的健康发展发挥积极的作用。

问:请问该条例的调整范围是什么?

答:根据我国首轮新编地方志工作的实践,地方志的外延已有所扩展,既包括传统意义上的地方志书,又包括地方综合年鉴。地方综合年鉴,是每20年左右新一轮地方志书续修的平时资料积累。地方志工作的内涵也发生了变化,既包括地方志的规划、编纂、审查验收,也包括地方志出版后的开发利用。因此,该条例规定中华人民共和国境内地方志的组织编纂、管理、开发利用工作,适用本条例。该条例并明确规定,地方志包括地方志书、地方综合年鉴。

目前,我国部分乡镇,甚至村也组织修志。考虑到编纂地方志需由地方政府组织人力、物力、财力,为了不给乡镇、村设定义务、增加负担,该条例仍维持了《国务院办公厅关于进一步加强地方志编纂工作的通知》关于地方志分为省级、设区的市级、县级三级的规定。

问:该条例对地方志工作的保障问题作了哪些规定?

答:地方志工作是一项重要的文化基础事业,也是各级地方政府管理和发展文化事业的重要职责。地方志属于"官修"的信史,不同于个人的自由著述,必须加强地方各级政府对此项工作的领导和规范。因此,该条例作了以下具体规定:

一是,县级以上地方人民政府应当加强对本行政区域地方志工作的领导。地方志工作所需经费列入本级财政预算。

二是,省、自治区、直辖市人民政府制定本行政区域地方志编纂的总体工作规划,并报国家地方志工作指导机构备案。

三是,以县级以上行政区域名称冠名的地方志书、地方综合年鉴,分别由本级人民政府负责地方志工作的机构按照规划组织编纂，其他组织和个人不得编纂。

问：该条例对确保地方志编纂质量作了哪些制度设计？

答：为了确保地方志编纂的质量，该条例主要作了以下规定：

一是，明确地方志编纂应遵循的指导原则，规定编纂地方志应当做到存真求实，确保质量，全面、客观地记述本行政区域自然、政治、经济、文化和社会的历史与现状。

二是，对参与地方志编纂的人员作了要求，规定编纂地方志应当吸收有关方面的专家、学者参加；地方志编纂人员实行专兼职相结合，专职编纂人员应当具备相应的专业知识。

三是，确立了地方志书的审查验收制度，规定以县级以上行政区域名称冠名、列入规划的地方志书经审查验收，方可以公开出版；对地方志书进行审查验收，应当组织有关保密、档案、历史、法律、经济、军事等方面的专家参加，重点审查地方志书的内容是否符合宪法和保密、档案等法律、法规的规定，是否全面、客观地反映本行政区域自然、政治、经济、文化和社会的历史与现状。

四是，确立了地方综合年鉴的出版批准制度，规定以县级以上行政区域名称冠名的地方综合年鉴，经本级人民政府或者其确定的部门批准，方可以公开出版。

问：实践中曾经多次发生地方志作品著作权归属争议问题。请问条例对这个问题是否作出明确规定？

答：以县级以上行政区域名称冠名的地方志作品的著作权问题在过去一直没有明确，在实践中经常发生争议。著作权法第十六条规定，公民为完成法人或者其他组织工作任务所创作的作品是职务作品；法律、行政法规规定或者合同约定著作权由法人或者其他组织享有的职务作品，作者享有署名权,著作权的其他权利由法人或者其他组织享有,法人或者其他组织可以给予作者奖励。地方志是地方志编纂人员按照地方人民政府负责地方志工作的机构的要求编纂的,而且主要利用了上述机构提供的资料、经费和物质技术条件。因此,该条例与著作权法作了衔接,规定以县级以上行政区域名称冠名的地方志书、地方综合年鉴为职务作品,依照《中华人民共和国著作权法》第十六条第二款的规定,其著作权由组织编纂的负责地方志工作的机构享有,参与编纂的人员享有署名权。

（原载 2006 年 5 月 31 日《人民日报》）

附录 3

台湾省 1949 年以后修纂方志简目

台湾省自 1950 年省文献委员会发出全面修志的倡议后,到 1953 年,台北、高雄、基隆、台中、台南 5 个省辖市和台北、宜兰、桃源、新生、苗栗、台中、彰化、云林、南投、嘉义、台南、高雄、屏东、花莲、台东、澎湖 16 个县相继成立了文献委员会。截至 2002 年,台湾省共编修成通志、市志、县志、乡镇志等共 1206 册。

《台湾新志》(1 册)　杨锡福等纂,台北市,中华文化出版事业委员会,1954 年 10 月出版。

《台湾省通志稿》(十卷卷首一卷)(60 册)　台湾省文献委员会,黄纯清等修,林熊祥等纂,台北市,编者出版,1951 年~1964 年。

《台湾省通志稿》(十卷卷首一卷)(40 册)　台湾省文献委员会,黄纯清等修,林熊祥等纂,台北市,成文出版社(影印本,据 1951~1965 年排印本影印),1983 年 3 月。

《台湾通志》(十卷卷首一卷卷末一卷)(146 册) 台湾省文献委员会,张炳楠监修,李如和等纂,台北市,编者出版,1968 年~1973 年。

《重修台湾省通志卷四经济志财税篇》(1 册) 台湾省文献委员会,高育仁等修,台北市,编者出版,1991 年 10 月。

《重修台湾省通志卷四经济志水利篇》(2 册) 台湾省文献委员会,台北市,编者出版,1992 年 2 月。

《台湾风土志二篇》 何联奎、卫惠林撰,台湾中华书局,1956 年。

台北市

《台北市志》(1 册) 陈正祥著,台北市,敷明产业地理研究所,1957 年。

《台北市志稿》(十卷)(26 册) 台北市文献委员会,王诗琅、王国璠主修,台北市,编者出版,1962 年~1970 年。

《台北市志》(12 册)① 台北市文献委员会,周百炼监修,郭海明等纂,台北市,编者出版,1974 年~1980 年。

《台北市志》(十卷)(12 册) 台北市文献委员会,王诗琅、王国璠主修,台北市,成文出版社(影印本,据 1957 年~1970 年版《台北市志稿》1962 年~1970 年版《台北市志》和 1974 年~1980 年版续修《台北市志》之十篇又一志互相对比,合编影印),1983 年 3 月。

《士林镇志》(1 册) 台北市《士林镇志》编辑委员会,台北市,编者出版,1968 年。

《阳明山新方志》(1 册) 中华学术院台湾新方志编辑委员会台北市,编者出版,1972 年。

《南港志》(1 册) 台北市《南港志》编辑委员会,陶士君总编,台北市,编者出版,1985 年。

---

① 此志尚未完成,已出卷首;政治志行政、户政、地政、役政、自治篇;社会志人口、宗教、风俗篇;文化志胜迹、文征篇;人物志。

台北县

《台北县志》（二十七卷卷首一卷）（28 册）　台北县文献委员会，林兴仁主偏，盛清沂总纂，台北县，编者出版，1959 年~1960 年。

《台北县志》（二十七卷卷首一卷）（12 册）　台北县文献委员会，林兴仁主修，盛清沂总纂，台北市，成文出版社（影印本，据 1959 年~1960 年排印本影印），1983 年。

《中和乡志》（1 册）　台北县《中和乡志》编纂委员会，萧昌铜主修，盛清沂纂，台北县，编者出版，1960 年。

《重修中和乡志》（1 册）　林德喜修，盛清沂纂，台北县，1977 年。

《永和镇志》（1 册）　台北县《永和镇志》编纂委员会，林溪水修，盛清沂纂，台北县，编者出版，1965 年。

《重修永和镇志》（1 册）　台北县《永和镇志》编纂委员会，盛清沂纂，台北县，编者出版，1973 年。

《永和市志》（1 册）　吴学明主编，台北县，1985 年。

《树林镇志》（1 册）　台北县《树林镇志》编纂委员会，林庆福主修，盛清沂等纂，台北县，编者出版，1976 年。

《新庄志》（七卷）（6 册）　郑余镇修，尹章义纂，台北县，1981 年~1982 年。

《板桥市志》（1 册）　盛清沂、吴基瑞编，台北县，1988 年。

《石门乡志》　台北县石门乡公所编，1997 年印。

《泰山乡志》　台北县泰山乡公所编，1997 年印。

《三峡镇志》　台北县三峡镇公所编印。

基隆市

《基隆市志》（二十篇）（21 册）　基隆市文献委员会，朱仲西主修，陈正祥等纂，基隆市，编者出版，1954 年~1959 年。

《基隆市志》(3 册)①　基隆市民政局,洪连成主纂,基隆市,编者出版,1979 年~1985 年。

《基隆市志》(二十篇附一篇)(12 册)　基隆市文献委员会,朱仲西主修,陈正祥等纂,台北市,成文出版社(影印本,据基隆市文献委员会 1954 年~1959 年排印本影印。另附洪连成纂《基隆市志卷十八风俗篇》,据 1979 年排印本影印)。1983 年。

宜兰县

《宜兰县志》(九卷卷首一卷卷末一卷)(34 册)　宜兰县文献委员会,庐世标总纂,宜兰县,编者出版,1959 年~1965 年。

《宜兰县志》(九卷卷首一卷卷末一卷)(4 册)　宜兰县文献委员会,编者出版(影印本,据 1959 年~1965 年排印本影印),1970 年。

《宜兰县志》(九卷卷首一卷卷末一卷)(10 册)　台北市,成文出版社(影印本,据 1959 年~1965 年排印本影印,附未正式出版的《宜兰县志稿生物篇》,据 1958 年油印本影印),1983 年。

《宜兰县志卷五教育志设施篇续篇》(1 册)　宜兰县文献委员会,宜兰县,编者出版,1972 年。

《头城镇志》(1 册)　庄英章、吴文星纂修,宜兰县,1985 年。

桃园县

《桃园县志》(六卷卷首一卷卷末一卷)(10 册)　桃园县文献委员会,郭芜风主修,石璋如等纂,桃园县,编者出版,1962 年~1969 年。

《桃园县志氏族篇》(1 册)　廖本洋主修,陈启英纂修,桃园县,编者出版,1975 年。

《桃园县志经济志》(3 册)　桃园县政府,编者出版,1979 年。

《桃园县志》(六卷卷首一卷卷末一卷)(10 册)　桃园县文献委员会,

_____

① 此志未完成,已出卷三行政篇、卷五自治篇、卷十八风俗篇。

郭芜风主修,石璋如等纂,台北市,成文出版社(影印本,据 1962 年~1969 年排印本影印。附廖本洋主修《桃园县志氏族篇》,据 1975 年排印本影印。)

《芦竹乡志》(1 册) 桃园县《芦竹乡志》编审委员会编,桃园县,编者出版。

《大溪镇志》(1 册) 唐艾耆撰,桃园县,1981 年。

《观音乡志》(1 册) 谢公仓总撰,桃园县,1986 年。

新竹县

《新竹县志稿》(十一卷卷首一卷卷末一卷)(21 册) 新竹县文献委员会,朱盛淇修,黄旺成等纂,新竹县,编者出版,1955 年~1957 年。

《新竹县志》(十一卷卷首一卷卷末一卷)(4 册) 新竹县文献委员会,朱盛淇修,黄旺成等纂,新竹县,编者出版,1976 年。

《新竹县志》(十一卷卷首一卷卷末一卷)(9 册) 新竹县文献委员会,朱盛淇修,黄旺成等纂,台北市,成文出版社(影印本,据 1976 年排印本影印)。1983 年。

《新竹新志》(1 册) 毕庆昌等纂,台北市,中华丛书委员会,编者出版,1958 年。

《湖口乡志》 新竹县湖口乡公所编印。

苗栗县

《苗栗县志》①(七卷卷首一卷)(20 册) 苗栗县文献委员会,黄新亚等纂修,苗栗县,编者出版,1959 年~1978 年。

《苗栗县志》(七卷卷首一卷)(12 册) 苗栗县文献委员会,黄新亚等纂修,台北市,成文出版社(影印本,据 1959 年~1978 年排印本影印),

---

① 此志未修完,仅有卷首大事记、卷一地理志、卷二人文志、卷三政事志、卷四经济志、卷五教育志、卷六文艺志、卷七人物志。各志中亦多有缺篇。

1983 年。

《头份镇志》(1 册) 陈运栋主编,苗栗县,1980 年。

《竹南镇志》(1 册) 杨景淋主编,苗栗县,1982 年。

台中市

《台中市志》(四卷卷首一卷)(9 册) 台中市,王建竹、林猷穆纂修,台中市,编者出版,1972 年~1983 年。

《台中市志》(四卷卷首一卷)(9 册) 台中市,王建竹、林猷穆纂修,台北市,成文出版社(影印本,据 1972 年~1983 年排印本影印,补以未正式出版的《台中市志稿文献志艺文篇》,据台中市文献委员会油印本影印)。1983 年。

台中县

《台中县志稿大事记》(2 册) 台中县文献委员会,张荣楼、李梦愚编纂,台中县,编者出版,1965 年~1969 年。

《台中县志稿大事记》(1)册 台中县文献委员会,张荣楼、李梦愚编纂,台北市,成文出版社(影印本,据 1965 年~1969 年排印本影印,末附 1962 年 6 月编印的《台中县要览》及 1978 年台中县立大甲国民中学编辑的《大哉台中》)。1984 年。

《丰原市志》(1 册) 陈炎正主编,台中县,1986 年。

《神岗乡土志》(1 册) 陈炎正主编,台中县诗学研究会,1982 年。

《台中县沙鹿镇概志》(1 册) 台中县沙鹿镇,编者出版,1982 年。

《大肚乡志》 台中县大肚乡公所编,1993 年印。

《谭子乡志》 台中县谭子乡公所编,1993 年印。

《雾峰乡志》 台中县雾峰乡公所编 1993 年印。

《草屯镇志》(1 册) 《草屯镇志》编委会,洪敏麟主编,台中县,编者出版,1986 年。

《清水镇志》(1 册)　陈炎正主编,台中县,1986 年。

彰化县

《彰化县志稿》①(七卷卷首一卷)(7 册)　彰化县文献委员会,赖炽昌主修,陈世庆等纂修,彰化县,编者出版,1958 年~1976 年。

《彰化县志卷三政事志司法篇》(1 册)　彰化县文献委员会,季鸿瑞纂,彰化县,编者出版,1983 年。

《彰化县志稿》(七卷卷首一卷附一篇)(5 册)　彰化县文献委员会,赖炽昌主修,台北市,成文出版社(影印本,据 1958 年~1976 年排(油)印本影印。附《彰化县志卷三政事志司法篇》,据 1983 年彰化县排印本影印。)。1983 年 3 月。

《溪湖镇志》(1 册)　彰化县溪湖镇,杨桂林主编,彰化县,编者出版,1986 年。

《鹿港镇志》　彰化县鹿港镇公所编印。

南投县

《南投县志稿》②(十一卷)(12 册)　南投县文献委员会,刘枝万等编,台北市,成文出版社(影印本),1983 年。

《蒲里乡土志》(1 册)　刘枝万编,编者出版(油印本),1951 年。

云林县

《云林县志稿卷五教育志》(1 册)　云林县文献委员会,王君华纂,云林县,编者出版,1960 年 5 月。

---

① 此志未修完,仅出卷首大事记、卷一沿革志、卷三居民志、卷四政制志行政篇、卷七社会志、卷八教育志、卷九文化志艺文篇、卷十人物志。其中《居民志》为油印本。

② 此为未完成稿,据 1954 年~1978 年在《南投文献丛辑》1~26 辑上陆续发表的志稿,按原订纲目排比整理汇印。计有卷一沿革志开发、行政区域、史前文化篇;卷二地理志地形、地质、气候、土壤篇;卷三生物志动物、植物篇;卷四政事志;卷五住民志;卷六风俗志宗教、婚丧礼俗篇;卷七教育志;卷八产业志林业、农业、矿业篇;卷九人物志;卷十学艺志;卷十一革命志。

《云林县志稿卷二人民志》(5 册)　云林县文献委员会,王君华纂,云林县,编者出版,1970 年。

《云林县志稿》(八卷卷首一卷附一篇)(18 册)　云林县文献委员会,仇德哉纂,台北市,成文出版社(影印本),1983 年。

《东势乡志》　云林县东势乡公所编印。

嘉义县

《嘉义县志稿》(七卷卷首一卷)(9 册)　嘉义县文献委员会,赖子清、赖明初纂,嘉义县,编者出版,1962 年~1974 年。

《嘉义县志》(十一卷卷首一卷卷末一卷)(14 册)　嘉义县,赖子清、赖明初纂,嘉义县编者出版,1976 年~1982 年。

《嘉义县志》(十一卷卷首一卷卷末一卷)(9 册)　嘉义县,赖子清、赖明初纂,台北市,成文出版社(影印本,据 1976 年~1982 年排印本影印)。1983 年 3 月。

《民雄乡志》　嘉义县民雄乡公所编印。

台南市

《台南市志稿》①(七卷卷首一卷)(10 册)　台南市文献委员会,黄典权等纂修,台南市,编者出版,1959 年。

《台南市志》(八卷卷首一卷)(22 册)　台南市文献课,游醒民等纂修,台南市,编者出版,1976 年~1983 年。

《台南市志》(九卷卷首一卷)(16 册)　台南市文献委员会,黄典权、游醒民等纂修,台北市,成文出版社(影印本,据 1959 年版《台南市志稿》、1976 年~1983 年版《台南市志》合编影印),1983 年。

《鹿耳门志》(1 册)　台南市《鹿耳门志》编辑委员会,台南正统鹿耳

---

① 此志未修完,仅出卷首史略,卷一地理志疆域篇;卷二住民志宗教篇;卷三政事志行政、社会、政事总述篇;卷四经济志农林、水产业、工商业篇;卷五文教志;卷六人物志;卷七革命志。

门圣母庙,1962 年。

台南县

《台南县志》(原名《台南县志稿》十卷卷首一卷,13 册)　台南县文献委员会,洪波浪、吴新荣修,台南县,编者出版,1957 年~1960 年。

《台南县志》(原名《台南县志稿》十卷卷首一卷,4 册)　台南县文献委员会,洪波浪、吴新荣修,台南县,编者出版(影印本,据 1957 年~1960 年排印本影印,更名为《台南县志》),1970 年。

《台南县志》(原名《台南县志稿》十卷卷首一卷,5 册)　台南县文献委员会,洪波浪、吴新荣修,台北市,成文出版社(影印本,据 1970 年影印本影印)1983 年。

《台南县志》(五卷)(4 册)　台南县文献委员会,黄金溢修,戚启勋等纂,台南县,编者出版,1977 年~1985 年。

《麻豆镇乡土志》(1 册)　詹评仁编,台南县,编者出版,1977 年。

《后壁乡志》(1 册)　台南县《后壁乡志》编委会,台南县,编者出版,1986 年。

高雄市

《高雄市志》(11 册)　高雄市文献委员会,张源、班剑初主修,毛一波等纂,高雄市,编者出版,1956 年~1968 年。

《高雄市志续修概述篇》(1 册)　高雄市文献委员会,吕伯琳主编,尹德民编纂,高雄市,编者出版,1968 年 5 月。

《高雄市志艺文篇》[①](1 册)　高雄市文献委员会,许成章撰,校订本。

《高雄市志》(七篇附一篇)(9 册)　高雄市文献委员会,张源、班剑初主修,毛一波等纂,台北市,成文出版社(影印本,据 1956~1968 年排印本影印。附尹德民纂(高雄市志续修概述篇),据 1968 年排印本影印。)1983 年。

---

① 封面书名题:台湾俗文学探讨(丛稿之二)。

《重修高雄市志》(十三卷)　高雄市文献委员会,许桂霖主修,金祥卿主纂,高雄市,编者出版,1985年。

高雄县

《高雄县志稿》(六卷)(11册)　高雄县文献委员会,谢向岑主修,陈子波等纂,高雄县,编者出版,1958年~1968年。

《高雄县志稿》(六卷)(9册)　高雄县文献委员会,谢向岑主修,陈子波等纂,台北市,成文出版社(影印本,据1958年~1968年排印本影印。)1983年。

《梓官乡志》(1册)　洪定雄撰,高雄县,1981年。

《永安乡志》(1册)　高雄县《永安乡志》编委会,高雄县,编者出版,1984年。

《仁武乡志》(1册)　高雄县《仁武乡志》编辑委员会,高雄县,编者出版,1984年。

《杉林乡志》(1册)　高雄县《杉林乡志》编委会,高雄县编者出版,1984年。

《桥头乡志》(1册)　许水种主编,高雄县,1984年。

《大寮乡志》(1册)　高雄县《大寮乡志》编委会,高雄县,编者出版,1985年。

《甲仙乡志》(1册)　高雄县《甲仙乡志》编辑委员会,林理杰主修,高雄县,编者出版,1985年。

《六龟乡志》(1册)　高雄县《六龟乡志》编委会,高雄县,编者出版,1985年。

《鸟松乡志》(1册)　王信助主编,高雄县,1985年。

《阿莲乡志》(1册)　许进兴主编,高雄县,1985年。

《路竹乡志》(1册)　林文广主修,洪明杰等纂,高雄县,1985年。

《林园乡志》(1册)　高雄县《林园乡志》编委会,高雄县,编者出版,

1985 年。

《茄定乡志》（1 册）　林聪主编，高雄县，1986 年。

《大树乡志》（1 册）　高雄县《大树乡志》编委会，高雄县，编者出版，1986 年。

《冈山镇志》（1 册）　吴国栋主编，高雄县，1986 年。

《田寮乡志》（1 册）　连信雄主编，高雄县，1986 年。

《大社乡志》（1 册）　柯安正主编，高雄县，1986 年。

《凤山市志》（1 册）　高雄县《凤山市志》编委会，高雄县，编者出版，1976 年。

《三民乡志》　高雄县三民乡公所编印。

屏东县
《屏东县志稿》（五卷卷首一卷）（7 册）　屏东县文献委员会，钟桂兰编，屏东县，编者出版（油印本），1954 年。

《屏东县志稿》（四卷卷首一卷）（5 册）　屏东县文献委员会，古福祥主修，屏东县，编者出版，1961 年~1968 年。

《屏东县志》①（四卷卷首一卷）（8 册）　屏东县文献委员会，古福祥主修，屏东县，编者出版，1965 年~1971 年。

《屏东县志》（十二篇）（6 册）　屏东县文献委员会，钟桂兰、古福祥主修，台北市，成文出版社（影印本，以 1965~1971 年版《屏东县志》为主，将 1954 年版钟桂兰所修志稿及 1961~1968 年版古福说主修志稿补其所缺，合并整理影印。）1983 年。

《内埔乡志》（1 册）　屏东县内埔乡公所编，编者出版，1973 年。

《六堆客家乡土志》（1 册）　钟壬寿编，屏东县，长春出版社，1973 年。

《高树乡志》　康义勇主编，1982 年。

《南州乡乡志》（1 册）　屏东县《南州乡乡志》编委会，屏东县，编者出

---

① 此志除修订志稿外，新修卷三政事志卫生、司法、保安三篇。

版,1984年。

《林边乡志》(1册)　屏东县《林边乡志》编委会,屏东县,编者出版,1985年。

台东县

《台东县志》(二卷卷首二卷)(4册)　台东县文献委员会,黄拓荣主修,罗鼎总纂,台东县,编者出版,1963年~1964年。

《台东县志》(二卷卷首二卷)(3册)　台东县文献委员会,黄拓荣主修,罗鼎总纂,台北市,成文出版社(影印本,据1963年~1964年排印本影印。)1983年。

花莲县

《花莲县志稿》(九卷卷首一卷)(18册)　花莲县文献委员会,骆香林主修,苗允丰等纂,花莲县,编者出版,1957年~1968年。

《花莲县志》(十九卷)(20册)　花莲县文献委员会,骆香林主修,苗允丰等纂,花莲县,编者出版,1973年~1980年。

《花莲县志》(二十卷)(7册)　花莲县文献委员会,骆香林主修,苗允丰等纂,台北市,成文出版社(影印本,据1973年~1980年排印本影印。补以《花莲县志稿》总记、疆域、物产篇,据1957~1968年排印本影印。)1983年。

澎湖县

《澎湖县志》(四卷)(上册)　《澎湖县志》编纂委员会,李绍章编修,澎湖县,编者出版,1960年。

《澎湖县志》(七卷)(6册)　澎湖县文献委员会,经默予主修,澎湖县,编者出版,1972年~1978年。

《澎湖县志》(十一卷)(4册)　澎湖县文献委员会,李绍章、张默予主修,台北市,成文出版社(影印本,据李绍章编修1960年版《澎湖县志》上册,张默予主修 1972 年~1978 年版《澎湖县志》合并影印。)1983 年 3 月。

《白沙乡志》(1 册)　许神会纂,澎湖县,1977 年。

《马公市志》(1 册)　蔡平立主编,澎湖县,1984 年。

(据书目文献出版社《中国新方志目录》补充)

图书在版编目（CIP）数据

中国方志史 / 刘纬毅等著. —太原：三晋出版社，2009. 8

ISBN 978 - 7 - 5457 - 0127 - 2

Ⅰ. 中… Ⅱ. 刘… Ⅲ. 地方志—编辑工作—史料—中国 Ⅳ. K290

中国版本图书馆 CIP 数据核字（2009）第 160850 号

中国方志史

著　　者：	刘纬毅　诸葛计　高生记　董剑云	
审　　校：	郭建平	
责任编辑：	张继红	
助理编辑：	赵亮亮	

出　版　者：山西出版集团·三晋出版社（原山西古籍出版社）
地　　　址：太原市建设南路 21 号
邮　　　编：030012
电　　　话：0351 - 4922268（发行中心）
　　　　　　0351 - 4956036（综合办）
　　　　　　0351 - 4922203（印制部）
E - mail： sj@sxpmg.com
网　　　址：http://sjs.sxpmg.com

经 销 者：新华书店
承 印 者：山西省美术印务有限责任公司

开　　本：787mm×960mm　1/16
印　　张：27.5
字　　数：350 千字
版　　次：2010 年 4 月　第 1 版
印　　次：2010 年 4 月　第 1 次印刷
书　　号：ISBN 978 - 7 - 5457 - 0127 - 2
定　　价：50.00 元
